불편한 진실

일본 민주주의의 정체성과 북-일 문제의 역사성

박홍영 지음

어문학사

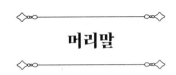

머리말

이 책의 주제는 '불편한 진실'이다. 필자는 그간 대학에서 논문을 쓰고 강의를 해왔다. 그 과정에서 늘 되새긴 것이 진실이라는 것이다. 이런 예를 자주 들었다. 초등학생에게 어떤 선생님이 "정직해라.", "청결해라.", "정리 정돈을 잘해라." 등의 말을 할 때, 그 선생님이 그것을 잘 실행하고 있다면 그 말에는 힘이 실린다. 그런데 선생님은 그러지 않으면서 학생들에게 그렇게 가르치고 있다면 학생들은 뒤에서 수군댄다. "너나 잘 하세요"라고. 진실은 그런 것이다. 말과 행동은 일치해야 한다. 부분의 진실이 전체를 진실로 덮어도 안 되고, 부분의 거짓이 전체를 거짓으로 덮어도 안 된다. 진실은 통째로 가려져야 한다. 생각과 오류誤謬나 오해誤解도 마찬가지다. 그래서 진실 투쟁은 중요하다.

'불편한 진실'이 인생사에는 너무 많다. 진실을 말하자니 불편하거나 불이익으로 되돌아오기에 더욱 그렇다. 부정과 비리, 부패와 매관매직, 금품수수와 이익 카르텔에는 불편한 진실이 숨어있다. 유유상종이다. 그런데 그러한 것들이 인생의 다반사茶飯事다. 모든 정치사회

운동과 선거, 조직과 결사체에는 그런 불편한 진실이 은밀하게 작동한다. 그렇게 작동되는 총합체가 국가 사회다. 정도에 따라 정직하고 청결하게 잘 작동되는 국가 사회는 청렴한 국가이고 정직한 국가일 터이다. 부정과 비리가 만연한 국가 사회는 독재국가이거나 특권층 국가일 터이다. 불편한 진실이 어느 정도로 작동하는가? 그것이 그 국가의 수준이다.

진실이 편하거나 이익이 된다면 진실을 강조할 이유가 적어진다. 인간은 편함과 이익을 추구하는 동물이기 때문이다. 진실은 그래서 편하지 않으며, 이익이 안 될 경우가 많다. 그러니 불편한 진실을 말하는 것도 편하지는 않다. 그럼에도 진실을 밝혀야 하는 이유는 인간의 이성과 오성, 의지와 판단, 감성과 통찰은 진실과 친화적이기 때문이다. 이를 사람들은 양심이라고도 한다. 이를 표출하는 데에는 용기가 필요하고 배짱도 필요하다. 인류 역사의 과정에서 진실 투쟁의 승리는 드물고 오히려 패배의 경우가 허다하다. 가끔 진실이 승리하면 승리의 역사가 되는 듯도 하지만, 그 승리의 역사는 길지 않다. 아마도 인간의 역사에서 진실 투쟁이 끝나지 않는 것은, 역사 투쟁의 본질이 진실보다는 욕망과 더 친화적이기 때문일 것이다. 여기서 양심과 욕망은 대립한다. 욕망도 진실이다. 맞다. 다만 불법적이거나 타인을 억압하거나 비뚤어진 욕망이 아니라는 전제에서다. 공익에 정합하는 욕망, 투명하게 공개됐을 때 당당한 욕망이라는 전제에서다. 그 전제에서 욕망과 양심은 화해한다.

철학에는 흐름이 있고 다양하기도 하지만, '불편한 진실'을 표방하는 데에는 스토아 철학에서 강조하는 지혜와 용기, 정의와 절제가 필요하다. 진실은 불편하지만 지혜롭게 주장해야 하고, 용기와 정의감이 있어야 드러난다. 진실이라도 절제될 필요가 있다. 진실은 인간에게 불편하기 때문이다. 인간에게 가장 불편한 진실의 공간은 '화장실'이다. 이게 무슨 말인가? 인간은 유기체이기에 잘 먹고 잘 자고, 잘 싸지 않으면 죽음이다. 먹고 자는 것이야 타인에게 보여주지만 싸는 모습은 안 보여준다. 싸는 모습을 보이면, 그 인간은 갓난아이거나 곧 죽음이다. 화장실은 그래서 어떤 인간에게나 진실의 공간이다. 거짓으로 싸는 인간은 없다. 화장실의 진실처럼 공동체의 문제라면 예외 없이 진실은 그대로 드러나야 한다. 그래야 정의로운 사회다.

진실은 용기나 정의감과 친화적이다. 비겁하거나 비굴한 자들에게서 진실이나 정의를 찾기는 어렵다. 생김대로 사는 것이니 그들의 생존 방식이다. 문제는 그들이 사회에서 공적 위치에 있을 경우이다. 선생이라는 자리는 더욱 그렇다. 학생들은 이미 안다. 어떤 선생이 비굴하면서 정의로운 척하는지 아닌지, 거짓이면서 진실인 척하는지 아닌지를. 한국이나 일본이나 북한도 이러한 잣대를 서로에게 들이대면, 누가 더 정의로운지 비겁한지를 알 수가 있다. 역사적 정의 문제가 그런 것이다. 일본의 극우는 한국의 극우와 친화적이다. 더 많이 소유하려는 신자유주의는 자본주의와, 더 많이 공유하려는 공동체주의는 사회 민주주의와 친화적이다. 왜 그럴까? 이런 문제를 고민하는 것 자체가 불편한 진실을 찾는 과정이다.

이 책은 1부에서 일본 민주주의 문제를 다룬다. 특히 민주주의의 정체성과 관련해서 일본은 어떤 민주주의 국가인지에 대해 검토한다. 2부에서는 북한-일본 관계에 대해 검토한다. 북일 관계는 동아시아에서 한미일 관계와 깊숙이 관련돼 있다. 북미 관계에 일본은 확실한 의견을 가지고 있고, 미국은 이를 존중하는 경향도 있다. 따라서 북일 관계는 한일 관계에도 영향을 주는 요인이다. 그런 차원에서 한일 관계의 원점을 묻는다.

이 책은, 남한-북한-일본 사이에 가로놓인 여러 문제를 살피고 동아시아의 공동체, 공존공영, 평화와 번영이라는 관점에서 '불편한 진실'을 짚어보는 것이다. 어떤 문제든 자기만의 입장에 서서 생각하면, 어느 한쪽은 '나쁜 놈'이 되는 경향이 있다. 어떤 경우라도 그리 '나쁜 놈'은 없다는 불편한 진실을 지적하고자 한다. 그런 관점에서 북한의 '문제', 남한의 '문제', 일본의 '문제'를 불편하더라도, 진실하게 바라보고자 한다.

목차

제1부

일본 민주주의, 그 불편한 진실

: 일본 민주주의의 정체성 문제

서론
: 일본 민주주의와 불편한 진실

1. 일본 민주주의, 그 불편한 진실

일본은 민주주의 국가인가? 이 물음에 '그렇다'와 '아니다'로 흔쾌히 대답하기에는 무리가 따른다. 이유는 민주주의란 무엇인가라는 잣대가 각양각색이기 때문이다. 비교정치학에서 민주주의 국가인지 아닌지를 구별하는 일반적인 잣대는 있다. 그러나 미국에서조차 민주주의 국가가 갖추어야 할 기본 요건이 무시되는 경우가 있기에, 통상적인 잣대를 따르자면 미국이 민주주의 국가라고 단정하기는 어렵다. 그렇다고 미국을 민주주의 국가가 아니라고 단정할 수도 없다. 따라서 이 글에서는 그런 잣대를 문제로 삼지는 않는다. 다만 일상적 민주주의라는 기준으로 볼 때, 일본은 민주주의 국가이면서 때로는 비민주적 요소와 결함을 가지고 있는 국가이다. 그런 차원에서 이 글은 일본 민주주의의 문제를 묻는다. 바로 그 부분이 일본 민주주의의 불편한 진실이기 때문이다.

특히 일본은 우경화라는 단어와 친화적이다. 제2차 세계대전기의 정치가 군국주의 정치였고, 군국주의는 우경화의 표상이었기 때문이다. 우경화가 민주주의를 부정하는 것은 아니지만, 군국주의로의 길을 여는 추세로 본다면 우경화는 민주주의 문제와 깊은 상관관계에 있다고 볼 수 있다. 이 점에서 우경화 문제를 관찰하거나 해석하는 것은 민주주의 문제를 짚어보는 것과 맥락을 같이 한다. 맥락이 중요하다. 특히 역사적 맥락이 중요하다.

반면 일반적으로 사용하는 '민주주의'는 서구의 관점이라는 점에 주의해야 한다. 이 글도 마찬가지다. 산업 혁명 이래 근대화를 추진하면서 나타난 민주주의 현상을 일반적으로 서구적 관점에서 해석하기 때문이다. 따라서 저자는 서구적 관점에 매몰되지 않으려 노력한다. 철학적 의미의 민주주의는 일찍이 동서고금을 막론하고 나타난 현상이기 때문이다. 서구적 관점에 매몰되면 자칫 오리엔탈리즘이 될 가능성이 있다. 이 글은 그런 부분을 경계하면서 '불편한 진실'로 문제를 제기한다. 자유, 정의, 평등, 인권, 민주주의 등은 개념어이다. 비트겐슈타인의 말을 빌릴 것도 없이 개념어는 명분(허구)이다. 실체나 실존이 아니다. 그렇기에 불편한 진실은 어디에나 내재해 있다. 진실은 개념어에 내재해 있는 것이 아니라 실제 혹은 실존에 내재해 있다.

일본은 구미 열강의 침략에 맞서 지배당하지 않고, 일본 나름의 산업화와 민주화에 성공한 나라로 인정받는다. 이런 인정도 덧없는 것이긴 하지만 세계사적 흐름에서, 산업화와 근대화 200년 역사를 뒤돌아보면 일본은 특기할 만하다. 그래서 일본을 말할 때 서양학자들도 '특별하다.'라는 표현을 사용하거나 일본 '고유'의 발전 양식을 칭송하기도 한다. 오늘날 이런 문제는 재해석하거나 재평가할 가치가 있다. 일본에 뒤이어 싱가포르, 타이완, 한국, 중국도 각각의 특징이 있는 산업화와 근대화를 추진했지만, 한편으로는 일본과 특별히 구분되어야 할 특징은 없기 때문이다. 또한 과학기술의 발전으로 산업화가 이루어지면, 사회 경제 구조는 민주화를 지향하면서 자기의 발전 양식을 갖추어 나가기 때문이다.

즉, 국가의 역할이라든가 자본 운동의 논리라든가, 국제 질서의 흐름을 통한 산업화와 근대화의 물결은 닮았다는 것이다. 고전적 의미의 노동 이동이나 자본 이동, 권력과 패권, 국익 중심이나 지역 패권, 군비 경쟁과 식량/에너지/안보 문제도 마찬가지다. 이 글에서는 그 가운데 민주주의 문제를 "독특한 문제(a particular object)"로 삼는다. 이 문제는 이천 년-삼천 년 전의 고전적 문제와도 궤적을 같이 한다. 따라서 오늘날 되물어볼 가치가 있다. 이 글의 문제의식은 여기에 있고, 일본 민주주의의 정체성 문제를 다루는 이유도 여기에 있다.

국가 문제에서 자주와 종속, 자립과 대외 의존 문제는 늘 국가의 정체성 문제와 관련되어 있다. 북한은 자력갱생과 자주와 자립을 중시한다. 그렇기에 남한을 대미 의존 혹은 대미 종속으로 비판한다(1950-70년대는 괴뢰 국가). 일본의 경우, 제2차 세계대전 이래 대미 의존이 늘 화두이다. 그렇다고 북한이 한국이나 일본보다 더 민주적인 정체성을 가지고 있다고 판단할 근거는 없다. 국가의 정체성과 민주주의의 '질' 문제는 별개이다. 비교정치에서 말하는 민주주의의 '질' 문제가 아닌, 특정 국가(일본)의 민주주의의 '질' 문제를 짚어보는 것은 그래서 의미가 있다.

일본 민주주의의 '질' 문제를 짚어보는 일은 일본만의 일은 아니다. 어떤 나라든 이런 문제로부터 자유롭지는 않다. 일단 일본 민주주의의 특징은, 허구라는 논리 위에 기초한다는 것이다. 일본에는 천황이 있다. 그 명칭을 왕이라 부르든, 천황이라 부르든 관계없다. 명확한 것은 그 제도와 논리가 허구라는 것이다. 존재론적으로 그렇다. 조선의 왕도 마찬가지다. 일본은 자국이 역사적으로나 철학적으로나, 혹은 경제적으로나 정치적으로나 발전한 나라이며 우수한 나라라고 강조하면서 천황제를 강조한다. 천황은 실존적 존재인가? 철학적으로 역사적으로 생물학적으로 따질 가치가 없다. 그러니 허구다. 다만 그 허구를 의식, 존재, 인식, 오성, 감각, 지각 등으로 설명하면서 실존적 존재로 위장한다. 일본 정치의 본질을 논할 때 출발 지점은 여기부터다. 일본 민주주의를 논하자면 여기서 시작해야 할 것이다. 적어도 일본 천황은 일본 메이지 시대 지도자들이 만들어낸 허구적 존재이기에 그렇다.

민주주의는 형식(제도, 이상)인가? 내용(질, 현실)인가? 이 문제는 성군聖君에 의한 독재가 좋은가? 민주제를 가장한 폭정이 좋은가?라는 질문을 던진다. 세련된 제도 아래 인종차별, 종교 및 성차별, 지역이나 계급 차별 등이 횡행하는 사회가 있고, 엉성한 제도 아래 공동체주의와 공존공영의 사회가 있다. 만능인 것처럼 주장되는 민주주의를 되짚는 이유도 여기에 있다. 이 글에서는 일본이 대상이지만, 이런 관점이라면 한국이든 북한이든 미국이든 예외가 아니다. 어떤 사회(국가)든 민주주의 문제는 늘 되짚으면서 재확인해야 할 주제이기 때문이다.

2. 연구의 관점

이 책의 1부에서 필자는, 일본이 어떤 점에서 민주주의 국가인가를
묻고 그 사실 여부를 검토한다. 일본은 고대사와 중세사를 거쳐 현대
사에 이르기까지 나름의 찬란하고 독특한 역사를 꾸려왔다. 섬나라이
기에 도래인渡來人이 만든 역사이기도 하지만, 이미 그 역사를 만든
것이 수천 년 전이다. 언제 누가 도래했건, 이미 그 자체가 일본화된
것이다. 거기서 피어난 일본 문화는 이미 일본 고유의 문화가 되었다.
그래서 헌팅턴도 일본을 특별한 문명권으로 분류했을 것이다. 즉 일본
사회상의 변화를 탈냉전 이후에 국한해서 살펴보면서, 역사적 관점도
결부시키며 불편한 진실을 짚어본다.

일본 현대사에서 제2차 세계대전은 일본에 특별하다. 열도(섬)에 갇
혀 있던 일본이 대륙과 해양으로 확장하는 역사를 만든 사건이기 때
문이다. 제1차 세계대전의 승전국이 된 일본은 산업화와 민주화를 동
시에 달성하면서 세계 강국이 되었고, 세계 질서의 주도권을 잡으려는
그들의 야심과 의도는 제2차 세계대전으로 나타났다. 그 과정에서 나
타난 '일본군 종군 위안부' 문제는 일본 민주주의를 검토하는 하나의
사례가 되기에 충분하다. 종군 위안부는 성과 인신매매, 인격과 폭력,
억압과 강요, 자기 결정력과 민주주의 등의 문제가 얽혀있는 사건이기
때문이다.

한편 일본군 종군 위안부 문제는 과거사(성매매, 폭력, 전쟁)이면서 오늘
(인권, 배상, 사죄와 참회)의 문제이고, 미래(섹스, 젠더, 인격)의 문제이다. 이런 점
에서 철학적 검토의 대상이다. 인간은 정치적 정당성과 역사적 정통성
을 따진다. 그 이유는 정당성과 정통성 문제에 철학이 내재하고 있으
며, 그를 바탕으로 자기 존재론을 내세우기 때문이다. 자존감과 자존

심의 문제인 것이다. 우주는 자기 존재와 무관하게 존재하고 운동한다. 그러나 자기 존재 없는 우주는 아무런 의미가 없다. 즉 존재 문제는 자존의 문제이며 철학의 문제이다. 종군 위안부는 전쟁이 낳은 부산물이지만 당사자에게는 자존의 문제이다. 이에 대한 철학적 검토는 불편한 진실을 말하기에 충분하다.

어떤 국가든 대외 관계는 중요하다. 약소국은 생존과 안전 보장을 위해, 패권국은 그 패권의 유지 및 강화를 위해 관계국과의 관계를 통해 자기 보전을 목표로 삼는다. 외교로 이루어지는 모든 행위는 그런 점에서 관계가 강조되고, 그 관계는 국가 이익을 우선으로 한다. 일본 외교는 어떨까? 어떤 이익과 안전을 취했을까? 그런 이익과 안전을 취하는 일본 외교의 정체성을 어떻게 규정할 수 있을까? 국가든 개인이든 이익과 안전 문제는 매우 중요하다. 반면 거기에도 등급이 있다. 품격과 양식이 깃들어 있다. 그런 문제를 검토하는 것이 일본 외교의 정체성 문제이다. 품격과 양식의 급을 따지자면 불편해진다. 이런 문제의식을 바탕으로 이 글은 구성된다. 각 장의 끝부분에 《불편한 진실》의 공간을 설성했다.

제1장
일본은 민주주의 국가인가?

1911년은 일본이 서구 민주주의를 받아들이면서 일본 나름의 민주주의를 정착시켜 가던 시기이다. 일본 정치사에서는 다이쇼(大正) 데모크라시의 시기(1911-1925)라고 한다. 일본 민주주의의 발전이라는 관점에서 보면 서구 민주주의를 수용한 시기였다.

국제 정세의 변화와 더불어 다이쇼 데모크라시의 시기가 끝나면서, 일본은 쇼와(昭和) 군국주의의 시기(1926-1944)를 맞이한다. 일본이 침략과 팽창, 나아가 제국주의로 치달은 시기이다. 동시에 일본의 공업화와 산업화가 이루어지면서 일본 민주주의가 일본식 민주주의, 이른바 군국주의로 변형된 시기였다. 이런 과정을 거쳐 제2차 세계대전에서 패한 일본은 패전敗戰 민주주의 시기(1945-1951)를 맞이한다. 이른바 미군 점령기이다.

패전 민주주의는 미국이 일본에 강요한, 이른바 강요된 민주주의 시기였다. 정치와 경제, 군사와 안보 문제를 대미 의존이라는 큰 틀에 맡긴 채 일본은 경제 성장 제일주의를 채택한다. 1952년 샌프란시스코 강화조약이 발효되자 마침내 일본은 경제 민주주의 시기(1952-2011)를 맞는다. 이 시기에 일본은 경제 대국이 되고, 민주주의 발전을 이루었지만, 동시에 일본 민주주의에 대한 본질과 역사성을 재고하게 되었다.

Ⅰ. 서론

일본이 민주주의 국가임은 말할 필요도 없다. 그러나 일본은 정말로 민주주의 국가인가를 다시 묻자면, 일본 민주주의의 본질과 역사성을 재고하지 않으면 안 된다. 민주주의도 역사적 산물이기 때문이다. 이 글은 일본의 민주주의를 네 시기로 나누어 각 시기마다의 조건을 탐색하고 나아가 해석을 시도한다.

제1의 시기는 다이쇼(大正) 데모크라시의 시기(1911-1925)이다. 이 시기는 일본 민주주의의 발전이라는 관점에서 보면 수용의 시기였다. 제2의 시기는 쇼와(昭和) 군국주의의 시기(1926-1944)이다. 이 시기는 일본 민주주의가 변형되는 시기였다. 제3의 시기는 패전 민주주의 시기(1945-1951)이다. 이 시기는 일본에 민주주의가 강요된 시기였다. 제4의 시기는 경제 민주주의의 시기(1952-2011)이다. 이 시기에 일본은 경제 대국이 되었고 민주주의 발전도 이루었지만, 동시에 민주주의에 대한 본질과 역사성을 생각하게 되었다.

지금까지 일본의 민주주의에 대한 검토는 주로 미시적으로 행해졌다. 정당과 선거구제의 관련성과 문제점에 대한 연구[1], 일본 전후의 민주주의와 마루야마(丸山眞男)의 관계를 균형추라는 관점에서 분석한 연

1 　김세걸(2003), 「일본의 정당 민주주의: 역사·구조·쟁점」, 『사회과학연구』 11집, 서강대학교 사회과학연구소, pp.111-136.

구[1], 일본의 내셔널 아이덴티티(national identity)와 전후 민주주의의 이중성에 대한 분석[2], 일본 민주주의와 쇼와 공황의 엇갈림을 분석한 연구[3] 등이다. 대개 미시적 연구이다. 미시적 연구의 경우, 분석적이기에 일본 민주주의에 무슨 문제와 결함이 있는지를 확인 데에는 유리하다. 반면 민주주의는 역사적 도정에서 이루어지는 하나의 패턴이며, 현재 진행형의 논쟁 대상이기에 거시적 관점도 필요하다. 이런 점에서 이 글은 일본의 민주주의를 크게 네 시기로 나누어 검토한다.

21세기에 들어와 일본 사회에서는 부쩍 집단 안보, 헌법 개정, 자위대 문제 등이 쟁론의 중심 주제로 다뤄진다. 그중에서도 일본 사회의 우경화나 군국주의화의 행방 문제가 쟁점이다. 이런 문제에 접근하기 위해, 일본 민주주의의 본질과 역사적 관점에서의 조건을 탐색하고 해석을 시도한다.

1   박양신(2009), 「일본의 전후 민주주의와 마루야마 마사오」, 『역사비평』 89집, 역사비평사, pp.284-308.

2   한영혜(1998), 「일본의 내셔널 아이덴티티와 전후 민주주의의 이중성: 강상중·윤건차에 대한 비판적 고찰」, 『역사비평』 44집, 역사비평사, pp.309-330.

3   하종문(2009), 「일본의 쇼와공황과 민주주의의 엇박자」, 『역사비평』 87집, 역사비평사, pp.133-156.

Ⅱ. 다이쇼(大正) 데모크라시, 1911-1925

다이쇼(大正) 데모크라시란, 1910년대부터 1920년대에 걸쳐 일본에서 일어난 자유주의적 운동 및 풍조와 사조를 총칭하는 용어이다. 이는 분야를 막론하고 정치·사회·문화의 각 방면에서 행해졌다.

1. 개요

무엇을 가지고 다이쇼 데모크라시라고 하는가에 대해서는 여러 설이 있다. 일반적으로 정치적 측면에서는 보통선거 제도를 요구하는 보통선거 운동이나 언론·집회·결사의 자유에 관한 운동, 외교적 측면에서는 해외 파병 정지를 요구한 운동, 사회적 측면에서는 남녀평등, 부락部落 차별 철폐[1] 및 해방 운동, 단결권 및 스트라이크 권리 등의 획득 운동, 문화적 측면에서는 자유 교육 운동, 대학 자치권 운동, 문부성 지배로부터의 미술 단체 독립 등 각종 분야에서 일어난 여러 자주적 집단에 의한 운동을 말한다.

다이쇼 데모크라시라는 기간 설정에 대해서도 여러 설이 있다.

- 1905년-1925년 설: 가츠라(桂太郎) 내각 타도 운동으로부터 치안유지법 제정까지.
- 1905년-1931년 설: 가츠라 내각 타도 운동으로부터 만주사변滿洲

---

1   부락민(部落民, 부라쿠민) 또는 피차별부락민(被差別部落民, 히사베츠부라쿠민)은 전근대 일본의 신분제에서 최하층에 위치했던 천민을 가리키는 어휘로, 당대 가장 불결하고 금기시되던 곳인 '부락(部落; 부라쿠)'에 거주하였던 집단이다. 현대 일본 사회에서는 그 후손들을 차별하고 비하하는 증오 발언으로도 쓰인다.

事變까지.

- 1911년-1925년 설: 신해 혁명(辛亥革命)으로부터 치안유지법 제정까지.
- 1918년-1931년 설: 제1차 세계대전 종결로부터 만주사변까지.

이렇듯 시기 설정에 따라 다르지만, 대개 신해 혁명으로부터 치안유지법 제정까지의 시기를 중심으로 1917년의 러시아 혁명이나, 1918년의 독일 혁명과 쌀 소동[1] 시기를 민주화 운동의 핵심으로 본다는 점은 공통된다. 민주주의라는 말 자체는 당시에도 유행했지만, 다이쇼 데모크라시라는 명칭은 시노부 세이자부로(信夫清三郎)의 『다이쇼 데모크라시사(大正デモクラシー史)』(1954)에 이 말이 처음 나온 후 정착했다. 다만 전후의 조어造語이며 그 정의나 내용도 애매하다는 점, 다이쇼 시대 이전에도 여러 움직임이 있었다는 관점에서 다이쇼 데모크라시라는 말은 부적당하다고 주장하는 역사가도 있다(에구치 케이이치(江口圭一), 이노우에 키요시(井上清), 이토오 다카시(伊藤隆) 등).

2. 배경

러일 전쟁에서 러시아 제국帝國의 패배는 아시아 제국諸國의 국제적 긴장 관계를 완화시키는 요인으로 작용했다. 그 결과 1905년 도쿄에서 중국동맹회가 결성되는 등, 아시아에서 민주주의적 자유 획득을 목표로 한 운동이 본격화되었다. 한편, 자본주의의 급속한 성장과 발전은 일본 시민에게 정치적·시민적 자유를 자각시켰다. 이는 또한 여러 가지 과제를 내건 자주 집단의 등장, 자유와 권리 획득 운동, 억압

---

1 1918년 일본에서 쌀 가격 급등과 더불어 일어난 폭동 사건.

으로부터의 해방 등을 요구하는 시대적 특징을 만들었다.

이러한 상황 속에서, 1911년 청나라의 쓰촨성(四川省)에서 발생한 철도 국유화 반대 운동을 계기로 신해 혁명이 발발했고, 중국혁명동맹회가 핵심이 된 혁명군은 1912년에 청나라를 무너뜨리고 중화민국을 수립했다. 이런 중국 정세의 혼란을 세력권 확대의 호기라고 판단한 육군 장관 우에하라(上原勇作)는, 한반도에 2개 사단을 신설할 것을 당시의 제2차 사이온지(西園寺公望) 내각에 제언했다. 그러나 사이온지는 러일 전쟁으로 인한 재정난이나 국제 관계의 문제 등을 이유로 이를 거부했다. 이에 우에하라는 군부 장관 현역 무관제를 이용해 사이온지 내각을 총사직하도록 하여, 육군 주도의 내각을 성립시키려고 획책했다.

이런 가운데 초슈 번벌(長州藩閥)[1] 출신으로 육군에 영향력이 강한 제3차 가쓰라 내각이 성립되었다. 이 내각에 대해 일본 국민은 분노했고, 중의원 의원인 오자키(尾崎行雄)와 이누카이(犬養毅) 등은 번벌정치라고 비판했다. 마침내 1912년 "번벌 타파, 헌정 옹호"를 내건 제1차 호헌 운동이 전개되었다. 이에 제3차 가쓰라 내각은 불과 53일 만에 총사직했다(다이쇼 정변). 이어 설립된 입헌정우회를 여당으로 한 야마모토(山本権兵衛) 내각은 군부대신 현역 무관제의 폐지 등 육/해/군의 발언 강도를 약화시키는 개혁에 착수했다. 그러나 해군 고관의 뇌물 사건으로 일본 국민은 다시 분노했고, 1914년 내각은 총사직을 피할 수 없게 되었다.

---

1 번벌(藩閥. 한바츠) 또는 메이지 과두제(明治寡頭制. Meiji oligarchy)는 메이지 시대에 일본제국 정부와 제국 육군·해군의 각 요직을 장악한 정치 세력을 가리키는 용어이다. '번벌'이라는 이름은 이들의 출신지가 사쓰마 국, 나가토 국(혹은 초슈), 도사 국, 히젠 국 지방에 있는 번(藩)들이기 때문이다.

3. 후세의 평가

라이샤워(Edwin Reischauer)를 비롯한 많은 연구자들은 다이쇼 데모크라시를 전후 민주주의 형성의 유산으로 해석하면서 큰 의미를 부여한다. 또 이시바시(石橋湛山)[1]는 저서에서 다이쇼 시대를 "민주주의의 발전사 가운데 대서특필해야 할 신시기"라고 평가한다. 한편, 이 사상을 기본으로 하는 보수파 지식인들은 전후 세대로부터 올드 리버럴리스트(구식 자유주의자)로 불리기도 한다.

4. 조건과 해석

다이쇼 데모크라시 시기는 일본 민주주의 과정에 어떤 의미였는가? 전후 민주주의를 형성한 시기로서 큰 의미를 가진다는 평가를 받기도 하지만, 민주주의의 관점에서 보는 경우, 무엇이 문제였는가?

우선, 이 시기를 민주주의의 확장기라고 규정한다. 세계적 자본주의 발전과 더불어 정치적 권리의 요구가 높아졌던 시기였기 때문이다. 다이쇼 시대는 자유와 평등, 단결권과 단체 교섭의 요구가 높아져 그것을 제도화하는 흐름이 주류인 시대였다. 현시점에서 보면 당연한 일이지만 당시에는 이런 권리를 어떻게 확장할 것인가가 문제였으며, 민주주의의 기반을 다지는 데 필수 조건이었다.

한편, 국제정치적 변동은 이런 민주주의 기반을 만드는 조건에 긍정적 영향과 부정적 영향을 동시에 주었다. 긍정적 측면이란, 일본이 독일에 선전해(1914. 8. 23. 일독 전쟁) 침략이나 팽창주의에 반대한 것이며,

---

1   이시바시 탄잔은 일본의 정치인이자 언론인이다. 소小일본주의를 주장하면서 일본 제국주의 정책을 비판했고, 메이지 유신을 일본의 민주주의 혁명이라고 주장했다. 대표 저서로 『다이쇼 시대의 평가(大正時代の真評価)』가 있다.

부정적인 측면이란, 한국이나 타이완의 점령, 시베리아 출병(1918. 7.) 등 침략과 팽창주의를 실천한 것이었다. 즉 일본은 경쟁국(제국주의)의 침략과 팽창주의에는 반대하면서, 자국의 침략과 팽창주의를 실천하는 자가당착적인 모습이었다.

정리하면 이 시기는 보통선거법이나 치안유지법 제정(1925. 4.), 공산당 검거(1923. 5.) 조치를 취하는 등 일본이 민주주의 기반 만들기에 매진하는 시기였던 한편, 자유나 평등, 단결권과 단체 교섭의 측면에서 보면 많은 제약이 있던 시기이기도 했다. 또 이 시기에 일어난 육군 주도의 내각을 성립시키려고 한 획책(1912)은, 쇼와(昭和) 시기의 군국주의로 연결되는 전조였음을 알린다. 육군 주도의 유혹은 당시의 국제정치 변동과 연동되어 있었다고 간주해도 과언은 아닐 것이다. 그렇다면 국제정치적 변동은 민주주의의 조건에 부정적인 것인가? 그렇지만은 않다. 다만 국제정치적 변동이 침략주의와 팽창주의로 치달으면서 국내 정치를 전체주의화 하려 한다면, 이는 민주주의를 방해하는 치명적인 조건이 될 것이다.

이 시기에 행해진 영일 동맹의 폐기(1921. 12.), 미국의 배일排日 이민법 성립(1924. 7.) 등은 당시 국제 변화에 대한 갈등이며, 일본의 위기와 도전이었다. 이러한 위기와 도전은 일본 육군의 강세를 부추기는 결과가 되었다. 헨리 키신저[1]의 말을 빌리면, "정통 질서에 대한 이의異議 제기"의 전조였다.

한편, 당시 식민지 혹은 약소국(후에 제3세계)의 입장에서 보면, 영국이나 미국도, 일본이나 독일도 제국주의였다. 이런 관점에서는, 육군의 강세를 부추기는 국제정치적 현상 자체가 민주주의의 조건을 결핍시키는 한 요인이 되었다고 해석할 수 있다. 물론 육군의 강세를 부추긴 현상의 책임이 일본 국민에게 있을까, 일본 육군에게 있을까? 국제 환

---

1 헨리 키신저(Henry Alfred Kissinger)는 미국의 외교관으로 노벨상 수상자이기도 하다. 닉슨 행정부의 국가 안보 보좌관이었고, 이후 국무장관을 지냈다.

경 탓을 해야 할까? 등의 문제는 또 다른 이야기가 될 것이다.

III. 쇼와(昭和) 군국주의, 1926-1944

군국주의(Militarism)란, 제2차 세계대전 후에 확립된 개념 중 하나이다. 국가가 전략적으로 정치 체제·전략·재정·경제 체제·사회구조 등을 오직 군사력 증강을 위해 집중적으로 투입하는 국가 체제나 사상을 의미하며 군사주의라고도 불린다. 군사력 증강을 향해서 국내의 모든 영역을 통제·관리하려고 한다는 측면에서 사회주의나 공산주의적인 경향이 있고, 비민주적 독재정치 성향을 띠는 경우가 있다. 통속적으로 전쟁을 지지하는 사람 또는 국가의 생각과 경향을 지칭하기도 하므로 평화주의 및 민주주의 용어와 대비된다. 그러나 평화주의와 같이 매우 포괄적인 측면을 가지고 있어 개념 정의는 어렵다. 근현대에 들어와 역사를 검증하는 과정에서 만들어진 개념이며, 주로 타자가 딱지를 붙이기 위해 사용했을 뿐 지금까지 주체적으로 군국주의를 표방한 국가나 단체는 존재하지 않는다.

1. 역사적으로 본 특징

제2차 세계대전 이후에 확립된 개념인 군국주의는 명확한 개념이 아니며, 과거 군국주의를 표방한 국가 역시 존재하지 않는다. 따라서 어느 나라가 군국주의인지에 관해 비교 분석할 만한 분명한 모델이 없으므로, 이에 대한 논의는 주로 정치철학이나 사상적 경향에 의해 진행된다. 여기서는 역사적인 관점에서, 군국주의적인 특징이나 개별적인 사례를 설명하는 것으로 그친다. 일반적으로 플라톤(Plato, B.C.428-B.

C.348)이 『국가』에서 말하는 이상향이나, 손무(孫武, Sūn Wǔ)가 『손자』에서 말하는 병법을 군국주의 사상의 기원으로 간주하는 경향이 있다. 다른 한편으로는 국제 관계를 유리하게 전개하기 위한 근대 군국주의 사상의 기원을 크라우제비츠(Karl von Clausewitz)의 『전쟁론』에서 찾는 경우도 있다.

그러나 현대에서는 독재정치나 전체주의, 또는 그 양자를 융합한 제도가 군국주의나 사회주의의 특징으로 간주되기도 한다. 양쪽 모두 국민을 지배해 정부 방침에 이의를 제기하지 못하도록 해서, 국가 운영 나아가 전쟁을 원활하게 수행할 수 있게 하기 때문이다.

일반적으로 군국주의나 사회주의는 개인 권리를 압살하기 쉽다는 점에서 공산주의와 닮아있다. 즉 언론 및 표현의 자유, 사상·양심·종교의 자유, 기본적인 인격권이나 참정권은 보장하지 않고 고도의 통제경제하에서 사유재산제나 경제활동의 자유를 침해한다는 것이 세 체제의 공통적인 특징이다.

이처럼 군국주의나 사회주의 체제의 정치적 특징은 1) 어떻게 국민의 인권을 제한할 것인지, 2) 어떻게 국민을 국가나 정부에 순종하게 할 것인지, 3) 어떻게 국민이 국가나 정부에 절대적 충성을 맹세하게 할 것인지에 관심이 있다는 것이다.

이러한 군국주의나 사회주의를 가능하게 하는 정치 제도는 두 가지가 있다. 하나는 강권적인 지배로 국민을 억누르는 경찰 국가적 방법이며, 또 하나는 교육이나 미디어 전략을 통해 국민을 세뇌해 그들이 자발적으로 국가 의사에 따르게 하는 전체주의 국가적 방법이다. 양자는 병용되는 경우가 많다. 경찰 국가적 방식은 강권적인 비밀경찰이나 정보기관을 필요로 하며, 그 외에 밀고 제도, 에이전트를 이용한 상호 감시 성격을 띤 국민 관리 방법을 동원하고, 나아가 형벌을 통해 국민을 위협한다.

물론 근대적인 군국주의 국가에서는 재판의 자유와 사법권의 독립을 인정한다. 그러나 이는 형식적인 것에 불과하며, 실제로는 재판소가 정부 당국의 의지를 대변하는 강압적인 방식으로 운용되는 경우가 대부분이다. 이는 사법권의 독립이 무너졌다는 근본적인 지점 외에도, 재판의 기초가 되는 법률 자체가 지극히 자의적이며 비민주적인 방식으로 만들어졌다는 데서 기인하는 문제다.

2. 일본의 군국주의

이 글에서는 군국주의를 강권적인 지배, 교육이나 미디어 전략의 구사, 국민의 세뇌, 국가 의사에 따르게 하는 법, 비밀경찰이나 정보기관, 그 외에 밀고 제도, 에이전트를 이용한 상호 감시의 성격을 띤 국민 관리 방법을 주된 통치 수단으로 하는 정치 체제로 규정한다. 이에 일본이 군국주의였음을 방증하는 예시로써 일본 정치사에서 군국주의적 행보라고 부를 만한 몇 가지 사건을 살펴보기로 한다.

우선 만주사변(1931. 9. 18.), 국제연맹 탈퇴(1933. 3.)가 있었고, 후에 만주 이민 계획 대강(1933. 7.)의 발표가 있었다. 또, 중요산업통제법 공포(1934. 10.), 해군력 증강의 시작인 워싱턴·런던조약 폐기(1934. 12.), 런던 군축회의의 탈퇴(1936. 1.) 등이 있었다. 후에 일-독 방공협정(1936. 11. 25.), 한국인에 대한 「황국신민 선서」 반포(1937. 10.), 일-독-이 방공협정(1937. 11.), 국가 총동원법 발령(1938. 5.), 미국에 의한 미-일 통상항해조약 폐기 통고(1939. 7.), 「대동아 공영권」 건설 성명(1940. 7.), 프랑스령 인도차이나 진주(1940. 9.), 대정익찬회 발족(1940. 10.) 등이 있었다.

더불어 미국과 영국의 일본자산 동결(1941. 7.), 일-영 통상조약 폐기(1941. 7.), 일본군 진주만 공격(1941. 12. 8.), 미국 함재기에 의한 도쿄·요코하마 첫 공습(1942. 4.), 학도 전시 동원 체제 발표(1943. 5.), 대동아 공동선언 발표(1943. 11.), 가미카제(神風) 특공대 첫 출격(1944. 10.), 미군의 오키나와 본토 상륙(1945. 4.) 등이 있었다. 마지막으로 히로시마·나가사키에 원자폭탄 투하(1945. 8. 6-9.), 소련의 대일 선전(1945. 8.), 종전의 선언(1945. 8. 15.), 항복문서 조인(1945. 9. 2.) 등으로 쇼와 군국주의는 끝을 맺었다.

이와 같은 사실들은 당시 일본에서 언론 자유나 표현의 자유, 참정권, 사상·양심·종교의 자유, 기본적인 인격권 등이 제한되고 고도의 통제경제하에서 사유재산제나 경제활동의 자유가 침해되는 상황이 벌어졌음을 분명히 보여준다. 따라서 당시 일본은 군국주의 체제였다고 규정할 수 있을 것이다.

3. 조건과 해석

이 시기(1926-1944)의 일본 민주주의를 쇼와 군국주의라고 규정한다. 군국주의가 민주주의인가 하는 반론도 당연하다. 그러나 근대국가의 성립 이래, 자국의 정치 체제가 민주주의가 아니라고 부정한 나라는 없다. 쇼와의 군국주의도 이런 의미에서 변형된 일본 민주주의라고 부를 수는 있을 것이다. 말하자면 궤도를 이탈한 민주주의다. 궤도 이탈의 요인은 국제적으로 행해진 제국주의이며 침략주의였다. 또 일본은 이런 제국주의의 흐름을 이용하여 군국주의적 통치를 위해 각종 법과 제도를 정비했고, 국가적 사회적 차원에서 관리하고 통제했다. 따라서 이 시기 일본은 군국주의 국가로서의 전제 조건을 모두 만족한다.

이는 대외 관계에 대한 협조나 대화, 공존과 평화가 아닌 대결과 전쟁이었다. 그 결과는 침략이나 팽창, 학살이었다. 그 방법은 몰살, 반인권, 반인륜, 반사회, 반역사의 표상이었다. 당시 이런 방식은 일본 군국주의의 생존 전략이었고 일본의 운명을 건 선택 사항이었다. 일본 군국주의의 위선이며, 오만이었고 궤도 이탈의 대가였다.

이 시기에 일본 민주주의의 조건은 무너지고 파탄이 났다. 그 파탄과 통제 속에서 싹튼 것이 쇼와 군국주의였다. 일본판 전체주의라고 말할 수도 있다.

IV. 패전敗戰 민주주의, 1945-1951

전후 민주주의란, 제2차 세계대전 후 일본에 보급된 민주주의 사상 및 가치관의 총칭이다. 여기서는 전후 민주주의를 패전 민주주의와 동의어로 사용한다. 이유는 전후 민주주의가 제2차 세계대전의 패전으로 생겨난 부산물이기 때문이다.

1. 개요

전후 민주주의는 전쟁 전의 다이쇼 데모크라시와 대비해서 자주 사용된다. 이 용어는 여러 가지 문맥에서 사용되고 있지만, 전후 민주주의를 설명하는 학문상의 정설은 아직 존재하지 않는다. 사용자에 따라 천차만별이라고 해도 좋다. 다만, 전후 민주주의가 존중한 공통의 가치로서 일본국 헌법에 나타난 국민주권(주권재민), 평화주의, 기본적 인권의 존중을 들 수 있을 것이다. 그 점에서, 전후 민주주의는 일본국 헌법을 배경으로 한다고 말할 수 있다. 교육기본법도 일본국 헌법과 함께 이러한 전후 민주주의의 여러 가치를 옹호하는 역할을 해왔다고 볼 수 있다.

다이쇼 데모크라시는 국민주권이 아닌 천황주권의 대일본제국 헌법을 민주주의적으로 해석하는 것에 기초하고 있었다. 제창자인 요시노 사쿠조(吉野作造)는 이를 두고 정부의 탄압을 피할 수 있는 '민주주의'가 아니고, '민본주의'였다고 주장한다. 다시 말해 기본적 인권이 개인의 천부적 권리로서 규정되어 있지 않았다. 즉, 유럽이나 미국에서 당연시했던 천부인권설이 일본에는 보급되어 있지 않았다. 또, 의원내각제도 헌법상의 규정이 없었기 때문에 헌정의 상도라는 개념으로 관습적으로 실현되고 있었다. 그 때문에 수상의 지도력은 확립되지 않았고, 내각을 구성하는 다른 대신을 임의로 파면할 수 없는 약한 입장이었다. 군의 최고 지휘권(통수권)은 천황에게 있었고, 내각에는 없었다. 요컨대 통수권을 방패로 삼은 군부의 폭주를 억제할 수 있는 법적인 힘이 내각과 의회에 없었다는 뜻이다.

반면 전후 민주주의는 국민주권(주권재민, 국권의 최고 의결기관으로서의 의회)이나 기본적 인권을 기본 원칙으로 했기에, 다이쇼 데모크라시의 약점을 극복했다고 말할 수 있다. 그러나 영국과 같이 의회가 왕권을 제한하면서 위의 것들을 확립'한' 것이 아니고 제2차 세계대전 과정에서의 포츠담 선언 수락, 항복 문서 조인, 이후에 연합국 최고사령부 영향 아래에서 시행된 일련의 개혁을 통해 확립'되었'다(메이지 유신과 같이 위로부터 이루어진 봉건제의 개혁). 그 점에 전후 민주주의의 약점과 딜레마가 있었다고 할 수 있다.

2. 대표적 인물

이른바 진보적 문화인과 겹치지만, 전후 민주주의의 오피니언 리더라고 주목받는 인물은 마루야마(丸山眞男), 가와시마(川島武宜), 오오츠카(大塚久雄) 등의 학자가 있고, 그중 오오에(大江健三郎), 오오츠카(大塚英志)는 전후 민주주의자임을 자인自認하는데, 특히 오오에가 대표적이다.

3. 전후 민주주의에 대한 비판적 견해

일본의 보수적인 논자들은 전후 민주주의와 근대 입헌주의로 인해 일본인들이 공동체 의식에 뿌리내렸던 양심을 잃고 이기주의적이 되었으며, 일본 사회의식 기저의 가부장제나 순결주의 등 전통문화 역시 파괴되었다고 주장한다. 이러한 주장은 1955년 11월 자유민주당을 결당했을 때 강령에서도 주창되었고, 1960년대에는 미시마 유키오(三島由紀夫, 『문화방위론(文化防衛論)』), 후쿠다 쓰네아리(福田恆存) 등 보수계 사람들 사이에서 활발히 논해졌다.

이러한 논자들은 전후 민주주의를 '좌익'이라고 비판한다. 확실히 전후 민주주의는 좌익이라 불리는 사회 민주주의자나 공산주의자의 지지를 받고 있었다. 그러나 전후 민주주의 지지자가 반드시 사민주의나 공산주의에 찬동하는 것은 아니었고 개중에는 자유주의를 지지하는 사람도 있었다.

또한 더 선명한 입장을 취하는 신좌익은 평화주의나 의회제 민주주의 등, 전후 민주주의의 가치관을 공격한다. 1960년대 후반부터 1970년대에는 요시모토 다카아키(吉本隆明) 등이 권위주의적인 것에 반대 주장을 펴면서 당시 젊은이들로부터 뜨거운 지지를 받았다. 신좌익이 리드한 학생운동이 과격하게 진행된 배경에는 자유주의 경향의 전후 민주주의와 거기에 영합한 온건화한 일본공산당이나 일본 사회당에 대한 비판이 있었다.

게다가 전후 민주주의를 옹호하는 입장에서 '우익'으로 불리며 공격받은 보수적 의견에도 다양한 견해가 있었다. 혁신 세력뿐만 아니라 자유주의자로부터도 '전후' 민주주의가 지지를 받은 것처럼, 전후 일본의 가치관 변용에서부터 전후 민주주의의 기본에 대해 염려했던 것은 보수파뿐만이 아니다. 또한 보수주의 논자가 비판하고 있는 것이 민주주의 그 자체가 아니고, 오히려 '전후' 민주주의에 있다는 점을 주목해야 할 것이다. 전후 민주주의라는 용어 자체에 대해서도 혁신 세력과 보수 세력 사이에 견해 차가 있었다.

다음은 전후 민주주의에 대한 반대 혹은 비판적인 견해의 예이다.

- 대일본제국의 국책을 안티테제로 하는 민주주의, 그 때문에 전쟁 전의 사회 풍조에 대해서 부정적이다.
- 일본국 헌법과 특히 헌법 제9조(부전否戰 조항)를 절대시하는 이데올로기(국가의 자위권만 긍정).
- 전후 시대에 교육을 받았고 그런 민주주의에서 자란 사람의 민주주의.
- '개인'의 '자유'를 절대시하고, 이것을 부정하는 집단이나 조직의 룰과 결정을 악으로 간주하는 개인 우선의 사회 조류辻創.
- 도쿄재판[1] 사관에 근거하고 있어 「일본의 국가와 관료가 실시하는 것은 모두 더럽고 신용할 수 없으며, 구미에는 진정한 민주주의가 꽃피어 있다」라는 명제가 전제된 민주주의桶谷秀昭.

---

1 극동국제군사재판(極東國際軍事裁判; International Military Tribunal for the Far East)은 제2차 세계대전과 관련된 동아시아의 전쟁범죄인을 심판한 재판이다. 도쿄재판이라고도 한다. 60여 명이 전쟁범죄 용의자로 지명되었고, 그중 28명이 기소되어, 판결 이전에 병사한 사람 2명과 소추가 면제된 1명을 제외한 25명이 실형을 선고받았다. 하지만 당시 일본 왕이자 최대 책임자였던 쇼와 일왕과 난징 대학살의 지휘관이었던 아사카노미야 야스히코(朝香宮鳩彦)를 비롯한 주요 일본 왕족들은 처벌을 면했고, 왕족으로서는 나시모토노미야 모리마사(梨本宮守正) 왕만이 유일하게 전범 지명자 명단에 포함되었다. 생체 실험 부대인 731부대의 책임자로 각종 범죄를 일으킨 이시이 시로(石井四郎)와 그 관계자들 역시 미국에게 연구 자료를 넘겨주는 대가로 기소되지 않았다. 그 외에 기시 노부스케(岸信介)와 아이카와 요시스케(鮎川義介)의 경우, 일본의 무조건 항복 후 A급 전범 용의자로 체포됐다가 석방되었다. 이 중 기시 노부스케는 그 뒤에 일본 총리를 지내기도 했다. 이 재판은 뉘른베르크 재판과 유사하다는 의미에서 '뉘른베르크 재판의 극동아시아판'이라고 불리기도 한다. (한국 위키 백과: 극동국제군사재판 항목 참조)

- 전후 민주주의 교육은 도쿄재판 사관에 근거한 역사 교육으로 자학사관이어서 「무사안일주의」와 「애국심의 결핍」 등의 폐해를 낳은 한 요인으로 여겨지는 민주주의(새 역사 교과서를 만드는 모임, 일본회의 등).
- 이른바 진보적 문화인에 대한 비판으로, 일본 국민의 대부분이 「전후 민주주의」를 분위기로만 받아들여 자유와 권리는 향수하지만, 책임이나 의무는 완수하려고 하지 않는다는 입장.
- 「전후 민주주의」라고 하는 말이 지식인이나 교양인을 나타내는 일종의 캐치프레이즈 정도이고, 그 내용이 엄밀하게 추궁당하는 것이 없고, 의미가 얕다는 비판.
- 「전후 민주주의」라고는 말하면서도, 실제는 부락 차별 등 차별이 만연해 민주주의와는 거리가 먼 사회라는 입장. 일본 사회당과 일본공산당을 「전후 민주주의」 체제를 유지하는 보완물이라고 규정하면서 평화주의 그 자체를 부르주아적이라고 비판한다. 특히 신좌익적인 입장에 있는 사람들에게서 이런 경향을 볼 수 있다.

4. 조건과 해석

저자는 이 시기(1945-1951)의 일본 민주주의를 '강요된 민주주의'라고 규정한다. 일본이 패전한 결과, 미국이 일본에 미국식 민주주의를 강요했기 때문이다. 이 시기, 일본 민주주의의 특징은 도쿄재판과 샌프란시스코 강화조약에 나타나 있다. 그 과정에서 행해진 헌법의 제정이나 사회경제적 개혁, 전쟁 시대의 생산 양식이나 제도의 철폐, 천황의 자리매김 문제 등은 일본 사회를 전체적으로 개조하는 것이었다. 그러한 조치로 일본은 다시 태어났지만, 그 결과가 미국에 의해 강요된 민주주의였다.

한편, 소련(공산주의)의 위협이 있었지만, 공산당과 사회당이 존재하면서도 자본주의하의 마르크스주의가 용인되는 정도였다. 또 공산권과의 경쟁이 격렬해짐에 따라, 일본은 공산주의를 막는 요새가 되었고, 미국식 민주주의가 강요되면서 좌파 이데올로기에 대한 탄압이 행해졌다. 그러면서 미국은 일본식 장점을 재평가하게 되었고, 경제 부흥 과정을 통해 전쟁 이전과 이후에 대한 관점을 다시 평가하게 되었다. 즉 전전의 것이 부정되고 전후의 것이 긍정되던 관점이 아닌, 전전과 전후가 각각 긍정되기도 하고 부정되기도 하는 혼재 현상을 초래했다. 그런 현상은 일본의 전통과 국가의 존재 양식을 되묻는 계기가 되었다.

이 시기, 일본 민주주의는 강요로 수립된 것이지만 새로운 출발점이기도 했다. 그러나 사회주의권의 위세에 영향을 받아 일본이 추구해야 할 진정한 민주주의까지는 도달하지 않았다. 여기에 일본 민주주의의 한계가 있었고, 이 요인은 그 이후 일본 민주주의를 흔드는 한 요인이 되었다고 해석할 수 있다.

즉 일본은 서구식 민주주의에 일본식 전통과 국가의 특징을 더해 일본식 민주주의를 만들고자 했다. 당시 승자였던 미국은 이에 반대했으나 소련의 위협이 증가하자 일본의 과거 전쟁범죄에 너그러운 입장이 될 수밖에 없었고, 그로 인해 '일본식 민주주의'를 용인하는 결과를 낳았다.

즉 과거사와의 선 긋기가 미국의 전략에 따라 유보되거나 완화되고 심지어 부정된 것이다. 미국의 전략에 따라 강요된 일본 민주주의는 냉전 틀에 갇혀있었기에 문제로 부각되지 않았다. 이 문제가 부각되는 것은 냉전이 끝나면서부터이다.

이 문제는 마침내 일본 민주주의의 한계로 나타났고 일본 민주주의가 흔들리는 주요 요인으로 작용하게 되었다고 해석할 수 있다. 패전 민주주의의 가능성이 미국에 의해 좌우되는 것이었다면, 일본 민주주의의 자생력이 문제가 될 것이다. 반대로 일본 민주주의의 가능성이 있었음에도 미국이 미국의 세계 지배 전략에 따라 일본 민주주의를 냉전 틀에 가두었다면, 일본 민주주의뿐 아니라 어떤 나라의 민주주의이든 민주주의는 국가 전략의 희생물이 될 수 있음을 보여주는 사례일 것이다. 이에 대한 역사적 책임을 추궁한다면 어떻게 평가할 수 있을까?

V. 경제 민주주의, 1952-2011

민주주의(democracy)란 국가나 집단의 권력자가 구성원 전원이며, 구성원의 합의로 의사를 결정하는 체제 혹은 정체를 가리킨다. 특히 정체政體를 가리키는 경우는 민주정이라고도 번역된다. 광의의 민주주의는 체제·정체도 가리키지만, 협의로는 민주제·민주정을 다른 제도보다 존중하는 주의(사상·운동)를 말한다(=민주제주의). 역사적으로 여러 의미로 사용되고 있어 각 의미에 따라 과두제, 군주제, 귀족제, 독재, 전제, 권위주의 등과 대비된다.

1. 현대의 민주주의

전 국민이 평등한 권리를 가지는 민주주의에서는 투표가 중요하다. 민주주의가 자유주의와 결합되면 입헌 민주주의라고 불린다. 그 경우 헌법에 사상과 양심의 자유, 언론의 자유, 표현의 자유, 결사의 자유, 참정권 및 인권 조항을 규정한다.

현대 민주주의 국가로 불리는 많은 나라에서는, 간접 민주주의인 자유선거에 의한 의회 제도, 해직 청구나 중요한 결정에 관한 국민 투표나 주민 투표 등의 직접 민주주의를 조합한 제도를 헌법이나 법률 등에 정하고 있다. 현대에서는 무기명 보통선거가 공평하고 공정한 민주주의와 불가분이라고 보기 쉽지만, 선거제도는 선거구나 정원, 단순선발과 비례, 돈트 방식[1]이나 헤어 클라크제[2] 등 설계 방식에 의해 결과가 크게 다를 수도 있으므로 공평·공정에 대해서도 다양한 논점이 있다. 또 역사적으로는 선출 방식이나 제한 선거(소득, 성별, 연령 등의 제한)도 중요한 의제였다. 사회 상황이나 민족 구성에 따라서는 민주주의의 귀결로서 '뽑기'가 좋다는 가설도 제기되고 있다. 선거구마다 합의로 대표를 선출해도 좋다(무투표 당선).

반면 주민이 정책에 직접 투표하는 주민 투표나 국민 투표 등의 직접 민주제에도 비판은 많다. 의사 결정은 다수결 외에도 다수파에 의한 독재를 방지하기 위한 만장일치제나 거부권이 필수로 여겨지는 경우도 있다. 또 단순한 의사 결정만이 아닌 참가자 전체의 합의를 중시해 사전 정보 공개나 보도의 자유, 소수 의견의 존중, 그 과정의 일반 공개 등이 요구되고 있는 경우도 많다. 레이프하트(Arend Lijphart)는 세

---

1 비례대표제에서 득표수를 의석수로 변환시키는 방법에는 대별하여 최대(최고) 평균법과 최대 잉여법의 2가지가 있다. 이 중 최대 평균법이란 '1 의석 당 평균 득표수가 최고인 정당이 의석을 획득하는 것'을 원칙으로 하는 배분법이다. 이 배분 방법에 대해서도 몇 가지의 형식이 있다. 우선 일본에서도 채용하고 있는 돈트(d'Hondt)식은 각 정당의 득표수를 1, 2, 3…이라는 정수로 나누어 그 몫이 큰 순서로 의석을 배분하는 방법이다. 이것에 대해 상라그(Saint-Laguë)식은 돈트식에서의 1, 2, 3이라는 정수 대신에 1, 3, 5…의 홀수를 사용하고 나중에는 돈트식과 마찬가지로 몫이 큰 순서로 배분하는 방식이다. 또한 이러한 계산을 할 때 사용한 '나눈 수'를 기수라고 한다. 일반적으로 돈트식은 대정당에, 상라그식은 소정당에 유리한 의석 배분법이라고 한다. 최대 평균법을 이용한 의석 배분법에는 이러한 것 외에 덴마크식이나 임페리얼식 등이 있다.(21 세기 정치학 대사전, 2010. 1. 5., 한국 사전 연구사)

2 Thomas Hare와 C. E. Clark가 창안하여 제창한 투표 방식이며 오스트레일리아에서 시행되고 있다. 이 방식은 자신이 어떤 군소 정당을 지지해도 '사표'가 되지 않는다. 이 방식은 투표에 대한 자극뿐만 아니라 정당 활동의 기회를 증가시킨다.

계의 민주주의 제국을 다수결형 민주주의와 합의 형성형 민주주의로
유형화했다.

- 다수결형 민주주의: 「웨스트민스터 모델」이라고도 한다. 앵글로
  색슨 제국이 해당한다. 2당제, 단독 정권, 수상 혹은 대통령의 우
  월, 소선거구제, 다원주의, 중앙집권적 단일국가, 일원제, 연성헌
  법, 헌법재판소의 부재, 종속된 중앙은행 등 가운데 과반 이상의
  것을 채택하고 있으면 이에 해당하는 것으로 상정하고 있다.
- 합의 형성형 민주주의: 「컨센서스 모델」이라고도 한다. 유럽 대륙
  의 작은 나라들이 해당한다. 다당제, 연립 정권, 의회 혹은 정당의
  우월, 비례대표제, 협조 국가주의, 지방분권적 연방제, 이원제, 경
  성헌법, 헌법재판소의 존재, 독립한 중앙은행 등 가운데 과반 이
  상의 것을 채택하고 있으면 이에 해당하는 것으로 상정하고 있다.

후쿠야마(Francis Yoshihiro Fukuyama)는 자유로운 민주주의가 합리적이
고 보편적인 이데올로기이며 정치 체제라고 주장한다. 그는 소련 붕괴
를 토대로, 민주국가 제국은 다른 이데올로기 국가군에 대해서 최종적
으로 승리했으며 이미 뒤집을 수 없는 정치·경제·군사적 우위를 확립
했다며 역사의 종언을 말했다.

도일(Michael W. Doyle)이나 러셋(Bruce Martin Russett)은 경험을 근거로
민주국가끼리는 교전 가능성이 낮다는 가설을 세우고, 이에 입각해 민
주적 평화론을 주장했다.

제1부 - 일본 민주주의, 그 불편한 진실

2. 현대 의회제 민주주의 국가의 기준

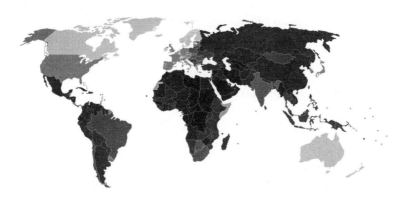

Full Democracy	Flawed Democracy	Hybrid Regime	Authoritarian Regime
10-9	9-7.95 7.95-7	7-6 6-4.5	4.5-3.95 3.95-2 2-0

그림: 민주주의 지수에 의한 지역별 정치 판단

색이 진하지 않은 지역일수록 민주적 경향이 강함을 의미한다(그림: 민주주의 지수에 의한 지역별 정치 판단 참조). 민주주의가 성공적으로 작동하기 위해서는 유권자 전체가 지적 교육을 받아야 한다고도 볼 수 있다. 즉 공포나 분노 등의 감정, 개인적인 이해, 미디어에 의한 정보 조작이나 선전 등에 유혹받지 않는 이성적인 의사 결정이 가능한 사회여야 민주주의가 제대로 기능할 수 있다. 요컨대 덕이 있는 사회이다. 달리 말해, 민주주의를 무조건 넓히면 지적 교육을 받지 않은 자, 공포나 분노 등의 개인 감정이나 손익에 영향을 받기 쉬운 비이성적인 자가 유권자가 되어 결과적으로 중우정치가 될 수 있다는 위험이 있다.

실제로, 분명하게 독재 체제인 나라가 민주국가를 자칭하는 경우도 있으므로, 외부에서 체크할 수 있는 기준으로 다음과 같은 것이 이용된다. 이런 논의는 리버럴 데모크라시로 불린다. 예를 들어 폴리아키(Polyarchy)의 초안자인 달(Robert Alan Dahl)은 7개의 기본적 조건을 들고 있다.

- 행정 결정을 관리하는 선출된 관리
- 자유롭고 공정한 선거
- 보통선거
- 행정직에 대한 공개성
- 표현의 자유
- 대체적 정보(반대의견)에 대한 접근권
- 시민사회 조직의 자치

또한 후쿠야마는 다음과 같은 기준을 제안한다.

- 서로 대립하는 복수의 입후보자가 존재하며 자유롭게 무기명으로 행하는 정기적인 보통선거가 이루어지는 것
- 보통선거에 의해서 구성된 의회가 입법권의 최고 권한을 가지고 있음을 헌법 등의 공식 문서에 명문화하는 것
- 의회 내에 상호 비판적인 복수 정당이 존재하는 것
- 자유롭고 다양하게 행정부를 비판하는 국내 대중 미디어가 존재하고 그것을 불특정 다수가 열람할 수 있는 것

세계에는 다양한 민주국가가 존재하고 있지만, 이것들은 대개 공통 기준이다. 반대로, 이들을 갖추지 못한 국가는 아직 개혁의 여지가 있는 민주 체제라고 볼 수 있다.

3. 정체로서의 민주정

국가의 정체로서 민중·인민·국민이 지배적 정당성을 가지는 주권자이면서 실제 정치권력을 가지는 것을 민주정이라고 부른다. 이런 의미에서 민중주권·인민주권·국민주권 등은 거의 동의어이며, 신권神權정이나 군주정, 귀족정이 이에 대비된다.

고전적인 의미로 민주정은, 공동체의 의사 결정에 민중이 관여할 뿐만 아니라 과반의 민중이 그 정책의 집행도 담당하는 것을 전제로 한다. 근현대의 민주주의는 사회계약의 개념을 도입하고 있으므로, '의사 형성에 관여하는 인민 일반이 정책 집행에도 관여'하는 고전적 의미의 민주정과 반드시 같은 것은 아니다.

민주정에서 위정자와 피통치자는 동일하다. 이 때문에 만일 실정이 있어도 자기 책임이며, 실정에 의한 책임 문제나 손해 배상의 문제는 이론상 발생하지 않는다. 한편, 정책의 일관성이나 책임 소재가 애매하고, 중우정치에 빠질 위험성이 있다. 또 간접 민주주의는 선거 때를 제외하면 실질적으로는 과두제여서 민의의 반영이 불충분한 경우에는 귀족정 등과 같은 문제가 발생한다. 반대로, 군주나 귀족이나 교회 등이 존재하는 입헌군주제도 주권자가 인민이면 인민주권이기에 민주주의와 공존할 수 있다.

4. 민주주의와 독재

일반적으로 '민주주의, 민주제'의 대립 개념이 '독재, 독재제'라고 여겨진다. '독재'는 공화정 시기 로마의 독재관에서 유래되었는데, 이는 비상 시 1명에게 막강한 권한을 주어 사태에 대처시키는 제도이다. 정치학자 슈미트(Carl Schmitt)는 "인민의 의사를 실현하는 것이 민주주의이며, 독재제는 비상시에 일시적으로 법을 침범하지만 장기적으로 법질서를 회복하는 제도로, 독재는 일시적으로 전제專制적으로 된다."라고 한다. 이와 같이 독재자가 민주적으로 선출되어 비상사태를 극복한 후에 민주제로 복귀하는 경우, 민주제와 독재제가 반드시 모순되는 것은 아니다.

비민주제로부터 민주제로 이행한 예로는 17세기 이후의 시민 혁명이나 20세기의 동유럽 혁명 등이 있다. 반대로, 부분적이지만 민주제가 쇠퇴하거나 독재로 이행한 예는 다음과 같다.

- 고대 그리스 아테네의 민주정 이후의 혼란과 쇠퇴: 플라톤은 이것을 중우정치라고 비판했다.
- 고대 로마에서는 공화제 로마에서 제정 로마로 이행: 공식적인 주권자는 원로원과 로마 시민이었지만, 독재관의 임기는 당초의 반년부터 종신도 등장하고 후에 로마 황제는 세습도 되었다.
- 프랑스 혁명으로 공화정이 되었지만, 자코뱅파에 의한 일당 독재의 공포정치. 그 후 나폴레옹(보나파르트)에 의한 군사 독재.
- 러시아 혁명으로 제정 붕괴 후, 레닌이 이끄는 볼셰비키의 10월 혁명에 의한 일당 독재. 그 후 소비에트 사회주의 연방공화국과 다른 많은 사회주의 국가에서의 독재(특히 스탈린주의에 의한 전체주의).
- 이탈리아 왕국에서 무솔리니가 이끄는 파시스트당에 의한 독재.
- 독일 바이마르 공화정에서 히틀러가 이끄는 국가 사회주의 독일

노동자당에 의한 일당 독재.
• 일본의 다이쇼 데모크라시 이후의 쇼와 군국주의와 국가 총동원 체제.

특히 대일본제국에서는 태평양 전쟁 직전, 모든 합법 정당이 해산하고 대정익찬회(大政翼贊會)에 합류했다. 이와 같이 의회나 정당이 제도적 합법성 또는 자주성을 표방하면서 권한을 이양하거나 해산하는 일은 민주주의인가? 혹은 민주주의의 부정인가? 자살인가? 이런 문제는 민주주의에 관한 해석을 다양하게 한다. 마찬가지로 민주주의의 부정을 공언하는 집단이나 언론의 행위에 대해서도, 어디까지 자유를 인정하는 것이 민주주의인가? 반민주주의의 언동을 보장하는 것이 민주주의의 자살이라고 생각하는 입장도 있고, 반대로 다른 주장을 억압하는 것 자체가 민주주의의 자살이라고 생각하는 입장 등, 민주주의에 대한 해석에는 다양한 입장과 논의가 있다.

5. 비판과 평가

민주주의에 대한 주요 비판이나 평가는 다음과 같다.

역사주의적 관점에서는, 그 대표로서 선출되는 과정이 단지 우연에 기반하고 있다는 사실에 주목하여 투표자에 의한 다수결을 부정하는 견해가 있다. 이는 '만약 과거에 태어났거나 아직 태어나지 않은 사람들이 현재의 의사 결정에 참가한다면 어떻게 판단할까'라는 가정을 기조로 삼는다. 그러나 역사주의는 현실적으로 직면하고 있는 과제 해결을 유보하고 있다는 비판으로부터 자유롭지 않다.

역사주의는 국민을 역사적인 존재이자 동시에 추상적인 존재로 파악한다(나시온 주권1과 푸플 주권2 참조). 역사주의를 지나치게 강조하면 검증 불능인 역사관을 방패로 독재정을 조장할 가능성이 있다(유물사관에 의한 공산당 일당 독재나 황국사관 등).

또 다른 비판으로는, 민주주의를 군주제나 독재제 등과 비교할 때 1) 필요한 의사 결정까지 많은 시간·절차·비용이 든다는 것, 특히 전쟁이나 재해 등의 긴급 시에는 민주적 절차를 밟을 여유가 없는 경우가 있다는 것, 2) 논의나 의사 결정이 민중의 레벨까지 이루어지기 때문에 엘리트에 의한 통치보다 중우정치에 빠지기 쉽다는 것, 3) 다수결에서는 다수파 지배가 되기 쉽다는 것, 4) 특히 의회제 민주주의에서 의원은 특정의 지역·민족·계급·직종의 이익 대표가 되기 쉽고, 이익 유도형 정치가 되기 쉽다는 것, 5) 반대로 세력 균형이 이루어지고 있을 경우에는 의회에서의 술책이나 타협에 의해 모순된 결정이나 어

---

1   개성을 배제한 추상적인 국민을 전제로 해, 그 국민이 대표자를 선출하며 대표자는 국민으로부터 수권해서 그 대표자가 주권을 대표한다. 따라서 선거는 공무이며 자유 위임과 간접 민주제가 원칙이다.

2   개개의 구체적인 국민(인민)이 주권자이지만, 전원이 전체 주권을 행사할 수는 없기 때문에, 법적 기술로서 대표자를 선출한다. 따라서 선거는 전 국민에게 인정된 권리이며, 명령 위임과 직접 민주제가 원칙이다.

중간한 결정을 하기 쉽다는 것, 6) 빈번한 정권 교체로 정책의 계속성이 사라지기 쉽다는 것, 7) 직접 민주주의에서는 의사 결정자가 전체이기에 실현 가능성이 낮은 무책임한 결정이 내려지기 쉽다는 것, 8) 민주주의를 인간에게 평등하게 주어진 자연권적 인권의 하나로 간주하는 자유주의 사상이나 사회계약론에는 사실상 과학적인 근거가 없다는 것, 9) 민주주의를 부정하는 사상이나 집단에 대해서도 민주주의적인 자유를 적용해야 할 것인가에 대한 근원적인 논의가 필요하다는 것 등을 들 수 있다.

이들에 대한 반론으로는, 1) 민주주의에 필요한 코스트가 무력 투쟁이나 복수에 의한 손해보다는 적다는 것, 2) 긴급 시에는 사전에 비상사태법 등의 정비가 가능하다는 것, 3) 엘리트에 의한 통치도 오직汚職이나 특권 계급화의 위험이 있다는 것, 4) 소수파를 배려한 의회의 운용이 가능하다는 것, 5) 민중의 의식이나 정당의 정책 능력 향상으로 정책의 질을 향상시키거나 안정화를 이룰 수 있다는 것, 6) 민중주권은 국가나 조직의 정통성이 된다는 것, 7) 군주제나 독재제에서는실정失政의 경우, 검증 및 교체가 곤란하다는 것, 8) 민주주의는 의사결정 과정에서 일정한 상호 이해와 의견 일치가 가능하기에 결정 후정책 실시가 순조롭게 이루어진다는 것, 9) 다원주의적으로 다양한 의견을 포함해 논의가 계속되기 때문에 지연을 피할 수 있다는 것 등을들 수 있다.

6. 조건과 해석

이 시기의 일본(사회 또는 정치)은 정치학자가 제시하는 지표로 보나 민주주의 인덱스로 보나 민주주의 체제이다. 한편, 이 시기 일본은 미국의 전략적 파트너가 되면서 소련의 위협을 공동으로 방어하는 역할을 하게 된다. 이 역할이 냉전기에는 당연한 것이 되었고, 일본도 미국의 묵인 아래, 과거사를 과거의 것으로 간주하면서 무시했다. 즉 일본의 과거사는 미국의 냉전 전략에 묻혔다. 더불어 과거사 청산은 주요 과제 가운데 하나였지만, 우선순위는 아니었기에 매장된 상태였다. 문제가 부각되는 것은 탈냉전과 아시아 지역의 정치경제 판도 변화(중국의 부상과 한국의 경제 발전)였다.

특히 2000년대 이후, 국제 관계의 중층성은 '과거사'의 재해석을 요구했고, 이에 대한 일본의 대응은 일본 민주주의의 본질을 되묻는 기제로 작용했다. 즉 과거사(야스쿠니 신사 참배 문제, 종군 위안부 문제, 강제 징용자 보상 관련 법정 판결 문제, 영토 문제, 기타 제국주의 일본이 저지른 각종 만행 문제 등)는 현재사가 되었다. 일본은 과거사에 대해 '과거사의 법적 종결'이라는 논리를 강변하고 있다.

한국과 중국의 경우, 탈냉전과 아시아 지역의 정치경제 판도 변화를 통해 다시 태어나면서 일본을 대하는 자세가 달라졌다. 정치경제 및 군사적으로 과거의 한국과 중국이 아니기 때문이다. 이 문제는 적용 범위를 넓히면 미국의 문제이기도 하다. 미국이 강조하는 어떤 인권적 가치가 있다면 그것이 일본에게만 유리하게 작용돼서는 안 된다는 지점에 부딪힌 것이다. 이 지점에서 과거사를 둘러싸고 법이 우선하는가 아니면 보편적 가치인 인권이 우선하는가 하는 문제가 부각되었다. 즉 철학의 문제가 된 것이다. 인류가 추구하는 정신이 인권이라는 보편적 가치라면 '과거사의 법적 종결'이라는 일본의 논리는 취약할 수밖에 없다. 일본은 이에 대해 '민주주의적 대응'을 할 때이다. 일본 민주주의의 조건을 되묻는 의미가 여기에 있다.

VI. 결론

일본은 다이쇼 데모크라시 시기(1911-1925)를 통해 민주주의를 확장했고, 민주주의 기반을 만드는 데에 어느 정도 성공했다. 한편, 당시의 국제정치적 변동은 일본 민주주의 기반을 흔들었고, 유럽 제국과 마찬가지로 일본은 침략과 팽창주의로 나섰다. 육군의 강세는 군국주의적 통치로 이어졌고, 대외 관계 역시 협조나 대화, 공존과 평화가 아닌 대결과 전쟁이었다. 그 결과는 침략이나 팽창, 학살이었다. 그러면서 일본 민주주의의 조건은 무너지고 파탄이 났다. 그 파탄과 통제 속에서 싹튼 것이 쇼와 군국주의(1926-1944)였다. 패전 민주주의(1945-1951)는 미국식 민주주의가 강요된 것이었지만, 이를 통해 일본은 다시 태어났다. 그러나 공산주의의 위협이 증가함에 따라 '강요된 민주주의'마저 미국의 전략에 의해 유보되거나 완화되었고, 패전 민주주의는 냉전 틀에 갇혔다.

문제가 부각되는 것은 경제 민주주의 시기(1952-2011) 가운데 탈냉전과 아시아 지역의 정치경제 판도 변화(중국의 부상과 한국의 경제 발전)가 있던 1990년대 이후였다. 특히 2000년대 이후, 국제 관계의 중층성은 '과거사'의 재해석을 요구했고, 이에 대한 대응은 일본 민주주의를 되묻는 기제로 작용했다. 즉 과거사는 현재사가 되었고 전범 및 전쟁 피해, 인권, 보상, 인류의 문제가 다시 살아났다.

이 문제는 일본 민주주의의 '가능성' 문제이며 '미국'의 문제이기도 하다. 미국이 강조하는 어떤 인권적 가치가 있다면 그것이 일본에게만 유리하게 작용할 수는 없는 문제가 된 것이다. 이 지점에서 과거 사를 둘러싸고 법이 우선하는가 아니면 보편적 가치인 인권이 우선하는가 하는 문제가 부각되었다. 즉 철학의 문제가 된 것이다. 인류의 보편적 가치가 인권, 정직과 정의라면 '과거사의 법적 종결'이라는 일본의 논리는 취약할 수밖에 없다. 일본은 이에 대해 '민주주의적 대응'을 할 때이다. 일본 민주주의의 조건을 되묻는 의미가 여기에 있다. 즉 일본은 국내의 특정 세력이 국제적 시대 상황에 대응키 위해 군국주의적 조치를 취했을 뿐이라는 논리로 일본 군국주의를 정당화할 수는 없다. 이러한 시대 인식이나 철학은 천박淺薄하고 천박舛駁하다. 향후 일본 사회가 스스로의 통제력을 잃고 쇼와 군국주의 방식을 택할지, 아니면 문민 통제를 통해 민주적 대응을 할 수 있을지가 관건이다.

이 연구를 통해 경험적으로 알 수 있는 민주주의의 조건은 1) 국내적으로 특정 세력이 강세를 이어가면서 반민주적 조치를 강구할 때, 이를 제어하는 문민 통제 시스템을 구비하는 것이다. 2) 국제적으로 특정 이데올로기가 대세를 이어가면서 침략과 전쟁이 수단으로 당연시되는 경우, 이를 제어할 국제 조직(예로 국제평화군)이 있어야 한다는 것이다. 어느 하나만 결여되어도 민주주의의 조건은 무너진다. 탈냉전 이후 일본 사회에서 공공연하게 논의되는 헌법 개정이나 집단 안보, 군사 대국화와 보통 국가화 등은 21세기형의 또 다른 군국주의로 이어질 단초가 될 가능성이 있기에 경계의 대상이 된다.

그럼에도 위의 두 조건은 이상적이다. 그래서 어떤 제도가 충족될 경우, 위의 두 조건이 현실적으로 가능할 것인가를 고민하지 않으면 안 된다. 그것은 다름 아닌 법적 제도화이며, 그 법의 공정하고 공평한 적용이며 구현이다. 즉 최고법인 헌법에 사상과 양심의 자유, 언론의 자유, 표현의 자유, 결사의 자유, 참정권 및 인권 보호를 규정하고 실천하는 것이다. 동시에 헌법적 가치가 제대로 실천되는지를 감시하는 것이다. 현대사회에서는 다양한 미디어의 발달로 이것이 가능하다. 국가의 사정에 따라 차이는 있지만, 어떤 독재 정권도 스마트폰과 인터넷의 물결을 거스를 수는 없을 것이다.[1] 인권, 정의와 정직의 실천 문제가 남았을 뿐이다. 민주주의는 인류의 보편적 가치를 중심에 놓고 논쟁하며 토론하는 가운데 성숙해지는 나무와 같다.

---

1 2003년 그루지야의 장미 혁명, 2004년 우크라이나의 오렌지 혁명, 2005년 키르기스스탄의 튤립 혁명, 2011년 튀니지의 재스민 혁명, 더불어 리비아, 이집트, 알제리, 요르단, 모로코, 예멘 등의 사례가 이를 방증한다.

불편한 진실

일본은 국내의 특정 세력이 급변하는 국제적 시대 상황에 대응키 위해 군국주의적 조치를 취했다. 민주주의의 조건은 국내적으로 특정 세력이 강세를 이어가면서 반민주적 조치를 강구할 때, 이를 제어하는 문민 통제 시스템을 구비하는 것이다. 일본은 그 조건을 구비하지 못했다. 특히나 집회 결사의 자유가 제한되었고, 언론 통제가 이루어지는 상황에서 더욱 문민 통제는 불가능했다. 과거는 그랬다. 오늘날의 일본은 문민 통제가 가능한가? 우경화의 조짐에 대해 혹은 군비 확대에 대해 문민 통제가 이루어지고 있는가? 진지하게 되짚어야 할 불편한 진실이다. 루소는 폴란드 문제에 대해 언급하면서, 폴란드가 소련이나 독일에 대해 대응하기 위해 부국강병을 취한다면, 오히려 폴란드는 내적으로 폴란드 국민을 억압하거나 자유를 제한하는 조치를 취하지 않을 수가 없기에, 폴란드 국민은 자유가 제한되는 역설을 경험할 것이라고 통찰했다. 일본의 과거사에도 이런 루소의 통찰이 통하는 것은 일본 정치사의 불편한 진실일 것이다.

일본 민주주의는 강요된 민주주의의 연장선에 있었다. 소련의 위협에 대해, 미국의 핵우산 아래에서 일본은 안전을 확보했다. 탈냉전기에 이르러 달라졌다. 미국의 병뚜껑 역할도 달라졌다. 미국은 일본의 군비 확충을 기대한다. 중국에 대한 공동 대응 역할을 일본에 기대하고 있다. 일본의 군비 증대와 아시아에서의 군사적 역할을 미국이 충동질하고 있다. 일본은 이에 상응하는 군사기술 협력과 군사동맹으로 호응한다. 아시아에서 일본이 다시 어떤 역할을 할 것인가? 이에 대해 일본 국내의 특정 세력이 정치적 입지를 강화하고 있다. 이른바 우경화다. 이러한 흐름의 목적지는 어디인가? 제2차 세계대전에서 패한 일본의 군국주의자의 DNA는 아직도 꿈을 꾼다. 이들에 대한 문민 통제는 가능할까? 일본 민주주의의 불편한 진실을 물어야 할 지점이다.

국제적으로 특정 이데올로기가 대세를 이어가면서 침략과 전쟁이 수단으로 당연시되는 경우, 이를 제어할 국제조직(예로 유엔군 혹은 국제평화군)이 있어야 한다. 제어할 조직이 없다면 침략과 전쟁은 수단이 된다. 그러면 민주주의의 조건은 무너진다. 탈냉전 이후 일본 사회에서 공공연하게 논의되는 헌법 개정이나 집단 안보, 군사 대국화와 보통 국가화 등은 21세기형의 또 다른 군국주의로 이어질 단초가 될 가능성이 있기에 경계의 대상이다. 일본은 오늘날 시대의 대세를 핑계로 미국과 함께 군사 대국화로 나아가고 있다. 이미 일본은 군사 대국이다. 이에 대한 일본의 변명은 중국과 러시아와 북한에 대한 대응이고, 그것이 평화유지 방법이라는 논리다. 한국도 여기에 동참하라고 권유한다. 그러면서 북한을 고립시키고 중국을 포위한다. 그것이 평화 유지 방법인가? 또 다른 일본의 전쟁 수단 확보는 아닌가? 이에 대해 일본은 정직하게 답변하는 것, 불편한 진실이다.

미국 이데올로기가 일본과 한국에서 득세한다. 미국의 패권주의가 세계를 뒤덮고 신자유주의가 미국식 자본주의로 변형되면서 모든 나라가 미국의 눈치를 보고 있다. 특히 일본이나 한국은 더 그렇다. 벗어나기도 어렵고 그럴 능력도 없어 보인다. 현실이다. 그렇다고 미국을 맹목으로 쫓아가는 것은 위험하다. 그렇다고 중국을 쫓아갈 수는 없다. 자력갱생이다. 곧 참여 민주주의의 활성화를 통한 자력갱생이 필요하다. 일본 제국주의 시대에 일본을 따라가는 것은 순리였나? 암흑의 식민지 시대인 1920년대에서 1940년 초까지는 그것이 운명(순리)이라고 생각했을지도 모른다. 그러니 그 시절에 가장 많은 변절자가 나오고, 친일 협력자가 나오고, 민족 반역자가 생겼다. 조선 민족의 단견이다. 민족자결주의와 자력갱생과 참여 민주주의가 답이다. 그렇다면 오늘날도 미국을 쫓아가야 한다는 것은 불편한 진실이다. 다시 민족자결의 공동체주의와 자력갱생과 참여 민주주의가 답이다.

일본의 민주주의도 마찬가지다. 헌법 개정이나 집단 안보, 군사 대국화와 보통 국가화 등은 21세기형 군국주의다. 일본 시민사회는 이런 흐름을 통제할 에너지가 있는가? 민족자결의 공동체주의와 자력갱생과 참여 민주주의를 열어나갈 에너지가 있는가? 일본 시민사회의 가능성과 에너지는 넘친다. 다만 결정적 시기에 그 힘은 유효할까? 일본 국민의 민족자결에 대한 공동체주의와 자력갱생과 참여 민주주의 열망은 높다. 그 에너지가 군사 대국화와 보통 국가화라는 21세기형 군국주의를 통제할 수 있을까? 기대해도 될까? 불편한 진실이다. 해결책은 있는가? 과거사에서 교훈을 찾을 수 있다. 군국주의 일본의 결말은 무엇인가? 히로시마와 나가사키의 원폭 투하였다. 군사 대국이 된 일본의 결말도 그와 다르지 않을 것이다. 불편한 진실이다.

제2장
탈냉전 이후 일본 사회상의 변화

I. 문제 제기

탈냉전 이후 일본 사회상은 어떻게 변했는가? 냉전 이후 변화된 일본 사회상을 어떻게 평가하고 해석할 수 있는가? 1945년 패전 이후 일본 사회의 국가 시스템은 크게 변했고, 정치 부문에서도 정당 구도 및 선거제도 등에 큰 변화가 있었다. 고도 경제 성장기가 있었는가 하면 1990년대의 장기 불황도 있었다. 사회 현상 가운데 내셔널리즘의 대두와 보통 국가화, 나아가 군사 대국화 등의 흐름은 꾸준하게 지속되었다. 이러한 변화를 특히 탈냉전 이후라는 관점에서 어떻게 볼 것인가? 일본이 특수 국가인지 아닌지의 문제도 고려해야 한다. 보통의 국가에서 일어나는 평범한 현상이 일본에서 일어날 경우, 보통으로 취급되지 않는 경우가 있기 때문이다. 한국과 중국의 경우 일본 사회상의 변화에 대한 비판은 특별하다.

일본의 정치외교 및 사회 변화에 대한 각각의 선행 연구들이 많이 있는데 대표적인 몇 편을 소개하면 다음과 같다. 일본 정치변화를 상징적으로 대변하는 것은 아마도 '55년 체제'에 대한 논의일 것이다. '55년 체제'의 등장과 특징, 그리고 변화상을 설명한 연구는 일본 사회상의 정치적 변화 내용을 보여준다.[1] 또한 정政-관官-재財 연합으로 잘 알려진 일본 정치 구조가 국제화 시대를 맞이하여 행정 개혁을 통해 크게 변화되었음을 실증적으로 분석한 연구도 일본 사회상의 구조적 변화를 보여주는 전형적인 연구 중 하나일 것이다.[2] 외교적 측면의 변화상에 대해서는, 일본 외교를 '전후'의 성립에서 출발해 '전후'의 종언으로 설명하면서 일본 사회상이 어떻게 변화해 왔는가를 분석한 것도 주목하지 않으면 안 될 것이다.[3]

이러한 총괄적 변화에 대한 분석 외에 정치경제적 관점에서의 분석도 있다. 이러한 견해에 따르면, 1990년대 장기화된 경기 침체로 인해 일본 사회에 미래에 대한 불확실성과 불안감이 번지게 되었고, 이것이 이전과 달리 자신감의 상실로 나타났다는 것이다. 이에 대한 반작용으로 일본 사회 내에서는 '강한 일본'을 재건해야 한다는 내셔널리즘 열망이 강하게 대두되었고, 정치에 대한 새로운 리더십을 요구하게 되었다. 이러한 일본 국민의 열망은 일본의 자유화와 개혁을 유도하는 긍정적인 방향과 일본의 정체성 확립을 주장하는 우익 세력의 새로운 역사 해석에 동조하는 부정적인 현상으로 나타나기도 했다. 따라서 일본 국민은 우익의 주장이 가지고 있는 문제점을 인정하면서도 그들의 주

---

1 손열, 「55년 체제」, 현대일본학회 엮음, 『일본 정치론』, 보고사, 2003, 3장.

2 이상훈, 『일본의 정치 과정』, 보고사, 2003.

3 나카무라 마사노리 지음·유재연 외 번역, 『일본 전후사 1945~2005』, 논형, 2006 / 나카무라 마사노리(中村政則), 『전후사(戰後史)』, 이와나미 신서(岩波新書), 2005.

장을 감정적으로 인정하는 모순을 보이기도 했다는 분석이다.[1]

여기서는 이러한 변화의 모습을 어떻게 규정하며 어떻게 평가하고 해석할 수 있는가의 문제를 다룬다. 대체로 일본 사회가 변하고 있다고 할 때, 그 구체적인 내용은 무엇인지를 제시하고, 그 바탕에서 탈냉전 이후 일본 사회의 변화상을 파악해보고자 한다. 기존 논의 및 연구는 역사적인 해석과 정치적 흐름의 관점에서 일본 사회를 평가하는 경향이 강했다. 이에 여기서는 과거(역사 인식), 현재(국민 의식), 미래(정치사회적 쟁점)의 범주를 임의로 설정하고, 이에 대한 일본 사회상의 변화 내용을 동태적으로 파악하는 것에 주안점을 둔다. 이를 위해 일본 국회 회의록과 여론조사 자료를 바탕으로 일본 사회상의 변화를 평가하고 해석한다. 단 역사 인식이나 국민 의식, 나아가 정치사회적 쟁점에 대한 실증 분석은 여기에서의 과제가 아니며 별도의 과제로 삼고자 한다. 다만 실질적 리서치가 아닌 2차 통계자료를 사용한 관계로 일관성 있는 해석에 미흡한 점이 있음을 인정하면서, 불편한 진실을 대담하게 전개해 보고자 한다.

---

1   진창수, 「일본 사회 변화가 가져온 후소샤 역사 교과서 왜곡」, 『세종논평』, No.11, 세종연구소, 2005. 4. 6.

Ⅱ. 일본 사회의 변화상

1. 역사 인식 문제: 과거

1) 역사 교과서 문제

2001년 2월 13일 일본 문부과학 장관 마치무라 노부타카(町村信孝)는 중의원 예산위원회에서 다음과 같은 발언을 했다. "(교과서 채택에) 교직원이 상당한 영향력을 행사하는 가운데 어느 정도 방향성이 확실한 교과서(즉, 일본의 전쟁 책임을 분명히 지적하는 교과서)가 채택된다. 그러다 보니 교과서 출판사는 팔리기만 하면 좋으니까 일정한 방향(전쟁 책임을 묻는 방향)으로 글을 쓰는 집필자들에게 교과서 집필을 의뢰하는 악순환에 빠지게 된다." 이 발언은 일본도 핵무장을 할 필요성이 있다고 주장했다가 일본 방위청 차관에서 해임된 자민당 니시무라 신고(西村愼悟) 의원이 "전쟁 책임을 강조하는 교과서를 바꿔야 한다."라고 강조하면서 이에 대한 견해를 물었을 때 돌아온 답변이었다.[1]

마치무라 문부과학 장관의 발언은 '교직원들이 전쟁 책임을 강조하는 교과서를 선호하니까 출판사들도 그렇게 쓰는데, 그건 별로 좋은 일이 아니다.'라는 뜻으로 해석할 수 있다. 일본의 교과서 정책을 책임지고 있는 문부과학 장관의 이 발언은 2000년대 들어 일본 사회 분위기의 변화를 재는 척도라고 할 수 있다. 2000년 이전에는 이러한 발언이 없었고, 논의의 대상도 아니었기 때문이다. 또한 당시 일본에서는 '새로운 역사 교과서를 만드는 모임'(이하 '새역모')의 회장인 니시오

---

1 심규선, 「[기자의 눈]심규선/일본 사회 "右로… 右로…"」, 『동아일보』, 2001년 2월 21일 자.

간지(西尾幹二) 교수가 쓴 책『국민의 역사』가 베스트셀러가 되기도 했다.[1]

이러한 현상을 지나치게 과대평가해서도 안 되겠지만, 일본 사회의 변화상을 알 수 있는 하나의 상징적 사건이라는 점도 간과해서는 안 될 것이다. 이후에도 교과서 문제는 지속적으로 논란을 빚었다. 그 궤적을 살펴보면 다음과 같다.

지난 2001년 중학교용 역사 교과서를 채택할 때는 많은 시민 단체와 학부모, 교직원 등의 반대 운동으로 '새역모' 측의 시도가 좌절됐다. 도쿄의 공립 양호 학교 몇 곳을 제외하고는 전국 542개 교육구에서 역사 왜곡 논란을 빚어온 교과서를 채택하지 않았다.

그런데 2004년 8월 26일, 도쿄도 교육위원회가 역사 왜곡 논란을 빚어온 교과서를 도립 학교 중학생용 교재로 채택하면서 역사 왜곡 문제가 다시 불거졌다. 이에 대해 그간 일본 시민 단체와 함께 역사 왜곡 교과서 채택 반대 운동을 펼쳐 온 한국거류민단(약칭 민단) 청년회 기획 사업 김종수(金宗洙) 부장이 "이번 결정은 단지 학교 하나에 국한된 문제가 아니다."라며 왜곡된 역사관을 교육계에 들여놓기 위한 맥락으로 해석해야 한다고 지적했다. 동시에 그는 "2002년 북한이 일본인 납치를 시인한 뒤 일본이 보수 우경화된 것은 사실"이라면서도 문제의 교과서가 '새역모' 측의 계산처럼 쉽게 채택되지는 않을 것이라고 전망했다. 문제의 역사 교과서는 일본 건국 과정을 설명하면서 신화의 세계를 사실인 것처럼 기술해 일제하 황국皇國사관 교과서를 연상케 하며, 또 아시아 각국에 대한 침략 전쟁을 구미 열강의 식민 상태에

---

1 니시오(西尾幹二)·새 역사 교과서를 만드는 모임(新しい歴史教科書をつくる会),『국민의 역사(国民の歴史)』, 후소샤(扶桑社), 1999. 이에 대한 비판적 도서로, '교과서에 진실과 자유를' 연락회('教科書に真実と自由を'連絡会),『철저 비판, '국민의 역사'(徹底批判'国民の歴史')』, 오오츠키 서점(大月書店), 2000 / 후지타(藤田友治),『위지 왜인전의 해명─니시오의 '국민의 역사'를 비판한다(魏志倭人伝の解明─西尾幹二'国民の歴史'を批判する)』, 론소샤(論創社), 2000 등이 있다.

서 해방시키기 위한 '해방 전쟁'이라고 표현하는 등 현대사마저 왜곡한 교과서라는 것이다.[1] 요컨대 일본이 우경화된 것은 사실이지만, 전반적으로 왜곡된 내용을 다루고 있는 교과서가 실제 교재로 채택되는 일은 쉽지 않을 것이라는 예측이다.

그간 '새역모'는 일제의 침략 전쟁, 학살, 징병, 군 위안부 등 가해 실상을 소개해 온 기존 교과서를 '자학 사관'[2], '승자에 의해 강요된 해석'이라고 주장해 왔다. 이러한 교육위 결정은 국수주의 경향이 수년 사이에 급격히 두드러지고 있는 일본 사회 분위기를 반영한 것으로 보이기도 했다. 국수주의 목소리를 대표해 온 이시하라 신타로(石原慎太郎)가 도쿄 도지사로 있는 데다 교과서 채택 권한을 가진 도都 교육위 위원 또한 유사한 성향 인사가 대부분이었기 때문이다. 도쿄도 교육장은 문제의 왜곡 교과서 편찬을 주도한 '새역모'의 집회에 참석해 노골적인 지지를 보내기도 했다.

물론 정계의 흐름도 왜곡 교과서 채택 분위기를 조성하는 데에 기여했다고 볼 수 있다. 2004년 6월 도쿄에서 열린 '일본의 앞날과 역사 교육을 생각하는 의원 모임'에는 당시 아베 신조(安倍晋三) 간사장을 비롯한 자민당 소속 지자체 의원 680여 명이 참석했다. 연사는 '새역모'의 부회장인 다쿠쇼쿠(拓殖) 대학교의 후지오카 노부가츠(藤岡信勝) 교수였다.

이에 대한 일본 정부의 입장은 "일본의 경우, 역사 교과서에 관한 학습지도 요령 범위 내에서, 구체적으로 어떠한 역사적 사상事象을 채택하고 그것을 어떻게 기술할 것인가는 민간 집필자의 판단에 맡겨

---

1 조현주, 「[日, 왜곡 역사교과서 채택]韓中日 외교적 갈등 격화 예고」, 『동아일보』, 2004년 8월 26일 자.

2 일본의 우익 정치 세력들은 태평양 전쟁을 비롯한 일본제국의 근현대 행보에 대한 일본 내 좌파와 중도 우파들의 비판적 평가와 반성, 사과의 태도가 과도하다고 주장하며 이를 자학 사관으로 규정한다.

지고 있는 실정이다. 따라서 검정檢定에서는, 신청 도서 내용이 현재의 학설 상황 등에 비추어 분명한 잘못 혹은 현저한 불균형한 기술 등이 있는 경우에, 검정 의견을 내서 그 결함을 지적하는 것이 기본이다. 문부과학 장관으로서도 학습지도 요령이나 검정 기준에 근거해, 교과용 도서 검정 조사 심의회의 전문적인 심의를 거쳐 적절한 교과서 검정을 행한다."라는 것이었다.[1]

일본 정부는 2005년 3월 17일, 한국의 NSC(안전보장회의) 성명에 대해서 외무장관 담화를 발표했다. 담화의 요지는, 한국 국민의 과거 역사를 둘러싼 심정에 대해서 일본 정부도 무겁게 받아들이며, 과거 문제에 대한 무라야마(村山富市) 담화[2] 등 일본이 과거를 직시하고 반성해야 할 것은 반성하면서 화해에 근거한 미래지향적 한일 관계를 발전시켜 가겠다는 강한 결의였다. 이에 덧붙여 담화에서는 '첫째, 한일 간 재산 청구권 문제에 대해서는 이미 국교 정상화 시점에서 해결된 문제이며 둘째, 독도 문제의 경우 양국의 입장 차는 있지만 이 문제에 대해 감정적인 대립은 한일 양국에게 도움이 안 되며, 어업 문제를 포함해 한일 관계 전체의 틀에서 대국적인 자세로 대응해 나갈 필요가 있고 셋째, 역사 교과서 문제인데, 교과서의 검정은 지도 요령과 검정 기준

---

1 제161회 중의원 문부과학위원회 회의록 5호(2004. 12. 1.), 나카야마 나리아키(中山成彬) 문부과학대신.

2 당시 무라야마 도미이치(村山富市) 총리가 전후 50주년 종전기념일(1995년 8월 15일)에 발표했던 담화다. 무라야마 총리의 이름을 따 '무라야마 담화'라고 한다. 총리는 이 담화에서 "식민지 지배와 침략으로 아시아 제국의 여러분에게 큰 손해와 고통을 줬다. 의심할 여지 없는 역사적 사실을 겸허하게 받아들여 통절한 반성의 뜻을 표하며, 진심으로 사죄한다."라고 발표했다. 이는 외교적으로 일본이 일본의 식민지 지배를 가장 적극적으로 사죄한 것으로 받아들여졌으나, 일제에 의한 강제 동원 피해자에 대한 배상 문제와 일본군 위안부 문제 등은 언급되지 않았다.

에 근거해 지금까지 공정하고 적절하게 실시되어 왔음'이 강조되었다.[1]

또한 일본 정부는 2004년도 중학교 역사 교과서 검정 결과에 대해서도 "중국과 한국 정부로부터 의견 개진이 있었다. 일본의 교과서 검정은 학습지도 요령이나 검정 기준에 근거한 교과서 도서 검정 심의회의 전문적인 심의를 거쳐 적합하게 실시되었고, 이번 검정에서 합격한 교과서 모두 적절한 것이었다. 덧붙여 검정 제도는 이미 외무성 홈페이지에 한국어와 중국어로도 소개되고 있으며, 역사 교과서 내용 역시 한국어와 중국어로 홈페이지에서 볼 수 있다. 일본의 역사 교과서가 정말로 침략을 부정하고 미화하는 우익의 역사 교과서인지는 이 홈페이지를 통해 확실히 보고 비판했으면 한다."라는 입장을 취했다.[2]

이후 2005년 9월, 양심적인 일본 시민 단체들의 저지 활동에 힘입어 '새역모'가 집필한 후소샤(扶桑社)판 역사 왜곡 교과서 채택 비율은 당초 예상보다 크게 낮은 0.38%(권수 기준) 수준에 그쳤다. '어린이와 교과서 전국 네트 21' 등 후소샤판 교과서 채택 반대 운동을 펼쳐 온 16개 시민 단체는 2005년 9월 1일 도쿄의 기자회견에서 2006년 일본의 중학교 신입생 119만 2,000명 중 후소샤판 교과서로 공부하는 학생은 81개교 4,840명이 될 것으로 잠정 집계됐다고 밝혔다. 후소샤판 역사 교과서 채택 비율은 학생 수 기준으로 0.4%이며, 실제 발간되는 교과서 권수 기준으로는 0.38%가 된다. 한편 '독도는 일본 땅'이라는 취지로 기술한 후소샤판 공민 교과서의 채택 비율도 0.2%에 그쳤다.[3]

---

1   제162회 중의원 안전보장위원회 회의록 4호(2005. 3. 25.), 마치무라 노부다카(町村信孝) 외무대신.

2   제162회 중의원 문부과학위원회 회의록 16호(2005. 8. 3.), 나카야마 나리아키(中山成彬) 문부과학대신.

3   박원재, 「日시민 단체, 왜곡 교과서 막았다…후소샤판 채택률 0.38%」, 『동아일보』, 2005년 9월 2일 자.

제1부 - 일본 민주주의, 그 불편한 진실

그러나 상대적 수치를 따졌을 때, 2005년 채택 비율은 이미 4년 전 (0.039%)보다 10배가량 높아진 것이었다. 다만 일본 사회가 빠른 속도로 우경화하고 있고 우익 세력이 후소샤 교과서 지원에 열을 올려왔다는 점을 감안했을 때, 양심적인 시민 단체들이 어려운 여건 속에서도 선전한 것이라는 평가가 내려지기도 한다. '새역모'와 후소샤 측은 2005년 4월 초 문부과학부의 교과서 검정에 통과한 뒤, 집권 자민당과 우익 세력의 후원을 배경으로 채택률 목표치를 10%까지 높여 잡은 바 있다. 후소샤 측은 "집요한 방해 공작으로 기대와 달리 채택되지 못한 지역이 있어 유감"이라면서도 "그래도 채택 비율이 꾸준히 늘고 있다."라고 주장했다.

이렇듯 일본 사회는 교과서 문제를 둘러싸고 큰 변화를 겪었다. 채택 비율은 여전히 낮았지만(0.38%), 그럼에도 이전(0.039%)에 비해 10배나 신장되었다는 사실은 향후 일본 사회의 변화를 예고해 주는 것이라고 본다. 이런 변화가 다른 영역에 어떤 영향을 미칠 것인지의 문제는 심각하다. 일본 사회의 교육과 관련한 문제이며 동시에 미래와 관련한 문제이기 때문이다.

2) 천황의 지위 및 영향 문제

천황 문제는 그가 제2차 세계대전의 전범인지 아닌지에서부터 현대에 그의 존재 가치가 있는지 아닌지 등의 존폐 문제까지 다양하다. 여기서는 이러한 법적 논쟁이 아닌 일반적인 정서와 관련한 흐름을 알아본다.

2000년 12월 12일, 제2차 세계대전 당시 일본군 위안부에 대한 책임을 묻는 '여성 국제 전범 법정'이 히로히토(裕仁) 천황에게 유죄 판결을 내려 세계의 주목을 받았다. 한국, 중국 등 피해국의 언론 매체가 법정 관련 기사를 연일 비중 있게 취급한 것과는 달리 일본에서는 언론 매체를 비롯한 대부분의 사회 구성원이 침묵으로 일관했다. 12월 8일부터 닷새 동안 계속된 법정에는 날마다 일본 취재진 100여 명이 몰려 뜨거운 취재 경쟁을 벌였으나, 아사히(朝日) 신문을 제외한 요미우리(読売) 신문, 마이니치(毎日) 신문, 산케이(産経) 신문 등 주요 언론들은 보도하지 않았다.[1] 이에 대해 여성 국제 전범 법정 주최 단체 중 하나인 '전쟁과 여성에 대한 폭력, 일본 네트워크'의 쇼지 루쓰코(東海林路得) 사무국장은 "대단히 중요한 의미를 띠는 국제법정을 보도하지 않는 것은 일본 언론 매체가 언론의 의무와 사명을 포기한 것"이라며 비판했다. 천황 문제에 대한 보도가 많지 않았던 것은 극우 세력의 보복을 두려워하는 분위기도 일부 작용했을 것이다.

반면 장기 경기 침체와 대량 실업, 광우병 파동과 미국 테러 참사 등 어두운 소식만 이어져 온 일본에 2001년 12월 1일 마사코(雅子) 황태자비의 딸 출산 소식이 전해지자 일본 국민은 "모처럼 밝은 소식"이라며 반겼다. 평민 출신인 마사코는 미국 하버드대를 졸업한 뒤 직업 외교관으로 활약했고, 결혼 후 국민의 인기를 한 몸에 받았지만 8년간 아기가 없어 애를 태워왔다. 특히 2000년에는 한 차례 유산의 아픔을 겪으면서 국민으로부터 더 많은 관심과 사랑을 받았다. 이날 천황의 거처인 황거(皇居) 앞에는 출산을 축하하기 위한 시민 행렬이 이어졌다.[2]

---

1 이영이, 「日언론, 국제전범 법정 '히로히토 유죄' 판결에 침묵」, 『동아일보』, 2000년 12월 13일 자.

2 이영이, 「"황손 태어나셨네" 열광…곳곳에 플래카드-축하 행진」, 『동아일보』, 2001년 12월 1일 자.

거리의 시민들은 "이번 황태자비의 출산으로 일본 사회가 활력을 되찾길 바라고, 또 일본의 경기도 좋아졌으면 한다."라며 기대감을 표시했다. 일본 방송들은 마사코의 출산 소식을 긴급 뉴스로 전한 뒤 정규 방송을 중단하고 특별 생방송을 내보냈으며 아사히 신문을 비롯한 대부분의 신문사들도 호외를 발행했다. 아키히토(明仁) 천황 역시 황태자비가 무사히 출산한 데 축하를 전했고, 고이즈미 준이치로(小泉純一郎) 총리도 축하 담화문을 발표하는 등 각계가 축하 인사를 전했다. 한편 황위 계승권이 없는 딸이 태어났다는 사실을 아쉬워하는 분위기도 있었다. 일본 황실전범에 따르면 남자만 황위를 계승하게 돼 있는데, 현재 황위 계승 순위가 결정된 남자 7명 가운데 1순위인 나루히토(德仁) 황태자와 2순위인 동생 아키시노(正仁) 이외에는 천황의 직계가족이 없기 때문이다. 이날 고이즈미 총리는 황실전범 개정을 통해 여성의 황위 계승을 인정할 것인지의 여부에 대해 "그 문제는 신중히 검토해야 한다. 지금 어떤 결론에 도달하기엔 너무 이르다."라고 말했다.

일본 사회에서 천황가의 일은 관심의 대상이고, 따라서 황손의 출생 또한 관심의 대상이 아닐 수 없었다. 역할이나 책임 등의 문제를 논외로 하더라도, 이 문제는 일본 사회의 우경화 혹은 집단주의와 늘 관계되어 설명되기도 한다. 천황가와 관련된 가십은 대개 유명 인사와 관련된 소모성 가십이 그러하듯 일본 국민에게 카타르시스를 주는 역할을 하는데, 이유야 어찌 되었든 결과적으로 일본 사회가 천황가에 관심을 쏟는다는 사실은 매한가지다.

그런 흐름 가운데 일본공산당이 창당 후 처음으로 천황제와 자위대의 존재를 인정하는 당 강령을 채택했다. 2004년 11월 17일 일본공산당은 제23회 당 대회를 열어 1961년 이후 43년 만에 천황제와 자위대의 조건부 인정 및 자본주의 체제 내에서의 개혁을 표방하는 새 강령을 통과시켰다. 도쿄 신문(東京新聞)은 "공산당에 대한 유권자들의 불안감을 불식시켜 자민당과 민주당 등 보수 성향 정당에 대한 비판 표를 끌어모으려는 현실 노선"이라고 평가했다. 당 강령 채택 투표에서는 1,006명의 대의원 가운데 단 1명만이 반대표를 던졌다. 새 강령은 "국민의 합의로 헌법 9조(무력행사 및 전쟁 포기)의 완전 실시(자위대의 해소)를 향해 전진한다."라고 명기했다. 이는 "자위대가 헌법 위반이라는 인식에는 변함이 없으나 일정 기간 존속은 불가피하다."라는 2001년 당 대회 결의를 계승한 것이다. 지금까지 폐지를 요구해 온 천황제에 대해서도 "헌법상의 제도인 만큼 존폐는 국민의 총의에 의해 해결해야 한다."[1]라며 사실상 천황제를 인정했다. 새 강령에서 '국민의 합의로'라는 전제를 둔 것은 공산당의 원칙이 무너졌음을 의미한다.

이는 일본 사회 전체의 변화라는 흐름에 위기감을 느낀 공산당 지도부가 생존 전략 차원에서 현실 적응을 위한 '유연 전략'을 채택한 것으로 해석된다. 일본공산당은 1996년 중의원 선거에서 26석을 획득한 이래 2000년 20석, 2003년 9석으로 그 세력이 계속 줄어드는 추세였다.

더 나아가 2005년 1월 21일, 일본의 나카소네 야스히로(中曾根康弘) 전 총리가 이끄는 정책 연구소가 천황의 국가원수 격상 및 일본의 정식 군대 보유, 교전권 보유 등을 골자로 한 자체 개헌안을 내놓았다. 나카소네 전 총리의 영향 아래 있는 '세계 평화 연구소'가 작성한 전문과 11장, 116조의 개헌안이 향후 정치권 개헌 작업에 상당한 영향을 미칠 것으로 관측되었다.[2] 나카소네 전 총리는 현재 집권 자민당의 개헌 추진 기구인 '신헌법 기초위원회' 위원이기도 하다. 천황의 지위 문제는 더욱 현실성을 띤 논란의 대상이 될 것으로 전망된다.

---

1   박원재, 「日공산당 "천황제 인정" 黨강령 채택」, 『동아일보』, 2004년 1월 18일 자.

2   조헌주, 「나카소네 "천황을 국가원수로 격상하자"」, 『동아일보』, 2005년 1월 21일 자.

이에 대한 전임 총리의 견해를 보면 다음과 같다.

　"(중략) 나는 헌법 제1조에서 천황의 지위를 국민주권하의 상징적 원수라고 규정하고, 제2조 이하에서 국민주권의 건, 정당 결성, 국무와 관계된 정보를 공개해 국민에 대한 책임 있는 설명을 해야 한다고 생각한다. 천황은 현재도 외교사절을 접견하며 외국에서는 원수로서 접대받는 존재이다. 따라서 천황은 전통적, 역사적 권위를 보존 및 유지하는 직분이고, 내각총리대신은 사무적이며 기능적인 통합력을 보존 및 유지하는 직분이라고 생각한다."[1]

　"장래에도 천황제를 안정적으로 유지해서 국민 통합의 상징으로서 천황제의 중요성을 인식한다면, 황위 계승도 안정적으로 유지해 가지 않으면 안 된다고 생각한다. 또, 황실전범 제도를 바꾸어 황위 계승자도 바꿀 수 있다. 그러한 점을 포함해서 정치를 초월한 존재인 천황 지위는 만장일치로 개정되는 것이 바람직하다고 생각한다. 협의, 심의, 절차에 대해서는 신중하게 생각해서 정쟁의 도구가 되어서는 안 된다. 국민 통합의 상징인 천황제는 국민 총의를 모아 안정적으로, 경의를 가지고, 길게 일본의 역사와 전통의 천황제가 유지되는 형태로 나아갔으면 한다."[2]

1　제161회 중의원 헌법조사회 공청회 회의록 1호(2004. 11. 11.), 나카소네 야스히로(中曾根康弘) 전 내각총리대신.

2　제164회 중의원 예산위원회 회의록 19호(2006. 2. 28.), 고이즈미 준이치로(小泉純一郎) 내각총리대신.

전임 총리의 견해에서 공통적인 것은 '천황이 상징적인 존재(역할)이기는 하지만, 국민주권과 국민 통합의 상징이라는 점에서 실질적 의미 갖는다.'라는 사실을 강조하고 있다는 점이다.

또한 당시의 조사 결과를 살펴보면 헌법상 천황 문제를 지속적인 관심 대상으로 보고 있다는 국민 여론이 점증하는 추세였다.[1] 이와 같은 사실은 정치 지도자만이 아니라 일본 국민도 천황 문제에 대해 긍정적 경향이 높아가는 것으로 볼 수도 있을 것이다.

3) 야스쿠니 신사 문제

한국 정부가 야스쿠니 신사에 합사된 한국인 강제 징용 희생자의 위패 반환을 일본 정부에 공식 요청키로 함에 따라, 교과서 문제 등으로 첨예한 갈등 국면을 보이고 있던 한일 관계에 새로운 변수가 추가됐다. 일본은 제2차 세계대전 당시 한국인도 '일본인'으로서 참전한 것으로 해석하는 입장이었고, 그래서 위패 합사가 '당연한 조치'라는 기존 입장을 쉽게 굽히지 않을 것으로 보였는데 이는 한일 간에 새로운 외교 논란을 유발할 가능성이 있었다. 도조 히데키(東條英機) 등 A급 전범 14명을 포함한 일본 군인 및 군속 전몰자 등 2차 세계대전 참전자 246만여 명의 위패가 합사된 야스쿠니 신사에 한국인 강제 징용 희생자들의 희생자 위패가 합사된 것이 알려진 것은 지난 1991년이다.[2]

그러나 야스쿠니 신사에 2만 1천여 명이 넘는 한국인 위패가 합사되어 있다는 사실만 알려졌을 뿐, 그들의 정확한 숫자나 그들이 누구

---

1 이와 같은 내용은 요미우리 신문이 2001년부터 2006년까지 실시한 조사 결과를 통해 확인할 수 있다.

2 『동아일보』, 2001년 7월 17일 자.

인가에 대한 실태는 파악되지 않았다. 한국 정부가 다소 민감한 주제인 야스쿠니 신사 내 한국인 위패 합사에 대해 공식적으로 문제 제기하는 방침을 내세운 것은 지난 2001년 8월 15일, 고이즈미 전 총리가 주변국의 반대에도 불구하고 야스쿠니 신사 참배 계획을 고집한 일과 무관하지 않다.[1] 우익 단체의 역사 교과서 왜곡 등 일본 사회의 전반적인 우경화 조짐에 따른 대응으로도 볼 수 있다. 한국 정부는 특히 일제 강점기 시기의 가해 사실 축소에 급급한 일본 왜곡 교과서 문제가 시정 기미를 보이지 않는 상황에서, 고이즈미 총리가 신사 참배 강행 계획을 밝힌 데 대한 역사적 진실 추구 차원에서라도 더 이상 강제 징용 희생자들의 위패를 야스쿠니 신사에 둘 수 없다고 판단한 것으로 보인다.

일반적으로 자국의 호국 영령을 추모하는 곳은 성스러운 곳으로 간주된다. 일본의 야스쿠니 신사도 그런 곳이다. 다만 전범 판결을 받은 자가 합사된 것이 문제다.

이런 와중에 태평양 침략 주모자로서 처형된 전범을 합사해놓은 야스쿠니 신사가 일본 사회의 국수주의 바람을 타기 시작했다. 야스쿠니 신사는 2005년, 개인과 기업의 기부금 등 총 88억 엔(한화 약 880억 원)을 들여 일반인 참배소와 참집전(參集殿)을 개축했다. 화려하게 단장한 야스쿠니 신사를 구경하기 위해 참배객들이 몰려들었고, 이들은 자살을 강요당한 것이나 마찬가지인 자살특공대원들을 '애국 열사'로 묘사한 전쟁 기념관, 유취관(遊就館) 등을 찾은 뒤 참집전으로 향했다. 참배는 대개 본전 앞에서 행해지는 것이 일반적이지만, 참집전은 개별 참배하는 이들을 위해 만들어진 시설이다. 제2차 세계대전 말기 총알과 대포알을 만들 쇠가 없자 철거당했던 신사 입구의 도리이(鳥居)가 일본 최대인 높이 25m, 무게 100t의 모습으로 재등장한 것이 1974년이

---

1 당시 여론조사에 의하면 수상의 신사 참배에 대해 찬성이 61%, 반대는 31%였다.(아사히 티브이, 2001년 8월 20일)

다. 이로부터 30년이 지난 현 시점, 일본판 국수주의 세력은 이제 '순국 영령 250만여 명'에게 제사를 지내는 야스쿠니 신사를 주 활동 무대로 삼고 있었다.[1]

고이즈미 일본 총리의 야스쿠니 신사 참배는 일본 사회에도 큰 논쟁을 불러일으켰다. 역대 총리와 연립 정권의 한 축인 공명당(公明黨)이 고이즈미 총리의 참배 중단을 촉구한 가운데 야스쿠니 신사 측은 A급 전범을 분사分祀할 수 없다는 공식 입장을 고수했다. 이에 유력 신문사들은 일제히 총리의 참배를 비판하고, 전범을 분리한 별도의 추도 시설 건립 등 대안 마련을 촉구하고 나섰다. 야스쿠니 신사는 2005년 6월 4일 교도통신의 질의에 답변하는 형식으로, 일본의 A급 전범을 재판한 도쿄재판에 대해 "국제법의 관점에서 이론異論이 남아 있으며, 일본인은 이들을 전범으로 인식하지 않는다. 이들(A급 전범)을 분리해서 모시는 일은 결코 발생하지 않을 것"이라고 답했다. 또 분사 거부 이유에 대해서는 "지난 1953년, 전범은 없다는 국회 의결이 있었다."라면서 "이는 일본인의 신앙에 근거한 문제인데, 중국과 한국의 반발이야 차치하고서라도 일본인까지 반발하는 것은 어찌된 일인가?"라고 되물었다.[2]

신사 측의 '전범은 없다.'라는 주장은 도쿄재판 후 유족 원호법 개정(1953), 은급법(恩給法)의 개정(1954-1955) 등을 통해 "전쟁범죄에 의한 사망자도 일반 전몰자와 같은 취급을 받도록 한다."라고 규정한 사실을 지칭한 것으로 풀이된다. 특히 신사 측은 A급 전범으로 재판을 받은 뒤 추후 일본 총리가 된 기시 노부스케(岸信介) 등을 들며 "일본인에게 전범이라는 인식은 완전히 없었다고 말할 수 있다."라고 주장했다.

---

1   조헌주, 「"흥청대는 일본의 야스쿠니 신사"」, 『동아일보』, 2005년 1월 31일 자.

2   박원재, 「야스쿠니 신사 "A급 전범 분사 반대"」, 『동아일보』, 2005년 6월 6일 자.

한편 신사 측은 일본 정부와 자민당으로부터 분사 요구가 있었는지에 대해서 "문의는 있었지만 분사 요청은 없었다."라고 답했다. 도쿄 신문은 "야스쿠니 신사 측이 전쟁 책임자인 A급 전범을 옹호하는 역사 인식을 보여주며 분사를 거부함에 따라, 당장 분사를 통해 고이즈미 총리의 야스쿠니 신사 참배 문제를 해결하는 일은 어렵게 됐다."라고 지적했다. 아사히 신문은 5일 「유족에 답한다」라는 제목의 사설에서 고이즈미 총리의 야스쿠니 신사 참배에 반대하는 자사의 논조에 반발하는 독자들의 편지가 잇따랐다고 소개하면서, "목숨을 잃은 사람들을 추도하고 그 희생에 경의를 바치는 것과 전쟁 자체의 평가와 전쟁 지도자의 책임 문제를 혼동하는 것은 잘못"이라고 반박했다. 사설은 "상관의 명령에 따르지 않을 수 없었던 병사들과 전쟁을 계획하고 결단한 군 간부와 정치가의 책임은 구별할 필요가 있다."라며, "중국이 문제시하는 것은 일반 병사에 대한 추도가 아니라 전쟁 지도자에 대한 추도이며, A급 전범이 합사된 야스쿠니 신사를 일본을 대표하는 총리가 참배하는 것은 용서할 수 없다는 것"이라고 설명했다.

마이니치 신문도 이날 「국익을 위해 그만두는 용기를」이라는 사설에서 전후 60년의 총결산으로 일본이 우선해야 할 일은 유엔 안보리 상임이사국 진출이며, 그 열쇠를 쥔 주변국과의 관계가 뒤틀리는 것은 국익에 전혀 도움이 되지 않는 만큼, 자기 신조를 죽여서라도 국익을 우선했던 전 총리들의 무거운 결단을 고이즈미 총리도 곱씹으라고 지적했다. 요미우리 신문도 4일 자 사설에서 야스쿠니 신사 참배 문제의 해결책으로 별도의 국립 추도 시설 건립을 서두를 것을 제안했다.

고이즈미 총리의 2005년 10월 17일 야스쿠니 신사 참배를 놓고 한국과 중국이 강력히 반발하는 가운데 일본 정치권과 시민사회 및 경제 단체들의 비판도 거세졌다. 고이즈미 총리는 참배 직후 정부 및 여당 연락 회의에서 자신의 참배에 대해 "평화를 원하는 국민의 한 사람으로서 참배했다."라며 "이웃 나라들과는 중요한 관계에 있기 때문에 미래 지향의 자세로 노력하겠다."라고 말했다. 참배에 앞서 고이즈미 총리는 집권 자민당의 나카가와 히데나오(中川秀直) 국회 대책위원장을 만나 "(야스쿠니 신사가 오늘부터) 가을 대제이기 때문에 언론에서 계속 기다리는데, 그렇게 하는 것(참배 일정을 알리지 않고 언론을 기다리게 하는 것)은 미안한 일이다. (그러나) 나는 어떤 일이 있어도 참배한다."라는 뜻을 전하기도 했다. 일본 정부 대변인 호소다 히로유키(細田博之) 관방장관도 이날 기자회견에서 "총리의 직무로 참배한 것은 아니다."라며 "총리가 이전부터 말했듯 적절히 판단해 참배한 것으로 생각한다."라고 말했다.[1]

다만 호소다 장관은 참배 방식이 '사적 참배'로 바뀐 것에 대해서는 "과거와 같다고 생각한다(과거에도 줄곧 사적 참배였다)."라면서도 "어떤 이유에서 이번 참배 방식을 택했는지는 알지 못한다."라고 덧붙였다. 고이즈미 총리와 호소다 관방장관의 해명에도 불구하고 한국과 중국 등 태평양 전쟁 피해국은 주일 대사를 통해 항의하는 등 강력히 반발하고 나섰고, 일본 내에서도 연립 정권인 공명당이 유감을 표명하고 시민사회와 경제 단체들이 비판과 우려를 보내는 등 파문이 확산되었다.

자민당과 연립 정권을 구성하고 있는 공명당의 간자키 다케노리(神崎武法) 대표는 정부 및 여당 연락 회의에서 "사적 참배라고 해도 정치적인 의미를 갖는 만큼 (공명당이) 이에 대처하기 위해서는 준비가 필요했다."라며 사전에 연락을 주지 않은 데 유감을 표명했다. 공명당은 고이즈미 총리의 야스쿠니 신사 참배에 반대했으며, 제3의 추도 시설 건립을 추진해왔다. 제1야당인 민주당의 마에하라 세이지(前原誠司) 대표는 "극히 유감"이라며 "신중한 대처를 해주기를 바랐다."라고 말했다. 시이 가즈오(志位和夫) 공산당 위원장도 "총리로서의 자격이라는 책임을 엄격히 물을 것"이라고 강조했다.

---

1 『동아일보』, 2005년 10월 17일 자.

일본 주요 경제 단체인 경제동우회는 "일본의 국익을 해칠 우려가 있다는 점을 인식하고 이웃 나라의 이해를 얻기 위한 외교 노력이 펼쳐지기를 바란다."라며 우려를 표명했다. 일본 상공회의소도 "중일, 한일 관계가 극히 중요한 만큼 외교 경로를 통해 개선에 전력을 기울여 달라."라고 촉구했다. 반면 다케베 쓰토무(武部勤) 자민당 간사장은 "평화를 지키고 두 번 다시 전쟁을 일으키지 않겠다는 맹세를 표명한 것으로 받아들인다. 참배는 사적인 것으로 이해하고 있으며 존중한다."라고 주장했다. 강경파인 아베 신조(安倍晉三) 당시 자민당 간사장 대리도 "국가를 위해 순국한 분들에게 존숭尊崇의 마음을 표하는 것은 지도자로서 당연하다."라고 강변했다.

요미우리 신문이 2001년부터 2006년까지 실시한 조사에 따르면, 일본의 국민 여론이 야스쿠니 신사에 대한 공식 참배를 지속적인 관심 대상으로 보고 있다는 사실을 확인할 수 있다. 통계자료를 살펴보면 '야스쿠니 신사 공식 참배'에 대한 국민 관심도가 2001년의 경우 6.7%, 2003년의 경우 16.9%, 2004년의 경우 17.4%, 2005년의 경우 15.8%, 2006년의 경우 27.8%로 점차 증가하고 있다. 다른 주제이기는 하지만 2002년의 경우, 종교의 자유와 정교政敎 분리의 문제에 대해 27.5%의 관심도를 보였다.[1]

이와 같은 여론조사 결과는 패전 후 오랫동안 야스쿠니 신사 참배가 정치적으로 금기시되었던 사실과 일본 국교였던 신도神道에 대한 패전 직후의 반감을 고려하면, 일본 사회상의 커다란 변화임을 알 수 있다. 일본 국교는 신도였고, 그 상징은 야스쿠니 신사였다. 아마도 여론조사에서 적나라하게 신사 참배의 찬반, 정교 분리의 찬반을 묻지 않고, 관심 대상으로 물은 이유도 일본 사회상의 변화를 간접적으로

---

1 각 연도별 출전은 『요미우리 신문』 조간, 2001년 4월 5일, 2002년 3월 22일, 2003년 4월 2일, 2004년 4월 2일, 2005년 4월 8일, 2006년 4월 4일 자.

파악하려는 조사자의 의도가 있었다고 필자는 생각한다.

하지만 한일 양국 모두 민감하게 생각하는 야스쿠니 신사와 관련된 위패 문제가 원만하게 해결될 수 있을지는 미지수이다. 일본이 "전사한 시점에서 일본인이었기 때문에, 사후에도 일본인이라 하지 않을 수 없다.", "일본 군인으로 싸우다 죽었기 때문에 야스쿠니 합사는 당연하다."라는 입장을 견지하고 있기 때문이다. 아울러 야스쿠니 신사가 행정부와 독립된 종교 법인으로 운영되기 때문에 설사 일본 정부가 한국인 위패 반환에 긍정적인 방침을 결정할 경우에도 이를 효과적으로 반영할 길이 있을지는 불확실하다. 한국 정부는 "유족들이 합사 해지를 공식적으로 요청한 만큼, 유족들의 입장이 최대한 반영될 수 있도록 일본 정부를 상대로 정부 차원에서 문제화하고 최선의 노력을 다해나갈 것"이라는 입장이다.

2. 국민 의식 문제: 현재

1) 정부 신뢰도, 자부심, 애국심 문제

일본인들의 대다수는 일본 정부와 정치인을 불신하고 있으며 자신들의 장래를 어둡게 보고 있는 것으로 조사됐다. 일본 덴츠(電通) 인간연구소(DIHS)는 2001년 3월 22일 발표한 설문 조사 보고서 '세계화 속의 가치 변화: 기회를 찾는 일본, 기회를 잡은 아시아'에서 "정부와 정치인을 불신하는 일본인이 점차 늘고 있으며 대다수가 장래를 비관적으로 판단하고 있다."라고 전했다. 보고서에 따르면, 정부와 정치인을 신뢰한다고 대답한 사람은 전체 응답자의 3.5%에 불과했고, 정부의 위기 대처 능력에 만족한다고 답한 비율도 8%에 그쳤다. 이는 지난 1996년 조사된 정부 신뢰도 5.4%와 만족도 13%에서 크게 하락한 것이다. 또 응답자의 31%만이 장래를 낙관적으로 보고 있다고 말해, 중국(90%), 싱가포르(80%), 한국(77%), 인도(68%) 등 다른 아시아 국가 국민의 전망과 대조를 보였다.[1]

이 같은 결과는 10년간 지속된 경제 침체 속에 수많은 기업과 은행들이 도산했지만, 일본 정부와 정치인들이 구체적인 대책을 내놓지 못하고 있는 것에 대한 대다수 일본인의 불만과 걱정을 반영하는 것으로 풀이된다. 특히 일본 사회의 주축인 40대 장년층의 삶에 대한 만족도는 1999년의 56%에서 44%로 크게 하락한 것으로 나타났다. DIHS는 장년층의 삶의 만족도가 하락한 이유에 대해 "직장 내 극심한 경쟁과 구조 조정에 따른 불안, 가계 지출과 교육비 부담" 때문이라고 분석했다. 한편 응답자의 상당수가 옷 구매와 취미 생활에 대한 지출을 줄이겠다고 답해 경제 침체로 일본인들의 소비 심리가 극도로 위축돼 있음을 나타냈다.

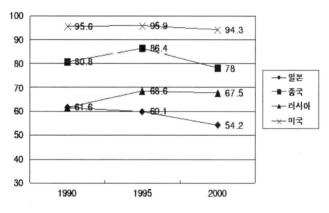

표1: 자국민으로서의 자부심(%)

[일본 리서치 센터 덴츠(電通) 종합연구소 편(2005),
『세계 60개국 가치관, 데이터북』, 도유칸(同友館), p.33.]

---

1 『동아일보』, 2001년 3월 22일 자.

이러한 경기 침체에 따른 심리적 위축은 일본 국민으로서의 자부심과도 관련이 있는 것으로 보인다. [표1]에서 보듯 일본의 경우 미국, 중국, 러시아보다 '자국민으로서의 자부심'이 낮은 것으로 나타났다.

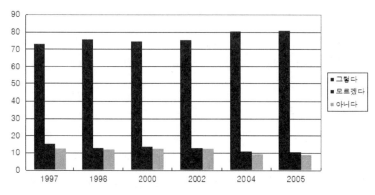

표2: 애국심을 기를 필요성(%)

[일본능률협회 종합연구소 편(2005), 『일본인의 가치관: 데이터로
보는 30년간의 변천』, 생활정보센터, p.32.]

한편 애국심에 대해서는 '좀 더 길러야 한다.'라는 생각을 가진 일본인이 80%를 웃도는 것으로 나타났다. [표2]에서 보듯, 일본 내각부가 2005년 1월 27일부터 2월 6일에 걸쳐 전국 성인 남녀 6,586명을 대상으로 실시한 '사회의식에 관한 여론조사' 결과 일본인이 국가를 사랑하는 마음을 좀 더 기를 필요가 있다고 답한 비율이 80.8%에 달했다.[1] 이는 2004년에 비해 0.5%포인트 오른 것으로, 지난 1997년 이래 가장 높은 것이다. 1997년이 72.9%였고 완만한 상승이긴 하지만 2000년대 들어 지속적으로 상승하고 있음을 알 수 있다. 이는 최근 일본 사회의 우경화 추세와 무관하지 않은 것으로 분석된다. 일본의 집권당인 자민당과 공명당이 교육기본법을 고쳐 애국심 배양이라

1 『동아일보』, 2005년 4월 10일 자.

는 문맥을 추가하는 방안을 추진한 것도 그러한 맥락에서 이해할 수 있다고 본다.

　문제는 우경화와 애국심 혹은 자부심과의 경계는 어딘가라는 지점에서 발생한다. 일본 사회의 변화상을 말할 때 이 문제는 그리 간단한 문제가 아니다. 일반적으로 일본에서 우경화 문제는 보수 세력(자민당 계열)과 혁신 계열(사회당 혹은 공산당 세력)의 대립 가운데 자민당 계열의 우세가 지속적으로 강해질 때 발생하는 문제를 가리킨다.

　반면 애국심은 국가주의를 강조할 때는 우경적 용어이지만 국가 안전을 말할 때에는 의미가 달라진다. 그러나 일반인은 이 부분을 정교하게 분류하기보다는 흐름 속에서 오히려 혼동하는 경향이 있다. 국가에 대한 자부심 문제도 어렵다. 국제 관계가 원만하거나 국내 경기 및 민생 문제가 호경기라면 자부심은 높게 나타나지만, 그 반대의 경우에는 선진국이라도 전혀 다른 결과를 보이기 때문이다. 다만 의식 문제의 추이가 어떻다는 흐름을 파악하는 것은 의미가 있다고 본다.

2) 국가 방위 문제

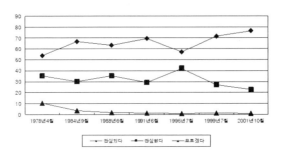

표3: 일본 방위 문제 관심도

[요미우리 신문사 여론조사부 편(2002), 『일본의 여론』, 고분도(弘文堂), p.208.]

다음은 국가 방위의 문제이다. 일본인의 국가 방위에 대한 관심도
는 점차 높아져 가는 것으로 보인다. [표3]에서 보듯 2001년의 경우
76.3%이다. 1978년도의 53.7%에 비하면 관심도가 크게 증가한 것
이라고 할 수 있다. 반면 관심이 없다는 응답도 1978년에 35.7%였는
데 2001년에는 22.9%이다. 그만큼 방위 문제에 관심이 높아졌음을
의미한다.

이에 대한 일본 정부의 견해는 다음과 같다.

> "일본은 헌법에 정한 대로 적절한 방위력을 정비하는 것
> 과 동시에, 미일 안보 체제를 견지하고 국제 평화와 안전
> 을 확보하기 위한 외교 노력을 추진하며 나라의 안전을 확
> 보하는 것을 기본으로 하고 있다. 또 국제 공헌에 대해서
> 는, 자위대의 활용도 포함해 적절한 형태로 골조를 정비해
> 왔다. 앞으로도 헌법의 기본 정신에 맞게 국민적 논의를 감
> 안하면서, 국제사회의 평화와 안전에 기여한다는 방침이
> 다. 헌법상, 유엔 평화 유지 활동은 무력행사에 임하는 것

　　　　　　　　　　　　　　　　제1부 - 일본 민주주의, 그 불편한 진실

이어서는 안 되며, 유엔 결의와 관계없이 자위권 행사 이외에 무력행사를 실시하는 것은 있을 수 없다. 자위대의 파견은 헌법에 근거해서이고, 자위대의 활동은 무력행사에 임하는 것이 아니며, 비非 교전국인 일본이 교전권을 행사하는 것은 안 되며, 자위대의 활동은 헌법도 허용하는 것이다. 자위대의 활동은 국제 협조하에서 항구적 평화를 희구하는 헌법의 평화주의 이념에 합치하는 것이며, 자위대 파견은 유엔 안보리 <결의 1483>을 근거로 이루어진 것으로 이라크 국가 재건을 위한 노력 지원, 국제사회를 위한 대처이며, 일본이 주체적이며 적극적으로 기여하는 것을 목적으로 하고 있고, 미국이나 영국 등의 요청에 의한 것이 아니다."[1]

또한 일본 국민도 헌법상 전쟁 포기 및 자위대 문제를 지속적인 관심 대상으로 보고 있다는 사실을 확인할 수 있다. 물론 해당 문제를 관심 대상으로 보는 것이 찬반 등의 논의로 직결되는 것은 아니지만, 이전에는 관심 대상조차 아니었다는 점에서 이러한 변화는 의미가 있다. 헌법상 전쟁 포기 및 자위대 문제에 대한 일본 국민의 관심도는 2001년의 경우 33.9%, 2002년의 경우 87.6%, 2003년의 경우 49.3%, 2004년의 경우 54.4%, 2005년의 경우 47.4%, 2006년의 경우 49.3%였다.[2] 이와 같은 사실은 일본 정부뿐만 아니라 일본 국민도 전쟁 포기 및 자위대 문제를 패전 직후의 관점으로 보고 있지 않음을

---

1 제156회 중의원 본회의 회의록 42호(2003. 6. 24.), 고이즈미 준이치로(小泉純一郎) 내각총리 대신.

2 이는 요미우리 신문이 2001년부터 2006년까지 실시한 조사 결과이다. 각 연도별 출전은 『요미우리 신문』 조간, 2001년 4월 5일, 2002년 3월 22일, 2003년 4월 2일, 2004년 4월 2일, 2005년 4월 8일, 2006년 4월 4일 자.

분명히 확인시켜 주는 것이다. 반면, 2002년의 87.6%와 2005년의 47.4% 차이는, 국민 여론 사이에서도 헌법상 전쟁 포기 및 자위대 문제가 아직 확실하게 정착된 여론은 아님을 알게 한다. 그럼에도 2002년 이후 국민의 반수 이상은 이미 그 문제에 깊은 관심을 보인다는 사실이 시사적이다.

또한 나카소네 전 총리는 자위대를 방위군으로 개편하는 문제까지 언급한다. "(중략) 헌법 제9조의 문제이다. 현 9조의 제1항, 전쟁 포기 조항은 현상대로 하고 제2항, 평화 이념을 존중하는 것과 동시에, 자위를 위한 방위군을 창설한다. 제3항은 유엔의 인도, 인권, 평화를 위한 국제적 협력 활동 참가를 가능하게 해, 무력행사도 국회 승인하에 새롭게 제정되는 안전 보장 기본법에 따라서 인정한다. 즉, 국제 협력 활동의 경우에도 방위군은 참가할 수 있고, 그 경우에는 일정 조건 아래에서 무력행사도 인정하는 것이다. 제4항은 방위군에 대한 내각총리대신 및 국회에 의한 문민 통제를 실시하는 것으로 해야 한다."라는 것이다.[1]

고이즈미 전 총리는, 일본의 자위대 임무에 대해서 "신新방위 대강大綱은 자위대가 국제 평화를 위한 협력 활동에 적극적으로 임하기 위해 활동의 위상 등 필요한 체제를 정돈해 놓고 있다. 그리고 헌법 9조나 자위권에 대해서는, 다양한 논의가 있다."라고 주장했다.[2]

이는 '그러니 이제 주저하지 말고 국가 방위 문제를 전면적으로 재검토해야 한다.'라는 주장으로 들린다. 이러한 주장은 더 나아가 미일 동맹 및 세계 전략과 연계되면서 더 발전하는 양상을 보인다.

---

1 제161회 중의원 헌법조사회 공청회 회의록 1호(2004. 11. 11.), 나카소네 야스히로(中曾根康弘) 전 내각총리대신.

2 제162회 중의원 본회의 회의록 3호(2005. 1. 25.), 고이즈미 준이치로(小泉純一郎) 내각총리대신.

즉, "세계와 아시아를 위한 미일 동맹은 안전 보장 정책의 기둥이다. 일본 평화와 독립, 자유와 민주주의, 일본인의 생명을 지키기 위해 미일 동맹을 한층 강화해 나갈 필요가 있다. 미국과 제휴해서 (적의) 탄도 미사일로부터 일본을 방위하는 시스템 정비에 노력한다. 주일 미군 재편에 대해서는, 억제를 유지하면서 부담을 경감하고, 오키나와 등 현지의 절실한 소리에 귀를 기울여 지역 진흥에 전력을 다해 착실하게 진행해 간다. 세계 평화와 안정에 한층 공헌하기 위해 시대에 맞는 안전 보장을 위한 법적 기반을 재구축할 필요가 있다. 어떠한 경우가 헌법으로 금지되고 있는 집단적 자위권의 행사에 해당하는지를 구체적으로 연구해 가겠다."라는 것이다.[1]

이 정도가 되면 이제 국민 여론을 바탕으로 체제 정비를 해나가면 문제는 없는 것으로 보인다. 앞서 지적한 여론 동향도 이런 문제를 정치적으로 풀어나가는 데에 보탬이 된다. 국가 방위에 대한 국민 의식의 변화와 함께 일본 사회상의 변화가 잘 드러나는 대목이기도 하다.

---

1 제166회 중의원 본회의 회의록 3호(2007. 1. 29.), 아베 신조(安倍晋三) 내각총리대신.

3. 정치 사회적 쟁점: 미래

1) 평화헌법 및 유사 법제의 외연

이른바 '유사 법제' 연구는 1963년 2월부터 6월까지의 일로, 한반도에 전쟁이 발발해 일본에 파급될 경우 자위대의 대응책 등에 관해, 방위청 일부 참모들이 비밀 도상圖上 연습을 한 일이 시초였다(三矢硏究: 미츠야 연구로 불린다¹). 그 연구 내용은 "196X년 X월 제2차 한국 전쟁 발발"을 상정해서 국가 총동원 대책의 확립, 정부 기관의 임전臨戰화, 자위대 행동 기초 달성 및 자위대 내부 시책 등을 포함한 전시 입법 87건을 긴급 소집한 임시국회에서 2주 이내에 성립시킨다는 것이다.²

이 사실은 2년 뒤 야당 의원에 의해 폭로된 뒤 여론의 질타를 받았다. 국가 총동원 체제를 목표로 전쟁 준비를 하려는 것이고, 군부의 독주라는 등 비난이 쏟아졌다. 당시는 동서 대립이 극심한 냉전 체제였음에도 일본 군국주의의 폐해를 기억하는 이들의 반대가 거세었기에 일단 논의는 없었던 일이 됐다. 이후 1977년 정부 지시로 관련 연구가 공식으로 시작되었다.

소비에트 연방의 해체로 냉전 체제가 무너지고 미국의 1극 체제가 형성돼 유사 법제 논의는 아주 사라진 듯했다. 그러나 1993년 북한의 탄도 미사일 발사, 2001년 미국의 9·11 테러를 계기로 논의가 부활했고, 결국 법제화에 이르게 됐다. 9·11 테러 후 미국의 강경 보수 분위기에 편승한 측면도 크다. 과거와 비교해 반대의 목소리가 거의 들

1　한반도에서 무력 분쟁(제2차 한국 전쟁)이 발생하고, 이것이 일본에 파급될 경우를 상정하여, 이를 예제로 삼아 비상사태에 대한 일본 방위를 위한 자위대의 운용과 이와 관련된 제반 조치 및 절차를 통합적인 입장에서 연구하는 것을 목적으로 하였다.

2　이오키베 마코토(五百旗頭眞), 『전후 일본 외교사』, 유히가쿠(有斐閣), 1999, p.122 / 자유법조단, 『유사 법제의 모든 것: 전쟁 국가로 가는 길(有事法制のすべて: 戦争国家への道)』, 신일본출판사(新日本出版社), 2002, p.16.

리지 않게 된 것은 일본 사회가 변화했음을 의미한다. 이를 우경화로 해석해도 될 것인가? 제1야당인 민주당은 1999년 일본 정부가 자위대의 해외 활동 확대를 내용으로 하는 테러 대책 지원법을 제정하려 할 때 강력히 반대했지만, 후에는 적당히 체면만 세우고 찬성으로 기울었다.[1]

이후 2003년 5월 15일, 일본 정부는 '유사有事 사태', 즉 북한이 일본을 무력으로 공격하는 사태를 가정한 상황에서 각종 대책을 규정한 법률을 제정, 또는 개정한다. 일부 의원이 반대했지만 여야 합의로 제출되어 15일 중의원을 통과했다. 이제 남은 것은 유사 법제 보완을 위한 법의 정비이며 나아가 '평화헌법' 개정 등의 문제였다.

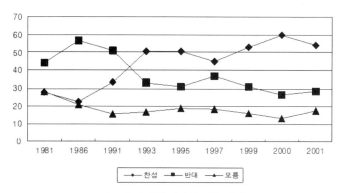

표4: 현행 헌법 개정에 대한 견해

[출전: 요미우리 신문사 여론조사부 편(2002), 『일본의 여론』, 고분도(弘文堂), p.49.]

즉 헌법 개정이 이러한 변화의 정수리에 있다. [표4]에 따르면 1980년대 이후 현행 헌법 개정에 대한 찬성이 가장 높았던 해는 2000년으로 60%였다. 가장 낮았던 해는 1986년으로 22.6%였다. 1992년을 경계로 찬반이 역전되었다. 개정 반대의 여론은 이제 소수

---

1   조헌주, 「[기자의 눈]격정되는 '우향우 日本'의 有事 법제」, 『동아일보』, 2003년 5월 14일 자.

파이다. 이것도 일본 사회 변화상의 한 모습이다. 반면 일본 정부는 "헌법이 실태에 맞지 않으면 헌법 개정 논의를 피할 필요는 없다고 생각한다. 헌법 개정은 충분히 논의하는 것이 중요하다. 새로운 시대의 헌법에 대해서 많은 국민적 논의가 있으면 좋겠다."라는 견해였다.[1]

나카소네 전 총리도 "나는 역시 현행 헌법의 전면적인 점검과 개혁을 실시해야 한다고 생각한다. 현재의 헌법 전문은 법 기술적인 견해가 주이며, 일본 전체의 모습과 이상이나 정신을 표명하는 것은 빠져 있다. 전문은, 과거의 역사를 이어받아 미래를 포함한 국가 전체의 모습을 표명하는 것이어야 한다. 일본은 동북아시아에서 역대 수상과 천황제 아래서 독자적인 문화와 고유의 민족 생활을 형성해 왔다. 주권재민, 자유, 민주, 인권, 평화의 존중을 기본으로, 국가 체제를 견지했고, 교육이나 문화의 중요성을 강조했으며, 국제 평화와 세계 문화의 창성에 적극적으로 기여해야 한다. 대일본제국 헌법 및 일본국 헌법이 완수한 역사적 의의를 상기하면서, 신시대의 일본을 위해 헌법 제정의 취지를 밝혀야 한다. 역사적으로 숨을 쉬는 일본 국가 전체상을 나타내는 전문이어야 한다."라는 의견을 밝혔다.[2]

또한 헌법 개정에 대한 국민 여론을 보면, 2001년의 경우 개정하는 것이 좋다는 견해가 54.1%, 개정하지 않는 것이 좋다는 견해는 28.4%였고, 무응답이 17.6%였다. 2002년의 경우 개정하는 것이 좋다는 견해가 70.6%, 개정하지 않는 것이 좋다는 견해는 24.1%였다. 2003년의 경우 개정하는 것이 좋다는 견해가 54.3%, 개정하지 않는 것이 좋다는 견해는 29.9%였고, 무응답이 15.8%였다. 2004년

---

1   제162회 중의원 본회의 회의록 3호(2005. 1. 25.), 고이즈미 준이치로(小泉純一郎) 내각총리 대신.

2   제161회, 중의원 헌법조사회 공청회 회의록 1호(2004. 11. 11.), 나카소네 야스히로(中曽根康弘) 전 내각총리대신. 나카소네는 더 나아가 총리직선제, 도주제(道州制) 검토, 집단적 자위권은 당연하다는 등의 주장을 했다. (박철희·오영환 역, 『21세기 일본의 국가 전략』, 시공사, 2001. pp.165-172)

의 경우 개정하는 것이 좋다는 견해가 65.0%, 개정하지 않는 것이 좋다는 견해는 22.7%였고, 무응답이 12.3%였다. 2005년의 경우 개정하는 것이 좋다는 견해가 60.6%, 개정하지 않는 것이 좋다는 견해는 26.6%였고, 무응답이 12.9%였다. 2006년의 경우 개정하는 것이 좋다는 견해가 55.5%, 개정하지 않는 것이 좋다는 견해는 32.3%였고, 무응답이 12.3%였다.[1]

이와 같은 사실은 일본 정부뿐만 아니라 일본 국민도 헌법 개정 문제를 현실의 문제로 직시하고 있음을 확인해 주는 것이다. 반면 정치인의 경우 더욱 높게 나타났다. 2004년 조사에 따르면 중의원 476명 가운데 297명의 회답 결과는 개정하는 것이 좋다는 견해가 83.2%, 개정하지 않는 것이 좋다는 견해는 10.1%였고, 무응답이 6.7%였다.[2]

헌법 개정과 유사 법제의 제정 등에 대한 일본 사회상의 변화를 실감할 수 있다. 바꿔 말하면 금기시되어 온 것이 이제 공공연하게 되었고, 심지어 강조되는 현실이 되었다.

---

1 이는 요미우리 신문이 2001년부터 2006년까지 실시한 조사 결과이다. 각 연도 별 출전은 『요미우리 신문』 조간, 2001년 4월 5일, 2002년 3월 22일, 2003년 4월 2일, 2004년 4월 2일, 2005년 4월 8일, 2006년 4월 4일 자.

2 요미우리 신문 조간 2004년 3월 17일 자 내용. 응답한 의원의 분포는 자민당 140명, 민주당 115명, 공명당 24명, 공산당 8명, 사민당 6명, 무소속 4명 등이다.

2) 신진 보수 우파 정치인 그룹

일본 정계에 우파 성향의 젊은 의원들을 중심으로 한 '신新국방족'이 등장했다. 기존의 '국방족'은 군수산업의 이권에 깊숙이 개입해 온 구세대 의원들인 데 비해 신국방족은 자위대 역할 확대와 국방 예산 증강을 주장하는 여야의 30-40대 의원들로 구성된 것이 특징이다. 2003년 6월 하순, 도쿄의 일본 중의원 의원회관에서 열린 '신세기의 안전 보장 체제를 확립하는 젊은 의원 모임' 총회는 신국방족이 전면 부상한 행사였다. 북한의 핵 개발과 일본인 납치 사건 등을 계기로 결성된 이 모임은 일본의 재무장 노선을 주도하는 이시바 시게루(石破茂) 당시 방위청 장관과 아베 신조(安倍晋三) 관방 부장관, 제1야당인 민주당 예비 내각의 안보장관 내정자인 마에하라 세이지(前原誠司, 당시 41세) 의원 등 100여 명의 소장파 의원이 가담하고 있다.[1]

이 모임은 평화헌법의 골간인 전수專守 방위 원칙의 수정과 집단적 자위권의 인정 등을 정부에 요구하는 긴급 성명을 발표했다. 성명 발표에는 야마모토 이치타(山本一太, 당시 45세) 참의원 의원과 하마다 야스카즈(濱田靖一, 당시 47세) 자민당 국방부회 회장 등도 앞장섰다. 일본 언론은 "제2차 세계대전 패전 후 반세기가 지나 '신국방족'이 등장했다."라며 정파를 초월해 의기투합한 소장파 정치인들의 행보에 주목했다. 신국방족은 우파 성향의 30-40대 의원으로, 해외 유학 등을 통해 국제정치에 대한 식견을 갖췄으며 이권보다는 애국심 차원에서 첨단 무기 도입에 열성적이라는 공통점이 있다. 신국방족의 등장은 일본 사회의 보수 우경화를 반영하는 현상이라고 보아도 될 것이다. 일본 정치의 미래 주역들이 같은 방향으로 치닫는 것은 어떤 문제를 제기할 것인가?

---

1 박원재, 「"日 신세대 정치인 '우경화' 앞장"」, 『동아일보』, 2003년 7월 14일 자.

반면, 고노 요헤이(河野洋平) 일본 중의원 의장은 2004년 4월 28일 "정계 전체가 우경화되고 있다."라고 지적하면서 일본 사회의 우경화에 강한 우려를 표명했다. 고노 의장은 교도통신이 주최한 한 강연회에서 연설하는 가운데 "자민당과 사회당이 대립하던 시절에는 균형이 이뤄져 정치가 대체로 중용을 지켰으나, 이제 과거와 같은 균형은 완전히 무너졌다."라면서, 우경화의 구체적인 예로 헌법과 교육기본법을 개정해야 한다는 목소리가 높아지고, 애국심을 강조하는 주장이 갈수록 강해지고 있다는 점을 들었다. 특히 자위대의 이라크 파견 문제도 우경화 분위기 속에서 다면적인 논의가 이뤄지지 않았다고 지적했다. 고노 의장은 또 헌법 개정 문제에 대해 "(개정해서) 더 좋아진다면 찬성하지만 나빠진다면 반대한다."라고 전제하면서 "제2차 세계대전 후의 역사를 잘 생각해 보고 '올바른 길이었다. 그 길을 가자.'라고 한다면 바꿀 필요가 없다."라고 말해 대폭적인 개정에 반대한다는 입장을 밝혔다.[1]

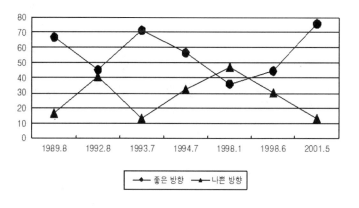

표5: 일본 정치는 어떤 방향으로 가고 있나?

[출전: 요미우리 신문사 여론조사부 편(2002), 『일본의 여론』, 고분도(弘文堂), p.67.]

1　『동아일보』, 2004년 4월 28일 자.

이러한 움직임을 일본인은 어떻게 평가하고 있을까? [표5]에서 보듯, 일본 정치는 1998년 이후를 '좋은 방향'으로 평가하고 있다. 2001년은 75.9%가 좋은 방향으로 가고 있다고 봤다. 반대로 나쁜 방향은 소수인 13.4%였다. 총괄적인 평가는 간단하지 않지만 앞서 살펴본 내용에 대한 '방향성'이 좋다는 의미로 해석해도 무리는 없을 것이다.

3) 일본의 안전에 대한 관점

제2차 세계대전 이후 일본에 가장 위협적인 국가는 소련이었다. 냉전이 끝나고 소련이 해체되는 과정에 이르기까지도 소련은 여전히 일본의 위협 요인이었다. 반전은 그 이후에 생겼다.

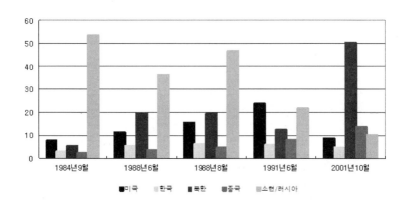

표6: 일본 안전에 위협을 주는 나라

[출전: 요미우리 신문사 여론조사부 편(2002), 『일본의 여론』, 고분도(弘文堂), p.210.]

즉 1991년 이후부터 일본이 위협 요인으로 생각하는 국가가 북한으로 바뀐 것이다. 1984년 북한은 5.4% 정도의 위협 요인이었다. 반면 소련은 53.5%였다. 이것이 반전되어 2001년 북한은 50.4%이고

　　　　　　　　　　　제1부 - 일본 민주주의, 그 불편한 진실

러시아는 10.2%이다. 중국이 1984년 2.3%에서 2001년 13.8%로 지속적인 증가를 보이는 것도 21세기 국제 정세와 무관하지 않을 것이다. [표6]은 일본 안전에 위협을 주는 나라가 어느 나라인지를 잘 보여준다.

국가 안전의 문제에서 변화상이 보인다는 것은 국가 안전의 틀이 크게 변화되었거나 안보 환경에 변화가 있었을 경우이다. 일본의 경우 환경 변화를 겪었다. 대미 의존과 미일 동맹에 의거한 안전 보장에 변화는 없었지만, 소련의 해체에 따른 환경 변화가 있었고 북한의 핵 개발 의혹에 따른 환경 변화가 있었다. 반면 무력 공격 가능성의 측면에서 '위협'에 대한 인식 변화는 컸던 것으로 보인다.

III. 맺음말: 과거, 현재, 미래의 관점

이상으로 과거(역사 인식)라는 차원에서는 역사 교과서 문제, 천황의 지위 및 영향 문제, 야스쿠니 신사 문제를, 현재(국민 의식)라는 차원에서는 정부 신뢰도, 애국심 혹은 국가에 대한 자부심, 국가 방위 문제를, 미래(정치사회적 쟁점)라는 차원에서는 평화헌법 및 유사 법제 문제, 신진 보수 정치인 그룹, 일본의 안전에 대한 관점 등을 살펴봤다. 이러한 문제를 검토했다고 일본 사회상의 변화를 파악했다고 하기에는 난센스다. 동시에 이러한 문제를 제대로 파악한다는 것은 지난한 과제이다. 하물며 이를 어떻게 해석할 것인가 하는 문제는 더욱 어렵다. 그럼에도 불구하고 결론에서는 이를 시도해 보고자 한다.

역사 교과서 문제를 통해 보면, 일본은 과거사에 대한 합리화를 시도하고 있는 것으로 보인다. 역사 문제는 해석 문제로 이제 일본 나름대로 해석할 시기가 도래했다고 보는 것이다. 그 해석이 정당한지 아닌지는 별개의 문제로 파악하고 있다. 물론 '새역모'가 말하는 '자학적인 역사'가 일본의 역사일 수야 없겠지만, 침략과 잔학 행위를 정당화하고 덮으려는 '국민의 역사'도 일본의 역사일 수는 없다. 이는 국가 역사의 문제이기 때문이다. 그럼에도 일본 역사 교육은 미래 세대의 양육이라는 차원에서 과거의 잘못과 가해 사실을 합리화하면서 비켜 가는 흐름의 양상이 강화되고 있다. 이 부분이 역사 교과서에 보이는 일본 사회상의 변화이다.

이런 바탕 위에 애국심, 천황 문제, 야스쿠니 신사 문제 등이 있다. 애국심, 천황 문제, 야스쿠니 신사 문제 등은 현존하면서도 과거사와 밀접히 관련된 문제이다. 과거사를 통해 이들의 부정적인 측면이 있었고, 이들도 일본의 전통과 맥이 닿아 있다. 이 부분도 일본 사회상의 변화라는 관점에서 볼 때, 일본이 스스로 과거사에 얽매여 일본의 전통을 무시해서는 안 된다는 논리가 숨어 있다고 본다.

　그리고 일본 사회 변화의 풍향계라고 할 수 있는 국가 방위 문제, 평화헌법 및 유사 법제 문제, 신진 보수 정치인 그룹, 일본의 안전에 대한 관점 등은 일본의 보통 국가화와 관련이 있다. 보통 국가화는 군사화이며 자주국방론이다. 국가의 안전과 번영은 모든 국가에 최대 과제이다. 그런 점에서 일본이 보통 국가화의 길을 지향하는 것이 문제가 될 이유는 없다. 다만 일본이 경제 대국이라는 점에서 일본의 보통 국가화와 군사화는 군사 대국화라는 결과를 낳는다. 더불어 북한이라는 위협 요인은 일본에 일본의 군사화를 가속시키는 요인으로 작용하고 있다고 평가할 수 있다. 일본 국민 여론도 냉전 이후 뚜렷한 변화상을 보인다. 일반적으로 논의되는 우경화는 이를 말한다. 우경화는 군사 대국화이다.

불편한 진실

　역사란 무엇인가? 이런 거창한 질문에 답하는 것이 저자의 목적은 아니나, 다만 일본 사회의 여론이 어떻게 변화했는지를 확인하면서, 불편한 진실을 살펴본다. 역사 교과서 문제를 통해 보면, 일본은 과거사에 대한 합리화를 시도하고 있는 것으로 보인다. 역사 문제는 해석의 문제로 이제 일본 나름대로 해석할 시기가 도래했다고 보는 것이다. 특히 과거사에 얽매여 과거사의 역사 주체(선조?)를 악으로 규정하지 말자는 논리이다. 맞다. 역사의 주체가 악은 아니다. 그 주체가 범한 죄가 악이다. 일본은 군국주의의 팽창과 침략의 역사(과거사)를 가졌다. 침략의 역사가 악이다. 그러면 반성하고 사죄해야 한다. 현대 일본은 과거사를 악으로 규정하고, 역사 철학의 정의의 편에 서면 된다. 그때에 비로소 일본은 신뢰와 존중의 대상이 된다. 그렇지 않고 과거사를 미화하려는 논리, 즉 일본이 정당했다는 논리라면 일본은 대가를 치러야 한다. 이른바 과거의 침략과 약탈과 희생에 대한 죗값이다. 죄를 따지는 일, 불편한 진실이다.

　독일은 독일의 나치즘을 악으로 규정하고 비판한다. 일본은 일본의 군국주의를 악으로 규정하고 비판하는 것에 소극적이다. 독일이 나치스트를 규탄하고 비판한다고 해서, 과거 독일 국민이나 독일이라는 국가를 싸잡아 규탄하거나 비판하는 것은 아니다. 일본은 이를 거부하기에 신뢰를 얻지 못한다. 즉 나치스트와 군국주의자는 역사의 악이었기에 청산의 대상이다. 독일이나 일본이나 그 '부분'을 단죄해야 한다. 어느 국가든 역사 과정에서 악이 있었다. 그 악은 '부분'이다. 그 부분을 단죄하지 못하면 전체 역사가 악으로 채색될 가능성이 있다. 한국의 경우도 마찬가지다. 한국 정치사에서 독재정치 시기에 악이 있었고, 베트남 전쟁에서는 베트남 양민 학살이라는 악의 역사가 있었다. 그 악을 한국이 스스로 단죄하지 않으면서 일본이나 독일에 그들의 악을 단죄하라고 말할 수는 없다. 불편한 진실이다.

일본의 역사 교육은 미래 세대의 양육이라는 차원에서 과거의 잘못과 가해 사실을 합리화하면서 비켜 가는 양상이 강화되고 있다. 이 부분이 역사 교과서에 보이는 일본 사회상의 변화이다. 이런 바탕 위에 애국심, 천황 문제, 야스쿠니 신사 문제 등이 있다. 애국심, 천황 문제, 야스쿠니 신사 문제 등은 현존하면서도 과거사와 밀접히 관련된 문제이다. 과거사를 보면, 일본 국민이 이들에 이용당한 것도 사실이다. 그래서 전후 일본의 양심적인 지식인은 이러한 일본의 과거를 통절하게 반성해야 한다고 주장한다(오오에 겐자부로 외). 반면 이들은 일본의 전통과 맥이 닿아있다. 과거사를 단죄하는 것이 일본의 전통을 무시하거나 단죄하는 것은 아니다. 역으로 과거사를 옹호하는 논리로 일본의 전통을 이용해서는 안 된다는 것이다. 그것은 오히려 일본의 전통을 욕보이는 것이다. 불편한 진실이다.

일본 사회 변화의 풍향계라고 할 수 있는 국가 방위 문제, 평화헌법 및 유사 법제 문제, 신진 보수 정치인 그룹, 일본의 안전에 대한 관점 등은 일본의 보통 국가화와 관련이 있다. 보통 국가화는 군사화이며 자주국방론이다. 일본 국민 여론도 냉전 이후 뚜렷한 변화상을 보인다. 일반적으로 논의되는 우경화는 이를 말한다. 어느 국가든 국가의 안정 보장은 가장 긴요한 과제이다. 문제는 군사화와 우경화를 통제할 수 있는 시스템이 갖추어져 있는가이다. 법적 제도적 장치만이 아니라 시민사회의 건강한 의식까지이다. 한국의 경우, 촛불 시위로 대통령이 탄핵당하여 자리에서 물러났던 경험이 있다. 시민에 의한 대통령의 권력 통제가 가능했음을 보인 것이다. 뒤늦은 후발 민주주의 국가인 한국이, 한국 시민사회의 건강한 민주 의식을 확인했다. 한편 한국에는 아직도 일제 식민지의 어두운 그림자가 드리워져 있다. 일본은 아직 과거사를 둘러싼 논쟁에서든, 일본의 민주주의 문제에서든 일본 시민사회의 건강한 민주 의식을 확인하지 못했다. 불편한 진실이다. 그래서 한일 간의 과거사 문제는 더 문제다.

어떤 국가든 그 나라의 전통문화는 미화된다. 미화된 전통문화는 결국 상징조작의 수단이며 우월 의식의 기반이다. 전통문화를 이용한 상징조작은 국가가 국민의 자긍심을 고취시키려 하거나 일치단결을 호소할 때 흔히 이용한다. 문제는 국가가 팽창주의나 침략주의와 결부할 때 이런 수단을 더욱 적극적으로 활용한다는 것이다. 일본의 경우를 통해 살펴보자면, 일본은 군국주의, 더 나아가 아시아의 패권주의로 나아갈 때 천황과 애국심과 야스쿠니 신사를 더 이용했고, 일본 제국의 국민 역시 그에 더 열광했다. 이들은 일본의 '우경화 강화'에도 이용된다. 일본은 경제 대국을 넘어 군사 대국이다. 전수 방위를 넘어서 선제적 방어라는 전략을 취하고 있다. 일본의 민주주의 문제에서는 문민 통제가, 일본 시민사회에서는 국가 권력을 감시하는 건강한 시민 의식이 요구되는 이유이다. 그러나 그럴 가능성은 점점 멀어지고 있다. 불편한 진실이다.

제3장
일본군 종군 위안부에 관한 일본 정부 견해: 일본 정부의 속내와 겉말 읽기

제3장에서는 일본군 종군 위안부에 관한 일본 정부의 답변을 검토해서, 일본 정부의 속내와 겉말(本音と建前, true intention and official policy)을 읽어내어 일본 정부의 자세를 규정한다. 종군 위안부 용어를 간략하게 정리하자. 한국의 현행 법률에서는 '일제하 일본군 위안부'라는 표현을 사용하고 있다. 정신대 문제 대책 협의회에서는 "일본군 '위안부'"라는 명칭을 사용할 것을 권장한다. 한국 정부는 '일본군 위안부'로 부르지만, 필자는 '일본군 종군 위안부'를 사용한다. 필자가 일본이 아닌 일본군이라고 하는 이유는 당시 일본제국 군대의 '종군 위안부'라는 의미를 강조하기 위해서다. 별 차이는 없다. 다만 필자는 군국주의 일본의 군이라는 의미를 더 강조하고자 일본군을 강조한다. 이중 강조라는 의미다(이에 대해서는 본문의 각주를 참조).

일본 정부는 종군 위안부라는 명칭을 꺼린다. 종군 기자, 종군 의사 등과 같은 종군은 납득하나 위안부는 종군이 아니라는 의미에서다. 그래서 일본 정부는 일본군 종군 위안부를 "'이른바' 종군 위안부"라고 호칭한다. 종군 위안부의 존재를 인정하고 싶지 않다는 일본 정부 관계자 및 국회의원의 속내가 여기서 드러난다. 또한 종군 위안부 문제는 한일 관계의 여러 문제 가운데 '그 외에 어떤' 문제일 뿐, 중요시할 문제가 아니라는 것이 그들의 입장이다.

한편, 한국 정부도 친일 청산, 반민족 처단, 과거사 정리가 불완전하고 애매한 것에 대해 반성해야 할 것이다. 이 연구를 바탕으로 말할 수 있는 것은, 일본군 종군 위안부에 관한 일본 정부의 겉과 속에는 큰 격차가 있고, 거기서 연유하는 일본 정부의 자세는 궤변의 연속이며 이는 불신을 더 조장한다는 사실이다. 기억의 역사는 옅어지고 있다. 기록의 역사는 선명히 드러나고 있다. 시대정신에 따른 사죄와 용서가 필요하다.

I. 서론

제3장에서는 일본군 종군 위안부에 관한 일본 정부의 견해를 검토하고 일본 정부의 속내와 겉말을 읽어, 일본 정부의 자세를 규정한다.[1] 속내와 겉말을 읽는 방법은 무엇인가? 일본 국회에서 외무성(외무대신이나 외무성의 담당관)이 밝힌 견해는 일본 정부의 입장이라 할 수 있을 것이다. 개인차는 있겠지만 일본 정부의 견해로 보면 좋을 것이다. 이에 제3장에서는 일본 정부 관계자의 답변을 검토해 속내와 겉말을 읽어내는 것을 시도한다.

일본군 종군 위안부에 관한 선행 연구는 수두룩하다. 그러나 분류하면 국제법과 제국주의(도시환 2015 / 박유하 2015 / 정영환 2016 / 中川 2016), 배상과 조약(中川 2016), 역사 인식과 청산의 문제(한국 정신대 문제 대책 협의회 2001b / 와다 하루키 2016), 인권과 성매매(스즈키 2010 / 우에노 지즈코 2014), 성 노예와 성폭력(한국 정신대 문제 대책 협의회 2001a / 정진성 2004 / 송연옥 외 2012), 피해와 가해의 윤리 문제(박유하 2015), 책임과 사죄 문제(이석태 외 2009 / 윤명숙 2015) 등이 있는데, 위 연구들은 이런 주제를 중층적이며 포괄적으로 다루고 있다. 이들을 다시 대별하면, 역사적 관점(인식과 사실 관계), 국제법적 관점(조약과 실정법), 인도적 관점(인권 및 윤리) 등으로 분류할 수 있다.

---

1 위안부 호칭의 경우 한국에서는 오랫동안 정신대로 불렀다. 정신대라는 말은 전시 체제 아래서 일본 제국주의의 전투력 강화를 위해 특별히 노동력을 제공하는 조직 등을 지칭한 일반명사였다. 따라서 여자 근로정신대와 일본군 위안부는 서로 다른 것이다. 이와 더불어 혼용되는 용어가 종군 위안부(從軍 慰安婦)이다. 이는 자발적으로 군을 따라다닌 위안부라는 의미로, 강제로 성 노예 생활을 해야 했던 일본군 위안부의 실상을 감추려고 일본이 만들어낸 용어다. 현재 공식적인 용어로 한국에서는 일본군 '위안부'가 쓰이고 있다(네이버 백과). 그러나 여기서는 일본군 종군 위안부라는 용어를 사용한다. 이유는, 위 내용과 달리 일본 정부의 국회 답변을 보면, 일본은 일본군 '종군' 위안부라는 용어 사용을 꺼린다. 일본은 '이른바 종군 위안부(いわゆる從軍慰安婦. 매춘부)'였지 국가가 동원한 것(종군)이 아니라는 의미를 강조한다. 종군 기자나 종군 간호사와 구별해야 한다는 것이다. (제166회 중의원 외무위원회 회의록 10호. 2007. 5. 9.. 아소 다로(麻生太郎)(자유민주당. 외무대신)) 종군을 강조하는 것이 일본 제국주의의 본질에 더 접근하는 것이 아닐까?

제3장에서는 이러한 선행 연구의 성과에 대해 이의를 달지 않지만, 이들 연구가 공통적으로 일본 정부의 속내와 겉말을 구분하지 않아 혼선을 야기하고 있다는 점을 짚는다. 이에 여기서는 이를 분리 해석하는 방식으로 접근한다. 선행 연구에서 종군 위안부 문제는 역사적 관점, 국제법적 관점, 인도적 관점에서 단죄와 사과 및 보상의 대상이 된다. 동시에 종군 위안부 문제는 제국주의가 저지른 죄라는 일반화, 법적 형식적 완료형으로서의 조약의 유효성 문제, 시대의 흐름이라는 변명, 성 노예와 성매매라는 인권 침해, 가해의 죄의식 및 책임 의식 등의 문제를 제기한다. 여기서는 이러한 다양한 관점에 대해 일본 정부의 속내와 겉말을 구분하고, 그럴 때 나타나는 일본 정부의 자세를 비판적으로 검토한다.

따라서 제3장의 연구 방법은 일본 국회에서 일본 외무대신(장관)이나 외무성의 담당관이 밝힌 견해를 분석하는 것이다. 그들의 견해는 문어체가 아니라 구어체, 또는 경어체로 사용되고 있다. 이에 여기서는 가능한 한 문어체로 바꾸어 인용하고, 일부 생략한 부분도 있다. 또 일본 정부의 입장이라 하더라도 외무대신이나 관계자의 개인차에서 오는 견해의 강약에도 주목한다. 이 글은 1990년 6월 1일부터 2016년 6월 1일까지, 일본 국회 중의원 외무위원회 회의록으로 제한하여, '종군 위안부'라는 단어를 검색한 결과 가운데 일본 정부의 답변을 검토하였다.

이 글은 또한 일본 정부의 속내와 겉말을 읽어내는 데 4가지 쟁점(①고노(河野) 담화, ②미국 하원의 결의안을 둘러싼 속내와 겉말, ③일본 정부가 말하는 완전하고 최종적 해결, ④성의 있는 대응이란 무엇인가?)을 설정하고, 발언 내용을 시대순으로 조사했다. 이외의 쟁점 설정도 가능하지만, 속내와 겉말을 구분하며 읽어내는 것이 목적이므로 4개의 쟁점으로 한정했음을 미리 알려둔다.

II. 본론

1. 고노 담화에 관한 속내와 겉말

일본 중의원 외무위원회에서 논의된 한일 관계에 대한 내용은 다음과 같다.

"우선 기본적인 관계를 보자면, 1965년 한일기본조약에서 법적인 해결 및 정리가 이루어지고 있다. 우리는 이러한 인식에서, 특히 한일 간의 재산 및 청구권 문제에 대해서는 한일 청구권과 경제 협력 협정으로 완전하고 최종적인 해결이 완료되었다, 이렇게 생각하고 있다. 다만 이러한 법적인 틀 밖의 인도적인 관점에서, 예를 들면 한반도 출신의 옛 민간 징용자 등의 유골 반환과 관련된 문제. 이에 대해서는 지난번 한일 외무장관 회담에서도 일본이 제안해서 다루고 있는데, 여름까지는 완료를 하고 싶다. 그리고 유골 반환에 대해서는 한일 간 협의를 통해 옛 군인 군속의 유골 반환을 포함해, 구체적으로 검토하자는 것이다. 그리고 사할린의 한국인 문제에 대해서도 한일 외무장관 회담에서 언급되었는데, 지원을 계속하고 영주 귀국 등 추가 지원을 검토하자는 것이다. 그리고 주한 피폭자 지원 문제는 건강 관리 수당 지급 신청에 대해서는 재외공관에서도 가능하도록 하자. 재외공관의 활용을 검토한다는 데에 앞서 한일 외교장관 회담에서 합의를 봤다. 그 밖에 어떤 문제가 있느냐는 물음에 대해서라면, 예컨대 종군 위안부 문제라는 것도 있을까 싶다. 이에 대해서는 아시아 여성기금이라는 형태로, 이것이 가장 최적의 방법일 것이라고 판단하고 있으며,

지금까지 대응해 온 바 있다."

위 발언에서 종군 위안부 문제는 '예컨대 종군 위안부의 문제도 있을까 생각한다.'라는 말로 언급된다. 이를 통해 일본이 종군 위안부 문제를 '기타'의 문제로 여기고 있음을 알 수 있다. 또 종군 위안부 문제는 '아시아 여성기금이라는 형태로, 이것이 가장 최적의 방법일 것이라는 판단을 하고, 지금까지 대응을 해 온 바 있다.'로 정리된다. 종군위안부에 관한 이러한 일본 정부 인식을 필자는 '기타의 문제 인식'으로 해석한다.

"북한이 종군 위안부 문제와 강제 연행 문제를 제기했다는 것은 매우 중대한 문제다."[1]라는 질의에 대한 답변을 보자.

> "전쟁 전, 혹은 전쟁 중, 한때 대전이 끝나갈 무렵, 이른바 '국민 징용령'이라 불리는 것은 1939년 7월에 시행되었는데, 일부 한반도 사람들을 대상으로 이 법령에 의거한 징용이 실시된 것은 사실이리라고 생각한다. 그러나 북한 측이 운운하는 '강제 연행 피해자 840만 명'에 대해서는 그 수치에 근거가 없다고 보며, 또한 그것이 '국민 징용령에 의한 징용'과는 다른 것으로 추정된다는 것이 우리 입장이다. 또한 위안부 문제에 대해서도, 소위 종군 위안부라는 지칭이 적절한가에 대한 여러 논의가 있겠지만 이는 논외로 하고, 1993년의 고노 관방장관 담화를 통해 위안부 및 위안소의 존재, 혹은 군을 포함한 관헌 등의 관여를 그 당시 정부 입장에서 인정하고 있다. 그러나 이와 관련한 북한 측

---

1 제164회 중의원 외무위원회 회의록 2호(2006. 2. 24.), 마쓰바라 진(松原仁) 의원(민주당. 무소속 클럽).

주장인 '피해자 20만 명'이라는 추산에는 역시 근거가 없
다고 생각한다."[1]

북한이 주장하는 일본군 종군 위안부에 관해서도, 그 숫자에 근거
가 없다는 식으로 부정하는 것이 일본 정부의 자세였다.

다음 답변을 보면 일본 정부는 종군 위안부라는 말에 집착하고 있
다고 생각된다.

"우선 종군 얘기지만 종군 간호사, 종군 화가, 종군 의사
등등 종군이라는 이름이 붙으면 군속이 되는 것이 당시의
상식이었다고 생각한다. 따라서 위안부가 종군 혹은 군속
이었느냐 하면 (군속이 아니었기에) 바로 그 종군이라는 예는 없
지 않았느냐 하는 것이다. 우리(일본 정부)가 보더라도 종군이
라는 말은 옳지 않다고 생각한다. 다행히 지금 여러 가지로
(종군 위안부에 대해) 반론이 여기저기서 책으로 나오고 있다. 그
런 것들이 국회에서 거론되는 것은 매우 중요한 과정이라
고 생각한다."[2]

여기서 보이는 일본 정부의 속내는 위안부가 종군이나 군속이 아니
며, 군속의 종군 위안부는 없다는 것이다. 외무대신도 종군(위안부)이란
말은 옳지 않다는 속내를 품고 있다.

---

1   제164회 중의원 외무위원회 회의록 2호(2006. 2. 24.), 사사에 겐이치로(佐々江賢一郎) 외무
     성 아시아대양주국장.

2   제164회 중의원 외무위원회 회의록 2호(2006. 2. 24.), 아소 다로(麻生太郎) 외무대신(자유민주
     당).

2006년 4월, 미국의 에번스(Lane Allen Evans) 민주당 하원의원이 종군 위안부 동원 비난 결의안을 상정한다는 데 대해 일본 외무성의 입장은 무엇인가가 추궁을 당한 바 있다.

이에 대해 시오자키 외무성 부장관은 "에번스 하원의원이 위안부에 대한 명확하고, 애매하지 않은 사과를 공식적으로 표명할 것을 일본 정부에 요구하는 결의안을 하원에 제출했다. 위안부 문제를 포함하여 제2차 대전과 관련된 배상 및 재산 그리고 청구권 문제에 대해서 일본은 샌프란시스코 평화조약, 그리고 여러 형태의 양자 간 평화조약, 기타 관련된 조약으로, 당사국 및 국민에 대해서 법적으로 해결된 것이며, 일본은 이들 조약에 따라 과거를 둘러싼 문제에 성실하게 대응해 오고 있다. 이번 결의안은 사실 관계를 모르는 잘못된 내용이 포함되어 있다고 생각한다. 따라서 외무성이 지시하여 주미 대사관 관계자가 미국 하원이나 정부 관계자에게 그 취지를 설명하고, 위안부 문제에 대한 일본 정부의 지금까지의 입장과 현재 입장에 대해 상대방의 이해를 구하고자 한다."라고 답변했다.[1]

즉 일본 외무성 부장관은 에번스 하원의원의 결의안에 대해, 일본은 과거를 둘러싼 문제에 성실하게 대응해 왔으며 해당 결의안은 사실 관계를 고려하지 않은 잘못된 기술을 포함하고 있다고 반박했다.

한편, 설령 비밀로 논의했더라도, '고노 담화'[2]라고 일컬어지는 위안부 관계 조사 결과 발표에 관한 담화는 14쪽에 이른다. 이에 대해 시모무라(下村) 내각관방 부장관에게 질문이 있었다.

---

1 제164회 중의원 외무위원회 회의록 20호(2006. 6. 7.), 시오자키 야스히사(塩崎恭久) 외무성 부대신(자유민주당).

2 1993년 8월 고노 요헤이(河野洋平) 당시 관방장관이 일본군 '위안부'에 대한 일본군의 강제성을 인정한 담화이다. 고노 관방장관은 위안소는 당시 군軍 당국의 요청에 의해 설치된 것이며, 위안소의 설치·관리 및 위안부 이송에 구 일본군이 관여하였다고 발표하였다. 또 일본군 '위안부'들에게 사과와 반성의 마음을 전한다고 밝혔다.

그 질문에 대해 부장관은 "제가 말씀드린 것은, 아베 정권 안에서도 이른바 종군 위안부 문제에 대한 고노 담화, 이는 각의 결정(국무회의)된 내용이며, 이는 (아베 정권도) 제대로 계승한다. 그리고 아베 정권도 이를 바꾸겠다는 생각을 갖고 있는 것은 물론 아니다. 그대로 답습해 나가는 것은 당연하다. 게다가 저는, 이른바 종군 위안부 문제에 대해 그 후 국회 논의 중에서도, 외무성의 당시 히라바야시(平林) 심의관이 이 내용에 대해서, 여러 가지 더 연구 및 조사를 하지 않으면 사실 관계를 파악할 수 없는 것도 있다는 답변을 했다(이에 저도 동감한다). 저도 개인적으로 폭넓게 과학적으로 그리고 여러 지식 등을 더 찾아서 연구해 나가겠다. 그런 말씀을 드렸다."[1]라고 답변했다.

즉, 겉말로는 고노 담화를 답습한다고 하지만 속으로는 부정한다는 것이다. 공식 석상에서는 고노 담화를 계승하겠다고 말하지만, 개인적 의견으로는 정확한 사실 관계 파악을 위해 폭넓고 과학적인 지식을 찾아 연구해 나갈 것이라는 것이다. 이 말은 결국 종군 위안부 문제를 부정하고 싶다는 일본 정부의 속내를 드러내는 것이다. 일본 정부의 내각관방 부장관으로서 공인公人과 사인私人의 경계를 혼란하게 하면서 부책임의 태노를 취한 것으로 볼 수 있나.

---

1   제165회 중의원 외무위원회 3호(2006. 10. 27.), 시모무라 하쿠분(下村博文) 내각관방 부장관(자유민주당).

2. 미국 하원의 결의안에 관한 속내와 겉말

재차, 종군 위안부 문제와 고노 담화, 그리고 미 하원에 제출된 결의안에 대한 논의가 있었다. 이에 관한 아소 외무장관의 답변을 보자.

> "문제점을 하나하나 말하는 것을 나는 피하고 싶다. 내가 전체적으로 말할 수 있는 것은, 일본 정부는 역사적인 책임을 명확하게, 애매하지 않은 형태로 어떻게든 공식적으로 인정했다. 이건 이미 충분히 한 것 같다. 그리고 공적인 사죄에 대해 일본 총리가 성명을 내야 한다는 것. 이것도 했고 국회에서 답변도 했는데 이런 것에 대한 입장(했다 안 했다에 대한 의견이)이 달라도 너무 다르다고 생각한다. 정말 (위안부가) 얼마나 강제적이었고, 공짜로 보이는 이야기인 것으로(그러나 대가를 지불했는데), 좀 그건 강간이라든가 노예라든가 뭔가 여러 가지 표현이 있지만, 그런 것과는 조금 다르지 않을까 하는 것은, 하나하나 (따지고) 들어가면 여러 가지 (문제)가 있을까 싶다. 우리는 기본적으로, 이 문서(하원에 제출된 결의안)의 내용에 관해서는 여러 가지 의문이 있다는 것이 솔직한 의견이다."[1]

즉, 미 하원에 제출된 결의안 내용을 부정하는 것이다. 과거의 역사적인 책임은 명확하게 충분히 행했다, 공적인 사과도 있었다, 강간이라든가 노예라든가 그런 것과는 다르다, 이 문서의 내용에는 의문이 많다는 것이 발언 요지이다. 그런 변명이 일본 정부의 속내였다.

---

1 제166회 중의원 외무위원회 3호(2007. 3. 16.), 아소 다로(麻生太郎) 내각관방 부장관(자유민주당).

또한 혼다(Mike Honda) 의원이 중심이 된 종군 위안부 결의안 내용, 고노 담화에 대한 사실 관계, 그리고 강제성 논란에 대해서도 논의가 있었다.

이에 대해 일본 외무장관은 "고노 담화에 관해 사실을 오인하는 부분이 있는데, 국내적으로 볼 때 가장 반론이 많았던 것은 아마 종군이라는 말이었을 것으로 기억한다. 종군은 의사라든가 종군 기자, 종군 간호사 등인데, 종군 위안부라면 종군은 군속이 되기 때문에, 거기서 (고노 담화)도 이 이야기는 모두 '이른바 종군 위안부'라고 해서 '이른바'라는 말이 분명히 고노 담화에는 붙어 있었던 것으로 나는 기억한다. 그런 의미에서 당시 나이 드신 분(당시 원로 정치인)들은 이곳이 가장 걸리는 부분이었다고 기억한다, 당시 저는 부副간사장인가 뭔가를 하고 있었다."라고 답변했다.[1]

그러다가 나중에는 종군 위안부 얘기가 더 복잡해졌다. 일례로 야마구치 민주당 의원은 "아베가 넓은 의미의 강제니 좁은 의미의 강제니 하는, (그런 방식의 위안부에 대한 변명은) 그것은 솔직히 치졸했다. 정치인으로서 고노 담화를 계승한다, 마침표(끝), 이걸로 됐다, 나머지는 역사가에게 맡긴다, 이렇게 했어야 한다."라는 의견을 내기도 했다. 그러면서 의원은 "관헌 등이 직접 이것(위안부 동원)에 가담한 적도 있었음"이 밝혀졌다는 것을 지적하며 이에 관한 질의를 했다.[2]

이런 질의에 대해 일본 외무장관은 "지난 2주 정도 동안, 나와 시오자키(塩崎) 관방장관, 아베(安倍) 총리 사이에서 (위안부 문제에 대해) 어떤 형태로 대응해왔는가에 대해 말씀드리면, 다시 여러 가지로 어수선해지기 때문에, (질의한 의원이나 의원들 모두 대응 내용을 꼭 알고 싶다면) 저희로서는, 이런 장소 이외에서 제대로 답변하겠다. (그러나 혹시) 조금이라도 여기서

1　제166회 중의원 외무위원회 3호(2007. 3. 16.), 아소 다로(麻生太郞) 외무대신(자유민주당).

2　제166회 중의원 외무위원회 5호(2007. 3. 28.), 야마구치 쓰요시(山口壯) 의원(민주당, 무소속클럽).

말씀드리자면, 그것(그 대응 내용)을 그대로 보고, 일본은 민주당과 짜고 뒤에서 저런다는 말을 들으면(즉 위안부 문제에 자민당과 민주당이 공모해서 회피책을 만든다는 대응), 서로 재미없는 일이 되므로(자민당이나 민주당이나 모두 체면이 안 서고 일본 정부 또한 그렇기에), 제대로 대응하고 있다(비밀리에 여야가 잘 대응하고 있다)."라고 대답했다.[1]

아베가 넓은 의미의 강제니 좁은 의미의 강제니 하는 것은 무엇보다 의미 축소를 암시하는 변명이며, 이는 민주당 의원에 의해서도 치졸한 의견으로 간주됐다. 또 관헌 등이 이에 직접 가담한 것으로 드러난 데 관해서는, 의회라는 자리에서 밝힐 수 없을 정도의 일이며, 이에 대해 아소와 시오자키, 아베 총리 간에 어떤 이야기가 있었음을 암시한다. 겉말로는 '비밀로 취급할 수밖에 없다.'라는 변명을 앞세우고 있지만, 속내를 들여다보면 '진실을 어떻게 은폐할 수 있을까?'만 궁리하고 있음을 알 수 있다. 뒤에서 어떤 움직임이 있었다는 것, 그것이 음모가 아닐까?

또한 와타나베(渡辺周) 민주당 의원의 지적이 있었는데, 이는 "1) 미국 의회에서 위안부에 대한 여러 논의가 있었고 증언도 있었다. 하원에서 증언을 한 사람들, 전 위안부라고 여겨지는 사람들에 대해 반론을 할 기회도 없었다. 중립적인 입장에 서서 말하는 사람도 없었다. 즉 처음부터 결론이 난 공청회였다고 생각한다. 2) 요시다(吉田淸治)의 저서에서 위안부에 대한 부분을 살펴보면 항상 주어가 빠져있다. 즉 위안부에 관여한 것이 일본군인지 아닌지가 불분명하다. 그 책은 신빙성이 없다. 위안부를 제주도에서 일본군이 강제로 끌고 왔다는 것은 요시다가 쓴 날조다. 3) 일본 정부가 위안부의 강제성에 대해서, 협의니 광의니 하는 말은 매우 어렵다. 일본 정부는 위안부 제도가 있었는지, 업자가 위안부를 모집했는지, 군 관계 장소에 실제로 그러한 것을 마

---

1 제166회 중의원 외무위원회 5호(2007. 3. 28.), 아소 다로(麻生太郎) 외무대신(자유민주당).

련했는지, 소위 성병 검사 같은 것은 군이 했고, 그때 군표가 발행되었는지 등의 사실이 인정되면 내놓으면 된다. 4) 고노 담화는 사실 관계의 것이 아니라 외교적 판단에 의한 것이었다. 고노 담화가 나온 지 이럭저럭 14년이 지났으니, 그 뒤에 나온 사실도 포함해서 어떤 형태로든 정부의 견해를 어디선가 발표해야 한다. 외무대신, 그 부분은 어떻게 생각하는가?"라는 의견과 권고로 요약할 수 있다.[1]

이에 대해 아소 외무장관은 "일본 정부의 기본 입장은 거듭 말씀드린 바와 같이 1993년 고노 관방장관의 담화를 계승하는 것이고, 이는 지금의 정부 입장에서도 변함이 없다. 종군 위안부라는 말이 사용되고 있는데, 이는 종군과 조금 다르지 않느냐. 따라서 '이른바' 종군 위안부라는 말로 바꾼다든가 하는, 여러 노력이 이루어지고 있다. 적어도 사실에 대해 수고를 들이지 않고(사실인지 아닌지도 확인하지도 않고), 협의이니 광의이니 말하면, 이야기가 더욱 변명이 되어 의외의 것이 되기에, 제대로 확실히 해야 한다는 의견은 경청해야 한다고 알고 있다."라는 견해를 표명했다.[2]

이 말을 다시 살펴보면, 외무장관은 와타나베 의원의 권고를 대체로 수용하면서 "종군 위안부"라는 표현을 "'이른바' 종군 위안부"라는 표현으로 바꾸는 것, 이를 위해 여러 가지 노력하고 있음을 강조하고 있다. 즉 '이른바'라는 수식에 방점을 두어 어떻게든 종군 위안부라는 말을 부정하려는 것이 그의 속내이다. 종군 위안부라는 표현은 '일본 군하 종군 위안부'라는 의미를 내포하고 있으므로, 여기서 종군이 강조되면 종군 위안부는 명백한 전쟁 책임의 대상이다. 그러나 "이른바 종군 위안부"라는 용어에서는 종군의 의미가 희석된다. 거기서 전쟁 책임이 모면된다. "이른바 종군 위안부"라는 말을 내세우는 데는 그런

---

1   제166회 중의원 외무위원회 8호(2007. 4. 25.), 와타나베 슈(渡辺周) 의원(민주당. 무소속클럽).

2   제166회 중의원 외무위원회 8호(2007. 4. 25.), 아소 다로(麻生太郎) 외무대신(자유민주당).

속내가 숨어 있다.

이어, "미 하원에서 이른바 종군 위안부 문제에 대한 결의가 나오면, 이에 대해 어떤 전망을 갖고 있느냐? 또 일본 정부로서 혹은 외무대신으로서 미일 관계, 나아가 아시아와의 관계로 불똥이 튀는 문제라고 생각하는데, 현시점에서 어떻게 이것을 수습하려고 생각하고 있는가?"라는 질의가 있었다.[1]

이에 대한 아소 외무장관 측의 대답은 "총리와 대통령과의 회담에 앞서 아베 총리는, 총리로서 고통을 당한 위안부분들에게 인간으로서 또 총리로서 진심으로 동정하며, 지극히 고통스러운 상황에 처한 것에 대해 미안한 마음으로 가득하다. 20세기는 인권 침해가 많았던 세기이며, 21세기는 인권 침해가 없는 훌륭한 세계가 되도록 일본이 공헌하고자 한다고 했는데, 이에 대해 부시 대통령이 그러한 일본의 대응은 성의 있는 것이라고 말했다고 전해졌다. 또한 이른바 종군이라고 하는 것이 굉장히 중요한 것이고, 종군이라고 하면 의사라든가 기자라든가 하는 것과 같이 되는 경향이 있어서, 이른바 종군한 분들로부터 자주 비판이 나오는 것이기도 하다. 따라서 '이른바'라는 말이 (위안부)의 단어에 붙어 있다. 그런데 이것이 영어로는 표현하기는 꽤 어렵다는 이야기도 있었다."였다.[2]

위 답변을 차례로 살펴보자면, 우선 미 하원에서의 결의가 일본 정부로서는 신경이 쓰였던 모양이다. 이에 '진심 어린 동정과 미안함'을 앞세운 일본 정부는, 그러나 '지난 20세기는 인권 침해가 많았던 시기이니, 반성은 일본만이 아닌 인류 공통의 과제'라는 말로 그 속내를 드러내고 있다. 이어 미래에 대한 주제로 넘어가 '일본은 21세기에는 인

---

1 제166회 중의원 외무위원회 10호(2007. 5. 9.), 마에하라 세이지(前原誠司) 의원(민주당. 무소속 클럽).

2 제166회 중의원 외무위원회 10호(2007. 5. 9.), 아소 다로(麻生太郎) 외무대신(자유민주당).

권 침해가 없는 멋진 세계를 만드는 데 공헌하고 싶다.'라는 논리를 펴고 있는데, 이를 부시 대통령이 '성의 있는 것으로 인정했다.'라고 덧붙인다. 이 말의 요지는 무엇인가? 과거에 얽매이지 말고 미래지향적 자세로 가자는 것처럼 들린다. 또 미국이 인정한다면 좋은 것이고, 미국이 잘했다고 했으니 잘한 일이라고 주장하는 것이 아닌가? 이런 생각이야말로 지나치게 기울어진 미국 중심적 감각이고, 강자에 대한 지나친 의지이며, 일본의 자주성 결여가 아닌가?

또한 '이른바'가 붙여진 것이 매우 중요하다고 강조하는 것은, 말할 필요도 없이 '종군'이라는 단어와 '위안부'를 분리해 '종군 위안부'의 의미를 희석하려는 의도다. 이는 일본군의 책임을 면피하려는 시도이며, 이것이 일본의 진짜 속내임을 드러내는 것이다. 20세기와 21세기의 인권 이야기는 일본 정부가 표방하는 겉말에 불과하다.

3. 완전하고도 최종적 해결이란?

　한편 일본 정부의 낙관적인 전망도 있었다. "지난 40여 년간 일본과 한국의 관계라는 것을 보면 큰 틀에서 김대중 대통령의 문화 개방, 여기서 시작되어 한일 월드컵 축구 공동 개최, 그리고 현시점에서는 한류 붐이 있고, 이른바 종군 위안부분들은 아직도 항의와 청구 운동을 연일 하고 계시는데, 그분들이 이번 동일본 대지진[1]에 즈음하여 성금을 보냈다는 이야기도 듣고 있다. 그간의 한일 雙方의 교류, 이를 생각하면 격세지감이 있다. 즉, 충분히 좋은 방향으로 향하고 있다. 그중 지난해 한국 병합 100년 시점에서, 총리 담화[2]를 결정했는데, 이는 앞으로의 한일 관계를 진정한 의미에서 미래 지향적이고 풍요롭게 만들어 가는 하나의 재료가 될 것이다, 그렇게 보고 있다."라는 전망이었다.[3]

1　2011년 3월 11일 오후 2시 46분에 발생한 도호쿠 지방의 태평양 해일/지진과 그에 따라 발생한 쓰나미 및 그 후의 여진으로 야기된 대규모 지진 재해이다. 이 지진으로 후쿠시마 제1 원자력 발전소 사고가 났다. 발생한 날짜를 이름 삼아 3.11이라 칭하기도 한다. 위기관리라는 차원에서 관동 대지진과 비교된다. 일본 정부는 지진으로 인한 직접적인 피해액을 16조 엔에서 25조 엔으로 추산하고 있다. 이 금액은, 피해가 컸던 이와테·미야기·후쿠시마의 3현의 현내縣內 총생산의 합계에 필적한다(한신·아와지 대지진에서는 효고현 1현의 현내縣內 총생산의 절반 정도였다). 세계은행의 추계로는 자연재해로 인한 경제 손실액으로는 사상 1위이다.

2　일본 정부는 2010년 8월 10일 오전, 각의에서 총리 담화(菅首相の「首相談話」)를 결정했다. 한국에 대한 식민지 지배를 "한국인들의 뜻에 반하여 이루어졌다."라고 평가하고, 1995년 아시아 국가들에 대한 식민지배에 관한 무라야마(村山) 총리 담화와 2005년 고이즈미(小泉) 총리 담화를 답습하고, 그 대상을 처음으로 한국으로 한정해서, "통절한 반성과 진심 어린 사과"를 표명했다. 미래지향적 관계 구축을 위해 사할린 잔류 한국인들에 대한 인도적 지원 실시와 일제강점기에 일본으로 건너간 조선왕조 관련 도서 등을 한국에 인도한다는 방침도 담았다. 센고쿠(仙谷) 일본 관방장관은 "한일 신시대, 앞으로 100년의 초석으로 삼기 위해 이번 총리 담화를 발표하기로 했다."라고 말했다.

3　제177회 중의원 외무위원회 9호(2014. 4. 27.), 센고쿠 요시토(仙谷由人) 내각관방 부장관(민주당, 무소속클럽).

길게 보면 위의 지적대로일까 생각된다. 그러나 묻어버리고 싶은 과거가 전제된 긴 안목이라면 그야말로 기만이 아닐 수 없다.

이어 일본 정부 측은 "고노 담화와 무라야마 담화, 간(菅) 담화 등은 외무대신으로서 존중하고 이어간다는 것으로 이해해도 괜찮습니까?" 라는 물음에는 "일련의 일본 정부 담화를 계승해 나가겠다."라고 답변했다.[1] 이 밖에도 일본 정부는 "2011년 8월, 한국의 헌법재판소는 종군 위안부 문제를 해결하지 않고 있는 한국 정부의 부작위에 대해 위헌이라고 판결했다. 이에 따라 한국 정부는 일본 정부에 공식 협의를 제의했고, 유엔총회 제3위원회에도 제기했다. 그러나 지금까지 일본 정부는 협의를 거부하고 있다. 이에 일본 측은 "일본 정부 혹은 외무성은 한국 정부가 요구하는 협의에 왜 응하지 않는가?"라는 추궁을 당하기도 했다.[2]

이에 대해 일본 정부는 "한국 헌법재판소의 결정에 따라 2011년 9월과 11월에 한국 정부로부터 협의 제의를 받은 것은 사실이다. 그러나 재산과 청구권 문제에 관한 일본 정부의 일관된 입장은, 이미 청구권·경제 협력 협정에 의해 완전하고 최종적으로 해결되었다는 점을 확실히 상대방(한국)에게 전달하는 바이다."라고 답변했다.[3]

그동안 고노 담화, 무라야마 담화, 간 담화 등의 세 담화가 있었는데, 이후의 역대 일본 총리는 위 세 담화를 계속 이어가겠다는 답변이었다. 그러나 총리마다 온도 차가 있었던 것도 사실이다. 또 한국 헌법재판소가 한국 정부의 부작위에 대해 위헌이라고 판결한 것에 대해서

---

1 제179회 중의원 외무위원회 5호(2014. 12. 7.), 겐바 코이치로(玄葉光一郞) 외무대신(민주당, 무소속클럽).

2 제179회 중의원 외무위원회 5호(2014. 12. 7.), 핫토리 료이치(服部良一) 의원(사회민주당, 시민연합).

3 제179회 중의원 외무위원회 5호(2014. 12. 7.), 이시카네 기미히로(石兼公博) 대신관방 심의관(외무성).

는, 한국 정부로부터 협의 제의가 있었음을 인정했으나, 일본 정부의 일관된 입장(이미 청구권 및 경제 협력 협정에 의해 완전하고 최종적으로 해결됐다)은 변함이 없었다. 이 부분에 속내와 겉말의 온도 차가 존재한다. 일본은 조약에 의해서 해결되었다고 한다. 국제법적 측면, 즉 조약을 존중한다면 일본의 논리가 통한다. 타당성이나 객관성도 있을 것이다. 반면 국제법보다 도의나 인권 등이 상위의 가치라면 종군 위안부 문제는 도의나 인권의 문제이므로 일본의 주장(완전하고 최종적으로 해결)과 논리는 빈약하다.

한국의 해법은 무엇일까? 기존의 조약을 파기하는 방법도 있다. 그러나 이 방법은 국제적 비난을 받을 가능성이 있고, 미일 관계, 한미 관계, 한일 관계, 한미일 관계로 볼 때 위험을 감수해야 하는 길이다. 이 방법은 '한일 양국을 험난한 상황에 빠뜨리는 일은 되도록 서로 피하고 싶다.'라는 양국의 속내 때문에 쓰이지 않는다. 반면 험난한 상황을 감수할 만한 능력과 의지가 한국과 일본에 있다면 그 해법도 또 하나의 선택지임은 분명하다.

4. 성의 있는 대응이란?

후에 일본공산당 의원이 "한국 외교부 조태영 대변인이 5월 16일 정례 기자회견에서 '한국 정부는 종군 위안부 문제를 일본 정부와 협의해 왔으며, 앞으로도 협의를 통해 이 문제를 해결하도록 노력할 계획'이라고 발언했는데, 협의를 해왔다는 한국 대변인 측의 발언이 사실인가?"라며 일본 정부를 추궁하는 일이 있었다.[1] 이에 대해 일본 외무장관은 "(한국 측과) 끊임없이 의사소통을 하기 위해 노력은 하고 있다.

---

1 제183회 중의원 외무위원회 8호(2016. 5. 22.), 가사이 아키라(笠井亮) 의원(일본공산당).

구체적인 협의 사항에 대해서는 잘 모르겠다."[1]라고 말했는데, 이는 회담(협의) 자체를 부정하는 것인지, 알면서도 모른 척 하는지는 불명확하다.

또 와타나베 민주당 의원은 "한국의 주요 정치인을 비롯한 정부 관계자들의 발언에 따르면, 우리 측의 성의 있는 대응이 필요하다고 한다. 일본은 이미 종군 위안부 문제, 이른바 위안부 문제가 불거진 이후 오늘에 이르기까지 상당히 다양한 일을 해 왔다. 그것에 대해서는, 이제 어떻게든 매듭짓고 싶다. 오늘날 전 세계에 위안부의 상(평화의 소녀상)을 만들려는 계획이 진행되고 있으며, 실제로 미국 각지에 만들어지고 있다. 이 문제가 세계에 크게 발신됨으로써, 일본의 명예와 역사 문제에 대해서, 일본이 역사 문제에 대해 확실히 마주하지 않는 일본이라는 이미지를 여기저기에 심어줄 수 있는 운동이 일어나고 있다. (한국은) 아직 한층 더 성의 있는 대응이 필요하다는데, 이 성의 있는 대응이라는 것은 구체적으로 무엇인가?"라는 질문을 했다.[2]

이에 대해 기시다(岸田文雄) 외무장관은 "이번 차관급 협의에서는 한일 간 현안 사항에 대해 논의하고, 이 역사 문제에 대해서도 논의가 이뤄졌다. 그리고 성의 있는 대응이란 무엇인가라는 질문인데 위안부의 문제에 대해서는 오늘날까지 일본으로서, 1965년의 한일 청구권 협정으로부터 시작해, 그 후 고노 담화, 또 아시아 여성기금의 대처 등 여러 가지 대처를 실시하고 일본의 생각을 호소해 왔다. 이러한 대처와 경위를, 정중하고 겸허하게 설명하고 있다. 이것이야말로 성의 있는 대응이라는 점에서 한국에 이해를 요구해 왔다. 이러한 경위에 대해서는 미국을 비롯한 관련국에도 설명을 해 왔지만, 무엇보다도 한국이 오늘날까지 우리의 노력에 대해 이해를 해줘야 한다. 계속해서, 이

---

1 제183회 중의원 외무위원회 8호(2016. 5. 22.), 기시다 후미오(岸田文雄) 외무대신(자유민주당).

2 제186회 중의원 외무위원회 5호(2017. 3. 14.), 와타나베 슈(渡辺周) 의원(민주당. 무소속클럽).

러한 대처에 대해 이해를 얻을 수 있도록 확실히 설명을 해 나가고 싶다고 생각한다. 이번 차관급 협의에서도 이러한 일본의 입장에 대해 설명을 했다. 그것(종군 위안부)에 대해서도 논의가 이루어졌다."라고 답변했다.[1]

요컨대 '일본으로서는 충분히 성의 있게 대응하고 있다.'라는 것이 그들의 주장이다. 물론 일본 측으로부터 그동안 사과와 반성 발언이 없었던 것은 아니나 곧이어 사과와 반성을 희석하거나 역사적 사실까지 부정하는 발언이 잇따랐던 것이 현실이다. 일본 정부는 이 망언에 대해 침묵했다. 부정하지도 않았다. 이런 자세는 사과와 반성이 본심이 아니라, 형식적 의례였음을 의미하는 것이다. 이런 대응 방식으로는 사과와 반성이라고 해도 받아들여지기 어렵다. 이런 행태의 반복이 '성의 있는 대응'에 대한 한일 간의 감각 차이라고 할 수 있다.

이런 반복의 배경에는 무엇이 있을까? 굳이 해석을 한다면, 일본 군국주의를 정당화하려는 일본 보수주의자들의 DNA가 있다. 그 DNA에는 식민지 지배나 침략에 대한 역사적 사실을 부정하는 논리가 심어져 있고, 이는 일본의 극우 보수주의에 일본의 역사적 정통성이 있다는 논리다. 이 본질(DNA)을 부정할 수 없다는 집착이다. 식민지 지배와 침략은 역사적 사실이지만, 이를 왜곡 혹은 부정하는 심리가 작동하고 있는 것이다. 그 심리란 일본이 아시아, 그 중 특히 한국이나 중국을 지배하거나 침략하지 않았다면 서구 열강의 지배나 침략이 있었을 것이며, 그래서 일본은 아시아의 수호자이자 서구 세력의 방패였다는 궤변이다. 즉 서구 대신 일본이 침략하고 또 지배한 것이 무엇이 문제인가라는 억측이다. 이런 생각이나 사고방식은 역사에 대한 아집이며 침략 논리에 다름 아니다.

---

1 제186회 중의원 외무위원회 5호(2017. 3. 14.), 기시다 후미오(岸田文雄) 외무대신(자유민주당).

토인비와 헤겔에 따르면 역사 과정의 각 단계는 그 자신을 파괴하는 종자를 갖고 있다. 그 자신을 부정하고 새로운 사회를 생각한다. 그 결과 새로운 사회가 등장한다. 이 새로운 사회의 최종 모습은 이성에 의한 질서가 만들어지는 공동체다. 민주주의 과정은 이성에 의한 질서가 만들어지는 체제 과정이나 다름없다. 일본이 민주주의 공동체를 지향하는 사회라고 한다면, 과거의 자신을 파괴하지 않고서는 새로운 사회를 만들어 낼 수 없다.

III. 결론

제3장은 일본군 종군 위안부에 관한 일본 정부의 답변을 검토하면서, 일본 정부의 속내와 겉말을 구분하여 읽어내며 일본 정부의 자세를 규정하는 장이었다. 결론으로 다음과 같은 요약이 가능할 것이다.

첫째, 분명한 것은 일본 측에서 일본군 종군 위안부를 가리킬 때 사용하는 용어가 '이른바' 종군 위안부였다는 점에서, 일본 정부 관계자는 물론 국회의원들도 '종군' 위안부를 인정하고 싶지 않은 속내를 품고 있었다는 사실이다. 단순한 언어 차이가 아니다. 속내가 "'이른바' 종군 위안부"이지 "종군 위안부"가 아닌 것이다. 전쟁을 위해 동원된 인적 물적 자원이 종군이 아닌가? 또 정부 관계자 답변을 보더라도 종군 위안부 문제는 '기타 문제'면서 중시할 문제가 아니었다. 이런 일본 정부의 인식 및 태도에서 진지한 사과를 기대하기는 어려울 것이다.

둘째, 공사 구별의 문제다. 일본 정부의 겉말은 고노 담화 등의 견해를 계승하겠다는 것이었다. 그러나 속내는 해당 문제를 부정하고 싶다는 생각뿐이다. '개인적인 의견으로는 폭넓고 과학적인 지식을 찾아 연구해 나가고 싶다.'라는 말은, 결국 '한국 측이 제기하는 문제가 사실이라고 인정할 수 없으며, 인정하고 싶지도 않다.'라는 속내였다. 일본 정부 관계자의 경우, 공인과 사인의 경계가 어디일까? 경우에 따라 공사가 뒤섞여 무엇이 진실인지 알 수 없다. 말장난인가? 아무리 무릎을 꿇고 사과하는 모습을 보여도, 이런 일본 정부 관계자의 발언은, 그 모습을 진정으로 받아들이기 어렵게 만드는 것은 아닌가?

셋째, 사실 관계에 관한 일본 정부의 자세는 종군 위안부 문제를 어떻게 숨길 것인지에만 매몰되어 있으며, 어쨌든 비밀로 취급할 수밖에 없다는 변명으로 점철되어 있다. 이는 종군 위안부를 둘러싼 문제에서, 넓은 의미의 강제라든지 좁은 의미의 강제라든지, 또 관헌 등이 직접 이에 가담한 것으로 드러난 것에 관한 의견 조율의 사실이 있었기에 확인할 수 있다. 어느 의원으로부터 이런 자세는 '치졸'한 의견으로 간주돼 질타를 받았다. 이런 상태에서 일본 정부 관계자의 사과를 사과로 받아들일 수 있을까?

넷째, 일본 정부의 입장은 '과거를 버리고 미래 지향의 자세로 가고자 한다. 미국이 괜찮다면 그만이다.'라는 것이었다. 미국에 대한 지나친 의존 감각이자 일본의 자주성 결여다. 세계 질서를 만드는 미국과 동행한다면 아무래도 좋은 것이라는 태도가 일본의 속내이며 자세였다.

이상을 통해 말할 수 있는 것은, 일본군 종군 위안부에 관한 일본 정부의 속내와 겉말에는 너무도 큰 차이가 있으며, 그로부터 연유하는 일본 정부의 자세가 불신감을 더한다는 것이다. 사과가 있어도 망언이 잇따르면서 사과의 의미를 퇴색시켰고, 스스로의 신뢰를 잃어가는 연속이었다. 기억의 역사는 사라지고 있다. 기록의 역사는 선명하게 떠오르고 있다. 시대정신[1]에 따른 사과와 용서가 필요하다. 일본이 민주주의 공동체를 지향하는 사회라고 할 수 있다면, 과거의 자신을 파괴하지 않으면 새로운 사회를 만들어낼 수 없다. 아무리 무릎을 꿇어도 진실이 통하지 않으면 소용없다. 사과와 용서의 통로에는 법보다 위의 가치인 도의와 인권이라는 수문장이 서 있다.

---

1 시대정신(Zeitgeist)이란, 어느 시대에 지배적인 지적, 정치적, 사회적 동향을 나타내는 전체적인 정신 경향을 말한다. 빌헬름 딜타이는 헤겔보다 구체적으로 생활 체험이라는 관점에서 시대정신을 포착한다. 즉 헤겔의 형이상학적 구성에 대하여, 주어진 삶의 현실에서 출발해야 한다고 하여 시대정신을 지·정·의의 '작용 연관'으로 파악하면서, 가치체계를 핵심으로 그러한 작용 연관의 표출 가운데서 시대정신을 이해(Verstehen)하는 정신과학(Geisteswissenschaften)을 제창했다. 이런 해석은 후에 유럽에 큰 영향을 미치게 되었다.(일본 위키 백과: 시대정신(時代精神) 항목 참조)

한편, "한국은 한일 병합으로 일본의 지배 통치를 받고 식민지화되어 제2차 세계대전에서 일본과 싸운 것이 아니며, 반대로 한일이 함께 미국, 중국 등 연합국과 싸운 것이 실태이다(적과 아군의 문제). 일본의 통치로 한국의 도로, 항만, 철도 등 사회 간접 시설의 설비가 정비되었다(경제 발전의 문제). 세대를 넘어 반일이 많은 것은 반일 교육이 원인이다(반일 감정의 문제)."라는 식의 풍문도 있다. 이런 풍문은 사실일까?

한국은 오히려 한일 병합으로 일본의 지배 통치를 받으면서 명예 실추와 굴욕감을 맛봤다. 일본에 맞서 싸울 수 없었던 것은, 무장 투쟁력 부족과 식민지화에 따른 탄압 정치에 기인한다. 독립 투쟁과 정신을 보더라도 결코 기개가 없었던 것은 아니다. 사회 간접 시설 설비는 일본을 위한 식민 지배의 효율화, 약탈과 착취의 편의를 위한 것이지 한국의 발전을 위한 것이 아님은 두말의 여지가 없다. 세대를 넘어 갖는 반일 감정은 반일 교육이 원인이 아니라, 오히려 세대를 넘어서도 친일 청산이나 반민족 처단과 과거사 정리가 불완전하고 불철저했음이 문제의 핵심이다. 이런 문제는 독립 투쟁 정신과 민족 자주정신으로 볼 때, 부끄러운 역사이며 앞으로 한국 정부가 풀어야 할 과제이다.

불편한 진실

　일본 정부는 왜 일본군 종군 위안부를 '이른바' 종군 위안부라고 할까? 위안부의 업무가 군을 따라다니며 영업하는 사업자의 업무라면 이는 사업이 된다. 즉 전쟁 사업이다. 일본은 위안부를 이런 문제로 보는 것이다. 그래서 '종군'이 아니라는 것이다. 일본군 문제에 위안부 문제를 얽어매고 싶지 않다는 것이다. 즉 일본 정부는 종군 위안부를 인정하고 싶지 않다는 것이다. 또한 종군 위안부 문제는 한일 관계의 여러 문제 가운데 '그 외에 어떤' 문제 정도이다. 위안부 존재를 무시하고 외면하는 것이다. 한국 정부는 어떠했는가? 일본 정부가 무시하고 외면한 그들을 한국 정부도 비슷하게 처리했다. 누가 위안부를 전쟁터로 내몰고 학대하고 이용하고 멸시했는가? 일본 정부는 물론 한국 정부도 이런 책임에서 자유로울 수가 없다. 불편한 진실이다. 1차 책임이 일본에 있기에 그 사죄와 반성도 거기서 출발해야 한다. 2차 책임을 따지자면 한국도 무책임은 아니다. 즉 제3자의 책임이나 변제는 있을 수가 없다. 제3자 운운하는 방식은 책임 회피이다. 역사 말살이다.

　일본 정부 관계자(公)는 겉으로는 고노 담화 등의 견해를 답습한다고 한다. 그러나 정부 관계자인 개인(私)으로서는 부정한다. 이는 종군 위안부를 부정하고 싶은 일본 정부의 속내다. 억지로 부정은 하지 않으나 인정도 하지 않는 비겁이다. 그러면서 슬쩍 미래를 말한다. 과거를 버리고 미래 지향으로 가고 싶단다. 미국이 좋다고 하면 그만이라는 관점이다. 그들에게는 미국이 허용하거나 용서하거나의 문제다. 인도주의와 도덕의 문제인데 미국에 떠맡긴다. 일본의 자주성 결여다. 미국은 일본과 공범이 되려 하는가? 미국은 세계 전략 가운데 일본을 파트너로 삼아 아시아의 부담을 일본에 지우려 한다. 일본은 그 대가로 아시아에서의 범죄를 은닉하려 한다. 이 과정에 미국과 일본의 은밀한 합의가 있다. 북한을 핑계로 미국이 한국 정부를 압박한다면 미국은 은닉죄의 공범이 된다. 한국이 미일 동맹의 그늘 밑에서 뒷바라지나 하는 것이 현실이라면 한심한 노릇이다.

누구를 탓할까? 한국 정부도 친일 청산, 반민족 처단, 과거사 정리가 불완전하고 애매한 것에 대해 반성해야 할 것이다. 1948년 정부 수립 이래, 이런 문제는 국가적 과제이고 민족적 과제이며 역사적 과제이다. 남한에서 군사 독재가 끝나고, 민주 정부의 가능성이 열리면서 '역사적' 미해결 과제의 해결 기미가 보이기도 했다. 그러나 역사에 대한 인식의 차이가 한국 내에서도 여야 간에 너무 크다. 한국 내에서 벌어지는 여야의 대립, 좌우의 대립은 그 뿌리가 1910년 이래의 식민지와 전쟁까지 뻗어있다. 거기서 파생한 증오와 갈등, 대립과 반목은 지역감정과 세대 갈등으로 퍼져 나간다.

김일성도 이승만도 아니다. 그간 겪었던 남한에서의 문제나 북한에서의 문제는 닮았다. 중심의 푯대로 삼아야 할 것은, 그 이전의 안중근이며, 이순신이다. 거기까지 뿌리를 내려야 통합과 통일은 열린다. 이를 민족적으로 자각해야 한다. 불편한 진실이다. 불편한 진실을 넘어야 새로운 길이 보인다.

제4장
일본군 종군 위안부 '문제'의 철학적 검토
: 성과 정치권력의 이중성과 인권 문제

일본군 종군 위안부 '문제'는 성性과 정치권력의 문제이다. 전쟁의 산물이다. 책임은 전쟁의 주체가 져야 한다. 전쟁의 주체는 국가이다. 성은 인권 문제이다. 시대 가치는 다를지언정 오늘날 문명사회일수록 인권 가치는 최고의 가치다. 인권은 자연법적 보편 가치이다. 전쟁으로 성이 훼손되고 인권이 유린되었다. 성과 인권을 유린한 죄에는 공소시효가 없다. 따라서 조약이나 보상으로 끝날 수 없다. 보편 가치는 보장되어야 한다.

국가 권력은 통제되고 인간 욕망은 절제되어야 함에도, 전쟁은 통제 불능과 절제 무용無用을 조장하면서, 범죄를 악화시키고 위안부의 인권을 유린했다. 제국주의 시대에 행해진 책임(보상과 사죄)은 일본제국의 법통을 이은 일본 정부에 있다. 국권 상실(대한제국)과 국권 회복 후에 대한 책임은 한국 정부의 몫이다. 위안부의 인권 유린 범죄도 그 안에 있다. 한국 정부가 일본 정부에 당당한 요구를 하려면, 한국 정부의 책임에 대한 도의적 수준이 높아야 한다. 그러기 위해서는 베트남 전쟁

기의 한국군 범죄에 대해 한국 정부도 책임을 다하고 일본에 당당해야 한다.

제4장에서 말하는 철학적 검토의 출구에는 '평화의 소녀상'이라는 '문화적 저항'이 버티고 있다. 국가의 이중성과 인권 문제에 대한 저항이다. 남은 과제는, 인권과 문화적 저항의 생명력을 이어갈, 의식 있는 국민 다수가 실질적 주인이 되는 역사를 만드는 것이다. 실질적 민주주의는 어떻게 주인 됨이 가능한가 하는 질문을 끊임없이 던지며, 어떠한 논쟁과 저항도 허용되는 체제여야 한다. 그래서 암흑시대는 예방되거나 거부되어야 한다. "이게 나라냐?"라는 2016년 한국의 촛불 정신은 일본군 종군 위안부 '문제'에 대해 묻는다, "이게 인간이냐?"라고. 일본군 종군 위안부 '문제'는 한국과 일본에서 민주주의의 미래를 여는 바로미터이기에 전진의 역사로 계승되어야 한다. 그래서 일본군 종군 위안부 '문제'는 종결형이거나 마침표가 아니라 진행형이고 물음표여야 한다.

Ⅰ. 서론

제4장에서는 일본군 종군 위안부 '문제'를 성(Sexuality)과 정치권력이라는 관점에서 철학적으로 검토한다.[1] 일본군 종군 위안부 '문제'는 특정 학문 영역만이 아닌 인류학, 역사학, 철학, 정치학, 사회학, 여성학, 성 의학, 국제법, 국내법 등 다양한 관점의 검토를 요구한다. 이 연구에서 철학적 검토란, 성과 정치권력이라는 관점에서 일본군 종군 위안부 '문제'를 철학적 고민의 대상으로 삼는다는 것을 의미한다. 철학적 고민의 대상으로 삼는다는 것은, 정치적·국제 관계적·법적·성적·원초적·역사적 이슈인 일본군 종군 위안부 '문제'를 이성적·초역사적·복합적·보편적 가치에 입각해 고민하고 의미 규정을 시도한다는 의미이다. 문제를 '문제'로 표기한 것에도 그런 의미가 있다. 연구 방법은 기존의 자료나 사실을 전제해서 논리를 세우고[2], 철학적 고민의 재료로 삼아, 연구자가 작위로 "경험적 사례나 관념의 생성"[3]을 통해 문제를 단순화해서 해석과 평가를 시도한다.

---

1 위안부 호칭 문제에 대해서는 제3장 참조.

2 이를 위해 철학 사전, 경제학 사전, 정치학 사전, 위키 백과, 네이버 백과, 다음 백과 등의 자료를 활용했다. 이런 자료가 연구 자료인가 아닌가에 대한 의문이 있을 수 있지만, 정치학 연구에서 신문 보도 자료는 정부 자료의 한계를 극복하는 하나의 수단이다. 인터넷 백과의 경우도 사실인지(fact) 아닌지(fake)가 문제이지 오히려 사실 전달의 미디어로 충분한 가치가 입증될 뿐 아니라, 다국어로 구성된 위키 백과의 경우 새로운 연구 형식 및 지식의 보편화에 기여하고 있음을 용인할 필요가 있다.

3 이에 대한 논의는 도종윤, 「국제정치학 연구에서 현상학적 글쓰기」, 『국제정치논총』 제57집 2호(한국국제정치학회, 2017), p.59. 사회과학의 글쓰기는 여러 방법이 있을 수 있다. 특히 정치학 논문이 실사구시, 철학적 문제, 실천적 함의 등을 요구한다면, 요즘 같은 미디어 다양화 시대에 새로운 형식의 논문 쓰기가 시도되어야 할 필요성이 있다. 이 연구도 그런 시도의 하나이다.

일본군 종군 위안부 '문제'는 제2차 세계대전 가운데 일어난 사건이다. 반면 성과 정치권력의 문제는 오래된 주제이고, 현재 진행형의 문제이기도 하다. 성의 문제는 간단하지 않다. 역사적 문제, 사회적 문제, 인권적 문제, 경제적 문제, 국가적 문제, 국제적 문제 등이 혼재되어 있다. 정치권력의 문제도 간단하지 않다. 정치권력은 기본적으로 A: 강제·강압·폭력과 B: 회유·보상·보복의 양상을 띤다. 이에 대해 권력자가 아닌 일반인은 C: 수용·순응·협력, D: 반대·저항·무관심의 양상을 띤다. C와 D 영역이 폭넓게 허용되고, 그런 일반 의지(루소의 시민사회)가 존중되는 사회가 민주사회이다. 여기서 말하는 정치권력은 국민국가 시대[1] 이래로 국가 권력이 포괄적으로 존재하고, 그 가운데서 경제 권력(자본가), 계급 권력(노동자), 문화 권력(지식인·민중·종교·인종), 사회 권력(군·경·검) 등이 국가 권력을 더 장악하기 위해 투쟁하고 협의하는 과정에서 제기되는 국내 권력과 그 국내 권력을 기반으로 전개되는 대외 권력을 총칭한다.

일본군 종군 위안부 '문제'에 대한 선행 연구를 대별하면 역사적 관점(인식과 사실 관계), 국제법적 관점(조약과 실정법), 인도적 관점(인권과 윤리)으로 분류할 수 있다. 선행 연구는 대개가 역사적 관점, 국제법적 관점, 인도적 관점에서 단죄되거나 사죄 및 보상의 대상이었다. 또한 일본군 종군 위안부 '문제'는 제국주의가 범한 죄라는 일반화, 법적 형식적 완료형으로서의 조약의 유효성 문제, 시대 흐름이라는 변명의 문제, 성노예와 성폭력에 의한 인권 침해, 가해자와 피해자의 죄의식 및 책임

---

1 국민국가(nation-state)는 민족국가라고도 한다. 국가의 주권이 동일 민족 또는 국민에게 있는 주권국가이다. 과거에는 이단異端시 되었지만 오늘날에는 당연시되어 국제 관계의 주체로서의 주권국가는 국민국가일 것이 요구된다. 국민국가의 이념은 시민 혁명과 함께 확립되어 국민주의로 번역되는 내셔널리즘의 침투와 함께 유럽 각국에 확산되어 결국에는 보편적인 규범으로 자리 잡게 되었다. 민족주의로 번역되는 내셔널리즘의 운동이나 비非식민지화(민족 자결)에 의해 독립을 달성한 신흥 독립 국가는 기본적으로 국민국가의 체제를 취하지 않을 수 없었다. (『21세기 정치학 대사전』)

의식 등을 둘러싼 논증과 해석이었다.

좀 더 구체적인 선행 연구는 국제법과 제국주의(도시환 2015 / 박유하 2015[1] / 정영환 2016 / 中川 2016), 배상과 조약(中川 2016), 역사 인식과 청산의 문제(한국 정신대 문제 대책 협의회 2001b / 와다 2016), 인권과 성매매(스즈키 2010 / 우에노 2014), 성 노예와 성폭력(한국 정신대 문제 대책 협의회 2001a / 정진성 2004 / 송연옥 외 2012), 피해와 가해의 윤리(박유하 2015), 책임과 사죄 문제(이석태 외 2009 / 윤명숙 2015) 등으로 분류할 수 있다. 이들 선행 연구는 각 주제를 망라하면서 중첩되기도 한다.[2] 이 연구는 이러한 관점에서 인도적 관점(인권·윤리·철학)에 가깝다.

일본군 종군 위안부 관련 한일 정부 간 합의도 근본적인 '문제' 해결이라기보다는 일본군 종군 위안부 '문제'에 대한 부정 및 책임 회피, 수용 및 보상, 부분 인정 및 상호 묵인 정도의 외과적 치료이다.[3] 이러한 성격의 합의는 역사 정의 차원에서 바람직하거나 교육적인 것이 아니다. 일본군 종군 위안부 '문제'의 근본적인 해결은 성과 정치권력 및

---

1 이에 대한 논의는 이재승, 「감정의 혼란과 착종: 위안부에 대한 잘못된 키질」, 『Aporia Review of Books』, Vol.1, No.2, 2013년 10월.

2 이에 대한 논의는 박홍영, 「일본군 종군 위안부에 관한 일본 국회 회의록(1990~2016) 검토: 일본 정부의 겉과 속내 읽기」, 『일본연구』 70호(한국외국어대학교 일본연구소. 2016), pp.49-50.

3 이민우, 「UN, '한일 위안부 합의' 재협상 권고」, 『KBS 뉴스』, 2017년 5월 13일 자: UN 고문방지 위원회가 한일 위안부 합의에 대해 사실상 재협상을 권고했다. 문재인 정부 출범 이후 재협상 여부에 국제사회의 이목이 쏠린 가운데 나온 UN 기구의 첫 공식 평가라는 점에서 의미가 크다. 유엔 고문방지 위원회의 한국 보고서 핵심은 2015년 타결된 한일 위안부 합의이다. 윤병세 외교부 장관은 2015년 12월 28일, "이번 발표를 통해 일본 정부와 함께 이 문제가 최종적 불가역적으로 해결될 것임을 확인한 다."라고 했다. 6년 만에 발간된 한국 관련 보고서에서 고문방지 위원회는, 한일 위안부 합의에 담긴 피해자 보상과 명예회복, 재발 방지 약속 등에 대한 내용이 충분하지 않다면서 기존 합의는 수정돼야 한다고 지적했다. 보고서는 특히 "38명의 위안부 피해자가 생존해 있다는 사실이 중요하다. 피해자 구제권 측면에서 합의의 내용과 범위가 모두 미달된다."라고 밝혔다. 이번 권고는 강제력은 없지만, 위안부 합의에 대한 UN 차원의 첫 공식 평가라는 점에서 상징적 의미가 크다.

성매매와 성폭력이라는 관점에서 가해자와 피해자의 용서와 화해, 정치권력의 폭력성 고발과 방지 대책, 공존의식과 타인에 대한 배려, 욕망의 절제와 전쟁의 범죄, 인간 존중과 도덕성 함양 등 시민 의식의 질적 성숙 문제와 더불어 성찰되어야 한다. 이 일은 어렵다. 그러나 그것을 인정하고 수용하는 절차적 과정 및 사죄하고 용서하는 국민적 정서와 합의를 기다려야 한다. 이 연구는 이를 위한 철학적 검토를 시도한다.

Ⅱ. 성의 문제: 역사성과 폭력성

1. 성매매와 성폭력의 역사성

일반적으로 성매매와 성폭력을 어떻게 이해해야 하나? 여기서는 간략하게 기존의 정리된 견해를 확인한다. 이는 철학적 검토를 위한 소재로 활용한다.

성 노예(性奴隷, sexual slavery)는 성적 착취를 목적으로 부리는 인간 노예를 일컫는 말이다. 성 노예는 개인에게 속한 노예, 특정 종교 의식을 거행하기 위한 노예, 합의되지 않은 성행위를 강요하는 곳에 속한 노예 등 여러 종류가 있을 수 있다. 빈 선언과 행동 계획은 성 노예가 인권 침해라는 지점에서, 이를 근절하기 위한 국제적인 공조를 요구하고 있다.[1] 로마 규정[2] 7조 2항 C절에 따르면 '노예화'라 함은 노예주가 개인에 대한 소유권 일부 또는 전체를 행사하는 것을 말한다. 그러므로 성 노예란 개인이 성적으로 예속된 상태를 의미하며, 가해자의 반복적인 성적 학대 또는 강간, 또한 제3자에 대한 성적 향응 강요 모두가 성

---

1 1993년 6월 25일, 세계 인권회의는 "빈 선언 및 행동 계획"을 발표한다. 그 가운데, 제17조 A항은, "전시 상황에서 저질러진 특히 집단 학살 형태의 대규모 인권 침해와 인종 청소, 여성에 대한 조직적 강간에 실망을 표시한다. 이러한 범죄를 범한 자들은 처벌돼야 하며 이러한 행위는 즉각 중지돼야 한다."라고 명기했다.

2 1998년 7월 17일 로마에서 채택된 규정이다. 국제 형사재판소 설립에 대해 120개 나라가 찬성하였고, 미국·이스라엘·중국·인도 등 7개국은 반대 의사를 표명하였다. 로마 규정(Rome Statute)의 주요 골자를 살펴보면 집단 살해죄, 비인도적인 범죄, 전쟁범죄, 침략범죄 등을 처벌 대상으로 하고, 기소의 주체는 로마 규정 당사국·국제연합 안전 보장 이사회·국제 형사재판소의 검사가 된다. 이때 범죄가 발생한 국가 또는 피고인의 국적이 로마 규정을 비준한 국가일 경우에는 관계된 국가의 동의 없이도 재판이 성립된다. 그러나 이러한 범죄에 대해 관할권이 있는 국가의 국내 법원이 우선적으로 관할권을 가지며, 해당 범죄를 처리할 의사가 없거나 능력이 없는 경우에만 국제 형사재판소가 보충적으로 관할하게 된다. 한국은 2000년 3월 8일 로마 규정에 서명한 데이어 2002년 3월, 국회의 비준을 받은 후 같은 해 11월 국제연합에 비준서를 기탁함으로써 83번째 비준국이 되었다. (『두산 백과』)

적 예속하에 이루어진다고 볼 수 있다.

성매매와 성폭력의 역사에 대해서는 다음과 같은 요약이 가능하다. '백인 노예(White slavery)'라는 용어는 19세기와 20세기 초에 성 노예 상태의 백인 여성을 가리키는 말로 사용되었다. 특히 오리엔탈리즘 시점에서 일명 체르케스 미인[1]들과 같이 중동의 하렘[2]에서 노예 상태로 전락한 백인 여성들을 언급할 때 자주 사용하였다. 시간이 흐르면서 백인 노예는 점차 매춘을 완곡하게 표현할 때 쓰는 말로 바뀌어 갔다. 특히 자신의 운명을 자유롭게 결정할 수 없었던 어린이나 어린 여성들을 대상으로 한 매춘을 가리킬 때 공통적으로 사용되었다. 영국 전역에서 전국적인 항의가 잇따르면서 결국 영국 의회에서 노예제[3] 반대법을 제정하여 통과시키기에 이르렀다.

---

1 체르케스 미인들(Circassian beauties)이란 용어는 코카서스 북부 지역의 체르케스 여성들을 이상화한 이미지로 언급할 때 사용되었다.

2 이슬람 세계에서 가까운 친척 이외의 일반 남자들 출입을 금지한 장소. 보통 궁궐 내의 후궁이나 가정의 내실을 가리킨다. 하렘(harem)은 금단의 장소를 의미하는 아랍어 하림(harîm)이 터키어식으로 변한 말이다.

3 원시 공산제 사회가 붕괴되면서 생겨난 사회제이다. 노예제에서 노예는 인격체가 아니며, 생산수단이고 지배자의 소유물이어서 사역使役되고 매매되는 신분이다. 노예는 사회의 주요한 직접 생산자이며 노예제 사회는 노예의 생산력에 기초한다. 노예 소유자가 지배계급이며 그들은 상업, 고리대업 등도 병행하였고, 노예의 노동 착취를 통해 경제적 부를 증대시켰다. 노예 소유자와 노예의 중간에는 부차적인 계급인 소소유자, 즉 자영 농민이나 수공업자 등이 있었다. 이러한 토대를 기초로 하여, 과학·예술·철학에 종사하는 사람도 나타나면서 노예제의 발전이 있었다. 그러나 노예는 그 소유자에게 저항하여(생산량을 줄인다든가 도구를 파괴함으로써), 계급투쟁을 전개했고 생산력의 증가와 그에 따른 계급투쟁이 강화되자 몰락한 소소유자와 연대해 투쟁하면서 노예제는 봉건제로 이행한다. 한국의 경우, 삼한시대부터 노예제도가 있었으며 현대에 이르러 해체된다. 그러나 현대에도 제도적인 노예제는 소멸하였지만, 봉건제적 요소와 더불어 자본주의 체제에도 사회주의 체제에도 그 잔존물은 여전히 남아 있다.(『철학사전』, 중원문화, 2009): 약간의 자구를 연구자가 수정함.

인신매매 문제에 대해서는 다음과 같은 요약이 가능하다. 인신매매 문제는 한국 사회에서도 예외 없이 일본군 종군 위안부 '문제'를 비롯하여, 이주 여성의 성매매에 이르기까지 여러 가지 형태로 제기되고 있다. 19세기 후반에 특히 노예제도와 노예무역의 폐지에 힘입어 여러 사회(여성)단체들은 매춘 또는 성매매 문제를 성, 계급, 국가와 인종의 차원에서 제기하였다. 예컨대 영국에서 매춘에 대한 국가 규제의 철폐가 성공적으로 이루어지면서 매춘부 문제는 국경을 넘은 이동, 이른바 '백인 노예제도'에 관한 국제적인 운동으로 조직되었다. 이러한 노력의 결과로 체결된 백인 노예 매매에 관한 1904년 협정과 1910년 협약은 국제연맹의 시기에 '부녀와 아동의 매매'에 대한 또 다른 조약 체결로 이어졌다. 이후 1949년 유엔협약은 모든 인간의 인신매매와 함께 매춘 과정에서의 착취와 강제 매춘을 금지하였다. 이 협약은 일반적으로 인신매매에 대한 진압의 관점에서 진정한 성공으로 간주되지는 않으나, 그 후 인신매매 문제를 인권에 기초해 접근했다는 점에서 주목된다. 탈냉전 시기와 세계화 속에 이 문제에 대한 관심이 다시 고조되어 2000년에는 인신매매 의정서[1]가 채택된다. 이 의정서는 이전의 국제 조약들을 통합하고 인신매매 방지와 처벌, 피해자 보호를 위한 새로운 노력을 표상한다. 그래도 성매매와 인신매매의 관계 문제, 인신매매와 노예제도, 강제 노동 등의 개념들 사이의 경계 문제는 인신매매 문제에 대한 법적 대응에 있어서 여전한 과제가 되고 있다.[2]

---

1 한국 정부는 2014년 7월 10일, UN 인신매매 의정서(팔레르모 의정서) 비준 동의안을 국회 법제사법위원회에 제출하였다. 2000년 12월 의정서에 서명한 이후, 유엔 등 국제사회의 권고와 시민사회의 비준 요청에도 비준을 미루어왔던 정부가 14년 만에 인신매매 의정서를 비준한다는 사실 자체는 환영할 일이다.(공익법 센터 어필. Advocates for Public Interest Law)

2 이에 대한 논의는 조시현, 「인신매매에 관한 국제법의 발달과정」, 『법과 사회』 46호(법과 사회 이론학회, 2014. 6.), pp.233-266.

즉 1900년대를 경계로 국제적·역사적 측면에서 성매매와 성폭력이 묶인되어 온 것이 사실이지만, 대략 1949년을 전후로 성매매와 성폭력은 국제적·역사적으로 금지되었다. 그러나 국가나 지역에 따라 실태는 다르며, 성매매와 성폭력 문제는 인권 문제로 확대되면서 국제적(공간)·역사적(시간) 재정립이 필요하게 되었다. 오늘날의 일본군 종군위안부 '문제'도 그 연장선에 있다. 또한 매춘이나 성매매가 아직 국내 입법에 맡겨짐으로써 국가별로 보편적 인권 문제로 확립되지 않은 점도 문제이다. 그러나 일본이나 한국의 경우, 보편적 인권 문제가 확립된 국가로서 시대 변명(제국주의, 식민주의)이나 책임 회피(중개업자 및 독려 등의 간접 방식)를 이유로 보편 가치를 외면하려는 것은 오히려 자가당착이다. 나치즘이나 난민에 대한 독일의 정책을 보라.

2. 나치즘과 성폭력의 사례

나치즘과 성폭력의 사례는 기록물뿐만 아니라 영화나 소설 등의 장르를 통해서도 다양하게 고발되었다. 여기서는 홀로코스트 추모일[1]을 기해 도이취크론과 클뤼거가 고백한 두 가지의 사례를 통해 나치즘 성폭력 사례를 확인하고 철학적 검토의 소재로 삼고자 한다.

2013년 연단에 오른 작가 겸 저널리스트 잉게 도이취크론은 "우리는 그 어떠한 비명도 듣지 못했다. 어떠한 저항도 보지 못했다. 단지 그들이 생애 마지막 순간을 향해 순종적으로 걸어가는 것을 지켜봤을

---

1   나치 독일이 제2차 세계대전 중 자행한 유대인 대량 학살의 희생자를 추모하기 위한 기념일이다. 이스라엘에서는 1월 16일, 유엔은 2005년 국제연합 총회에서 아우슈비츠 수용소에 수감돼 있던 유대인들이 소련군에 의해 해방된 날인 1월 27일을 국제 홀로코스트 추모일로 지정했다. 폴란드의 경우는 1943년 폴란드 유대인의 봉기일인 4월 19일(양력 기준)을 홀로코스트 기념일로 삼고 있다.

뿐"이라며 희생자들의 마지막 순간을 전한 바 있다.[1]

1931년 오스트리아 빈에서 태어난 클뤼거는 11세가 되던 1942년 체코의 테레지엔슈타트에서 강제수용소 생활을 시작했다. 나치 정권이 1938년 오스트리아를 강제 병합한 탓이다. 클뤼거의 고난은 이후 3년간 폴란드 아우슈비츠를 거쳐 크리스티안슈타트 수용소까지 이어졌다. 그는 여성들이 당했던 성 노역에 대해서 증언했다. 클뤼거는 "수용소에 있던 여성들은 성병에 걸리거나 임신할 위험에 항시 노출돼 있었다."라면서 "(성 관계는) 길게는 20분이 허용되는데, 막사 밖에선 남자들이 줄지어 기다렸다."라고 끔찍했던 장면을 회상했다. 2016년 1월, 본회의장에는 메르켈 독일 총리와 가우크(Joachim Gauck) 대통령 등이 참석해 클뤼거의 연설을 경청했다. 홀로코스트 희생자 추모일에 의원들이 본회의장에 모여 초청 연사의 연설을 경청하는 독일의 전통은 1996년 시작됐다. 매년 과거사를 직시하고 반성하는 시간을 갖는 것이다.[2]

위의 두 사례는 제한적이나 전쟁의 시기, 강제수용소에서 일어난 극한 상황을 연상시킨다. 그곳에서 인간의 저항과 순종, 주체성 및 정체성, 선택의 자유와 권리, 인권 존중 등은 찾아볼 수 없다. 강제수용소였기에 성관계는 강제적이거나 폭력적이었으며, 피해자들은 성병 감염이나 임신 가능성에 노출되었다. 이는 여성의 존재 가치에 대한 회의와 공포 요인으로 작용했음이 확인된다. 따라서 전쟁 시기 '성 노역' 자체는 성의 존재 양식을 규정했고, 성 노역은 성폭력과 성 노예였음이 확인된다.

---

1 『연합뉴스』, 2013년 1월 31일 자.

2 임세정, 「아베 보고 있나? 홀로코스트를 대하는 메르켈의 자세… 희생자 추모일에 84세 생존자 연설 들어」, 『국민일보』, 2016년 1월 29일 자.

3. 일본군 종군 위안부 '문제'의 사실과 평가

일본군 종군 위안부 '문제'에 대한 사실과 평가에 대해서는 자료도 다양하고 논란도 많다. 그러나 요약하면, 강제성 여부 문제와 성매매 인지 아닌지의 문제이다. 다음의 보도는 이 문제에 일정한 해답을 제시한다. 따라서 이와 관련한 주변적이거나 복잡한 자료는 생략한다.

도쿄의 국립 공문서관이 일본군 위안부 강제 연행의 증거가 되는 문서를 공개해 아베 신조(安倍晋三) 내각의 '증거가 없다.'라는 주장이 무색케 됐다. 이 문서는 일본군이 제2차 대전 중 인도네시아 내 포로수용소에서, 네덜란드 여성 35명을 강제 연행해 위안부로 삼았음을 보여주는 내용을 담고 있다. 이 문서는 일본 정부가 시민 단체의 정보공개 청구에 따라 2016년 9월 하순부터 10월 6일까지 공개한 것이다. 공개된 자료는 'BC급 바타비아 재판 제106호 사건'이라는 제목이 붙은 530쪽 분량의 문서로 종전 후 일본군 장교와 민간인 등에 대해 강간죄 등으로 유죄 판결한 재판과 관련된 것이다.

이 문서는 바타비아(인도네시아 자카르타)에서 전직 일본군 중장 등 장교 5명과 민간인 4명에 대한 재판의 공소장과 판결문 등 재판기록과 피고인이 추후 일본 관청에서 진술한 내용 등으로 구성됐다. 판결문에는 1944년 일본군 장교의 명령으로 인도네시아 자바섬(스마랑주)에 수용돼 있던 네덜란드 여성을 주내 4개 위안소로 연행한 뒤, 위협해서 매춘을 시켰다는 내용이 적시돼 있다. 이와 관련, 전 일본군 육군 중장은 12년형을 받았다. 또 이 전직 중장은 1966년 일본 이시카와 현(縣) 현청에서 진행된 조사에서 위안부가 되겠다는 승낙서를 받을 때, 약간의 사람들에게 다소간의 강제가 있었다고 진술한 것으로 돼 있다.

이 자료는 1993년 고노 담화(河野談話)의 기초가 된 것으로 그 존재와 주요 내용은 알려져 있었지만, 문서 자체가 공개된 것은 이번이 처음이다. 고노 담화는 위안부 강제 연행 과정에 일본군이 관여했음을 인정한 것이 핵심 내용이다. 고노 담화 작성 당시 법무성이 이들 자료를 요약했고, 이 문서가 내각관방이 수집한 자료에 포함돼, 담화 내용의 근거가 된 것으로 알려졌다. 이 자료의 공개로 '위안부 강제 연행이 군과 관헌에 의해 이뤄진 증거가 없다.'는 아베 내각의 주장이 거짓임이 재삼 입증됐다. 아베 총리 제1차 집권기인 2007년 3월 당시 내각은 각료회의(각의, 한국의 국무회의) 결정을 통해 "정부가 발견한 자료에는 군, 관헌에 의한 강제 연행을 직접 보여주는 것과 같은 기술은 발견되지 않았다."고 밝혔다. 2012년 말 출범한 제2차 아베 내각은 이 입장을 수정하지 않고 있으며, 심지어 고노 담화 수정론까지 제기한 바 있다.[1]

위의 사실을 보충하는 또 하나의 보도는 다음과 같다.

일본 정부가 각의에서 제2차 세계대전 당시 일본이 위안부를 강제로 동원했다는 내용이 담긴 국립 공문서관의 문서가 존재한다는 사실을 인정한 것으로 확인됐다. 2017년 6월 30일 일본 참의원에 따르면 일본 정부는 27일 각의에서 "국립 공문서관이 내각관방에 제출한 위안부 관련

1 「일본군 위안부 강제 연행 증거 공개」, 『KBS WORLD korean』, 2013년 10월 7일 자.

문서가 있느냐"는 일본공산당의 가미 도모코(紙智子) 의원의 서면 질의에 "2월 3일 182건의 자료가 제출됐다."고 답했다. 이번에 국립 공문서관이 제출한 182건 중 '바타비아 재판 25호 사건'이라는 자료에는 일본 해군의 인도네시아 특별경찰대 전 대장이 전후 일본 법무성 관계자에게 "200명 정도의 부녀자를 위안부로 오쿠야마(奧山) 부대의 명령에 따라 발리 섬에 데리고 들어갔다."고 말한 증언이 담겨 있다. 또 '폰차낙(인도네시아 지명) 재판 13호 사건'의 판결문에는 "다수의 부녀자가 난폭한 수단으로 위협당했고 강요당했다."는 내용이 포함돼 있다. 일본 시민 단체의 하나인 '일본군 위안부 문제 해결 전국 행동'의 고바야시 히사토모(小林久公)는 "이번 답변서는 일본 정부가 군과 관헌에 의한 강제 연행을 직접 보여주는 기술이 존재함을 처음으로 인정한 것"이라고 의미를 부여했다. 그러나 일본 정부는 답변서에서 "위안부 관련 문서가 내각관방에 제출된 것은 이번이 처음"이라고 밝히면서도, 이 자료가 위안부 강제 동원을 뒷받침하는 것은 아니라는 기존 주장을 고집하고 있다. 하기우다 코이치(萩生田光一) 관방 부장관은 이들 자료에 대해 "해당 자료가 일본군이 조직적으로 위안부를 강제로 연행했다는 점을 직접 보여주는 것은 아니다."고 주장했다. 일본 정부는 2007년 각의 결정에서 위안부 강제 연행을 인정한 문서가 없다고 밝힌 바 있으며, 이후에도 "정부가 발견한 자료 가운데는 군이나 관헌에 의한 강제 연행을 직접 보여주는 기술은 보이지 않는다."는 주장을 이어가고 있다.[1]

---

1   우상규, 「日 '위안부 강제 동원' 문서 존재 첫 인정」, 『세계일보』, 2017년 6월 30일 자.

이상에서 보면, 피해자들은 '위협'당했고, '강요'당했음이 분명하다. 전쟁터에서의 성관계는 폭력이거나 매매이다. 폭력과 매매는 연행에 의한 결과물이다. 이를 재구성하면 일본군 종군 위안부는 국가가 저지른 전쟁의 이름으로 연행되어, 성매매나 성폭력에 노출되고, 위협과 강요라는 '한계상황'[1]에 직면했음이 확인된다. 이외에도 다양한 자료가 있겠지만 이상의 내용으로도 사실을 확인하기에는 충분하다. 다만 일본 정부는 '직접 보여주는 기술은 보이지 않는다.'라고 변명하는데 이는 궤변일 뿐이다. 그렇다면 일본 정부는 일본 정부가 직접 위협해서 매춘하라는 명령을 내리고 강제로 연행했다는 '기록 문서'가 있어야 인정하겠다는 것인가? 어느 국가가 이런 불법적 명령과 기록을 문서로 남기는가?

4. 일본군 종군 위안부에 대한 합리화와 망언

일본 내에서도 양심적인 시민들은 일본군 종군 위안부에 대해 정부(또는 정치인)와 다른 입장을 취하고 있다.

일본 자민당의 사쿠라다 요시타카(櫻田義孝) 중의원 의원은 "일본군 위안부는 직업적 매춘부"라는 발언(2016. 1. 16.)을 했다가 이를 철회한 바 있다. 자민당 정조회장이자 아베 총리의 측근인 이나다 토모미(稻田朋美)는 "과거엔 위안부 제도가 합법"이었으며, "소녀상은 날조의 역사"라고 주장했다. 일본은 1904년 파리에서의 '매춘을 시키기 위한 무녀 매매 단속에 관한 국제 협정'을 시작으로 인신매매 및 타인의 매

---

1 야스퍼스(Karl Theodor Jaspers)의 실존주의의 용어. 극한상황이라고도 한다. 실존으로서의 인간은 상황 속에 있다. 상황이라는 것은 세계의 여러 사상事象으로서 또한 자유에 의한 결정으로서 끊임없이 운동하고 있는 것, 결국 실존이 당면하고 있는 현실이다. 이 중에서 실존은 피할 수 없는 사태, 즉 고뇌, 죄악, 죽음, 투쟁, 생존의 의혹 등에 부딪힌다. 이와 같은 사태가 발생하는 상황이 한계상황이다.

춘 및 착취를 금지하는 국제 조약을 체결했다. 하지만 일본은 한국과 타이완 등 식민지에는 해당 조약을 적용시키지 않는다고 선언했다. 일본 사단법인 '일본의 전쟁 책임 자료 센터'(Fight for Justice)는 "위안부 제도가 일본군에 의한 성 노예 제도였다면, 공창 제도[1]는 시민법 원리하에 성 노예제도가 아닌 것처럼 포장한 성 노예제"라고 지적한다. 사라 서(Sarah Soh, 샌프란시스코 대학 인류학과 교수)는 "매춘 제도를 운영해도 된다는 차별적 성 인식이 위안부 제도라는 구조적 폭력을 양산했음은 부정할 수 없는 사실이다."라고 지적했다.[2] 여기서의 쟁점은 일본군 종군 위안부는 매춘부인가 아닌가와 매춘은 정당한 것인가 아닌가의 문제이다. 이 문제를, 앞에서 살펴본 것들을 토대로 철학적으로 검토한다.

1　공창 제도는 성인이 지정된 장소에서 자유의사로 성매매를 했을 경우 처벌하지 않도록 하는 제도로 프랑스에서 처음 실시했고, 이후 유럽 여러 나라로 확대되었으며, 일본에는 19세기 중반에 도입되었다. 한국에서는 1904년 일본식 유곽(遊廓)이 등장했고, 1916년 공창 제도가 법적으로 확립되었다. 그러나 광복 후, 미 군정청이 공창 폐지령을 내려 1948년 한국의 공창 제도가 폐지돼 불법화되었다. 공창 제도가 불법화되자 도리어 미아리 텍사스촌, 청량리 588번지, 천호동 일대 등 사창가가 성행하였다. 이에 1961년 윤락행위 방지법이 제정돼 매춘은 불법이 되었으나, 1970년대 이후 접대문화가 성행하면서 매춘은 더욱 보편화되었다. 독일이나 네덜란드 및 유럽의 몇몇 나라는 공창 제도를 채택해 엄격히 매춘 통제를 해오고 있다. (『시사상식 사전』, 박문각, 2014)

2　문재연, 「[日 "강제 위안부 없다." 억지. 왜? ③] 전시 매춘의 오랜 전통…여성을 유흥상대로 인식」, 『헤럴드경제』, 2016년 2월 2일 자.

5. 성의 역사성과 폭력성에 대한 소결小結

성매매는 정당한가? 성은 노동인가? 착취의 대상이 될 수 있다는 점에서 노동[1]이다. 성은 시간과 육체와 감정의 복합 요소로 구성된다. 성매매는 역사적으로 묵인되던 시기와 그렇지 않은 시기로 구분되지만, 금지된 시기에도 성매매와 성폭력은 은밀하게 이루어졌다. 즉 법이나 규칙, 제도나 도덕의 규제 밖이었다. 그렇다면 성매매는 상황에 따라 정당화될 수도 있는 것인가? 매매의 주체가 선택의 권리와 생존의 권리를 확보하고 있다는 전제 하에서라면 어떤가? 성매매는 무조건 안 된다는 '논리'를 인간 사회가 규제하기에는, 인간 사회가 너무 부실하고 자가당착적이다. 이 문제는 다시 사회 필요악(그것이 성매매이든 다른 것이든)은 존재 가치가 있는 것인가라는 문제를 제기한다.

성폭력은 정당한가? 성은 자기 결정권이 보장될 때 생산적이고 주체적이며 쾌락적이다. 폭력은 강요이고 협박이고 억압이다. 인권 보호라는 차원에서 어떤 경우이든 성폭력은 정당하지 않다. 따라서 성폭력을 교사教唆하는 국가나 기관, 개인이나 환경(경우에 따라서는 사이비 종교)은 처벌 및 폐쇄의 대상이다.

---

1 경제적 사회 구성체의 차이는 노동을 각각 다른 형태로 나타나게 한다. 또한 그 형태는 사회 관계의 발전 수준을 가리키는 것이기도 하다. 원시 공동체에서 노동은 공동으로 발생하고, 집단적이기에 노동의 성과물 또한 공동으로 분배되었으며, 착취라는 것은 없다. 생산수단의 공유가 그 특징이다. 그 이후의 계급 대립적인 경제적 사회 구성체에서는 항상 인간의 노동은 착취의 대상이었다. 노예·농노·근대 노동자의 노동이 전부 그렇다. 그러나 사회주의 사회에서는 생산수단의 공유가 회복되어 노동자의 노동은 착취에서 벗어나게 되고, 공산주의에서는 노동이 생활의 제1차적인 자발적 행위가 된다. (『철학 사전』, 중원문화, 2009)

강제 연행은 정당한가? 회유는 정당한가? 국가가 저지르는 전쟁범죄가 합법적으로 일어나는 전시 상태에서 강제 연행과 회유는 동전의 양면이다. 국가의 이름으로 총동원법 혹은 전시 동원법에 의한 동원 명령이 하달되었을 때에 책임량을 채우지 못하면, 그 책임자는 국가의 법에 따라 처벌 대상이 된다. 여기서 강제 연행은 회유를 통해, 회유는 거짓을 통해, 거짓은 당근과 채찍을 통해 '국가의 이름으로' 자행되고 묵인된다. 동시에 피점령국의 가난과 빈곤, 전근대성과 국가 질서의 미확립 등은 이들 범죄가 가능하도록 만든 간접 요인이기도 하다. 따라서 직접 요인인 침략과 간접 요인인 피점령국의 악조건은 전쟁 역사가 보여주는 동전의 양면이다. 여기서 전쟁의 부조리와 광기는 마치 영화에서처럼 나타난다.[1]

하물며 식민지에서의 그것은 불문가지이다. 따라서 강제 연행과 회유는 거짓과 협박으로 포장된 국가 범죄이다.

성폭력 및 강제 연행의 근원적 문제는 전쟁이다. 전쟁의 근원은 국가이다. 국가의 근원은 권력이고 권력의 근원은 심리이다. 전쟁에서 성은 폭력과 희생의 대상이다. 즉, 성 심리는 본능이면서 DNA 구조에 기초하는데 여기에 국가 권력(전쟁)이 개입하면서 본능과 DNA 구조가 왜곡된다. 그러면서 국가는 전쟁이라는 상황에서 본능과 DNA 구조를 이용한다. 여기서 이용자와 피이용자 사이에 모순이 발생한다. 즉 성의 본능과 DNA 구조는 무시되면서 상품이거나 배설 작용의 기제機制로 전락한다. 전쟁터에서 이런 기제는 이용자와 이용당하는 자 사이

---

1 영화 《콰이 강의 다리(The Bridge On The River Kwai)》(1957)는 '보기 대령의 행진'으로 알려진 휘파람 곡조로도 유명하지만, 전쟁의 부조리와 광기에 대한 묘사로 주목을 받았다. 제2차 세계대전 중 일본의 포로 수용소를 배경으로 한 이 영화는 영국군 장교와 일본군 장교 간에 의지의 대결을 중심으로 펼쳐진다(원작은 피에르 불의 프랑스어판 동명 소설이다). 이 영화에 대해 이 논문이 주목한 부분은, 영국군 전쟁 포로를 둘러싼 일본 장교와 영국 장교와의 설전이다. 여기서 포로에 관한 국제 조약(제네바 조약)은 휴지 조각이 된다. 이것이 전쟁의 광기이고 인간의 부조리이다.

에 '공포의 공존'을 만들어낸다. 생존 공포는 인간에게 무엇을 남기는가? 이런 공포의 제공자는 누구이고(국가), 제공 요인은 무엇인가(회유·협박·강요·빈곤)? 법적 도덕적 윤리적 역사적 책임은 국가(일본제국)에 귀속된다. 국가는 그 법통에 따라 역사적 과오와 부채, 절차적 오류와 아포리아까지도 책임지지 않으면 안 된다.

III. 성과 정치권력: 제국주의 및 국가의 문제

1. 성의 문제와 제국주의의 속성

제국주의라는 말은 라틴어인 황제국가(imperium)에서 유래되었다지만, 일반적으로 사용하게 된 것은 1870년대 이후라고 한다. 제국주의는 식민지주의나 팽창주의와 밀접하게 관련되어 있다. 따라서 제국주의의 공통적 특징은 단일 목적이 아니라 다목적을 위한 행동·억압·침략 및 팽창 등이라 할 수 있다. 제국주의론도 보는 관점과 분석 방법에 따라 제국주의의 철학·경제 이론·사회 이론·정치 이론·군사 이론·심리 이론 등으로 분류된다. 그러나 이 중에서 경제 이론이 다른 이론보다 체계상 우월한 것으로 인정받고 있다. 제국주의 경제 이론은 자유주의 이론과 마르크스주의 이론으로 대별된다.

자유주의 이론은 홉슨(J.A. Hobson)을 효시로 한다. 홉슨에 의하면 제국주의란 단지 종주국과 식민지와의 관계에 머무르는 것이 아니라, 선진국에 의한 후진국의 착취나 선진국의 기생성 발전과 같은 보다 고차원적인 현상이다. 홉슨은 자본주의 체제 내에서 상품과 자본의 잉여를 해외 시장이나 해외 투자로 해결하려는 데 제국주의의 근원이 있다고 본다. 이와 같이 홉슨은 제국주의란 자본주의 체제 내에서 조정이 잘 이루어지지 않은 결과이므로 제국주의의 확장은 불가피한 것도 아니고, 잉여의 처리를 위한 합리적인 방법도 아니며, 다만 양자택일적인 국내 정책이라고 생각했다.

한편 마르크스주의 이론은 카우츠키(J.H.R. Kautsky)와 힐퍼딩(R. Hilferding)을 중심으로 하는 이론과 레닌(V.I. Lenin)을 중심으로 하는 이론으로 구분된다. 전자의 이론은 자본주의의 내재적 모순으로부터 혁명 발전론을 전개하지도 않고, 독점·금융자본주의를 자본주의의 내재적 모순의 발전으로 파악하지도 않으며, 그것을 다만 조직화된 자본주의나 금융자본의 정책으로 파악한다. 따라서 제국주의와 자본주의의 개연적蓋然的 관계는 인정하나 필연적 관계로 보지는 않고 있다. 이에 반해 레닌 등의 이론은 이와 같은 조직된 자본주의론, 금융자본 정책으로서의 제국주의론, 변증법 부정의 점진주의론, 일반적 궁핍화의 부정론 등과는 근본적으로 다르다. 즉 레닌에 의하면 제국주의는 자본주의의 특수한 역사적 단계로서 그 특수성은 첫째, 독점자본주의이고 둘째, 기생적이며 부패하는 자본주의이고 셋째, 사멸하고 있는 자본주의라고 규정하였다. 또한 그는 제국주의의 특징으로서 ①생산과 자본의 집적·집중이 고도의 단계에 도달하여 독점을 형성하고, ②은행 자본과 산업 자본의 융합에 의한 금융자본의 성립과 이를 기초로 한 금융과두제(金融寡頭制)가 형성되고, ③상품 수출보다 자본 수출이 특별한 의의를 가지며, ④국제적 독점 자본가 단체가 형성되어 시장의 분할·가격 정책·생산 규모 등에 관해 경제면에서의 세계 분할이 이루어지고, ⑤자본주의 열강 사이에 지구의 영토적 분할이 이루어지고 영토 획득을 위한 투쟁과 식민지 쟁탈전이 격화된다는 것을 꼽았다.

한편 슘페터(J.A. Schumpeter)는 이상의 경제 이론과 달리 제국주의의 본질을 국가의 무목적·무제한적 팽창 성향 및 충동이라고 보았다. 따라서 역사상의 모든 제국주의를, 예컨대 고대 로마제국이나 근대 유럽의 전제 군주국들에 의한 대외 침략도 본질적으로는 동일시하여 제국

주의를 초역사적으로 파악하였다.[1]

이상으로부터 쟁점을 요약하면, 제국주의는 식민지주의나 팽창주의를 통해, 제국(일본제국)의 철학·경제 이론·사회 이론·정치 이론·군사 이론·심리 이론 등을 강요하여 제국의 목표를 달성하는 것이며, 식민지(대한제국) 고유의 그것을 철폐하거나 말살하는 것이다. 일본제국은 한국의 자본 및 자원, 언어·교육·문화, 민족정신과 국가 정기마저 착취하거나 말살하는 침략주의였다. 그 주체는 일본국이었다.

2. 국가의 성범죄와 직무 유기: 한국인 전범의 사례

제2차 세계대전 종전 후 전범 재판에서 한국인 전범은 148명(사형 23명, 징역형 125명)이었다. 수감자 중 29명은 1952년 4월 샌프란시스코 강화조약이 발효돼 일본 국적을 상실했음에도 불구하고 일본 스가모(巢鴨) 형무소에서 계속 복역했다. 석방된 이후, 일부 한국인 전범자는 식민지 시기 일본에 협력했다는 이유로 한국 입국이 거부됐으며, 일본에서는 한국 국적이라는 이유로 차별을 받았고, 생활고로 자살하거나 출소를 거부한 사람도 있었다. 포츠담 선언에 따라 설립된 극동 국제 군사재판소는 전쟁범죄를 A·B·C급으로 구분했다.[2] 제2차 세계대전 당시 일본제국 군대의 일원으로서 전쟁을 수행한 한국인 B·C급 전

---

1   네이버 지식 백과, 『경제학 사전』, 경연사, 2011.

2   A급 전범은 평화에 대한 범죄로 침략 전쟁의 계획, 준비, 공동 모의, 개시, 추진을 주모한 행위를 범죄로 규정했다. B급은 통상의 전쟁범죄로 포로 학대 등 전시 국제법의 교전법규 위반 범죄, C급은 인도에 대한 범죄로 일반 국민에 대한 대량 학살, 노예화 등의 비인도적 행위 및 범죄다. 실질적으로 B급과 C급 전범의 구별이 명확하지 않은 경우가 많아서 일괄하여 B·C급 전범이라고 부른다.

범들은 1955년 동진회¹를 결성하고 일본 국회에 진정, 재판 청구, 심포지엄 개최 등을 통해 일본 정부에 대해서 처우 개선, 사죄, 국가 보상을 요구했다. 일본인 B·C급 전범은 복역 후 일본 정부로부터 공무를 수행한 사람을 대상으로 하는 은급법(恩給法) 및 원호법(援護法)에 따라 보상을 받고 있다. 한국인 B·C급 전범이 일본 군대의 일원으로 전쟁을 했음에도 불구하고 일본 정부는 그들에 대한 보상 문제는 1965년 한일 청구권 협정에 의해 완전히 해결됐다는 입장을 고수하고 있다. (중략) 그러나 한국인 전범에 대한 보상 법안은 한국인 B·C급 전범의 문제를 식민지 지배 및 강제 동원에 대한 청산이 아니라, 일본제국 군대의 일원으로서 전쟁 수행에 협력했음에도, 일본인에 비해 보상 면에서 차별받는 문제의 해결이라는 차원에서 입법이 추진되고 있다. 일본 정부는 한국인 개인의 전쟁 피해에 대한 청구권을 인정하지 않는다는 원칙을 고수하고 있으나, 일본군 군인·군속이었던 재일 한국인에 대한 위로금 지급(2001), 한센병 피해자에 대한 보상(2007), 피폭자 건강 수첩의 해외 신청 인정(2008), 일본군 '위안부' 피해자 문제 합의(2015) 등 최소한의 해결에 협조한 바 있다. 한국인 B·C급 전범에 대한 보상 문제도 인도주의 차원에서 조속히 해결되길 기대해 본다.²

---

1 한국인 B·C급 전범은 일제가 태평양 전쟁 때 태국, 인도네시아, 싱가포르 등지의 연합군 포로 감시원으로 투입했던 조선인(3,200명) 중, 일본 패전 후 열린 연합군의 군사재판에서 포로 학대 등 혐의로 유죄 판결을 받은 148명을 말한다(23명 처형). 이들은 한국에서도 '일제 부역자'라는 곱지 않은 시선을 받아야 했고, 전후 일본 정부의 국적 이탈 조치에 따라 일본 국적을 상실했다. 노무현 정부 시절인 2006년 '일제강점하 강제 동원 피해 진상 규명 위원회'에 의해 전범이 아닌 강제 동원 피해자라는 인정을 받음으로써 최소한의 명예는 회복했지만, 일본 정부로부터는 어떠한 사죄와 보상도 받지 못했다. 1955년 4월 동진회(同進會) 결성 당시 모임의 회원은 70명이었다. (조준형, 「'전범 명예' 식민지 조선인 모임 동진회, 슬픈 환갑잔치」, 『연합뉴스』, 2015년 4월 1일 자)

2 김호섭, 「또 하나의 韓日 과거사, 한국인 戰犯」, 『문화일보』, 2016년 10월 13일 자.

이상의 견해는 다음과 같은 고민거리를 제공한다.

즉, 한국인에 대한 보상은 일제에 의한 식민지 지배 및 강제 동원에 대한 보상인가? 아니면 일본제국 군대의 일원으로서 전쟁 수행에 협력한 것(전범)에 대한 보상인가? 한국 정부는 이 문제에 당당하지 못했고 논리도 빈약했다. 전자의 문제임을 철저하게 따지지도, 법적 책임을 묻지도 못했다. 1965년 한일조약이 그것을 덮었다. 연합국 입장이면 그들은 전범이고 처벌 대상이다. 일본제국 입장이면 은급 대상이거나 보상의 대상이다. 한국의 입장은 무엇인가? 제3국의 문제라면 한국은 어떤 입장일까?

법적 책임 문제를 포괄적으로 묻어버린 한일 기본 조약의 폐해는 크다. 그 당사자는 한일 양국이다. 남은 것은 인도적 책임이고 국제법적 상식이다. 한국이 식민지 지배 상태였기에 인제 와서 일본 군대의 일원이라는 논리로 보상을 받을 수는 없다. 엄연한 사실이기는 하지만 제국주의가 만든 비인도적 결과이기 때문이다. 그렇다고 일본의 논리대로 한일 기본 조약으로 종결되었다고 무책임성을 주장하기에는 너무도 천박하다.

위의 사례는 일본군 종군 위안부 '문제'를 고민할 때, 중첩되는 부분이 있다. 일본군 종군 위안부는 식민지 지배 및 강제 동원의 결과가 빚은 피해자만의 문제인가? 일본제국의 전쟁 수행에 협력한 것인가? 일본군 종군 위안부는 식민지 지배 및 강제 동원의 결과물이고 일본제국이 이를 강요했거나 방조했기에 '문제'인 것이다. 이 '문제'에서 분명한 것은 강제 동원이든 전쟁 협력이든 방조든 '일본제국의 범죄'라는 사실이다.

3. 한국 정부의 무책임성과 이중성: 한일 위안부 합의

한일 위안부 합의에 이르는 과정을 간략하게 정리하면 다음과 같다.

- 1991년 08월 14일, 일본군 위안부 피해자 김학순 할머니 첫 위안부 증언 기자회견
- 1992년 01월 13일, 일본 가토 관방장관 담화(일본군 관여 공식 인정)
- 1993년 08월 04일, 일본 정부, 위안부 동원 강제성 등 인정(고노 관방 장관 담화 발표)
- 1994년 08월 31일, 무라야마 일본 총리 과거사 특별 담화
- 1995년 07월 19일, 일본, '여성을 위한 아시아 평화 국민기금' 발족 (이하 일본기금)
- 1997년 01월 11일, 일본기금, 한국인 피해자에 200만 엔 지급, 하시모토 총리 명의 사죄 서한 전달
- 2002년 05월 01일, 일본기금 측 위로금 지급 신청 접수 마감, 한국 내 기금 활동 종료
- 2007년 07월 30일, 미 하원 본회의, 일본 정부에 위안부 문제 책임 인정 및 공식 사죄 요구 결의 채택
- 2011년 08월 30일, 헌법재판소 "한국 정부가 위안부 피해자 청구권 분쟁 해결 노력을 하지 않는 것은 위헌"
- 2011년 09월 15일, 11월15일, 한국 정부, 일본에 위안부 배상 청구권 문제, 외교 협의 요청
- 2011년 12월 14일, 평화의 소녀상[1] 건립

---

1 1992년 일본군 종군 위안부 문제 해결을 위한 '수요 집회'가 시작되었고, 위안부 할머니들의 명예와 인권 회복을 염원하기 위해 한국 정신대 문제 대책 협의회(정대협)가 '평화의 소녀상'을 기획하였다. 집회 1,000회째인 2011년 12월 14일, 서울 종로구 일본 대사관 앞에 처음으로 세워졌다.

- 2012년 12월 27일, 일본 관방장관 '고노 담화 수정' 언급
- 2014년 04월 16일, 한일 위안부 관련 국장급 협의 1차 회의 개최
- 2015년 12월 27일, 한일 위안부 관련 국장급 협의 12차 회의 개최
- 2015년 12월 28일, 한일 정부 간 '위안부 합의': 일본, "당시 군 관여하에 다수 여성 명예와 존엄 깊은 상처, 일본 정부는 책임 통감.", "피해자 지원 목적 재단에 정부 예산 출연, 불가역적으로 해결."
- 2016년 03월 22일, 한일 정부 간 위안부 합의 후 1차 국장급 협의 개최(도쿄)
- 2016년 04월 20일, 한일 정부 간 위안부 합의 후 2차 국장급 협의 개최(서울)
- 2016년 05월 10일, 외교부 "위안부 재단, 상반기 중 설립 목표"
- 2016년 05월 17일, 한일 정부 간 위안부 합의 후 3차 국장급 협의 개최(도쿄)
- 2016년 05월 31일, 위안부 재단 준비 위원회 발족
- 2016년 07월 28일, 위안부 '화해·치유 재단' 출범

그리고 아래와 같은 인식과 해설 보도가 있었다.

2015년 12월 28일 한일 정부 간 합의는, 위안부 문제를 양자 문제로 봉합했다는 데에 문제가 있다. 전시 위안부는 한국 외에도 일본, 필리핀, 대만, 네덜란드 등 여러 국가에 걸쳐 발생한 전시 여성 인권유린 문제다. 하지만 한일 양국 차원에서 해결하려다 보니 '건설적 모호성(Constructive Ambiguity)'을 띤 외교적 용어들만 가득한 합의안을 도출했다. 건설적 모호성은 한 사안을 둘러싸고 양국의 이해가 극심하게 다를 때, 용어나 표현에 해석의 여지를 남기는 것을 의미한다. 예컨대, 한일 위안부 합의에서 책임을 한국은

'법적 책임'으로, 일본은 '도의적 책임'으로 인지할 수 있도록 설정한 것이 건설적 모호성이라고 할 수 있다. (중략) 일본은 "전시 미국, 독일 등에 의한 위안부가 운영됐으며, 일본만의 문제가 아니었다."는 인식이다. 일본은 미군에 의한 신탁통치 기간에 위안소를 설치하고 일본인 위안부를 모집했다. 일본 정부에도 특수 위안시설 협회[1]라는 기관이 있었고, 일본인 위안부를 동원했다. 이들 중에는 매춘부도 있었지만 일반인도 있었다. 강제적으로 끌려간 사람도 존재했다. 일본 보수파는 이를 이유로 "일본도 '피해자'의 경험이 있지만 전시 어디에서든 있었던 문제였으며, '필요악'이었음"을 주장하기도 했다. 전문가들은 위안부 문제에 대한 논의는 한일 외교 차원에서는 합의문 이행을, 민간 및 국제사회 차원에서는 '전시 여성 인권 실태와 문제 해결'을 목적으로 '대화를 끊임없이 시도해야 한다.'고 조언한다.[2] 전시

---

1 특수 위안시설 협회(特殊慰安施設協會, Recreation and Amusement Association)는 제2차 세계 대전 후, 연합군 점령지 일본에 일본 정부가 만든 위안소이다. 이는 연합군 병사를 상대로 한 매춘부(위안부)가 있었던 도쿄에 설치되었다. 영어로는 '여가·오락 협회'로 일본어 명칭과 의미가 크게 다르다. RAA의 기본적인 발상은 전시 중의 위안소 시설이지만, 전쟁 중 위안부와 다른 점은 중개업자를 통하지 않고, 광고에 응한 일반 여성들을 고용한 것이다. 처음에는 유흥업소 근무자(水商売の者)들을 고용할 예정이었는데, 생각처럼 인원이 모이지 않았다. 전시 중에 매춘으로 검거한 자에게 위안부가 되도록 경찰이 요청한 사례도 있었다. 전시 중의 여자 청년단을 종전 후, 반 강제로 모집한 경우도 있다고 한다. 모집 광고에는 "신일본 여성 모집: 숙소, 의복, 식량 모두 지급"이라고 써서 광고판을 긴자(銀座) 등에 설치했고, 또 신문 광고로도 일반 여성을 모집했다. 히로오카 케이이치(広岡敬一)에 따르면 상세 내용이 광고에 기재되지 않아, 이를 보고 찾아온 여성의 상당수는 대부분 일의 내용을 알고는 돌아갔다고 한다. (일본 위키 백과: 청선-아오센(青線) 항목 참조)

2 연구자는 이에 대해 다음과 같은 문제를 제기한다. 한일 정부 간 합의문은 외교적 합의이기에 이행이 필요하지만, 이는 정통성이 전제된 정부 차원의 일이다. 외교적 합의일지라도 위안부 당사자 혹은 국민 정서의 차원에서 정통성 결여가 문제가 되어, 수용할 수 없는 합의문이라면 거부(저항권)되어야 하는 것이 민주사회의 원리가 아닌가? 또한 대화를 끊임없이 시도해야 한다는 실체는 무엇인가?

중 성 노예 문제는 반복되지 말아야 할 심각한 범죄이며, 이를 위해 가해 국가들의 분명한 책임 규명과 보상이 필요하다.[1]

위안부 합의의 경위는 1991년 실태 고발, 1995년 일본기금 설립, 2011년 평화의 소녀상 건립, 2014년 한일 국장급 실무 협의, 2015년 한일 위안부 합의, 2016년 재단설립을 통한 해결 등으로 요약된다. 그러나 이 합의는 기존 문제의 해결책이 아닌 새로운 문제의 시작이었다. 한일 두 정부(박근혜와 아베)가 위안부 문제를 봉합하려 했지만 할 수가 없었다. 왜일까? 한일 두 정부가 위안부 '문제'를 돈으로 해결하고자 했다는 데에 있다. 위안부 '문제'는 역사적 상처이고, 영혼의 무너짐이며, 인간 존엄의 말살이고, 여성성의 잔혹사이고, 육체의 찢어짐이다. 이를 돈 몇 푼으로 해결하려 한 것은 한일 두 정부의 철학 부재이다. 한일 위안부 합의는 성에 대한 역사성과 폭력성을 무시한 혹은 그에 대한 무지의 결과물이다.

역설적으로 평화의 소녀상이 역사적 상처를 위로하며, 영혼을 보듬었다. 소녀상은 인간 존엄의 현장 고발이며, 문화적 저항이며, 여성성의 잔혹사를 조용하게 웅변하는 울림이다. 일본 정부에게 소녀상은 눈엣가시이다. 영화가 기록으로 남아 나치즘을 고발하듯[2] 소녀상은 문화적 저항의 상징으로 남을 것이다.

---

1 문재연. 「[日 "강제위안부 없다." 억지. 왜? ④] 한일 양자 합의 자체가 모순... 亞 공통 문제」, 『헤럴드경제』, 2016년 2월 2일 자.

2 영화 《쉰들러 리스트(Schindler's List)》(1993)는 오스트레일리아의 토마스 케닐리(Thomas Michael Keneally)의 원작 소설을 영화화한 작품이다. 이 영화는 나치들의 잔인한 광기에 희생당한 유대인들의 이야기를 객관적이며 사실적으로 그려냈다. 출연자 모두 폴란드와 이스라엘의 무명 배우들로, 장소도 실화의 현장인 크라쿠프에서 실제 그때의 공장을 사용해 촬영한 흑백영화이다. 1993년 제66회 아카데미 시상식에서 작품상, 감독상 등 7개 부문을 수상하였다.(『두산 백과』)

4. 국가와 제국주의, 성에 대한 철학적 문제

국가는 전쟁 권한이 있는가? 자국민의 생명과 재산을 보호할 목적이라면 가능한가? 전쟁은 정치의 연장인가? 전쟁은 정치의 수단이거나 희생물인가? 정치는 전쟁을 조장하는가? 국가의 거짓은 무엇으로 증명되는가? 전쟁에서 살인은 정당화되는가? 전쟁에서 정당화되지 않는 것은 무엇인가? 조약이나 규약으로 금지된 것도 전쟁에서는 허용되는가? 현실과 이상의 문제인가? 이상의 질문에 대한 답은 그렇다일 수도 있고, 아니다일 수도 있다. 아포리아다. 정답은 없다. 그래서 철학적 물음의 대상이다.

여러 다종다양의 논리는 배제하고 단순화시켜 논의한다. 전쟁은 국가에 의해 저질러진다. 국가를 움직이는 자는 '소수'의 정치인이다. 전쟁 방지는 국가의 작동을 소수에게 맡겨서는 안 됨을 의미한다. 왕정이나 귀족정이 아닌 민주정체나 공화정체가 역사적으로 정착된 것은 그런 의미가 있다. 그러나 현대에도 전쟁 발발 가능성은 늘 열려 있다. '소수'의 전쟁광이 지배하거나 통치하는 국가이다. 민주정체나 공화정체가 역사적으로 정착되었다지만 예외 현상으로 나타나는 그런 현상은 민주주의의 의미를 반성하게 하며, 실질적 민주주의는 어떻게 가능한가라는 질문을 던진다.[1] 이런 질문마저 불가능했던 제국주의 시대는 그런 점에서 암흑시대였다. 지도자의 철학 부재는 국가 간의 전쟁인 암흑과 인간성 파괴를 예고하며, 국민을 전쟁의 희생양으로 몰아간다.

---

1 영화 《디 벨레(Die Welle)》(2008)는 스트라서(Todd Strasser)의 소설 『파도(The Wave』(2008)를 원작으로 하며, 역사 교사인 론 존스의 실제 교실 실험을 다루고 있다. 정상적 사회가 파시즘이라는 파도에 몰드는 과정을 경고한다(한국 위키 백과: 디 벨레 항목 참조). 이 영화에 대해 이 논문이 주목한 부분은, 배타적 공동체와 독재 체제는 어떻게 만들어지며, 인간은 거기에 어떻게 순치되는가를 보여준다는 점이다. 이는 끊임없이 현대사회의 실질적 민주주의 문제를 고민하게 만든다.

Ⅳ. 결론

일본군 종군 위안부 '문제'는 성과 정치권력의 문제이다. 그 '문제'는 전쟁의 산물이다. 전쟁의 주체는 국가이다. 성은 인권 문제이다. 시대 가치는 다를지언정 문명사회일수록 인권 가치는 성스럽다. 인권은 자연법적 보편 가치이다.[1] 전쟁으로 성이 훼손되고 인권이 유린되었다. 성과 인권의 유린에는 공소시효가 없다. 따라서 조약이나 보상으로 끝날 수 없다. 보편 가치는 전승되어야 한다. 그러니 한일 기본 조약에 따른 개인 청구권 무효 혹은 한일 정부 간 협약이 있었기에, 불가역적으로 끝났다는 논리는 철학적 혹은 자연법적 관점에서 허구이다. 또한 전쟁이라는 한계상황(Jaspers, Karl)에서 종군 위안부의 거부(Marcuse, Herbert)와 저항(Locke, John)은 불가능했기에, 국가 권력은 쉽게 성을 왜곡하고 인권 유린을 자행했다.[2] 국가 권력은 '통제'되어야 하고 인간 욕망은 '절제'되어야 함에도, 전쟁은 이들을 통제 불능과 절제 무용無用

---

1 자연법 사상의 내용은 인간의 본성까지도 포함한 자연에 대한 이해의 폭과 깊이에 대응해서 시대에 따라 다르나, 입법자의 자의恣意를 넘은 정正·부정不正의 객관적 기준의 사상임에는 변함이 없다. 더욱이 자연법은 단순히 실정법에 대한 객관적 도덕 기준일 뿐만 아니라 입법 및 재판의 기준 내지는 테두리로서 스스로 '법'이라는 주장도 포함한다. 따라서 자연법과 실정법은 법 규범으로서 상하 관계에 있으며, 상위 규범으로서의 자연법은 실정법을 정당화한다든지 또는 무효로 한다. 여기에서 자연법의 실정법 정당화 기능과 광정적匡正的·보충적 기능, 보수적 기능과 혁신적 기능이 발생한다. 또 대전大戰 후와 같이 실정법 질서의 혼란·동요기에는 상위 규범인 자연법에의 호소가 성행한다. 자연법은 불변의 인간 본성에 기초를 둔 도덕적 법 원리로서 보편타당성과 보편 윤리성을 그 특색으로 한다. 그러나 실제에서는 "살인하여서는 안 된다."나 "계약은 준수하여야 한다."라는 자연법의 규칙은 반드시 어떠한 시대·사회·민족에서나 보편적으로 행하여지고 있는 것은 아니다. 이것은 인지人智나 문명의 미발달로 자연법에 대한 인식이 불완전하기 때문이다.(한국 위키 백과: 자연법 항목 참조)

2 칼 야스퍼스는 죽음이나 고뇌라는 인간의 한계상황을 말한다. 허버트 마르쿠제는 인간이 더는 받아들일 수 없는 것을 거부해서 환경과 인간을 변화시키는 행위야말로, 마르크스가 말하는 혁명적 실천임을 강조한다. 존 로크는 개인의 인권과 자유의 양립을 주장하면서 주권재민이라는 국민의 저항권을 강조했다.

상태로 만들어, 위안부의 인권을 유린했다.

전쟁에 의한 일본제국의 책임(사죄와 보상)은 일본제국의 법통을 이은 일본 정부의 몫이다. 국권 상실의 책임(대한제국의 정치권력)과 국권 회복 후의 책임은 한국 정부의 몫이다. 한국 정부가 일본 정부에 당당한 요구를 하려면, 한국 정부의 도의적 가치 수준이 높아야 한다. 그러기 위해 한국 정부는 베트남 전쟁 시기 한국군 범죄에 대한 정부의 책임(사죄와 보상)을 면하기 어렵다.[1] 진정한 사죄와 화해는 국가가 나서서 전쟁 종언을 선언하고 나아가 반전反戰 평화운동을 지원하는 것이다.

이 글의 결론에 이르러 탈출구를 찾았다. 평화의 소녀상이라는 '문화적 저항'이다. 소녀상은 국가의 이중성과 인권 문제에 대한 저항의 상징이다. 종군 위안부 '문제'는 더 이상 한일 두 국가의 문제가 아니다. 인권과 문화적 저항의 화신化身으로 일본군 종군 위안부 '문제'는 시공간을 넘어서 '문제'로 남는다. 역사적 실체로서 일본군 종군 위안부 '문제'는 생명력을 가지고 인권과 문화적 저항의 아이콘이 된다.

일본제국, 제국주의자, 수구 세력, 대한제국, 그 권력의 앞잡이, 가해자와 협력자, 무뢰한과 무능자 등등은 인권과 문화적 저항의 상징 앞에 겸손해야 한다. 이상의 철학적 검토는, 뻔뻔하고 가증스러운 일본제국, 탐욕과 오만의 제국주의자, 자기 논리의 함정에 빠져 허우적대는 수구 세력, 역사 정의를 세우지 못한 수치스럽고 부끄러운 한국, 일신 영달을 추구한 국가 권력의 앞잡이 등에 증오와 분노를 느끼게 한다.

---

1   이에 대한 논의는 윤충로,「한국의 베트남 전쟁 기억의 변화와 재구성: 1999년『한겨레21』캠페인과 그 이후 변화를 중심으로」,『사회와 역사』, 한국사회사학회, 2015, pp.7-41 / 이토 마사코(伊藤正子),『전쟁 기억의 정치학: 한국군에 의한 베트남 전시 학살 문제와 화해의 길(戦争記憶の政治学 : 韓国軍によるベトナム人戦時虐殺問題と和解への道)』, 헤이본샤(平凡社), 2013, pp.1-292.

남은 과제는, 인권과 문화적 저항의 생명력을 이어갈 의식 있는 국민 절대다수가 주인이 되는 역사를 착실하게 만드는 것이다. '소수'의 전쟁광이 지배하거나 통치하는 국가를 용인해서는 안 된다. 민주정체나 공화정체가 국가적으로 정착되어, 예외 현상이 발생하지 않도록 감시해야 한다. 모든 정치 현상은 민주주의의 이름 아래 공개되고, 논의되고, 질문받아야 하고, 비판받아야 한다. 민주주의의 의미를 되물으며, 실질적 민주주의는 어떻게 가능한가라는 질문을 끊임없이 던져야 한다. 한국과 일본은 어떠한 논박과 논쟁도 가능한 민주국가여야 한다. 그래서 암흑시대는 예방되고 거부되어야 한다. "이게 나라냐?"라는 2016년 한국의 촛불 정신은 일본군 종군 위안부 '문제'에 대해 묻는다, "이게 인간이냐?"라고. 일본군 종군 위안부 '문제'는 한국과 일본에서 민주주의의 미래를 여는 전진의 역사로 계승되어야 한다.

인류사에는 획기적 인식의 전환을 가져온 많은 인물이 있다. 코페르니쿠스와 다윈, 프로이드와 마르크스, 카프카와 니체, 이순신과 안중근, 아인슈타인과 스티브 잡스 등등이다. 그들은 물리역학의 인식 체계를 뒤집어 과학기술로 생활양식을 바꾸었고, 더불어 역사철학의 사고 체계를 바꾸었다. 일본군 종군 위안부 '문제'를 국가와 제국주의, 국제법과 국내법 등에 가두어 의미를 퇴색시켜서는 안 된다. 일본군 종군 위안부 '문제'는 인권과 문화적 저항의 아이콘이며, 인권 보호의 상징이어야 한다. 그래서 일본군 종군 위안부 '문제'는 사죄와 화해로 마감하는 종결형이거나 마침표가 아니라 진행형이고 물음표여야 할 것이다.

불편한 진실

제4장의 쟁점은, 국가 권력이 개인의 자유를 어디까지 침탈해도 되는가 하는 문제이다. 이 문제는 다시 개인주의와 공동체주의의 문제 가운데 우선해야 할 것은 어느 것인가라는 문제를 던진다. 오늘날 인권은 당연한 권리이고 초국가적 사안이다. 그러나 역사의 흐름에서 개인이 주체로 등장한 시기가 멀지 않다. 즉 민주주의가 확립되는 과정에서 개인의 권리가 등장했다. 인권과 권리, 재산권과 소유권이 보장되는 사회가 도래하는 데에도 많은 시간이 걸렸다. 당시 일본제국과 한국은 민주주의와 거리가 먼 국가였다. 그러니 개인의 자유와 권리는 침탈당했다. 국가주의 이름 아래 강제로 동원되거나 희생의 대상이 되었다. 빈곤과 결핍은 이런 동원과 희생을 조장했다. 그래서 합리화가 가능한가? 아니다. 제국주의 시대에 저질러진 범죄를 오늘의 시점에서 묻는 것이다. 역사와 철학, 사상과 인권, 양심과 국제법이 이를 소환하는 것이다. 일본의 과거(제국주의의 침략과 강탈)는 한국의 과거(피지배에 따른 강점과 수탈)이다. 이에 대해 정직하게 심판하는 것이 역사 법정이다. 역사 법정은 아직 활짝 열리지도 않았기에 대답도 하지 않고 있다. 불편한 진실이다.

개인의 자유와 권리 문제를 논할 단계가 아니라면 무시되거나 덮인다. 그러나 오늘날의 일본과 한국은 그런 정도는 아니다. 그래서 문제 제기가 가능한 것이다. 개인의 권리에 관한 한 흑인에 대한 인권 침해가 인류 역사에서 가장 상징적이다. 백인이 가한 흑인에 대한 탄압과 착취, 강제와 억압은 비인간적 행태의 극치이다. 미국은 이런 문제에 부끄럼 없이 당당한가? 이런 문제에 미국 사회는 정직하게 대응하고 있는가? 아시아인은 괜찮은가? 아니다. 인종과 국적, 국부와 국방력에 의해 여전히 개인의 자유와 권리는 침탈당하고 있다. 미국과 일본, 한국과 베트남에서도 여전히 국적이 다르다는 이유로, 피부색이 다르다는 이유로 차별과 억압, 인권 유린이 자행된다. 종군 위안부 문제는 전쟁 상황이 만든 특수 상황이지만 여전히 인권이라는 차원에서는 같은 문제다.

일본과 한국은 이제 문명국가이다. 아직 부족하지만 이를 위해 노력해야 한다. 역사는 과거와의 대화이다(E. H. Carr). 과거와의 대화를 시작하자. 위안부 당사자가 살아있다. 그 역사적 사실 앞에 겸허하게 반성하자. 국가 권력의 비이성과 불합리에 대해 논쟁하자. 민주주의의 본질을 탐구하고 비판하자. 개인 존재의 존엄성에 대해 고민하고 논쟁하자. 개인주의와 공동체주의 문제에 대해서도 어떤 균형과 조화가 필요한지에 대해 논쟁하자. 국가와 국민이라는 이름의 독재자를 경계하자. 방법은 무얼까? 민주주의 이름으로 시행되거나 자행되는 모든 사안을 공개하면 된다. 국가의 안전과 국민의 생명과 재산을 보호하는 최소한을 남겨두고, 국가와 공공의 모든 것이 공개되면 투명하고, 투명하면 공정하고, 공정하면 공평을 찾는다. 그러면 개인주의와 공동체주의는 조화를 이루고, 인간 사회는 품격을 논할 만하게 된다. 이에 대해 깨어있는 시민 의식이 경종을 울려야 한다. 이념과 사상의 자유, 인권과 소수자의 보호가 일상이 되는 사회여야 한다. 그래야 '평화의 소녀상'이 편안하다.

　한국과 일본은 그런 공동체를 만들어 갈 가능성을 갖추고 있는가?
사회경제적 토대와 시민 의식이 날로 확장되면서, 그 가능성은 더 커
지고 있다. 민주 의식과 철학을 강화하면서, 공동체주의를 확산시켜야
한다. 신자유주의 경제로 양극화와 중산층의 소멸이 문제다. 이를 부
추기는 인기 영합주의와 배타주의가 문제다. 현존하는 북유럽의 사회
민주주의가 하나의 경험적 방향이 될 것이다. 한국이나 일본은 냉전적
사고에서 벗어나, 적어도 북유럽 방식의 사회 민주주의에 대한 검토
와 고민이 필요하다. 대통령제인가 내각제인가와 같은 권력 구조의 문
제도 중요하지만, 사회경제적 시스템이 적어도 경제 민주화 혹은 경제
공화제로의 방향을 잡아나가는 것이 더 중요할 것이다.

제5장
일본 외교 50년의 정체성과 냉전 '문제'

정체正體 또는 정체성正體性(identity)은 존재의 본질 또는 이를 규명하는 성질이다. 정체성은 상당 기간 동안 일관되게 유지되는 고유한 실체로서 자기에 대한 주관적 경험을 함의한다. 정체성은 자기 내부에서 일관된 동일성을 유지하는 것과 다른 존재와의 관계에서 어떤 본질적인 특성을 지속적으로 공유하는 모두를 의미한다. 어떤 대상에 대한 인식으로서의 정체, 인간의 정체성, 기업의 정체성, 군대의 정체성, 국가의 정체성 등 다양하다. 여기서는 일본 외교의 정체성에 대해 검토한다.

일본 외교를 말할 때에 대미對美 의존적 혹은 대미 일변도一邊倒라는 말을 자주 사용한다. 이는 어떤 객체가 취하는 태도를 지칭한다. 반면 정체성을 논한다는 것은 위에서 지적한대로, 본질이나 성질을 다룬다. 어떤 성질이기에 대미 의존적인가? 이를 묻고 다루는 것이다. 따라서 어렵다. 인간의 정체성을 다루기도 어렵다. 개인의 특성과 본질은 그리 간단하게 단정하기도 어렵고, 고정되거나 불변인 것도 아니기 때문이다. 하물며 국가의 외교라는 개념에 이르면 더 복잡하고 논란의 대상이 된다. 그럼에도 이 문제를 다루는 의미는 일관성과 방향성을 아는 것이 중요하기 때문이다.

그런 점에서 첫째, 일본 외교의 현실주의 문제를 살펴본다. 이는 어떤 문제를 야기했는가? 둘째, 일본 외교의 자주권과 동맹의 문제이다. 이는 어떤 문제를 야기했는가? 셋째, 일본의 역사적 정의와 정통성 문제이다. 이는 어떤 문제를 야기했는가? 매우 조심해야 하지만 이런 문제의식을 가지고 일본 외교를 검토하면서 불편한 진실을 살펴본다.

Ⅰ. 문제의식

제5장에서는 일본 '외교론'을 비평한다. 이를 위해 연구자가 연구 논문을 선정해서 그에 대한 재해석을 시도한다. 연구 논문의 주제는 일본 외교론에 대해서다. 선정은 일본 국제 문제연구소(JIIA: The Japan Institute of International Affairs)가 학문적 연구를 촉진하기 위한 연구 프로젝트의 일환[1]으로 영역英譯한 논문 가운데 연구자가 정했다. 선정한 논문은 다음과 같다. Makoto Iokibe, "Fifty Years of Japanese Diplomacy"[2]. 이오키베(五百旗頭眞)의 이 논문은 『국제문제(国際問題)』의 창간 500호를 기념하는 기념 논문이다. 이 논문에 대하여 논하고 비평한다. 즉 연구 논평論評이다.

이 연구는 위 연구 논문을 비평의 대상으로 삼아 연구자 나름의 일본 외교론을 전개한다. 이는 연구자의 일본 외교론에 대한 비판이면서 문제 제기이고 재해석이다. 일본 외교론은 무엇인가라는 질문은 일본 외교에 대한 정체성의 문제이다. 동시에 일본 외교의 본질 문제이다. 이를 어떻게 파악할 것인가에 따라 '무엇을', '어떻게'의 문제가 나온다. 즉 일본 외교론은 무엇을 어떻게 다루어야 하는가? 이에 대해서는 외교 사료 및 정부 자료, 회고록, 구술 역사 등에 대한 분석이 필요하다. 당연하다.

---

1 This article was translated by JIIA from Japanese into English as part of a research project to promote academic studies on Japan's diplomacy. JIIA takes full responsibility for the translation of this article.

2 Originally published as 이오키베 마코토(五百旗頭眞), 「일본 외교 50년(日本外交50年)」, 『국제문제(国際問題)』 No. 500, 일본 국제문제연구소(日本国際問題研究所), 2001년 11월호, pp.4-36.

그 이외의 방법은 없을까? 이 연구는 일본 외교 50년의 정체성을 비평하고, 냉전의 '문제'를 검토하기 위해, 일본 외교론을 탁월하게 해석하고 평가한 논문(엄밀하게는 일본 국제문제연구소의 평가)을 분석한다.[1] 역사로서 냉전은 '문제'였다. 즉 강대국에는 전쟁이 아니면서 전쟁 공포였고, 동시에 평화였다. 반면 약소국에는 대리전이었고 열전이었다(한국전쟁과 베트남 전쟁의 사례). 이런 점에서 냉전을 '문제'로 보는 것이다. 일본 외교에서 냉전도 충분하게 '문제'로 작동하였다. 그런 점에서 냉전 '문제'를 검토한다.

---

1 마르셀 뒤샹(Marcel Duchamp)의 《샘(Fountain)》에 대해, 독립미술가 협회 회장은 언론에 "《샘》은 원래 있어야 할 자리에서는 매우 유용한 물건일지 모르지만, 미술 전시장은 그에 알맞은 자리가 아니며 일반적 규정에 따르면 그것은 예술 작품이 아니다."라는 의견을 표명했다(1917년). 이에 뒤샹은 《샘》이 예술가의 손으로 만들어졌는가의 여부는 큰 의미가 없다고 반박하면서, 중요한 것은 그것을 '선택했다'는 사실이라고 강조했다. 이어 그는 "머트(R. Mutt) 씨는 세 가지 일을 했다. 그는 오브제를 선택했고, 그것에 '샘'이라는 새로운 명칭을 부여했으며(더군다나 변기를 뒤집어 놓음으로써 물이 위로 샘솟는 것이 된다), 원래 지니고 있는 실용적 가치를 제거하고, 그것의 환경을 완전히 변경함으로써 새로운 개념과 정체성을 창조해냈다."라고 주장했다.(네이버 지식 백과: 샘〈Fountain〉 항목 참조) 이에 대한 연구자의 문제의식은 다음과 같다; 뒤샹이 제기한 "새로운 개념과 정체성 창조"는 기존의 예술 인식에 대한 저항이다. 현대 정치 연구에서도 "연구 논문은 무엇인가"에 대한 문제의식이 필요하지 않을까? 기존의 정치학 논문이 발표자와 심사자만 읽는 연구 논문이면서, 실사구시 및 진실 규명과도 거리가 먼 것은 아닌가? 연구를 위한 연구는 아닌가? 이에 대한 고민이 필요하지 않을까? 연구자는 이런 문제의식과 회의懷疑에서 연구 논평을 작성했다.

II. 일본 외교론의 비평과 문제

일본 외교를 다룬 연구 논문은 무수하다. 반면 일본 외교론을 다룬 연구는 거의 없다. 이유는 일본 외교가 각각의 주제별로 하나의 대상이라면 일본 외교론은 일본 외교에 대한 다른 차원의 장르이기 때문이다. 그런 점에서 일본 외교론의 비평은 조심스럽다. 동시에 거시적 관점에서 일본 외교론을 비평하는 것은 미시적 일본 외교뿐 아니라 일본 외교 각론을 재평가하는 점에서 의미가 크다. 이 점에 일본 외교론 비평의 학술적 가치가 있다. 즉 일본 외교론 비평도 일본 외교의 본질규명 혹은 정체성 파악에 기여하기 때문이다. 일본 외교를 다루고 있지만 일본 외교론이라고도 부를 만한 연구서는 다수가 있다. 여기서는 이에 대한 개략적 설명으로 선행 연구 검토를 대신하고자 한다.

일본 외교론을 본격적으로 다룬 연구서는 『일본 외교의 기축과 전개(日本外交の基軸と展開)』[1]라고 할 수 있다. 이미 제목에서 알 수 있듯, 일본 외교의 기축은 무엇이고 어떻게 전개되었는가를 살펴보는 저서이다. 이 연구는 일본 외교의 기축, 위협에 대한 대응, 내정과의 관계, 마찰과 협조, 동맹의 대외적 효과 등을 분석하면서 일본 외교론을 논한다. 반면 미일기축 외교의 환상에 홀린 일본 외교의 심층을 분석하면서 일본 외교의 진로를 탐구한 연구서도 있다[2]. 더 적극적으로 일본 외교론을 논한 연구서는 『일본 외교의 아이덴티티(日本外交のアイデンティティ

1　세키 시즈오(関静雄), 『일본 외교의 기축과 전개(日本外交の基軸と展開)』, 미네르바 책방(ミネルヴァ書房), 1990.

2　신도 에이이치(進藤榮一)·시라이 사토시(白井聡), 『'미일기축'의 환상: 몰락하는 미국, 추종하는 일본의 미래('日米基軸'幻想: 凋落する米国, 追従する日本の未来)』, 시소샤 신서(詩想社新書), 2018.

』[1]이다. 특히 미일 관계와 안전 보장 정책을 둘러싼 아이덴티티 문제를 다룬 점에서 그렇다.

한편 일본 외교론에 대한 총론적 성과는 『전후 일본 외교논집: 강화 논쟁에서 걸프 전쟁까지(戰後日本外交論集—講和論争から湾岸戦争まで)』[2]이다. 부제에서 보듯 강화론 논쟁에서 걸프 전쟁까지를 망라하고 있고, 시대별로 대표적 연구 논문을 수록했으며, 마무리로서 편자의 해설과 비평이 있다. 다만 아쉬운 점은 총론적 비평이기에, 저자가 비판한 관점이 드러나지 않았다는 점이다.

또한 일본 외교론의 초점을 안보 정책에 두면서 국내 정치 과정을 분석한 연구도 있다. 어디까지나 안보론에 치우쳤기에, 분석적이지만 외교론적이지 않은 한계가 있다. 다만 안보론도 광의의 외교론으로 간주한다면 매우 분석적 연구서이다.[3] 일본 외교론을 외교사적으로 일찍이 다룬 연구서도 있고[4], 이후에 미일 관계, 러일 관계, 중일 관계, 한일 관계 등에 중점을 둔 연구[5]도 있지만, 이들 연구는 외교사론이기에 일본 외교론과는 성격이 다르다. 한편 일본 정치와 평화 외교의 상관성을 추적한 연구서가 있다. 이 연구서는 일본 외교의 해도海圖이고 일본에게 아시아와 공생을 모색하는 항로航路를 제시한다고 서문에서

---

1   하세가와 유이치(長谷川雄一) 편, 『일본 외교의 아이덴티티(日本外交のアイデンティティ)』, 난소우샤(南窓社), 2004.

2   기타오카 신이치(北岡伸一) 편집 및 해설, 『전후 일본 외교논집—강화 논쟁에서 걸프전까지(戰後日本外交論集—講和論争から湾岸戦争まで)』, 주오고론샤(中央公論社), 1995.

3   시모다 도모히토(信田智人), 『냉전 후의 일본 외교(冷戰後の日本外交)』, 미네르바 책방(ミネルヴァ書房), 2009.

4   시노부 세이자부로(信夫清三朗) 편, 『일본 외교사, 1853-1972(日本外交史,1853-1972)』, 마이니치 신문사(毎日新聞社), 1974.

5   이토 키미히코(伊藤幹彦), 『일본 정치외교사 연구—메이지·다이쇼·쇼와 시대를 중심으로(日本政治外交史研究—明治期·大正期·昭和期を中心に)』, 세이운샤(星雲社), 2005.

밝힌다.[1] 편저이면서 동시에 일본 외교론을 논하기도 하고 일본 외교를 논하기도 한다. 이 점에서는 일본 외교론의 연구 성과로 평가해도 무방할 것이다.

이상의 선행 연구 검토는, 이 연구 논평의 자리매김을 위한 자료로 삼기 위해서이다. 즉 일본 외교론을 비평하는 방법과 문제는 다종다양이기에 '이래야 한다.'가 아니라는 것을 지적해 두고자 한다. 이 점에서 이 연구는 총론적 성격의 이오키베 연구 논문을 통해 일본 외교론을 비평하고자 한다. 일본 외교론을 논한다는 것은 여러 권의 책으로도 부족할지 모르나, 단 한 줄로도 가능할 것이다. 즉 비평이나 논문, 진리나 격언이 그렇듯 무엇이든 핵심은 간단하면 간단할수록 명쾌하다. 이 연구 논문의 비평을 통해, 일본 외교론을 전개하면서, 가급적 명쾌하게 일본 외교론의 정체성과 본질에 대해 학문적 철학적 질문을 던지는 것이 이 연구 논평의 취지이다.

---

1 신도 에이이치(進藤榮一)·미토 다카미치(水戶孝道) 편, 『전후 일본 정치와 평화 외교—21세기 아시아 공생 시대의 시점(戰後日本政治と平和外交—21世紀アジア共生時代の視座)』, 호우리츠 문화사(法律文化社), 2007.

Ⅲ. 일본 외교론 비평

1. 전후 일본의 국가 목표

전후 일본의 국가 목표는 무엇인가? 이에 대해 이오키베는 "외국의 관찰자들은 일본 외교가 도대체 무엇을 국가 목표로 삼아 전개되고 있는지 알 수가 없다고 한다."라는 문장을 화두로 일본 외교론의 실마리를 풀어간다. 그러면서 실제로 일본이 전전에는 '대동아 공영권'이라든가 '팔굉일우'[1]라는 현상타파 외교[2]를 펼쳤다가 전후는, 국제 환경에 '맞추는(あわせ)' 외교였다고 지적한다(이 오키베 마코토, 「일본 외교 50년」, p.4. 이하 이오키베, p.-).[3] 여기서 일본 외교론에 대한 쟁점이 부각된다. 이미 알려진 대로 일본 외교는 대미對美 의존 외교, 대미 저자세 외교, 대미 추종 외교 등으로 비판을 받았다. '맞추는' 외교와 '저자세' 외교는 무시해도 좋은 뉘앙스의 차이인가 아니면 관점, 분석, 평가 등의 문제에서 무시할 수 없는 큰 차이인가? 일본어대로라면 제2차 세계대전 패전국인 일본이 승전국 미국을 배려하는 의미의 '맞추는(あわせ)' 외교인데, 이를 유럽과 미국의 관찰자들은 저자세 외교(lower-profile style)로 평가한 것이다. 즉 동일한 일본 외교 행태에 대해 일본 외교론적 해석이 되면 다른

---

1 팔굉일우八紘一宇는 일본제국의 천황제 군국주의의 핵심 사상이다. 태평양 전쟁 시기에 접어든 일본제국이 세계 정복을 위한 제국주의 침략 전쟁을 합리화하기 위해 내세운 구A호이다. 전 세계가 하나의 집이라는 뜻. 즉, 세계만방이 모두 천황 지배하에 있다는 이념이다. 이른바 황국사관이다.

2 이에 대한 상징적인 글은 고노에 후미마로(近衛文麿), 『영미 중심의 평화주의를 배격한다(英米本位の平和主義を排す)』(1918. 12.) 참조.

3 이 글에서는 일본어 논문과 영어 번역 논문을 동시에 검토한다. 이유는 간혹 강조점이 다르기 때문이다. 일본어에서 강조된 문장이 영어로 번역되면서 그렇지 않거나, 영어 번역에서 오히려 따옴표를 써서 더 분명하게 하는 등 각각의 특징이 있다. '맞추는(あわせ)'의 경우도 영어로는 lower-profile style로 강조점이 없다. 인용 표시는 일본어 논문을 기본으로 한다.

평가가 되는 것이다. 한국에서는 이러한 일본 외교론을 어떻게 해석하는가?

분명한 것은, 일본 외교가 타국(승전국)의 의사나 주장에 맞추다보니 일본의 국가 목표와 전략이 선명하지 않았다는 것이다. 그렇다고 해서 일본의 국가 목표와 전략을 일본이 잃어버렸다는 것을 의미하는 것은 아니라고 이오키베는 주장한다. 즉 가지고 있지만 분명하게 내세우지 않을 뿐이라는 것이다. 여기서 일본의 국가 목표는 생존과 안전, 부흥과 번영이라는 것이다. 이 부분의 행간을 읽으면, 일본의 국가 목표와 전략은 확실하지만, 패전국으로서 그것을 선명하게 드러내 보일 수는 없고, 다만 패전국 일본의 국가 목표는 생존과 안전, 부흥과 번영이라는 것이며, 이것이 당면 목표이고 미래 목표는 '선명하게' 내세울 수 없는 것이 된다. 과거에는 '대동아 공영권'이라던가 '팔굉일우' 등이 선명한 일본의 국가 목표와 전략이었다. 전후에 일본이 꿈꾸는 '선명한' 국가 목표와 전략은 무엇일까?

2. 조건부 항복과 간접 통치

일본 외교를 논할 때 쟁점의 하나는 조건부 항복 문제이다. 한국에서 일반적 상식은 '일본은 연합국(미국)에게 무조건 항복했고, 한국은 해방되었다.'이다. 이런 인식은 맞는가? 일본, 미국, 한국에 대한 역사적 사실 인식은 중요한 문제이다. 한국이 독립하여 진정으로 해방되었다면 미군은 해방군이고, 미군 점령 후 한국이 분단되어 미군이 남한 통치의 주체가 되었다면 점령군이 된다. 여기서 점령군인지 해방군인지의 문제는 논외로 한다. 논점은 일본은 연합국(미국)에게 무조건 항복했는가의 문제다. 이오키베는 독일의 경우 백지 위임장의 완패였고 무조건 항복이었다고 하면서, 일본의 경우 '일본 국가의 무조건 항복'이 아니라 '일본 전군대의 무조건 항복(to unconditional surrender of all Japanese forces)'이었다고 주장한다. 즉 천황제 유지와 국가 존립이 당시 일본인에게 민족적 아이덴티티의 증거였는데, 점령과 함께 천황 및 일본 정부는 연합군 최고 사령부의 지배하에 있었지만, 일본 정부가 연합군과의 외교 협상을 통해 천황제 유지와 국가 존립에 대해 합의를 봤다는 것이다. 여기서 연합군의 일본 점령은 조건부 항복이면서 간접 통치 방식[1]이 된다(이오키베, p.6).

물론 총사령부의 '3 포고령'이라든가 시게미츠(重光) 외무장관의 발언 등 위기도 있었지만 조건부 항복과 간접 통치를 이끌어낸 일본 외교를 이오키베는 높이 평가한다. 그러면서 이러한 외교 스타일을 상대의 힘을 이용해서 "넘어지면서 내던지는 유도의 '배대 되치기'기술"[2]로 묘사한다. 영국에서 출판된 한 연구서는 이를 합기도 외교[3]로 묘사했다고 소개하지만, 이오키베는 유도의 배대 되치기 기술을 더 강조한다. 이를 재해석하면, 실상은 일본이 패전국이지만, 외교적으로 일본 외교는 배대 되치기 기술을 구사하는 능란한 자이다. 이 기술의 승자는 일본이다. 이 부분에 이오키베의 일본 외교론이 있다. 물론 학자로서 섬세한 해석, 자상한 설명도 필요하다. 그렇다고 해서 구태여 일본의 유도[4] 기술을 통해 일본 외교를 승자의 위치로 올리는 것에는 무리가 따른다. 확실히 배대 되치기 기술의 주체는 일본이기 때문이다.

---

1 a form of indirect governance.

2 유도 기술의 하나로, 누워서 무릎을 접고 자기 발바닥을 상대의 배에 대고, 상대의 양손을 잡아당기면서, 접었던 다리를 쭉 펴서 상대의 몸을 자신의 어깨 너머로 던지는 기술.

3 Glenn Hook et al., 「Japan's International Relations: Politics」, 「Economics and Security」, London, 2001.

4 한국 유도의 역사는 기록상 고구려 때로 거슬러 올라가지만, 조선 후기를 거치면서 소멸되었다. 한편 일본은 16세기경 주주츠(柔術, 쥬짓수)라는 특유의 무예를 형성하고 발전시켜 오늘날의 유도로 정착시켰다.

한편 간접 통치를 이끌어내서 천황제 유지와 국가 존립의 문제를 외교 협상으로 달성하여, 일본인의 민족적 아이덴티티를 확보한 것은 높이 평가된다. 한국인의 민족적 아이덴티티를 확보하기 위한 외교적 노력이 있었다면 어느 시기, 누구인가?

3. 요시다 없는 요시다 노선

승전국 미국은 군국주의 국가인 일본을 어떻게 개조하려 했을까? 이른바 기본 원칙이 민주화와 비군사화로 불리는 2D(Democracy, Demilitarization) 정책이었음은 잘 알려져 있다. 그런데 요시다(吉田)는 민주화라는 이름으로 일본을 약체화하거나 경제 부흥에 필요한 인재를 배제하는 방식에는 반대했다(이오키베, p.8). 여기서 쟁점이 생긴다. 민주화나 비군사화가 일본의 약체화인가? 경제 부흥에 필요한 인재라면 과거 군국주의의 인사인데, 이들을 배제하는 것이 일본의 약체화인가 하는 것이다. 이 부분에 대해 이오키베는, 중도 연립 정권(片山哲や芦田均)은 단순하고 명쾌해서, 총사령부의 민정국과 긴밀한 관계였지만 아무 일도 이루지 못했고, 반면 민정국의 요구에 따라야 하는 결과를 낳아 결국 주체성을 결여했다고 평가한다.

그런 점에서 일본(요시다)은 '자립심이 없는 협력'이 아닌 '협력의 심화'를 통해 자립심을 지키면서 굴종하지 않는 일본 외교 노선으로 총사령부와의 관계를 유지했는데, 이것 자체가 딜레마였다. 이 딜레마는 독립 후 초超대국 미국(the US, which had become a superpower)과의 동맹 관계에도 적잖이 영향을 주었다고 평가한다. 초대국이 된 미국에 일본은 요시다 노선을 견지했는데, 이는 장기 집권한 자민당 정치의 특징이면서도 '요시다 없는 요시다 노선'이 된다. 한편 이오키베는 일본 외교 논쟁의 구도를 크게 안전·평화·자립을 둘러싼 3파전으로 구분한다. 안전·평화를 강조하는 세력은 미일 안보 체제파(요시다), 안전·자립을 강조하는 세력은 개헌 재군비파(하토야마, 기시), 평화·자립을 강조하는 세력은 비무장 중립파(사회당/공산당 등의 혁신 계열) 등이다(이오키베, p.13). 3파전의 갈등과 국내 혼란은 일본 사회의 안보 투쟁에 이르러 절정에 달한다.

반면 다시 쟁점으로 돌아가면, 민주화나 비군사화가 일본의 약체화가 아니며, 경제 부흥에 필요한 인재는 군국주의 시대의 인사가 아니라도 얼마든지 있는데, 이오키베의 이런 해석은 결국 군국주의적 자민당 정권의 속성을 합리화하는 것이 아닐까? 또한 요시다 없는 요시다 노선은 결국 민주화와 비군사화로 불리는 2D 정책의 폐기이며, 이는 승전국 미국이 패전국 일본을 너무 관대하게 대한 것이거나, 자신의 원칙을 폐기한 것은 아닌가? 미국이 자신의 원칙을 폐기하면서까지 패전국 일본을 관대하게 대한 배경에는 미소 대결(냉전)이라는 국제정치의 상황변화가 있었다. 이 지점에서 일본은 미일 기축(alliance with the US)을 바탕으로, 냉전 질서하에서 서방국의 일원이 되고(Western camp), 자주성보다는 대미 협조에 의한 안전 중시와 경제 부흥을 재군비에 우선하는 외교 패키지를 갖춘다. 이러한 외교 패키지는 자유 민주주의와 시장경제(미일 기축, 서방국의 일원), 경제국가 일본(economic power: 대미 협조, 안전 중시, 경제 부흥)의 방향을 결정짓는다. 즉 3파전의 갈등 이후, 요시다 노선은 정착된다.

4. 일본 외교의 함정과 냉전 문제

이오키베는 패전 후 일본이 외교 지평과 경제 지평을 어떻게 확대했는가에 대해 설명한다. 그의 논지를 요약하면, 일본은 미일 외교를 기축으로 해서 소련과 중국, 한(조선)반도와의 외교 관계 확대를 꾀했지만, 한국 전쟁과 미국의 반反외교 관계로 일본 외교가 제약을 받았다고 평가한다. 그 가운데 한반도와는 미국의 압력이나 요청에 의해, 중국과는 중국 혁명과 한국 전쟁 참전 등에 기인한 미국의 반중국 정책에 의해, 소련과는 지정학적 대항의 역사가 보여주는 권력 정치의 응수應酬[1]로 제약을 받았다고 평가한다. 한편, 경제 지평 확대에 대해서는, 영국 등의 반대에도 불구하고 국제경제 제도에 참가하면서 확대가 이루어졌고, 이는 미국 냉전 전략의 일환이었기에 가능했다고 설명한다. 나아가 미국과 영국의 전쟁 공약에 다름 아닌 '대서양 헌장'의 실천 의지에 기인한다고 해석한다. 이러한 연장선에서 일본은 동남아시아를 새로운 경제 지평 확대의 대상으로 삼았고, 그래서 동남아시아는 전후 배상과 수출 시장[2]의 대상이 된다. 이는 미국의 자본과 일본의 기술 및 공업, 동남아시아의 노동력과 자원을 결합한 일본 경제 개발 모델(방식)이 된다. 이 과정에서 기시 수상이 아시아 외교와 대미 외교를 링크시킨 것은 주목해야 한다고 평가한다(이오키베, pp.14-20).

---

1 여기서 말하는 응수는, 러일 전쟁의 승자(일본)와 제2차 세계대전의 승자(소련) 간 '지리와 역사'가 만들어낸 과거사 및 현재사의 응수를 말한다.

2 박홍영, 「일본 賠償外交 정책의 특징과 전략: 베트남공화국에의 戰後賠償(1953-1965) 사례를 중심으로」, 『한국정치학회보』 34-3호(한국정치학회, 2000. 12. 23.), pp.313-328.

이러한 일본의 외교 지평과 경제 지평 확대에는 다음과 같은 의미가 있다.

첫째, 패전 후 일본에서는 전면 강화냐 부분 강화냐를 둘러싼 논쟁이 있었다. 결국 부분 강화였지만 전면 강화는 소련과 중국 등과의 관계 설정이 불가능한 상황에서 비현실적이었다. 비현실적인 데에는 미국의 그림자가 드리우고 있었다. 따라서 당시 전면 강화를 주장한 일본 혁신계의 주장은 비현실적인 것이었다. 그렇다고 일본 혁신계의 주장이 이상적(비현실적)이어서 문제가 되지는 않는다. 오히려 현실의 국제 정치 혹은 미국 정치가 이상적이지 않은 것에 문제가 있다. 적어도 패전한 일본을 미국이 민주화와 비군사화를 통해 정상 국가로 만드는 것이 미국의 이상이었다면, 그리고 미국이 그런 일본을 만들려했다면, 전면 강화와 민주화와 비군사화는 동시적이고 순차적으로 이행되었어야 할 과제였다.

21세기에 이르러 일본의 우경화나 보통 국가화(전쟁 가능 국가)가 문제가 된다면, 이 문제는 이미 미국이 전후 일본의 방향을 잘못 설정한 데 기인한다. 그 이유는 냉전이라는 미소 대결, 즉 현실 정치에서 미국 국익을 위한 필요성 때문이었다. 여기서 일본은 민주화와 비군사화가 아닌 미국 국익을 위한 전략기지(미 극동군 사령부, Far East Command)가 된다. 미국 국익은 곧 과거 일본의 군국주의 세력(보수파)의 존치 이익과 합치된다. 이상적으로 그려진 일본의 민주화와 비군사화는 가면이 된다. 이것이 21세기 일본의 문제이고, 일본 외교의 함정이다.

둘째, 일본이 국제경제 제도에 참가하는 것에 미국을 제외한 영국, 프랑스 등은 반대했다. 영·일, 프·일 간의 충돌과 마찰이 아시아에서 있었기 때문이다. 그럼에도 미국은 냉전 전략의 일환으로 유럽에서는 영·프·독을, 아시아에서는 일본을 동맹으로 두면서 미소 대결을 획책했다. 독일과 일본은 패전국이고 영국과 프랑스는 마샬·플랜의 지원을 받는 입장에서 미국 의지를 넘어설 수 없었다. 냉전으로 세계가 철과 죽의 장막이기도 했지만[1], 동시에 미국도 진영 논리에 충실했고, 민주국가이냐 독재국가이냐는 중요하지 않았다. 그래서 후진국의 독재자는 미국이나 소련의 지원을 받는 괴뢰 정권이 된다. 일본이 후진국이 아니었기에 괴뢰 정권이라고 말하기는 어렵지만, 진영 논리에서는 확실한 친미 국가이며 대미 저자세 국가였다. 이것이 21세기 일본의 문제이고, 일본 외교의 함정이다.

셋째, 일본이 동남아시아에 깊이 관여하면서, 일본 경제 개발 모델(방식)이 되었고, 이는 동아시아의 기적[2]이라는 이름으로 칭송되기도 했다. 이는 미국의 자본과 일본의 기술 및 공업, 동남아시아의 노동력과 자원을 결합한 방식이다. 여기서 문제는 일본이 아시아 외교와 대미 외교를 링크시킨 것, 이것이 본질 문제이다. 링크 역할이 중요했다는 것은 일본의 입장이고, 가해자와 피해자(미국-일본, 일본-아시아 국가)의 관계가 중첩되면서 일본 외교 스탠스에 명분이 없었다는 점이다. 그러기에 1970년대 동남아에서 발생한 반일 시위는 그 본질의 표현이었다. 가해자와 피해자 관계의 역사 청산이 순환적으로 이루어지면서 외교적 관계로 발전했어야 할 것이 역사를 덮어둔 채, 일본-동남아 관계를 정치와 경제로 덮으려 했던 것이 문제였다. 피해자(국가)의 시민 의식과 역사 정의, 과거사 문제는 여전히 21세기 일본의 문제이고, 일본 외교의 함정이다.

---

1 소련의 비非공산권 여러 나라에 대한 폐쇄 정책을 철의 장막(iron curtain)이라 하고, 1949년 이래 중국과 자유 진영의 국가들 사이에 가로놓인 장벽을 중국의 명산물인 대나무에 비유하여 죽의 장막(竹帳幕, bamboo curtain)이라고 한다. 중국의 배타적 정책을 말한다.

2 동아시아의 기적은 1993년에 세계은행이 발표한 보고서 "EAST ASIA MIRACLE: Economic Growth and Public Policy, A World Bank Research Report"를 말한다. 내용은 1965년에서 1990년대에 동아시아(동남아 포함) 국가들이 급속한 경제 성장을 이룬 현상에 대한 분석이다.

한편 일본은 1957년에 외교 3원칙(UN 중심주의, 자유주의 제국과의 협조, 아시아의 일원)을 내놓는다. 이에 대해 이오키베는 각각 해석하면서 '모나리자의 미소', '완곡한 표현' 등과 같은 용어로 설명하면서 구체적인 정책 지침과는 거리가 먼 것이라고 평가한다(이오키베, p.21). 곰곰 생각해보면 외교 원칙을 내놓는 나라도 없지만, 자유와 평등, 인권과 박애 등과 같은 보편 가치도 아닌, 미소의 대결장이 된 'UN 중심주의'는 무엇이며, 미·영·프 등의 자본주의 진영과의 관계를 중시한다는 '자유주의 제국과의 협조'는 무엇인가? 나아가 지정학적으로는 '아시아의 일원'이지만 아시아 국가들과는 적대 관계이거나 과거사에 얽힌 비정상 관계이면서 아시아이 일원임을 '원칙'으로 한다는 것 자체가 무얼 어쩌겠다는 원칙인지 애매모호하다. 그러니 원칙 없는 원칙이 되어버린 것은 아닐까?

5. 이케다와 사토의 외교론

이오키베는 이케다(池田勇人, 수상 재직 1960. 7. 19.-1964. 11. 9.)의 외교 인식에서 참신한 것은, 미국-유럽-일본의 '세 기둥론(the three pillars)'이라고 한다. 이는 냉전 질서에서 서구 자유주의 진영의 결속을 의미하는 것 이상으로 선진 경제권 아이덴티티의 발상이다. 이는 1970년대에 이르러 표면화되는 미국-유럽-일본의 '3극 주의(trilateralism)'의 선구적 의의였다고 해석된다. 사토(佐藤英作, 수상 재직 1964. 11. 9.-1972. 7. 7.)의 경우, 미일 관계의 심화에 철저했던 수상이며, 7년 8개월의 재임 기간에 오키나와 반환에 매진하면서, 미국으로부터는 '아시아 지역의 지도자'로 평가를 받았다고 한다. 그러면서 사토는 일본형(관료 기구 의존)의 존슨이 아니라 미국형(대통령)의 닉슨과 같은 리더십의 소유자로 오키나와 반환을 이끌어냈다고 평가된다(이오키베, pp.22-25). 그러나 필자는 사토에 대해 이야기하면서 비핵 3원칙을 언급하지 않은 이오키베의 외교론은 매우 평범하지 않음을 지적해 두고자 한다. 이에 대해서는 필자가 따로 언급한다.

이케다에 대한 평가는 다양하다. 특히 일본을 경제 중심의 국가로 만든 것과 저자세의 정치로 유명하다. 여기서는 사카이야(堺屋太一)의 평론을 기본 전제로 이케다 외교를 평가한다[1]. 사카이야는 그의 저서, 『일본을 만든 12명(日本を創った12人)』에서 쇼토쿠(聖德太子), 미나모토(源賴朝), 오다(織田信長), 도쿠가와(德川家康), 맥아더, 마쓰시타(松下幸之助)와 함께 정치가로 이케다를 꼽는다. 그 이유로, "현재 우리가 살고 있는 전후 일본을 경제 대국으로 만들었고, '소득 배증 계획' 정책으로 '경제 대국'을 일본의 이상으로 정한 점이 가장 중요하다."라고 진술한다. 한편, "경제 발전에 기여는 했지만, 돈이 우선시되는 가치관을 만들어 금권 체질 사회를 만든 것이다."라는 문제도 지적한다. 동시에 "이케다의 역할은 일본 사회의 이념과 윤리를 결정하는 데, 역대 총리 중 가장 컸다고 본다. 이유는, 전후 총리로 요시다, 이케다, 사토, 다나까 등이 자주 거론되고, 그 가운데 요시다를 꼽지만, 그의 중요한 정치적 결정은 대부분이 점령군, 즉 맥아더에서 나오기 때문이다. 그에 비해 이케다는 발상과 수완, 오늘날의 일본인 마음이나 인생관, 혹은 일본 사회의 존재 양식이나 운동 양식에 큰 영향을 남겼다. 그가 남긴 경제 우선 사고와 이를 이끈 관료주도 시스템은 오늘날에도 변함없이 지속되고 있다."라고 평가했다.

평론가이자 정치인이기도 했던 사카이야의 평가대로, 일본이 패전국으로서 폐허 위에 경제 부흥을 이룬 점에서는 대단하다. 반면, 일본을 경제 대국으로 만들었고, '소득 배증 계획' 정책으로 '경제 대국'을

---

1 일본 위키 백과: 이케다 하야토(池田勇人) – 평가(評価; その他の論評) 항목 참조.

일본의 이상으로 정한 것이 그리도 대단한가? 일본의 역사 정의와 철학은 어디에 있는가? 사카이야가 스스로 지적하듯 '돈이 우선시되는 가치관, 금권 체질 사회'를 만든 것은 오히려 비판의 대상이 되어야 하지 않은가? 나아가 '이케다의 발상과 수완', '오늘날의 일본인 마음이나 인생관, 혹은 일본 사회의 존재 양식이나 운동 양식'이 정말 자랑스러운 것이라면 칭찬받아 마땅하다. 그러나 일본의 전통과 역사에서 보는 인정, 정의, 공동체, 주인 의식 등의 관점에서 볼 때, 오히려 일본인과 일본 역사의 정체성과 주체성, 보편 가치와 철학이 결여되면서 점점 타락하고 있는 것이라면, 오늘날의 일본을 만든 이케다가 그리 대단한가?

오히려 이오키베가 설명하듯, 일본 경제 대국 만들기가 목표여서 '세 기둥론'을 내세우며, 냉전 질서에 순응하면서 서구 자유주의 진영과의 결속을 통한 '경제 매진'이 이케다의 외교론이며 정치론이 아닌가? 이케다는 거기까지였던 것이다. 즉 이케다는 경제 대국을 뛰어넘는 일본 외교를 구상하지 못했고, 경제뿐인 경제 대국에 안주한 것이 아닌가?

사토와 관련해 중요한 것은, 국제정치적으로는 오키나와 반환이면서 동시에 외교적으로는 '비핵 3원칙'이다. 이는 일본이 평화 국가임을 선전한 것이고, 그 덕에 사토는 노벨상을 수상한다. 그러나 노벨상이 로비에 의한 것이며, 나아가 비핵 3원칙도 지켜지지 않았다는 것이 드러난 상태여서,[1] 안타깝지만, 역사는 이렇게 선전과 거짓, 부정과 쇼

---

1 1981년 당시, 라이샤워(E. O. Reischauer, 주일 미 대사)가 매일신문 기자(古森義久)에게 '미일 간의 합의 하에, 미국 해군 함선이 핵무기를 실은 채로 일본 기지에 입항해 있다.'라고 발언한 것, 또한 로버트 라록(Gene Robert Larocque, 전 해군 소장)이 '핵무기 탑재 함선이 일본에 기항할 때, 굳이 핵무기를 내리지 않는다.'라고 한 것, 1999년 미국 외교문서에 '1963년 라이샤워가 당시 오히라 외무장관과의 사이에서 일본 국내 기지에의 핵무기 반입을 인정했다.'라는 내용이 미 국무성과 주일 대사관이 주고받은 통신 기록에서 발견된 것 등은 사실이다.(일본 위키 백과: 미국이 일본에 핵을 가져왔다는 문제(日米核持ち込み問題) 항목 참조) 이는 일본의 비핵 3원칙이 지켜지지 않았다는 증거자료이다.

로 만들어지는 부분이 있음에 허탈감도 크다. 그럼에도 당대로 돌아가서 평가할 것은 평가해야 한다. 이유는 시간 가치를 넘어서 어제를 오늘의 잣대로 평가하면 오류가 생기듯, 오늘을 어제의 잣대로 평가해도 오류가 생기는 것은 마찬가지이기 때문이다.

사토의 일본 외교에서 오키나와 반환은 큰 과제이고 숙원 사업이었다.[1] 사토가 미일 관계의 심화에 철저했던 것도 오키나와 반환에 매진하기 위해서였다. 어쩌면 이는 일본이 독립국으로서의 면모를 갖추기 위한 기본적이고 영토적인 주권이며, 자존심과도 관련된다. 당시 미국은 베트남 전쟁으로 어려운 상황이었다. 아시아의 후진 지역은 공산화가 될 가능성이 있는, 이른바 도미노 이론에 직면한 위험 지역이었다. 일본이 공산화를 저지하는 방파제 역할을 다하는 것(미군 기지 주둔, 베트남 전쟁의 전진 기지)에 미국도 성의를 보여야 하는 시기였다. 이런 국제정치적 상황은 사토에게 오키나와 반환 교섭을 위한 좋은 기회였다. 더불어 일본이 평화 국가임을 선전하는 '비핵 3원칙' 선언(1968)이 연계되어 추진된 것 또한 사토의 외교 전략이었다. 이 시점에서 회고하면, '비핵 3원칙' 선언에는 국민을 속이는 거짓이 깔려 있었지만, 정치인 사토야말로 철저하게 친미적이면서도, 확실하게 일본 국익과 자존심을 회복하려는 외교가였다고 생각한다.

---

1 "오키나와 반환 없이 일본의 전후는 끝나지 않는다."(1967년 5월 6일. 참의원 예산위원회)라는 사토의 발언 참조.

6. 다나까와 후쿠다의 외교론

이오키베는 1970년대 다나까(田中角栄, 수상 재직 1972. 7. 7.-1974. 12. 9.)와 후쿠다(福田赳夫, 수상 재직 1976. 12. 24.-1978. 12. 7.)의 외교를 다음과 같이 평가한다(이오키베, pp.25-28).

1970년대는 일본에게 두 가지의 닉슨 쇼크(1971)와 석유 위기(1973), 그리고 소련의 아프가니스탄 침공(1979) 등의 위기가 있었다. 첫 번째 닉슨 쇼크는, 일본에 사전 연락 없이 미국이 닉슨의 중국 방문을 선언한 것이다. 이는 일본에게 국제적 고립을 맛보게 했다. 한편 이는 거꾸로 다나까의 중일 국교 회복(1972. 9.)을 재촉했고, 1973년에는 북베트남과의 수교를 통해 이른바 자주 외교의 행동을 가능하게 만든 요인으로 작용했다. 미중의 화해가 일본에게 나쁘지는 않았다. 중국이 미일 안보 조약의 존재를 용인하는 방향으로 작용했기 때문이다. 두 번째 닉슨 쇼크는 경제 쇼크였다. 이른바 미국이 달러 본위 체제의 포기를 선언한 것이다. 이듬해에는 고정 환율제에서 변동 환율제로의 이행이 있었다. 엔고円高를 극복해야 하는 위기였다.

경제면의 석유 위기는 친아랍 정책을 내세우면서 제한적이나마 자원 외교, 혹은 자주 외교에 시동을 거는 계기도 되었다. 동시에 일본이 세계 최강의 제조업 국가(a world leader in the manufacturing arena)가 되도록 했다. 이렇게 해서 일본은 기술 개발과 사회 효율을 강화했고, 가장 경쟁력 있는 공업국이 되었다. 이 문제는 또한 미일 무역 마찰을 일으키는 요인으로 작용하기도 했다.

방콕과 싱가포르에서의 반일 폭동(1974)은 국제적 측면에서의 일본 위기였다. 일본의 경제적 지배에 대한 두려움과 반발, 중상주의적 의도, 아시아에 대한 경제적 관여의 방식 등이 문제가 되었다. 이에 대한 정치적 레벨의 대응이 1977년 마닐라에서 발표한 '후쿠다 독트린'(군사 대국이 되지 않는다. 아시아 제국과는 마음과 마음이 통하는 관계를 만든다. 아세안과 인도차

제1부 - 일본 민주주의, 그 불편한 진실

^{이나반도 국가 모두의 발전과 안정을 위해 지원한다.)}이었다. 후쿠다는 아시아 국가와의 관계 심화와 전방위 외교를 외쳤고, 중일 평화 우호 조약을 맺었다. 1970년대 일본 외교에는 파상적 위기가 도래했지만, 일본 사회는 젊고 활기찼고 재도약을 위한 스프링을 이용해서 웅비했다.

일본 외교를 1970년대, 1980년대 등으로 나누어서 시기적으로 평가하는 것이 가능할까 하는 의문도 있다. 그러나 이오키베는 이런 방식을 선택했다. 그래서 1970년대를 위기의 시대로 진단하면서, 그 위기를 일본이 어떻게 극복했고, 그 결과는 무엇이었는지에 대해 논한다. 이오키베는 결론적으로 경제 위기는 에너지 절약이나 생산력 효율화를 통해, 외교 위기는 자주自主 외교 등의 전방위 외교로, 미일 관계는 사안에 따라 미국 없이 국제적 공조(아세안과의 관계)로 해결해 온 시대였다고 평가한다.

결과적으로 일본 외교가 시험에 들기는 했지만, 재도약이 가능한 역량을 갖춘 외교였다고 평가하는 것이다. 이오키베의 그러한 평가를 부정하는 것은 아니지만 단서를 붙인다면, 그 모두가 역시 미일 관계의 기조가 없었다면 불가능한 자수 외교이고 전방위 외교였다는 사실일 것이다.

여기서 일본 정치의 구도를 설명하면서 일본 외교론을 풀어보자. 일본 정치는 파벌이 유명하지만 동시에 관료파[1]와 당인파로 구분해서 설명해도 나름의 설득력이 있다. 사토 수상의 파벌을 잇는 다나까

---

1 관료파는 관료 출신 정치가를 총칭한다. 자민당에서 당인파와 함께 양대 세력으로 불린다. 요시다(吉田茂)가 스카우트한 관료 출신 의원(요시다 학교)이지만, 요시다와 대립했던 기시(岸信介), 시게미츠(重光葵), 나카소네(中曽根康弘) 등의 관료 출신 의원도 존재했다. 자민당 발족 당시는 요시다 학교와 기시의 관료파와 오오노(大野伴睦·河野一郎·三木武夫ら) 등의 당인파라는 도식으로 설명되기도 했다. 이후 외무(芦田均), 상공(岸信介), 대장(池田勇人), 철도(佐藤栄作), 대장(福田赳夫), 대장(大平正芳), 내무(中曽根康弘) 출신의 총리가 있었지만, 대장(宮澤喜一) 이후에는 관료 출신 총리는 나오지 않았다.(일본 위키 백과: 관료파(官僚派) 항목 참조)

는 대표적인 당인파이며 친중파이다. 그러니 친미적 요소와 거리를 두려는 총리였다. 그 점에서 닉슨 쇼크는 다나까에게 기회로 작용했다고 봐도 무방할 것이다. 동시에 기시 수상의 파벌을 잇는 후쿠다는 관료파이면서 협조와 연대를 강조했다. 그 이념의 연장선에 후쿠다 독트린이 있었다고 평가해도 무리는 없을 것이다.

반면 1970년대 일본 정치에는 당인파와 관료파 및 파벌[1] 사이에도 연합이 나타나면서 5대 파벌(三/角/大/福/中)로 수렴되고, 이어 파벌의 실력자가 각각 수상을 돌아가며 맡는 시대이기도 했다. 파벌 정치의 타파가 일본 정치의 과제였다면 파벌 정치의 정점을 찍은 시기는 1970년대였다. 파벌 정치는 1990년대에 이르러 중대선거구제에서 소선거구 비례대표 병립제로 제도적 변화를 통해 새로운 국면을 맞는다.

---

1 자민당 내에서의 파벌은 전전(戰前) 의회 활동부터 보수 통합에 이르는 과정에 형성되었고, 사상적·정책적·당파적·인적 이해관계로 모인 집단을 배경으로 1956년 12월 총선거를 통해 조직된 8개의 파벌이 그 원형이다. 이후 신안보 조약 발효와 국민 개皆보험 제도를 지지했던 기시 내각(岸信介內閣)이 총사직하고, 이케다 총재가 탄생하면서 대립은 선명해졌고, 파벌 재편이 이루어졌다. 나아가 총재직을 둘러싼 권력 투쟁과 이합집산이 반복되면서 중선거구제에 대응하지 못한 작은 파벌은 도태되었고, 1970년대 후반에는 5개 파벌로 정리되었다.(일본 위키 백과: 「파벌과 영수」의 의의 및 변천(「派閥と領袖」の意義における 変遷) 항목 참조)

7. 오히라와 나카소네의 외교론

이오키베는 1980년대의 시대 풍조를 '신냉전'이면서 소련 공산 체제에 대해서는 힘에 의한 대항도 불사하며, 서방 동맹국과의 협조와 결속이 요구되는 시대였다고 진단한다. 또한 그는 일본이 경제 대국으로서 번영을 달성했기에 다음 단계의 국가 구상을 가지고 새로운 목표를 향한 도전을 해야 하며, 그렇지 않으면 헤매거나 타락하게 될 것으로 내다봤다. 그 점에서 오히라 수상(大平正芳, 수상 재직 1978. 12. 7.-1980. 7. 17.)이 9개의 브레인 연구회[1]를 설치해서 장기 비전을 찾고자 한 것은 시의적절했다고 평가한다. 이유는 국가의 장기 비전이 없으면 즉흥적 대응을 취하고, 그러면 방향을 잃고 현안 처리도 제대로 안 되는 상황이 되기 때문이라고 설명한다. 그러면서 1980년대의 시대 풍조(신자유주의)를 대표하는 지도자가 미국의 레이건 대통령, 영국의 대처 수상이었다고 평가한다(이오키베, p.28-29).

이 시기 일본은 오히라 수상에 이은 나카소네 수상(中曽根康弘, 수상 재직 1982. 11. 27.-1987. 11. 6.)이었다. 나카소네는 한일 간의 차관 문제를 해결하면서 동시에 '미일 관계의 심화', '서구 진영의 일원' 외교를 주축으로 삼았다. 당시 아베(安部晋太郎) 외무장관의 활약과 더불어 미일 관계를 확고하게 만들면서 소련 이외의 아시아와 유럽 국가와도 관계를 개선하고 강화했다. 이러한 외교 노력의 결실을 보여주는 것이, 1986년 5월의 도쿄 정상회담이었다고 평가한다. 이어서 치른 중·참의원 선거에서 나카소네는 압승을 거두는데, 이에 대해서 이오키베는 내정과 외교를 쌍방향으로 잘 활용하는 기술을 가진 수상이었다고 평가한

---

1 오히라(大平正芳) 수상이 설치한 9개의 연구회. 야마모토 시치헤이(山本七平) 평론가와 우메사오 다다오(梅棹忠夫) 민족학자 등 200인 이상의 학자, 문화인, 재계 인사, 중견 관료로 구성되었다. 그 후 정권의 브레인이 된 사람도 많았다. 고도 성장기가 끝나면서 문화국가로의 전환을 내걸고, 전원도시 구상이나 가정 기반의 충실 등을 제창했다. 환태평양 연대구상은 아시아 태평양 경제 협력회의(APEC) 창설로 이어졌다.

다(이오키베, p.30).

　반면 나카소네 외교가 전후 일본 외교의 피크였다는 점은 틀림이 없지만, 경제 국가 일본이 종합적 국제 국가로 나아가지 못했고, 나카소네의 개인 외교에 머물렀기에 성과가 많았음에도 한계를 드러냈고, 나카소네 당시는 특히 걸프 위기에 소해정을 파견하는 것도 불가했기에[1], 국제 안전 보장이나 국제 경제 제도를 주도적으로 움직이는 국제적 리더로서는 거리가 먼 것이었다는 것이 이오키베의 총평이다(이오키베, p.31).

　어느 국가든 외교 문제에서 리더의 역할이 중요하다. 국제 상황이나 환경이 내정 및 외교에 영향을 주지만 그것을 타파하거나 해결하려는 의지에 따라 결과는 달라지기 때문이다. 동시에 국가 간의 복합적 신뢰와 리더의 행동 반경을 넘어서는 국가 간의 제도화 내지는 신뢰 구축이 중요하다. 한일 관계에서도 이러한 문제는 중요하게 작용했다. 이오키베가 지적했듯 '나카소네의 개인 외교' 반경이 국가 간 미일 관계의 반경보다 넓었기에 한계를 맞았다. 반면 나카소네의 개인 외교만큼이나 국가 간 미일 관계의 반경이 넓어졌다면, 일본 외교 및 정치의 보수 우경화는 더 일찍 가동되었을지도 모를 일이다. 이유는, 미국은 일본의 보수 우경화를 원했기 때문이다.

1　일본은 걸프전(湾岸戦争)에서 다국적군에 가담하지는 않았지만, 총액 110억 달러를 경제적으로 지원했다. 일본에서는 달러 제공만으로 공헌인가? '피를 흘리는' 공헌도 필요하지 않은가 하는 논의가 있었다. 자민당 정부는 그런 주장에 따라 '자위대의 해외 파견'을 검토했고, 걸프전에서 육상 전투는 끝났지만 1991년 6월, 페르시아만으로 해상자위대 소해정(掃海艇)을 파견했다. 이는 최초의 자위대 해외 파견이었다. 나아가 1992년에는 유엔 평화 유지 협력법(PKO法)을 제정해 유엔 평화 유지 활동(PKO) 참가의 길을 열었고, 캄보디아 내전에의 자위대 파견, 미군이 아프가니스탄을 공격했을 때에는 테러 조치법에 따라 해상 자위대는 인도양에서 급유 활동을 했다. 2004년에는 이라크 전쟁에 육상 자위대를 파견했다. 일본은 전후 일관해서 전수 방위를 주장했는데, 걸프전을 통해 '국제 공헌'이라는 미명하에 자위대 해외 파견은 대전환을 하게 되었다.

8. 맺음말: 이오키베의 일본 외교론

맺음말에서 이오키베는 냉전 종결이 국제 관계와 일본 외교에 어떠한 장기적 변화를 가져왔는가에 대해 다음과 같이 총괄한다(이오키베, p.31-36). 이에 대해 연구자의 관점으로 그 취지를 요약했다.

첫째, 시장 자유주의와 글로벌화에 대해서이다. 1980년대의 지도 원리는 한마디로 자유주의였다. 소련 등의 대항 세력은 괴멸한 것으로 칭송(역사의 종언)되었다. 시장 경제주의가 칭송되면서 지구 차원의 자유주의는 지배 원리가 되었다. 그에 따른 폐해와 대가도 컸다. 엄청나게 팽창한 금융의 단기 거래가 국가 경제를 차례로 쓰러트리면서 1997년의 동아시아 경제 위기를 초래했다. 번영의 배후에는 경제 파탄이 있었고, 비참한 경제 상황이 벌어졌으며 이는 '파산 국가'를 만들었다. 다나까는 이를 '혼돈세계(chaos zone)'라고 불렀다[1]. 경제적 절망은 과격한 테러리즘의 온상이며, 9.11 테러는 세계를 뒤흔들었다. 정치적 자유 민주주의도 딜레마가 있다. 각국의 주권은 불가침이라기보다는 보편 가치인 인권과 민주주의에 반하는 행위에 대해 개입하고 강제하는 경향이 있다. 침략 전쟁이나 대량 살육의 부인은 현대 세계에서 널리 공유되지만, 이에 대한 대응 기술은 시행착오를 겪으면서 검토 과제로 남아 있다.

둘째, 냉전이라는 양극 질서의 붕괴는 '제국'의 분해, 민족 분쟁, 테러의 빈발 등과 같은 '무질서의 감(感, a feeling of disarray and chaos)'을 확산시켰다. 냉전 후에는 '민족, 종교, 아시아'가 발흥하리라는 예상도 있었지만(노다 노부오(野田宣雄)), 오히려 '민족, 종교, 지역'이 글로벌화에 대한 아이덴티티의 원리로서 길항拮抗 관계를 가지면서, 큰 전쟁이 아

---

1 다나카 아키히코(田中明彦), 『새로운 「중세」(新しい「中世」)』, 니혼게이자이 신문사, 1996.

닌 지역 분쟁과 테러 등과 같은 낮은 강도의 분쟁이 주요 형태였다. 냉전 질서에서의 '둘의 세계' 다음으로 오는 세계는 '하나하나의 세계 (the scenario of individual worlds)'가 아니었다. 글로벌화로 '하나의 세계'를 지향하면서 동시에 일정한 지역주의를 만들어 가는 경향이 강했다. APEC, ASEAN, ARF, ASEAN+3 등이 그러한 예이다.

셋째, 걸프 위기와 국제 안전 보장 문제에서 '일본의 패배(a defeat for Japan)'라는 평가와 아픈 경험이 있지만, 1992년의 PKO 협력법을 통해 캄보디아 PKO에 참가하는 등의 성과는 전후 일본이 집단 안전 보장에 대해 눈을 뜬 것이며(Japan's awakening to the concept of collective or international security), 이로써 국제사회의 안전이라는 가마를 함께 메는 것(the burden as an active participant)을 인식한 것으로 평가한다. 특히 일본 외무성의 아시아국이 독자적 해결책을 가지고 1991년 10월의 파리 합의를 끌어낸 경위는 그러한 평가의 배후에 있었던 일본 외교의 노력을 입증한다[1].

넷째, 냉전 후 미일 관계에 차질도 있었다. 냉전 후 처음으로 대통령이 된 클린턴은 안전 보장보다는 경제를 국제정치의 주요 수단으로 삼으면서 일본에 '수치 목표'를 강요했다. 이러한 현상은 미일 관계에서 마찰 요인으로 작용했다. 그러나 1995년 수치 목표를 철회하면서 미일 경제 마찰의 시대는 끝났다(When the US withdrew its numerical targets in 1995). 그러나 이는 지미知美파(US-savvy intelligentsia)의 엘리트(학자, 관료, 외교관, 경제인) 사이에 반미反美 혹은 혐미嫌美 감정을 자극했고, 이전처럼 미일 동맹이나 미일 관계에 대한 저항이 좌익 진영만이 아닌 보수와 민족주의 진영에서도 생기는 결과를 초래했다.

---

1 이케다 타다시(池田維), 『캄보디아, 평화로 가는 길(カンボジア和平への道)』, 도시 출판(都市出版), 1996 / 고노 마사하루(河野雅治), 『화평 공작(和平工作)』, 이와나미 서점(岩波書店), 1999.

다섯째, 아시아의 위기(중국의 부상, 북한의 핵/미사일 위기, 타이완 해협 미사일 사건)에 대해 일본 외교는 어떻게 대응했고, 어떤 변화를 겪었는가? 이에 대해 이오키베는, 일본은 집단적 자위권의 필요성을 다시 인식하게 되었고, 미일 방위 협력 지침(1996년 4월, 신가이드라인)을 책정하면서, 미일 관계의 심화로서 대응했다고 평가한다. 그 과정에 여러 문제(천안문 사건, 역사 교과서 문제, 신사 참배 문제)가 있었지만 미일, 미중, 일중, 한일, 한중 등의 빈번한 접촉이 있었고, 북한을 제외하면 일본에 적대적인 국가는 없는 세계가 되었다는 의미에서 안전과 번영은 달성했으나, 그 다음 목표가 없었기에 냉전 후의 질서가 유동하는 가운데 안전 문제도 심한 상처를 받았다고 평가한다.

그러면서 일본의 과제로서 1) 침략 전쟁 포기의 견지, 2) 안전을 위한 자조 노력의 고양, 3) 국제 안전 보장 참가에 대한 실질적 조치를 든다. 이를 위한 외교 과제로, 미일 관계의 심화, 과거 부채를 넘어 아시아의 일원으로 새로운 아시아 국제 관계의 구축, 전후 일본이 배양한 시빌리언 파워의 능력을 가지고, 상처받은 세계의 재편성을 지지해나가는 것이 일본의 지향점이어야 한다(Harnessing these strengths to help rebuild an injured world must be Japan's top priority)고 말을 맺는다.

매우 이상적이며 다양한 해석의 여지를 남기는 이오키베의 맺음말이었다. 이에 대해 필자의 관점에서 간명하게 문제를 제기한다.

첫째, 시장 자유주의와 글로벌화에 대한 관점이다. 이오키베의 해석은 시장 자유주의 → 지구 차원의 지배 원리 → 그에 따른 폐해와 대가 → 동아시아 경제 위기 → '파산 국가'의 등장이다. 일본은 시장 자유주의, 지구 차원의 지배 원리의 향유자이며, 그에 따른 폐해와 대가로 나타나는 동아시아 경제 위기의 구원자였다. 패전 이후 냉전 시기 동안 일본에게도 미일 간의 문제 혹은 유럽 국가와의 문제는 있었다. 그러나 이런 문제는 서방 선진국 간의 헤게모니 경쟁이며, 구미(서방 국가)의 일본(동방 국가)에 대한 경쟁 심리였다. 일본은 그런 질서의 향유자이며 구원자인데, 북한 문제나 중국 문제에서 태도는 확연하게 달라진다. 일본이 '아시아의 일원'이면서 중국이나 북한에 대한 태도는 아시아 국가가 아님을 노골적으로 나타낸다. 즉 시장 자유주의와 글로벌화에 대해서 일본에 편리한 것은 수용하고, 불편한 것은 배제하는 태도이다. 경제 대국 일본이 그런 태도를 취하는 것은 결코 대국답지 못하다. 이오키베의 해석도, 편한 것은 취하고 불편한 것은 피해 가는 논리여서 더욱 불편한 것은 아닐까?

둘째, 냉전이라는 양극 질서의 붕괴에 대한 관점이다. 이것이 '제국'의 분해, 민족 분쟁, 테러의 빈발 등과 같은 '무질서의 감'을 확산시켰음은 공감한다. 다만 억지로 만든 질서(냉전)의 붕괴 후에 나타나는 무질서는 과도기가 아닐까? 그리고 세계정치 질서는 늘 통합과 분열의 반복이 아닌가? 누구의 헤게모니인가가 중요한 것이라면, 일본에 무질서의 감은 미국의 헤게모니가 무너지면서 나타나는 안타까움을 의미하는 것은 아닐까?

셋째, 걸프 위기와 국제 안전 보장 문제에서 '일본의 패배'라는 이오키베의 평가는 솔직하다. 다만, 1992년의 PKO 협력법, 캄보디아 PKO 참가 등의 성과는 전후 일본이 자위대를 해외 파병한 첫 사례이며, 이를 이오키베는 일본이 집단 안전 보장에 대해 눈을 뜬 것으로 평가한다.

필자가 평가하기에는, 눈을 떴다기보다는 평화헌법의 테두리에서 꼼짝 못 하던 일본이 국제사회의 안전이라는 공헌과 역할(혹은 평계)을 찾았고, 그 환경을 만드느라 일본 외무성의 아시아국이 얼마나 분투했는가를 보여주는 사례일 것이다. 아마도 일본은 지속적으로 국제적 공헌과 역할(혹은 평계)을 찾아 나서는 일을 게을리하지 않을 것이다. 이유는 이러한 터전 위에 평화헌법 개정과 자위대의 국제적 활동 범위 확대가 가능할 것이기 때문이다. 이런 일본 외교 방향은 어떤 미래를 예측할 수 있을까? 동아시아에서뿐 아니라 세계적으로 평화가 담보되는 방향이 아니라면, 일본 외교의 이러한 향방은 예의 주시하지 않으면 안 되는 이유가 아닐까?

넷째, 냉전 후, 미일 관계의 차질과 예상되는 문제이다. 전후 미일 관계에서 마찰은 매우 제한적이고 경제적이었다. 군사적이거나 철학적이지 않았다. 다만 간혹 정치적이거나 외교적이었다. 지미知美파 가운데 반미反美 혹은 혐미嫌美 감정은 억제되었다. 특히 미일 동맹이나 미일 관계에서 반미와 혐미는 금기 사항이었다. 이런 상황은 바람직한 것인가? 미국은 미국의 역사와 철학과 아이덴티티가 있다. 일본 또한 그렇다. 미일 관계에서 경제 문제, 군사 문제, 철학 문제, 정치 문제, 외교 문제는 각각의 정체성 문제이다. 주체성 문제이고 국가 주권 문제이기도 하다. 이를 통째로 덮어버린 것이 미일 동맹이라는 이데올로기이다. 21세기? 일본도 이제는 이러한 이데올로기에서 벗어나 자기 정체성을 찾거나 만들어야 할 시대가 아닐까?

다섯째, 아시아의 위기(중국의 부상, 북한의 핵/미사일 위기, 타이완 해협 미사일 사건)와 관련한 문제이다. 이에 대해 이오키베는, 일본이 집단적 자위권의 필요성을 다시 인식하게 되었고, 미일 관계의 심화로서 대응했다고 평가한다. 그러면서 일본이 안전과 번영은 달성했지만, '그 다음 목표'가 없었기에 일본 안전 문제가 심한 상처를 받았다고 한다. 그러면서 일본의 과제는 1) 침략 전쟁 포기의 견지, 2) 안전을 위한 자조 노력의 고양, 3) 국제 안전 보장 참가에 대한 실질적 조치를 든다. 이를 위한 외교 과제가, 미일 관계의 심화, 과거 부채를 넘어 아시아의 일원으로 새로운 아시아 국제 관계의 구축, 전후 일본이 배양한 시빌리언 파워의 능력을 가지고, 상처받은 '세계의 재편성을 지지해나가는 것'이라고 평가한다. 이상은 이오키베 연구 논문의 결론 중의 결론 부분이라고 할 수 있다.

더불어 이오키베의 일본 외교 구상도 펼쳐진다. 일본의 '그 다음 목표'는 무엇일까? 평화헌법 개정을 통한 보통 국가화일까? 이것이 달성되지 않았기에 일본 안전 문제가 심한 상처를 받았을까? 일본이 '세계의 재편성'을 지지해나가는 것이란 무엇일까? 미국이 만드는 '세계의 재편성'을 지지해나가는 것일까? 미국이 만드는 '세계의 재편성'의 실체는 무엇인가? 일본은 이를 알고 있는가? 그러기에 일본은 미국이 만드는 '세계의 재편성'을 지지하는 것일까? 아직도 그럼에도 국가 시대인가? 보댕은 국가를 "공적인 것(res publica)"으로 파악했고[1], 레닌은 "화해 불가능한 계급 대립의 산물"[2]로, 바스티아는 "모든 사람이 <다른> 모든 사람을 희생시켜 먹고 살려고 하는 거대한 허구이다."[3]라고 꼬집었는데, 국가주의의 망령이 되살아나는 듯하다. 이상의 문제를 결론에서 재해석한다.

---

1 장 보댕, 임승휘 옮김, 『국가론』, 책세상, 2005, p.183.

2 레닌, 문성원·안규남 옮김, 『국가와 혁명』, 아고라, 2013, p.13.

3 바스티아, 이상률 옮김, 『국가는 거대한 허구다』, 이책, 2005, p.17.

IV. 결론: 재해석과 질문

패전 이후 일본 외교는 미군 사령부와 시게미츠, 시데하라, 기시, 요시다, 하토야마, 이시바시 등이 주도했고, 이들의 개인 역량으로 일본 외교가 형성되었다. 일본의 혁신계인 사회당과 공산당의 외교적 관점은 무시되거나 왜곡되었다. 이래도 되는가? 주류만의 역사와 승자만의 역사에서는 그렇다. 그러나 주류든 비주류든, 승자든 패자든 각각의 논리와 이상은 존중되어야 함이 역사 정의이다. 그렇다면 이러한 흐름에는 다음의 문제가 있다. 이상주의냐 현실주의냐의 문제이다. 어느 국가든 이 문제는 누가 현실을 장악하느냐에 달려있음을 보여준다. 미국의 경우도 예외는 아니다(※미국 외교의 네 가지 전통)[1]. 결론에서는 이러한 문제를 현실주의와 이상주의, 국가의 자주권과 동맹의 문제, 역사 정의와 정통성의 문제 등으로 구분해서, 이오키베의 일본 외교론을 비판하고 검토한다.

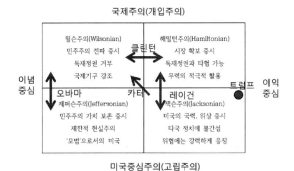

그림: 미국 외교의 네 가지 전통

---

1 임혁백, 「반복(Echoes)에서 선택(Choices)으로: 불가능한 조건하에서 한반도 냉전 해체의 문을 연 지도자들의 선택」, 『국제정치논총』 제58집 제2호(한국국제정치학회. 2018.6.), pp.305~352 / Walter Mead Russel, "The Jacksonian Tradition and American Foreign Policy", National Interest(Winter 1999/2000) / 나지원, 「트럼프 현상은 미국 문명의 본능」, 『주간경향』 1202호(2016. 11. 15.)

첫째, 일본의 현실주의 문제이다. 이는 어떤 문제를 야기했는가? 일본 외교가 만든 친미주의와 서구 자유주의 진영과의 유착이었다. 이는 소련과 중국에 대한 방호벽으로서 일본은 미군의 전진 기지임을 의미했다. 이는 또한 공산주의 봉쇄라는 이데올로기를 확대 재생산하면서 일본 정치의 보수화를 공고화했다. 그 과정과 결과는 일본 혁신계에 대한 탄압이었고, 미국과 함께 후진국에 대한 지원이 민주주의를 확대하는 것이 아닌, 공산주의 확산을 봉쇄하는 전략이었다(남베트남과 남한의 사례).

그러니 일본에 대한 미국의 이상(2D 정책)은 사라졌고, 미국의 목표는 현실(반공 보루 일본)이 되었다. 일본에서 미국의 이상주의가 사라지고, 현실주의가 정착되는 것을 가장 반긴 세력은 일본의 군국주의 세력이거나 그 협력자들이었다. 그들이 이른바 일본의 현실주의자들이다. 일본 정치외교의 근본적 문제는 여기에 있다. 즉 미국의 이상이 사라지고, 일본에 현실이 정착되면서 일본의 군국주의 청산 기회가 실종된 것이다. 일본 외교에서 보듯 일본의 현실주의는 미국 반공 정책의 부산물이었다.

둘째, 일본의 자주권과 동맹의 문제이다. 이는 어떤 문제를 야기했는가? 일본 외교의 현실주의는 스스로 자주적이지 못한(저자세 혹은 맞추는) 외교로 만들었다. 동맹과의 상호 이익을 우선하는 외교 정책은 일본에는 현실주의로, 미국에는 반소 정책의 전진 기지 혹은 반공 정책의 보루로 기능하게 만들었다. 그 결과는 오키나와 주민의 소외와 오키나와의 미군 기지화였다. 일본이 패전국이지만 그렇게까지 대미 의존적일 필요가 있었는가? 그렇게 허약한 일본이었는가? 아니다. 일본은 피해 의식에서 벗어나야 한다. 미국은 대국이며 가해자임은 분명하지만, 일본이 소국은 아니며 피해자만도 아니다. 일본은 대국이며 가해자의 역사를 지니고 있다. 일본의 자주권과 동맹은 대국이면서 가해자로서의 역사 의식에서 출발해야 한다. 미국에 의한 냉전은 일본에게 공산주의 봉쇄라는 역할을 부여했지만, 냉전 '문제'는 오히려 일본에 일본의 자주권과 동맹의 문제를 봉쇄한 것이 아닌가?

셋째, 일본의 역사 정의와 정통성 문제이다. 이는 어떤 문제를 야기했는가? 제2차 세계대전은 나치즘, 파시즘, 군국주의 등의 전체주의와 민주주의를 옹호하는 이른바 연합국과의 전쟁이었다. 그 결과 독일이나 이탈리아에서 그런 기운은 역사 정의의 이름으로 단죄의 대상이었다. 반면 일본의 군국주의는 단죄되었는가? 미국과의 동맹 이익 앞에 군국주의를 단죄하는 것은 사라졌고, 일본의 역사 정의와 정통성 문제는 왜곡된 것이 아닌가? 일본이 강조하는 인류 보편 가치와 인권의 기준에서 미국과의 동맹 이익과 일본의 역사 정의와 정통성 가운데 어느것이 우선하는가? 이에 대해 일본(국민)은 이제라도 정직하게 답해야하지 않을까?

더불어 검토해야 할 문제가 있다.

첫째, 일본의 국가 목표 문제이다. 일본의 안전과 부흥, 번영은 좋다. 이는 어떤 문제를 야기했는가? 일본만 있을 뿐 동아시아의 안전과 부흥, 번영이 누락되었다. 특히 북한과 중국의 안전과 부흥, 번영은 없다. 일본이 경제 대국이면서 세계로부터 신뢰받고 존경받는 국가가 되기 위한 기본이 자국만의 안전과 부흥, 번영은 아닐 것이다. 이에 대한 재검토가 필요하다. 미국의 중국과 북한에 대한 적대敵對 정책에 편승해서 동아시아의 안전과 부흥, 번영을 방해하는 일본이라면 '아시아의 일원'이라는 외교 원칙은 무색해지는 것이 아닌가?

둘째, 자유 민주주의와 시장경제의 문제이다. 일본이 대미 의존 외교를 주축으로 삼으면서 자유 민주주의와 시장경제를 강조하는 것은 냉전 시대의 논리이다. 글로벌화와 더불어 이미 자본주의:사회주의, 시장경제:계획경제의 의미는 종언을 고했기 때문이다. 중국이나 북한을 문제 삼으면서 자유 민주주의와 시장경제의 문제를 의제로 내세우는 것도 궁색하고, 나아가 인권이나 민주주의를 거론하는 것도 민망하다. 일본은 그 문제에 당당한가?

셋째, 인류사에서 20세기의 상처와 기억, 적개심과 앙금은 너무 깊다. 21세기와 더불어 대결과 불화, 적대와 불신, 독존과 아집의 시대는 종언을 고해도 충분하지 않을까? 가해자와 피해자의 연결 고리(미국 → 일본 → 한국/중국 → 베트남 → 캄보디아)는 역사 정의의 문제가 다차원적으로 검토되어야 할 필요성을 제기한다. 그렇다면 역사 정의 앞에 승자이자 강자(미·일·중·러)는 참회와 고백이 필요한 시대이다. 일본 외교론에서도 이 문제는 재검토되고, 비판의 대상이 되어, 일본의 역사 정의와 정통성 문제는 재해석되어야 하지 않을까? 동시에 19세기와 20세기에 진행된 국가 만능주의 시대의 질곡과 폐해는 청산의 대상이 아닐까?

불편한 진실

일본 민주주의를 논할 때, 일본 외교는 어떤 위상에서 논해야 할까? 최강대국인 미국 민주주의를 논할 때 미국 외교를 평가하려면 어떤 기준으로 평가해야 할까? 국가나 개인이나 그 위상이 있다. 그 위상의 질적 평가가 국격이고 인격이다. 일본은 국제사회에서 최강국은 아니지만 제1, 2차 세계대전뿐 아니라, 그 시기를 전후해서 오늘에 이르기까지 강대국이다. 일본은 패배한 제2차 세계대전의 피해자지만 가해자다. 이후 일본은 경제 대국이고 강대국이다. 일본 외교를 논하기 위한 전제다.

일본 외교의 목표 가운데 하나가 '아시아의 일원'이라는 것이다. 국제사회의 일원이든 아시아의 일원이든 그 일원임을 강조하는 것은 왜일까? 1960년대 후진국이던 한국이 특별하게 한국은 아시아의 일원임을 강조하지는 않는다. 즉 어떤 일원임을 강조하는 것은, 그에 상응하는 책임과 권한을 염두에 두고 하는 말이다. 일본의 경우, 아시아의 일원을 강조하는 배경에는 그간 소홀했거나, 그러지 못했다는 것의 자기 고백이다. 여기에는 역사에서 보여준 침략과 학살, 팽창과 야욕 등이 자리 잡고 있다. 그런데 일본 외교 목표로 내세웠음은 향후 책임과 의무, 권한과 위상을 갖추겠다는 것이 아닌가? 실상은 그러지 못했다. 일본 스스로가 판 함정이고, 자기모순이다. 불편한 진실이다.

동아시아 공동체 혹은 인류 공동체라는 공동체주의가 자주 거론된다. 공동체주의는 민주주의보다는 공화주의와 더 친화적이다. 즉 각각의 독자성과 주권을 존중하면서 각각의 발전 정도 혹은 수준, 나아가 국력이나 경제력의 차이 등을 넘어서 공동의 공영과 생존을 추구하는 것이 공동체주의다. 일본 민주주의를 논할 때, 일본 외교는 이런 공동체를 위한 노력에 부응하고 있는가? 아시아에서의 일본은 미국 우선주의, 자국 우선주의, 대중 봉쇄에 대한 미일 협력, 대북 제재에 대한 미일 협력과 강화 등, 아시아 공동의 공존과 평화와는 거리가 멀다. 이런 일본 외교를 어떤 관점으로 보아야 할까? 동아시아 공동체, 민주주의, 평화공존 등 어떤 가치를 기준으로 보아도 일본의 외교는 자가당착적이지 않은가? 불편한 진실이다.

일본의 외교 정체성은 일본의 민주주의 정체성과도 연계되어 작동한다. 즉 외교에서 자주와 동맹, 주체와 종속, 의존과 주권 등을 논할 경우, 일본의 외교는 어떤가? 최강대국인 미국에 붙어서 기생하는 일본 외교는 아닌가? 일본 외교라고 내세울 만한 그 무엇을 발견하기란 쉽지 않다. 일본의 외교는 국익을 좇는 외교, 미일 동맹에 매달리는 외교는 있을지 몰라도 자주와 평화, 공존과 협력, 공동체와 지속 가능과 같은 가치는 보이지 않는다. 일본 외교의 자화상이다. 이에 대한 가차 없는 논쟁이 필요하다. 불편한 진실이다.

일본 외교의 불편한 진실 '문제'는, 일본 외교의 현실주의에서 유래한다. 현실주의는 국익, 부국강병, 안전 보장 등과 친화적이다. 즉 이상주의와 거리를 둔다. 일본 정도(경제와 문화 대국?)의 국가라면 이상주의를 내걸면서 세계 평화를 리드하는 정도여야 하지 않을까? 지나친 기대일까? 일본 외교는 자주적이지 못하고 미일 동맹에 기울어진 외교라는 비난을 받는다. 지나친 현실주의에 함몰되어 나타나는 결과였다. 그 결과는 일본 자체의 역사적 정의와 정통성 문제를 경시하는 것으로 나타났고, 이는 다시 대미 의존이라는 결과로 귀착했다. 일본이 내세우는 그들의 역사적 전통과 혼魂을 버린 것이다. 매우 조심스럽지만 일본 외교의 주인은 일본이었나 하는 의문이 든다. 외교권은 주권이다.

결론
: 일본 민주주의의 정체성 문제

이상으로, 1부에서 일본의 민주주의에 대해 살펴봤다. 여기서 내려야 할 결론은 일본 민주주의의 정체성 문제를 검토하는 것이다. 일본은 메이지 유신 이후, 신속하고도 과감하게 서구 민주주의의 법과 제도, 관행과 규칙 등을 학습했다. 그간 중국을 중심으로 한 아시아의 그것은 후진적이며, 서구의 그것이 문명이라는 논리로 '문명 개화'와 '부국강병'의 길을 걸었다. 다이쇼 데모크라시 시기까지 일본은 서구 열강과 협력하며 미래에 대한 희망과 민주주의를 만들었다. 학습한 민주주의일지라도 일본판 민주주의가 정착하는 시기였다. 서구의 제국주의와 침략주의를 경계하면서, 조심스레 일본판 제국주의를 만들어 나가는 시기이기도 했다. 서양 세력의 침략주의를 비판하면서 스스로 침략주의의 길을 다지고 있었다. 구미 열강뿐 아니라 어떤 열강이든 부국강병이 원칙이며, 침략이나 지배가 아니면, 패배와 착취라는 논리가 통용되는 시기였다. 그 결말은 승자가 아니면 패자이며, 승리가 아니면 파탄이었다.

제2차 세계대전의 종말은 일본의 파탄으로 끝났다. 세계 질서의 추종자(1868-1925)에서 세계 질서의 주도자(1931-1945)가 되려던 욕망의 파탄이다. 이 과정에 일본은 민주주의와 어긋나는 각종의 법을 만들었다. 일본인은 강제와 동원, 회유와 거짓, 폭압과 폭정에 시달리며 제국주의 일본을 건설하는 데에 총동원되었다. 일본이 지배한 지역의 민중(한국인, 중국인, 동남아시아인, 동남아의 유럽인 등) 또한 일본 군국주의가 설계한 '대동아 공영권'의 희생물이 되었다. 일본 군국주의는 일본제국이 아시아 여러 민족의 보호자임을 자임하면서 지배 지역에 대한 약탈과 탄압을 일상화했다. 그 과정에서 저질러진 만행은 과거사라는 업보가 되었고 일본의 멍에가 되었다. 미국에 도전한 일본의 야욕 또한 일본의 멍에가 되었다. 멍에를 씌운 자는 승전국, 미국이다.

일본은 그들의 만행을 인정하는가? 일본에 멍에를 씌운 자는 승전국 미국이라는 사실을 잘 알지 않는가? 여기서 논리는 간단하다. 만행에 대한 책임을 지는 것이다. 멍에를 짊어지고 갈 것인가? 멍에를 벗을 것인가? 미국이 씌운 멍에는 정당하다고 보는가? 이런 질문에 하나하나 답하는 것이다. 불편하다. 그러나 그 안에 역사 정의라는 진실이 내재해 있다.

1952년 샌프란시스코 강화조약 이래, 일본은 다시 국제 무대에 등장했다. 여러 제약 요인은 있으나 주권 국가이다. 그간 일본은 책임과 멍에에 대해 여러 질문을 받았다. 책임은 과거사에 대한 책임과 동시에 경제 대국이 된 이래의 국제적 사명과 책임이다. 과거사에 대한 책임은 면피성으로 일관하고 있다. 이 부분은 너무 많이 거론되었기에 더 이상 거론하지 않는다. 국제적 사명과 책임에서 일본은 종종 국제국가를 거론하면서 그에 상응하는 역할을 다할 것이라 천명하기도 했다. 그러면서 과거가 아닌 미래를 이야기했다. 미래만 이야기하면 과거가 사라지는가? 과거 없는 미래는 없다. 유엔 등에서의 역할도 많았다. 다만 보이지 않는다. 이 문제는 앞으로 일본이 국제사회에서 인정받거나 존경받는 국가가 될 것인지 아닌지를 가늠하는 척도일 것이다. 일본의 멍에는 어쩔 것인가?

일본 민주주의의 정체성을 논할 때, '멍에'는 핵심적이다. 누가 씌웠는가? 누가 벗길 것인가? 일본은 멍에를 짊어지고 갈 것인가? 멍에를 벗을 것인가? 이런 문제는 일본의 정체성과 마주한다. 일본 민주주의의 실천은 이런 정체성 문제의 해법이다. 일본이 바깥을 향해 국제사회에서 역할과 사명을 다하겠다고 하는 것보다 더 선행해서 풀어야할 문제가 바로 이런 문제이다. 미국과의 관계, 일본의 미군 기지 문제, 북한과의 관계, 일본 내의 외국인 문제, 특히 재일 조선인 문제, 차별 문제 등은 일본이 스스로 추구한 문명 개화의 국가로 가고 있는가의 척도이다. 동시에 일본이 실질적 민주사회로 가느냐의 척도일 것이다. 미국이 씌운 멍에는 벗지 않으면서, 과거사에 대한 책임은 면하려는 일본의 정체성? 이런 일본 민주주의의 정체성을 어떻게 평가할 것인가? 불편한 진실이다.

일본은 매우 현실적이다. 그래서 미일 동맹에 더 매달린다. 120여년 이전의 영일 동맹에 비견된다. 영국과 일본제국이 맺은 동맹은 20여 년 지속되었고 일본제국의 세력 확대에 큰 도움을 주었다. 오늘의 미일 동맹도 그런 영일 동맹의 재판再版인가? 그런 현실주의 노선이 일본의 역사적 전통과 혼魂인가? 일본이 역사와 전통을 강조하고 보수 우익의 이데올로기를 강조하면서 미일 동맹에 매진하는 것, 그 멍에를 지고 가는 것이 일본의 현실주의인가? 이런 불편한 진실에 대한 정직한 답변이 일본 민주주의의 지향점이 아닐까? 그 지향점의 좌표는 깨어나서 외치는 일본 국민이 찍어야 할 것이다.

제2부

북일 '문제', 그 불편한 진실

: 한일 관계의 원점을 찾아서

서론
: 북일 '문제'와 불편한 진실

1. 북일 '문제'란 무엇인가?

북한과 일본의 관계 정상화: 어느 시기엔가 북한과 일본도 관계를 정상화할 것이다. 그것이 언제가 되리라고 예단하기는 어렵다. 단, 객관적 조건이 만들어지면 신속하게 이루어질 것이다. 이럴 경우, 한일 관계는 물론 관계국의 문제는 더 복잡해진다. 특히 북일 '문제'는 한일 관계에도 파장을 끼칠 것으로 예상된다. 북한과 일본 사이에는 여러 문제가 있다. 중세사나 고대사를 제외하고, 현대사만 언급하더라도 식민지, 분단, 전쟁, 냉전이라는 큰 사건이 있었다. 그 사건에서 비롯된 문제들은 미해결이다. 그래서 필자는 이 책에서 북일 관계가 아닌 북일 '문제'라고 표현했다. 북한과 일본의 미해결 문제가 풀려가는 과정이 관계 정상화 과정이다.

남한과 일본의 관계 정상화: 이승만 정권 시기를 지나 우여곡절 끝에 박정희 정권 시기에 한국과 일본은 한일 기본 조약을 맺으면서 관계 정상화를 이뤘다. 그럼에도 한일 관계는 여전히 매우 비정상적이다. 이유는 한국과 일본 사이에는 아직도 식민지, 분단, 전쟁, 냉전이라는 큰 사건에 대한 서로 다른 관점이 있기 때문이다. 이러한 문제를 필자는 '불편한 진실'이라고 표현한다. 미국이 중재 혹은 강요해서 한일 사이에 관계 정상화가 이루어졌는데도, 정작 당사자 사이의 비정상적 관계가 늘 상존한다. 왜 그럴까? 이에 대해 필자는 북일 '문제'를 통해 정면으로 제기하고자 한다. 동시에 이런 현상을 필자는 북일 '문제'의 불편한 진실로 규정하고 그것이 무엇인지를 밝히려 한다. 그것이 오히려 한일 관계의 원점을 찾는 길이라고 보기 때문이다.

한반도 역사가 어떤 방향으로 흘러갈지 가늠하기는 어렵다. 다만 지난 역사적 사실을 바탕으로 무엇이 문제인지를 정확하게 밝히는 일은 필요하다. 동시에 남과 북, 미/일과 중/러 등과 같은 '관계 설정'이나 한/미/일과 북/중/러와 같은 '관계 몰입'도 현상을 설명하는 변수이기는 하지만, 오히려 한반도나 동북아의 평화라는 틀에서는 방해 요소일 수 있다. 이에 필자는 장기적 관점이나 상상력을 통해 기존의 국제정치 역학의 방해 요소를 지적하고 역발상을 강조하겠다. 베를린 장벽의 붕괴에 이어 독일 통일이 닥쳐오듯 한반도에도 그런 해일海溢이 닥칠 가능성은 늘 상존한다. 이에 대한 준비는 누가 할까? 이런 준비의 일환으로 '불편한 진실'을 지적하고자 한다.

용어에 대해 간략하게 정리해 두자. 영어권 외국인은 한국을 S. Korea라고 한다. 한국인은 한국이라고 한다. 영어권 외국인은 북한을 N. Korea라고 한다. 북한은 북한을 '우리 공화국' 혹은 '조선 공화국'이라고 한다. 영어권 외국인은 핀란드를 Republic of Finland라고 하지만, 핀란드인들은 Suomen tasavalta라고 한다. 그러니 원칙대로 하자면 이 책에서도 북한을 우리 공화국 혹은 조선 공화국으로 통칭해야 하지만, 안타깝게도 한국인에게 익숙한 북한을 사용하고자 한다. 여기는 한국이니까. 또한 필자는 이미 학술지에 발표한 논문을 바탕으로, 1) 북일 '문제'는 한반도 평화 정착 문제. 2) 북일 '문제'는 동북아 평화와 한/미/일/중/러의 역학 관계이면서 동시에 통일 문제. 3) 북일 '문제'는 결국 국제정치 문제이고 국제 관계 문제라는 관점에서 재구성했다.

인류 역사는 부정과 비리, 오해와 착시, 폭력과 착취, 우월과 멸시, 약육강식, 지배와 억압, 회유와 강압, 오만과 편견, 제국주의와 팽창주의, 강간과 약탈 등을 통해 온갖 역사상歷史像을 만들어 왔다. 한반도라는 공간에서 저질러진 식민지와 전쟁, 분단과 냉전은 많은 파생물을 낳았다. 그 파생물의 모순 구조는 불편한 진실을 잉태했다. 특히 북한의 핵 문제와 미사일 문제는 이러한 하나의 형태이다. 그 안에 불편한 진실이 내재해 있다.

2. 연구의 관점

역사 논쟁에서 정치철학적 관점은 매우 중요하다. 영국(제국주의)은 인도(식민지)를 지배했다. 제국주의는 악인가? 식민 지배를 받은 인도는 선인가? 간디는 이를 어떻게 바라보았는가? 간디는 제국주의의 폭력을 극도로 비판했고, 그래서 비폭력을 주장했다. 간디는 영국의 제도와 합리성을 높이 평가했고, 인도의 후진성과 불결함과 비합리성을 비판했다. 그러면서 간디가 폭력보다 더욱 문제 삼는 것은 '비겁'이다. 비겁이야말로 폭력보다 더 악이었다. 여기서 비겁은 몇몇 인도 지도층 인사의 비겁이다. 이른바 인도의 문제(독립과 자주와 해방 등)를 직시하지 않은 몇몇 친영주의자들의 비겁이다. 그렇다. 필자가 강조하는 바는 이 것이다. 영국의 폭력성을 드러내는 것은 당연하며, 동시에 인도의 비겁함도 철저하고 객관적으로 드러내자는 것이다. 타인의 악과 비겁을 철저히 추궁하면서, 본인의 악과 비겁도 확실하게 밝히는 것이 불편한 진실이다.

조선 역사, 그 이후 식민지 역사와 한국 전쟁과 관련한 필자의 역사적 정치철학적 관점도 위와 닮았다. 영국을 일본으로, 인도를 한국(조선)으로 대치해서 생각하면 된다. 이것이 필자의 연구 관점이다. 또한 독일의 나치즘도 언급해 두자. 독일은 스스로 나치즘을 악으로 규정하며, 철저히 성찰하고 회개한다. 한국은 일본에 그런 독일의 자세를 요구한다. 좋다. 그렇다면 한국이 저지른 한국의 악은 어떻게 되는가? 독일처럼 한국의 악도 한국이 스스로 철저하게 단죄해야 하지 않을까? 독일을 칭찬하고 그 논리로 일본을 비난하면서, 한국은 그 기준으로 한국을 비판하고 있는가? 한국 역사를 바라보는 올바른 관점은 무엇인가? 내 탓을 뒤로하고 지나치게 네 탓을 너무 강조하는 자세는 아닌가? 군부 독재에 대한 관점도 그렇다. 어떤 내외부의 악도 철저하게 악으로 성찰하는 자세와 관점이 필요한 것은 아닐까? 영국과 인도와 간디, 독일과 일본과 한국, 독재와 하수인과 민중이라는 역사 과정의 주체에 대해, 주체 의식을 성찰하는 사관史觀이 필요한 것은 아닐까?

불편한 진실에는 많은 사례가 있다. 역사 과정에서 피해자가 늘 피해자는 아니다. 가해자가 늘 가해자도 아니다. 어느 지점에선가 피해와 가해의 논리는 역전되기도 하고 또 반전되기도 한다. 이것이 역사다. 역사뿐 아니라 대개의 인간관계, 심지어 부부 관계, 인종 문제, 남녀 문제(젠더 문제)도 마찬가지다. 미국과 일본, 일본과 한반도 문제, 한국과 베트남 문제도 그렇다. 이 지점에서 정치철학적 관점이 어떤 것인가에 따라 해석과 평가가 달라진다. 어쩌면 진보와 보수의 관점도 이 지점에서 달라진다. 계급 지배에 대한 관점도 달라진다. 고민의 대상이다. 자아비판과 역지사지를 하면 된다.

산업 혁명 이래 부르주아지가 신흥 계급이라면 이전의 왕족이나 귀족은 타도 대상의 지배계급이었다. 만국의 노동자가 신흥 계급이라면 부르주아지는 타도 대상의 지배계급이었다. 각 나라에서 오늘날의 지배계급은 누구인가? 미국의 지배계급은 누구인가? 한국의 지배계급은 누구인가? 노동자가 있고, 부르주아지가 있는데 그들이 계급의식을 갖지 않았다면 그들은 피지배의 노동계급인가? 부르주아지는 지배계급인가? 오직 자본이 지배 수단인가? 그렇다면 자본가가 지배계급인가? 노동자가 자본가의 의식과 본성을 가지고 있다면 그는 노동자인가? 자본가인가?

오늘날 특정한 지배계급은 없는가? 다만 자본 만능을 꿈꾸는 자본 만능주의가 있을 뿐인가? 다수의 선생과 경찰, 판검사와 교수, 심지어 작가와 시인과 철인도 자본 만능을 희망한다. 이 기준으로 다시 역사를 거슬러 올라가 보면 어떤가? 당대의 시대와 인물이 있었고 영웅이 있었고, 그에 따라 용기와 정의가 있었다. 인도의 간디를 생각하자. 한국의 안중근을 고민하자. 인도의 간디와 한국의 안중근을 소환하는 것이 불편한 진실이다. 간디와 안중근을 무시하거나 외면하는 세력이 있다. 이들의 정신과 실천과 행동을 저항과 테러로 비판하면서, 그들을 소외시키려는 세력이 있다. 영국과 일본의 제국주의자들이다. 그래서 간디와 안중근을 소환하는 것이 불편한 진실이다.

식민지, 분단, 전쟁의 그림자에 가해자와 피해자가 있다. 냉전과 국제 질서의 문제에 가해자와 피해자가 있다. 조선의 민중과 분단 한반도의 지배 세력에 짓밟힌 한반도의 민중은 이중의 피해자이다. 조선과 분단 한반도의 지배층은 피해자이며 가해자였다. 북한의 인민과 남한의 국민은 피해자이고, 북한과 남한의 지배층은 가해자였다. 제주의 4.3 항쟁을 보라. 광주의 5.18 항쟁을 보라. 국민(인민)의 관점에서 역사를 다시 보려는 관점이 불편한 진실이다. 이런 관점으로 북일 '문제'에 접근하고자 한다. 북일 '문제'에 한일 관계(왜곡, 대립, 부정, 멸시, 무시, 우월)의 원점이 숨어 있다고 본다.

북일 '문제'는 식민지, 분단, 전쟁의 그림자로 만들어졌다. 그 그림자 안에 불편한 진실이 있다. 한국과 일본은 그 그림자를 먼저 밟거나 지우려 했다. 불편한 진실은 아직 살아있다. 부분적으로 사라지거나 옅어졌을 뿐이다. 북일 '문제'로 더 선명해질 것이다. 바로 가해와 피해의 문제이며, 역사 정의 문제이고 자본과 생존과 자존심, 그리고 비겁과 용기의 문제이다. 그래서 이 책은 북일 '문제'로 한국이나 일본의 민주주의 문제, 나아가 정체성 문제를 묻는 것이다. 이런 문제의식이 이 책을 내놓는 이유다. 생각해 볼 가치가 있다고 믿었기 때문이다. 각 장의 끝부분에 북일 '문제'의 《불편한 진실》을 짚었다.

제1장
북일 '문제'를 둘러싼 문제란?

북일 '문제'를 둘러싼 문제는 식민지 지배에서 파생한 과거사 문제와 해방 이후의 현대사 문제로 나눌 수 있다. 식민지 지배에서 파생한 과거사 문제는 부분적으로 한국과 같거나 닮아 있다. 현대사 문제는 핵 개발과 미사일 문제라는 점에서 남북이 연동된 문제이기도 하지만, 근본적으로 북한의 안보 문제이며, 자주국방(자위권) 문제로서 북미 문제이기도 하다. 북미 문제가 남한이나 일본에도 영향을 준다는 점에서 북-미 문제는 남-북 문제이며, 북-일 문제이기도 하다.

한편, 북한의 핵 개발과 미사일 문제가 북한의 안보 문제이며, 자주국방(자위권) 문제로 북미 문제임이 핵심이라면, 북미 문제에 남한이나 일본이 끼어들 여지는 매우 제한적이다. 반면 일본의 안보 문제에 미국이 미치는 영향이 크면 클수록 북미 문제는 그만큼 북일 문제이기도 하다. 즉 적나라하게 말하면, 북한은 미국과 핵이나 미사일 문제를 해결하려 하는 것이고, 남한이나 일본은 북-미 사이에 끼어들 틈새나 기회가 없다고 주장한다. 다만 한국이나 일본의 경우, 미국이 인정하고 용인하는 수준에서의 역할은 있을 수 있다. 이유는 미국이 단독으로

처리하기보다는 부수적 요인(경제 협력이나 보상 등)을 한국이나 일본에 떠넘기는 방법이 있기 때문이고, 이는 미국에 이익이 되기 때문이다.

이런 기본 인식 아래, 북일 '문제' 가운데 식민지 지배에서 파생한 과거사 문제는 한국과 동류이므로 다음의 논문을 기저로 재정리하고자 한다: 「한일 간 과거사 쟁점 소고小考: 기존 논의 검토 및 쟁점 구도」, 『한일군사문화연구』 제5집(한일군사문화학회, 2007. 4. 30.), pp.27-53.

이 연구에서는 1) 야스쿠니 신사 참배 문제, 2) 독도 영유권 문제, 3) 역사 교과서 왜곡 문제 등에 초점을 맞추어 기존 논의 및 이에 대한 분석을 정리해보았다. 이를 통해 확인할 수 있었던 것은 여러 쟁점을 제기하는 행위자가 정치인, 정부 인사, 단체 등이었고, 이들의 대응도 한일 간에 대칭(정치인과 정치인, 정부와 정부, 단체와 단체)과 비대칭이 혼합되어 있음을 알 수 있었다. 그리고 정치인은 개인 차원인지 아닌지, 정부는 확고부동의 정책인지 아닌지 등의 문제가 있었다. 또한 관리와 통제라는 차원에서는 문제 해결을 위한 속도 혹은 시기의 문제가 있음도 알 수 있었다. 이러한 요인을 고려해 한일 간 과거사 '쟁점 구도' 정립을 시도했다.

이에 제1장의 목적은 '한국'의 일본 전문가들이 행한 한일 간 과거사 쟁점에 대한 분석을 정리하고, 그를 바탕으로 쟁점별 사안을 분류해 한일 간 과거사 쟁점의 위상을 파악하는 것이다. 이를 바탕으로 한일 간 과거사 '쟁점 구도'를 정립한다. 나아가 북일 '문제'를 둘러싼 문제는 무엇인지를 규정한다.

I. 문제 제기

제2차 세계대전 이후 국제사회의 변화와 더불어 한국과 일본 사회 역시 크게 변했다. 특히 탈냉전과 더불어 한국은 공산권과 국교를 맺었다. 이러한 조치는 국제사회의 흐름에 잘 편승하려는 한국 외교의 성과였다. 반면 북한은 탈냉전과 국제화의 무드를 무시하면서 핵을 통한 대결 구도 속에서 해법을 찾았다.[1] 이에 대해 한국은 '국가'가 아닌 '민족'의 이름으로 북한에 다가서면서 해결책을 모색하고자 했다. 북한의 핵 해법을 둘러싼 한·미·일 간 견해 차의 출발점은 여기서 비롯됐다고 본다.

한편, 일본은 장기 경기 침체로 불리는 '잃어버린 10년'의 터널을 지나면서 자민당의 이합집산, 자민당 정권의 붕괴와 재정립, 사회당 등의 좌파 세력 퇴조, 중앙 성·청 개혁, 유사 법제 정비 등 다양한 변화를 겪었다(이상훈 2006 / 진창수 2006). 그중 미일 동맹 강화는 일관되게 진행됐다. 북한 핵과 미사일 문제, 중국의 급부상 등은 일본 사회를 흔들었다. 정치인들은 재빨리 이러한 변화를 정권 기반 만들기와 강성强性의 일본 국가 만들기에 이용했다.[2]

---

1 1990년대 들어 한국은 소련 및 모든 동구권 국가, 그리고 그동안 친북 일변도였던 아프리카 국가들과도 수교함으로써 북한에 비해 압도적 우위의 외교 역량을 보였다. 특히 1992년의 한중 수교는 북한에 커다란 충격과 함께 국제 정세의 엄청난 변화를 실감하게 하였다. 반면 북한은 1993년 3월 12일 NPT(Nuclear Non Proliferation Treaty, 핵 확산 금지 조약) 탈퇴 선언으로 인해 국제사회로부터 세계 평화와 안정을 위협한다는 비난을 받았고, 1995년에 들어서는 포르투갈, 카메룬 등 10여 개국의 공관을 폐쇄하는 등 북한의 외교 역량이 국제사회에서 위축되는 모습을 보였다.

2 박흥영, 「'예고된' 아베 정권과 對日 외교 전략」, 『문화일보』, 2006년 9월 15일 자.

아베(安倍晋三) 정권과의 관계를 한국이 어떤 전략으로 대응해야 할지는, 이 같은 한일의 국내 사정 및 국제 정세를 한국이 어떻게 파악하느냐에 달려있다고 본다. 국제 정세 변화에 대한 한국의 기본 전략 없이 대對일본 전략이 나올 수는 없기 때문이다. 또한 한국에서도 미국, 중국, 일본의 정권이 바뀌면 이에 대한 분석 및 평가가 다양하게 이루어지고 있다. 이 가운데 특히 일본의 경우, 한국에 어떤 영향을 미칠 것인가는 주요 관심사이다. 국제 관계에서 파생하는 문제, 한일 간 고유 문제에서 유래하는 문제가 교차하면서 중첩되어 일어나기 때문이다. 그럼에도 불구하고 전문가의 분석 및 평가는 물론이고 정책적 대응이라는 차원에서도 일회적인 경우가 많았다.

한일 간에는 국제 관계에서 파생하는 여러 문제와 더불어 한일 간의 고유 문제에서 유래하는 여러 문제가 교차하기에 해법이 복잡하다. 그런 점에서 한일 관계는 '특수한 관계'에 있다고 볼 수 있다. 가령 베트남 전쟁 시기 베트남과 캄보디아, 베트남과 라오스의 관계는 '특수한 관계'에 있었다. 북베트남의 지도부는 이런 특수 관계를 전략적으로 활용했다. 베트남 전쟁이 끝나면서 캄보디아는 베트남과의 특수 관계를 청산하고 친중국 경향을 띠고 새 길을 모색했다. 그 이후 캄보디아의 앞날은 더욱 난관에 봉착하게 된다. 냉전기 한일 관계도 미국의 우산 아래 특수 관계에 있었다고 볼 수 있다. 그 특수 관계가 탈냉전기를 맞아 변화를 맞이하고 있다.

한국 전쟁 이후 냉전기 한일 관계는 미국의 동북아 질서 유지라는 틀 속에서 움직여 왔기에 한일 간 문제도 미국의 직간접적 영향에 자유로울 수는 없었다. 탈냉전기에 접어들어 미일 관계, 한일 관계는 중국의 부상과 미국의 단일 패권, 일본 정치 지형의 변화와 북한 핵 문제의 대두 등으로 새로운 양상을 띠었다. 그러면서 한일 관계에는 우호적일 가능성과 감정에 휩싸여 비우호적일 가능성이 동시에 내재해 있었다. 김대중 정권 시기 한일 관계는 전자였다. 노무현 정권 시기 한일 관계는 후자였다. 일본의 고이즈미(小泉純一郎) 정권기와 아베 정권기의 한일 관계를 이런 관점에서 보면 한일 관계의 '쟁점 구도' 정립 필요성이 대두된다. 정권에 따라 한일 관계가 요동을 쳐서는 곤란하기 때문이다.

II. 한일 관계의 '쟁점 구도' 정립 필요성

이하에서 검토하는 주장이나 분석을 보면, 한일 관계가 정치와 경제적으로 복합적이거나 역사와 사회적으로 중층적이어서 순조롭지 않다. 흔히 냉온탕을 오간다는 말로 표현하기도 한다. 그런 점에서 한일 관계의 '쟁점 구도'를 정립할 필요성을 느끼게 된다.

손열은 한일 관계의 관민官民 간 이중 구조는 결코 이례적이지 않다고 지적하면서, 1965년 국교 정상화 이래 한일 관계는 경제 협력을 중심으로 국가 및 엘리트 수준에서의 긴밀한 협력 관계와 민간 대중 수준에서의 반일 감정이 이중적으로 전개되는 특징을 보여 왔다고 주장한다. 또한 1998년 김대중-오부치(小淵惠三)의 "한일 신新파트너십 선언" 이후 한일 관계는 비로소 경제 협력을 넘어 정치, 사회, 문화 전 분야에서 개방과 교류가 진전되는 즉, 국가·엘리트 수준과 민간 수준의 교류가 중층적으로 전개되어 이중 구조를 넘어서려는 흐름을 만들어 왔다고 한다. 그러나 2006년 3월 이후 이중 구조가 재현되었고, 그 양상은 과거와는 반대로 민간 수준에서의 난류暖流와 정부 수준에서의 한류寒流가 공존하는 현실이었다는 분석이다.

그는 이어서, 한일 간의 역사 문제는 본질적으로 일본인의, 일본의 지도자 마음을 움직여야 비로소 해결될 사안이지 역사 인식의 변경을 외압이란 강경 대응으로 "뿌리를 뽑을 일"은 아니라고 한다. 그러므로 이에 대한 한국의 대응은 한편으로는 소수이지만 일본에 일정한 흐름을 갖는 복고적이며 폐쇄적인 내셔널리즘 세력(예를 들어 역사 교과서 왜곡 세력)을 봉쇄하면서, 다른 한편으로는 일본이 지닌 힘을 전략적으로 활용하여 한국의 21세기적 역량을 키워감으로써, 장기적으로 일본이 한국을 아쉬워하고 원하는 환경을 만들어가는 것이 필요하다고 주장한다.[1]

한편, 한일 관계를 외교 쟁점(역사 인식 문제와 영토 문제) 봉합의 역사로 인식하면서 네 가지 상황을 설정해 정리를 시도한 연구도 있었다. 여기서 제1의 상황은 역사 인식 문제와 영토 문제가 완전히 해결된 상황, 제2의 상황은 갈등이 초래되어 악영향을 미치는 상황, 제3의 상황은 표면화되지 않고 한일 관계가 지속적으로 발전하는 상황, 제4의 상황은 표면화되더라도 한일 관계의 여러 분야에 대한 파급 효과가 그렇게 크지 않은 상황이다.[2] 이 연구는 한일 간 외교 쟁점에 대한 여러 상황의 가능성을 체계적으로 점검하면서, 한국의 대응책으로서 현실적 방안이 무엇인가를 확인할 수 있다는 점에서 기존의 논의 구조와는 다른 차원의 참신한 연구라고 할 것이다.

---

1   손열, 「3월의 한일 관계: 그 후 일 년」, 『이슈와 대안』(미래전략연구원. 2006. 3. 27.)

2   김준섭, 「한일 양국의 외교 쟁점.」, 2006 한일 학술회의(아베 정권과 한일 관계: 세대교체, 외교 쟁점 그리고 한일협력) 발표 논문(한국정치학회·현대일본학회·한일의원연맹 공동. 2006. 11. 7.)

이와 같이 한일 관계에 대해 체계적 분석을 시도하려는 기존의 논점은, 한일 관계의 '쟁점 구도' 정립을 위한 시론試論에 중요한 시사점을 던져주고 있다. 반면 한일 관계의 '쟁점 구도'를 정립해내려는 문제의식이나 시도가 충분하지 않았다는 점은 아쉬움을 남긴다. 이런 연장선 위에 아베 정권에 대한 평가도 평면적 분석 내지는 전망이 주류를 이루었다고 본다. 뉘앙스의 차이 혹은 방점을 어디에 두느냐 정도의 차이는 있을지언정 대개의 일반적 평가는 다음과 같다.

"고이즈미 수상은 '강한 일본'의 바람을 가지고 있는 국민 정서를 이용하여, 전후 터부시되었던 유사 법제의 제정이나 헌법 개정을 적극적으로 추진하고자 하였다. 이는 일본 정치의 흐름에서 본다면 탈냉전 이후 일본 경제에 걸맞은 군사력을 가지면서 일본의 영향력 확대를 주장하는 보통 국가론의 세력이 정치권에서 점점 확산된 것을 의미한다. 아베 일본도 '보통 국가론'의 흐름을 더욱 강화할 것이며, 특히 아베의 우파적 신념이 내셔널리즘적인 일본 국민의 정서와 부합될 가능성이 높다는 것이다."[1]

"아베 일본의 출범에 따라 한일 관계 정상화에 대한 기대가 높다. 아베 일본은 주변국과의 관계 정상화를 주요 외교 과제로 삼고 있으며, 전반적인 한일 관계가 재조정될 가능성은 크다. 또한 일본으로서는 대(對)중국 견제를 위해서도 가치와 체제를 공유하는 한국이 필요한 것이 사실이다. 그러나 한일 관계 정상화에 대한 지나친 낙관론은 금물이다. (중략) 아베 일본은 고이즈미 일본을 넘는 민족주의적이

---

1 진창수, 「아베의 정치적 계산과 한일 관계」, 『세종논평』, No. 60, 세종연구소(2006. 9. 21.)

고 보수적인 성향의 정책을 양산할 것이며, 이러한 일본의 내정이 한일 양국 관계를 냉각시킬 수 있기 때문이다. 아베 일본의 강성 우파 내각의 출범에 따른 자민당과 청와대의 이질감은 더욱 커질 것이며, 2007년 한국의 대선과 일본의 참의원 선거는 한일 양국의 포퓰리즘 정치의 발호를 불러 올 수도 있다. 따라서 한일 양국의 관계 정상화가 일시적인 해빙이 아닌 장기적인 우호 관계의 재구축으로 이어지기 위해서는 한일 양국이 지난 5년간의 인식의 갭을 어떻게 메우느냐 하는 실질적인 발전의 조건이 필요할 것이다. 구체적인 협력의 내용과 상호 이해가 전제되지 않는다면 장기적인 한일 관계의 안정화는 기대하기 어렵기 때문이다."[1]

그 연장선 위에 일본의 국내 정치와 대외 정책의 기조, 주변국과의 관계가 정립될 것이라는 분석이다. 이와 관련 한국 및 중국과의 관계는 일본 외교 과제이며, 혹은 일본의 이미지 개선을 위해서도 관계 개선의 방향으로 갈 것이라는 분석이었다. 한일 관계의 '쟁점 구도'를 정립하는 과제는 지난至難의 과제일지도 모른다. 이에 필자는 이에 대한 문제의식을 분명하게 제기하면서, 나름의 논의 토대를 마련해 본다. 그 방법으로 다음에서 거론되는 쟁점별 사안을 정리 분석하고 한일 관계의 '쟁점 구도'를 시론試論으로 제시해 보고자 한다.

역사의 국제정치를 푸는 방식은 국제정치라는 장이 지닌 속성, 즉 힘이 지배하는 세상임을 자각하는 데에서 출발해야 한다. 정서의 국제정치 즉, 반일 정서의 극단적 표출은 일본을 움직이는 힘으로 작동하지 못한다. 정서의 존재는 단지 협상의 수단으로 이용될 뿐이다. 한일

---

1   전진호, 「아베 일본의 국가 진로」, 『이슈와 대안』, 미래전략연구원(2006. 10. 12.)

간에 역사의 국제정치가 반복되는 것은 양국 간의 불균등한 힘의 관계를 드러내는 방증傍證이라는 분석이다.[1] 이것이 사실이라면 "양국 간의 불균등한 힘의 관계"를 균등한 관계로 만들어내지 않는 한 과거사 쟁점은 반복된다. 역사의 국제정치는 반복되는 숙명인가? 역사의 국제정치를 외교력으로 해결할 수는 없는 것인가? 이에 필자가 한일 관계의 '쟁점 구도' 정립을 시도하는 것은 냉엄한 국제정치 역학과 역사의 국제정치를 화해시키는 계기로 삼아보자는 목적도 있다. 바꾸어 말하면 냉엄한 국제정치 역학과 역사의 국제정치는 갈등과 마찰의 가능성을 안고 있기에, 과거사 쟁점을 한일 관계의 '쟁점 구도' 속에 위치시켜, 우선순위를 정하고 방향성을 설정해봄으로써 갈등과 마찰의 가능성을 최소화해보자는 것이다.

---

1   손열, 「한일 관계: 과거사와 21세기적 대일 전략의 모색」, 『이슈와 대안』, 미래전략연구원(2005. 3. 24.)

Ⅲ. 한일 간 과거사 쟁점별 기존 논의

1965년 한일 국교 정상화 이후 한일 간 주요 과거사 관련 쟁점은, 1) 야스쿠니 신사(靖国神社)[1] 참배 문제, 2) 독도 영유권 문제, 3) 역사 교과서 왜곡 문제, 4) 종군 위안부 문제, 5) 일본 정치인의 망언 등이 있었다. 이들 과거사 관련 쟁점은 한일 관계에 늘 그림자를 드리웠다. 여기서는 쟁점 가운데 1) 야스쿠니 신사 참배 문제, 2) 독도 영유권 문제, 3) 역사 교과서 왜곡 문제 등에 초점을 맞추어 논의한다.

1. 야스쿠니 신사 참배

야스쿠니 신사 참배[2]에 대해서는 개인적 차원, 국내적 차원, 국제적 차원 등으로 분류해서 논의를 진행한다. 야스쿠니 신사 참배 문제에는 일본이라는 논의 구조 외에 정치인으로서 개인의 소신 문제와 수상

1　신사(神社)는 태평양 전쟁 패전 이전까지 일본이 국교로 내세운 신도神道의 사당이다. 신도의 신을 제사 지내는 곳이 신사다. 신도는 일본의 고유 신앙으로, 선조나 자연을 숭배하는 토착 신앙이다. 하지만 종교라기보다는 조상의 유풍을 따라 가미(神: 신앙의 대상)를 받들어 모시는 국민 신앙이라 할 수 있으며, 그것을 기초로 하여 전개되는 문화 현상을 포함해서 말할 수도 있다. 1868년 메이지 유신(明治維新) 이후에 신도는 천황의 권위를 유지하기 위한 국가 종교가 되고, 신사는 정부의 관할하에 놓이게 된다. 결국 국가와 종교의 합체는 국수주의적인 기풍을 몰고 왔으며, 특히 1930년대 이후에는 국가 신도가 널리 보급되기에 이른다.

2　야스쿠니 신사에 총리, 관방장관, 외무상의 참배는 불가하다는 중국 측의 오랜 압력은 야스쿠니에 합사된 전범에 초점이 맞추어져 있다. 그런데 도쿄재판에서 처단된 A급 전범은 다수 역사가들이 비판하듯이 미국 시각에서 규정된 전쟁관에 입각해 판단한 대미개전(對美開戰)을 주도한 정치가와 군인들이었다. 즉, 1941년(진주만 공격) 혹은 1937년(중일전쟁) 이전 식민 지배의 만행을 주도한 이들이 제외된 '제한된' 의미의 전범이었다. 이렇게 볼 때 야스쿠니는 한국의 일차적 관심(식민지 통치와 관련된 왜곡과 망언)의 대상은 아닐 수 있다. 오히려 한국의 불만은 더 많은 A급 전범(식민 통치 만행 주도자)이 야스쿠니에 합사되었다는 것일지도 모른다.(손열, 「3월의 한일 관계: 그 후 1년」 참조)

혹은 장관이라는 일본을 대표하는 공인公人으로서의 문제가 공존하기 때문이다. 더불어 정치인의 경우, 필요에 따라 개인 혹인 공인이라는 구실을 자기 편의대로 사용하면서 자기의 말과 행동을 합리화시키는 경향이 있기 때문이다. 그렇다고 개인 차원의 것을 존중하자는 것은 아니다. 오히려 그 부분을 강조하는 일본 정치인의 '무책임성'을 확인하고자 하는 의도에서다.

1) 개인적 차원의 문제

고이즈미가 야스쿠니 신사[1] 이외의 국민 추도 시설을 설립하겠다고 발언했을 때, 한국 정부는 그 제안을 용인했다. 이는 야스쿠니 신사 참배가 어떠한 형태를 취하더라도 비난의 화살에서 벗어날 수 없음을 의미하는 것이기도 했다. 그런데 2005년의 참배에서 고이즈미는 여러 가지 사정을 고려하여 본전(本殿)에 들어가지 않고, 손바닥을 세 번 부딪히지 않으며, 자기의 돈을 사용하는 행동을 보였다. 즉 총리로서가 아니라 개인으로서의 참배임을 강조했다. 물론 그렇게 행동한다고 해서 일본 총리가 야스쿠니 신사에 갔다는 사실이 달라지는 것은 아니다. 대내적으로는 통용될지 모르나, 대외적으로는 거의 무의미한 것이었다.[2] 이러한 개인적 사고는 고이즈미가 참배를 강행하게 만든 요인 중 하나였을 것이다.

---

1 야스쿠니 신사는 1868년 메이지 유신에 성공한 일왕 메이지(明治)가 도쿠가와(德川) 막부와의 전투에서 숨진 3,500여 명을 추모하기 위해, 다음 해 왕궁 옆 99,000㎡의 부지에 만든 호국 신사이다. 1978년 도조 히데키 전 총리 등 A급 전범 14명의 위패가 합사되었고, 이 사실이 알려지면서 총리나 각료의 공식 참배 여부가 주목받게 되었다.

2 이면우, 「고이즈미 수상의 야스쿠니 신사 참배에 부쳐」, 『세종논평』, No. 32, 세종연구소(2005.10.19.)

그리고 고이즈미는 우익적 이슈에는 상대적으로 소극적이며, 때로는 무관심한 면을 드러낸다. 반면 그는 개헌에 대해 일정하게 개입(방해성 개입)을 한 바 있고, 여성 천황을 용인하는 황실전범 개정을 추진하려던 전력도 있으며, 북일 교섭의 적극성, 미군 재배치를 둘러싼 논쟁 과정에서는 의외의 소극성(총리의 관심 결여와 지도력을 행사하지 않는다는 비난)을 보인 바도 있다. 그렇다면 그의 야스쿠니 신사 참배 문제를 어떻게 설명할 것인가? 그가 입버릇처럼 말하는 '개인적 소신'을 어떻게 판단할 것인가? 사실 그는 집권 이전에는 야스쿠니 참배에 관심이 없었으며, 2001년 유세 기간 중 언급한 이후 이를 고집하고 있는 것으로 알려져 있다.[1] 그렇다면 고이즈미의 소신도 자기 편의적 소신에 지나지 않는다고 봐야 할 것이다. 다만 자기 편의적 소신의 의도가 무엇인가를 알 필요는 있을 것이다. 아마도 그 내용은 정치인으로서 국내 정치 지지기반 강화 내지는 확대 정도로 해석해도 무방할 것이다.

참배에 대한 국내외적 비판에 전후 세대들은, 일본이 언제까지 과거사 사과와 배상 요구에 끌려다녀야 하느냐는 주장을 공공연히 하고 있으며 개중에는 내셔널리즘 정서에 부응하는 강경 입장도 엿보인다. 가장 대표적인 인물이 당시 아베(安部晋三) 자민당 간사장 대리였다. 납치 문제 이후 대북 강경 발언으로 인기가 올라간 그는 "자위대도 군대이다.", "누가 총리가 되어도 야스쿠니 신사를 참배해야 한다." 등의 자극적인 발언을 서슴지 않았다.[2]

한편, 아베는 총재 선거에 나설 것을 결심한 이후 줄곧 '야스쿠니에 가겠다고 선언하지는 않았지만, 안 가겠다는 것도 아니다.'라는 전략적 모호성으로 일관하였다. 아베에게 '야스쿠니에 가지 않겠다.'라는

---

1   손열, 「일본은 우경화?: 변화하는 일본의 복잡한 보수(保守)」, 『이슈와 대안』, 미래전략연구원(2006. 7. 10.)

2   진창수, 「독도 문제의 해결은 전략적으로」, 『세종논평』, No. 9, 세종연구소(2005. 3. 16.)

말은 자신의 지지자들에 대한 배신이자 정치적 자살 행위이다. 하지만 야스쿠니에 가겠다고 공언하면, 이미 뒤틀린 한국과 중국과의 관계 회복은 불가능한 것이었다. 이러한 고려에서 아베는 2006년 4월, 야스쿠니에 비밀리에 참배했다는 정보를 흘리면서, 자신이 신사 참배를 유보할 의향이 있음을 시사하였다.[1] 아베의 이러한 정치적 행동은 개인의 소신보다는 오히려 정치적 파장과 득실을 고려한 행위로밖에 볼 수 없다. 지지자와 주변국을 고려한 정치적 '애매함'의 산물이다.

또한 야스쿠니 참배 문제와 관련해 아베는 "일국의 지도자가 순국한 사람들에게 예를 다하는 것은 어느 나라에서나 행해지는 행위이며, 그 나라의 문화와 전통에 의거한 추도 방식을 취하는 것은 자연스러운 것"이라고 주장한다. 더 나아가 그는 "알링턴 국립 묘지에 묻혀있는, 노예제를 옹호했던 남부군 장병에 대해 추도하는 미국 대통령의 행위가 노예제를 옹호하는 것과 연결된다고는 아무도 생각하지 않는 것처럼 야스쿠니 참배와 역사 인식 문제와는 관련이 없다."라며 야스쿠니 참배의 정당성을 주장하기도 했다.[2] 그러나 아베의 정치인으로서의 이념과 정책 성향이 아베 정권의 대한對韓 정책으로 그대로 여과 없이 표출될 것으로 보는 것은 지나친 단순 논법이다. 전후 일본 보수 외교의 전통에서 볼 때, 지도자의 정치적 이념이 원리적으로 실현되었다기보다는 당시의 국제정치적 상황과 국가 이익을 냉철하게 계산하는 리얼리즘에 충실한 노선이 답습되었다고 평가할 수 있기 때문이라는 것이다.[3]

이는 아베의 정치인으로서의 이념과 정책 성향이 '우려'는 되지만 오히려 한국 정부의 적극적인 이니시어티브를 통해 돌파구도 마련될

---

1   박철희, 「아베의 정치 진로와 한일 관계」, 『이슈와 대안』, 미래전략연구원(2006. 10. 12.)

2   이원덕, 「아베 총리 체제와 한일 관계: 전망과 과제」, 『정책 보고서』, 특별 기획 10호, 코리아연구원(2006. 9. 21.)

3   이원덕, 「아베 총리 체제와 한일 관계: 전망과 과제」 참조.

수 있다는 '기대'로 분석된다. 단, 이러한 분석의 저류에는 일본 보수 외교의 전통적 맥락에 보이는 국제정치적 상황과 국가 이익을 냉철하게 계산하는 리얼리즘 노선을 한국 정부도 타산지석으로 삼을 때, 돌파구 마련이 가능할 것이라는 점잖은 충고도 깃들어 있음을 간과해서는 안 될 것이다.

이렇듯 개인적 차원에서 보면 야스쿠니 참배라는 정치적 행동은 개인의 소신보다는 오히려 정치적 파장과 득실을 고려한 행위이며, 지지자와 주변국(한국과 중국)을 고려한 정치적 '애매함'의 산물로 볼 수 있다.

2) 국내적 차원의 문제

고이즈미의 신사 참배를 신자유주의적 개혁에 따른 사회적 불안과 분열에 대응하는 복고적 통합 기제, 다시 말해서 개혁에 대한 전통적 보수층의 공격을 저지하는 기제로 사용하고 있다는 해석도 제기된다. 어쨌든 이는 중국(차후 한국)의 외압에 대한 저항 즉, 주변국의 '반일 내셔널리즘'에 굴복하지 않겠다는 과시적 행위이지 아시아 무시의 우익 사관을 반영하는 체계적 외교 행위라 보기는 어렵다는 분석이다. 요컨대, 일본의 정치 지형은 보통 국가화의 움직임이 중심이고, 경제 차원에서는 신자유주의가 지탱하고 있으며, 보수 본류와 우익은 주변이라할 수 있다는 분석이다.[1] 이러한 해석은 "우익 사관을 반영하는 체계적 외교 행위"는 아닐지라도 아시아 주변국의 '반일'에 굴할 수 없다는 명시적 행위로 해석된다.

---

[1] 손열, 「일본은 우경화?: 변화하는 일본의 복잡한 보수(保守)」, 『이슈와 대안』, 미래전략 연구원(2006. 7. 10.)

한편 다른 연구자는, "일본이 한국이나 중국과의 관계를 악화시킨 것은 외교의 장에서의 대립이나 문제가 아니라 일본 총리의 야스쿠니 참배 문제"라고 지적하면서, "이는 외교의 문제가 아니라 내정의 문제가 외교 관계의 악화를 초래한 것이다. 따라서 아베 일본의 출범 이후 일정한 관계 정상화가 이루어지더라도 야스쿠니 참배 문제는 일본과 주변국과의 관계를 악화시키는 변수로 여전히 상존한다. 아베 총리는 매년 야스쿠니 신사를 참배해 왔으며, 관방장관 시절 총리의 야스쿠니 참배를 지지해 왔다. 따라서 아베 총리가 주변국과의 관계 정상화를 위해 일시적으로 야스쿠니 참배를 유보할 수 있지만, 일본 국내 정국의 변화에 따라 혹은 선거를 위해 야스쿠니 참배를 강행할 가능성은 남아 있다."라고 분석한다.[1]

이는 아베 총리가 야스쿠니 참배를 일시적으로 유보할 수는 있겠지만, 일본 국내 정국의 변화에 따라 강행할 수도 있다는 분석이다. 이러한 관점은 개인적 차원에서의 야스쿠니 참배라는 정치적 행동과 맥락을 같이 하는 것으로 평가된다.

3) 국제적 차원의 문제

이미 살펴본 대로 개인적 차원과 국내적 차원은 서로 연관되어 있다. 그렇다면 국제적 차원의 문제에서는 어떤 양태일까? 이에 대한 다양한 분석이 있었다.

우선, 한국이나 중국은 아베 총리에게 다른 정치적 선택이 없다는 현실성을 인정하고, 일단 회담을 받아들여 향후 야스쿠니 참배를 어렵

---

1   전진호, 「아베 일본의 국가 진로」, 『이슈와 대안』, 미래전략연구원 (2006. 10. 12.)

게 만드는 상황을 만들어나가는 게 중요하다는 전략적 판단을 한 것으로 보인다. 실제 2006년 한일, 중일 회담에서 양국 지도자들은 아베의 신사 참배에 대한 우려를 표명하기는 했지만 이를 집요하게 추궁하지는 않았다. 왜냐하면, 만에 하나 아베가 신사 참배를 한다고 하면 외교적 실패의 책임은 일본에 있고, 그때 일본을 비판해도 늦지 않기 때문이었다. 아베가 조심스럽게 접근했던 한국과 중국과의 정상회담은 아베 자신이 강경한 보수적 입장을 약간 접었기에, 또한 한중 양국이 과거사와 관련된 정면 공격을 약간 접었기에 가능한 것이었다. 결과적으로 아베는 중국 및 한국과의 신뢰 회복의 실마리를 마련함으로써 고이즈미와는 차별화된 이미지 형성에 성공하였다고 볼 수 있다는 분석이다.[1] 이러한 국제적 차원의 분석에서조차 야스쿠니 참배의 문제는, 근본적 해결이기보다는 외교적 득실에 따라 유보하거나 일시적인 미봉책의 차원에서 논의되고 있는 것이 현실이라고 볼 수 있다.

한편, 중국은 일본과 전쟁한 국가로서 일본에 전쟁 책임 문제를 제기할 명분을 가지는데, 이를 토대로 야스쿠니 참배 금지를 요구할 때 A급 전범의 합사를 이유로 든다. 중국은 야스쿠니에 A급 전범들이 안치되어 있다는 사실만 문제인 것처럼 지적하는데, 최근에는 한국에서 역시 비슷한 오해가 퍼지고 있다. 이 점에서 일본은 야스쿠니 문제는 중국과 해결하면 된다고 보는 측면이 있고, 심지어 한국과의 갈등은 중국과의 문제 해결 여하에 따라 해결될 것이라고 보는 경향마저 있다. 그러나 한국은 중국과 달리 일본의 식민지 시대에 대한 배상과 사죄의 문제를 해결해야 하고, 나아가 일본이 야스쿠니의 유취관[2]에서 보여주는 식민지 시대의 찬미와 제국주의의 정당화는 한국에게 더욱

---

1   박철희, 「아베의 정치 진로와 한일 관계」, 『이슈와 대안』, 미래전략연구원(2006. 10. 12.)

2   유취관(遊就館)은 야스쿠니 신사 경내에 병설된 그 신사의 제신祭神 연고의 자료를 모은 박물관이다. 1882년(메이지 15년)에 개관한 일본의 가장 오래된 군사 박물관으로, 전몰자 및 군사 관련 자료를 소장·전시하고 있다.

더 큰 문제가 아닐 수 없다. 게다가 일본 제국주의 시대에 강제로 동원된 한국인이 야스쿠니에 함께 합사되어 있다는 것도 한국이 나서서 아베에게 인식시켜야 한다는 분석이다.[1]

이러한 분석은 야스쿠니 문제의 해부를 통해 한국의 입장이 무엇이어야 하는지를 분명히 보여주려는 관점에서는 참신하다. 그러나 야스쿠니 문제를 한국이 해결해야 하는 과제로 인식함으로써 역시 난관에 봉착될 수밖에 없는 문제로 귀착시키는 데에 한계가 있다. 일본의 야스쿠니 문제는 주변국의 의견을 수용하든 말든 일본 정부가 처리해야 할 문제이기 때문이다.

야스쿠니 신사의 A급 전범 분사分祀 혹은 제3의 추도 시설 건립 문제 등 새로운 해결책이 제시되지 않는다면 야스쿠니 문제는 일본과 주변국 관계의 발목을 잡는 악재로 남을 것이라는 전망도 있다.[2] 그리고 일본 수상의 야스쿠니 신사 참배에 대한 중국의 결연한 반대에 직면하여, 나카소네(中曽根康弘)와 같은 보수 인사가 외교적 측면을 고려하는 입장에서 야스쿠니 신사에서 전범을 분사할 필요가 있다고 언급한 것은 떠오르는 중국의 힘을 반영하는 사례라는 분석도 있다.[3]

최근 미국은 종군 위안부 문제를 다루는 일본 정부의 태도에 대해 실망감을 감추지 않고 있다. 2006년까지만 해도 일본 편을 들던 조지 W. 부시 행정부였다. 그런데 미 국무부는 2007년 3월 26일 위안부 문제와 관련, 일본 정부에 "솔직하고 책임 있는 태도(in a forthright and responsible manner)"를 보이라고 촉구했다. 종래 "위안부 문제는 당사국끼리 해결할 사안"이라며 개입을 꺼리던 미 국무부의 입장이 달라진

1   진창수, "아베의 정치적 계산과 한일 관계." 『세종논평』, No. 60, 세종연구소(2006. 9. 21)

2   전진호, 「아베 일본의 국가 진로」, 『이슈와 대안』, 미래전략연구원(2006. 10. 12.)

3   손열, 「한일 관계: 과거사와 21세기적 대일 전략의 모색」, 『이슈와 대안』, 미래전략연구원(2005. 3. 24.)

것이다. 톰 케이시(Tom Casey) 국무부 부대변인은 브리핑에서 "(위안부 문제에 대한) 아베 일본 총리의 사과를 평가한다."라면서도 "일본이 범죄의 중대성(the gravity of the crimes)을 인정하는 솔직하고 책임 있는 태도로 이 문제를 다루길 바란다."라고 주문했다.[1]

미국이 이처럼 분명한 어조로 일본 정부의 책임 인정을 촉구한 것은 처음이었다. 이에 대한 일본의 태도를 주목해야 한다. 한일 간 역사의 국제정치가 반복되는 것이 양국 간의 불균등한 힘의 관계에 기인함을 인정한다면, 미국의 등장은 새로운 국면을 만들어 갈 가능성이 있기 때문이다.

2. 독도 영유권 문제

독도 영유권 문제는 국제법적 문제, 역사적 고증 문제, 자연사적 국경 문제(지질과 관련한 국경 획정), 국제정치적 문제 등이 얽혀있다. 이에 대한 분석과 처방전은 다양하다. 예를 들어, 1) 독도 영유권 문제에 대한 한국 정부의 대응은 단호해야 한다. 2) 한일 관계는 우호 협력 관계이지만 사안별로는 냉정하고 철저하게 대응해야 한다. 3) 장기적으로 독도 문제가 무력 충돌로 이어질지, 아니면 국제사법재판소에 가게 될지 모르지만, 어느 경우라도 철저하게 준비해야 한다. 4) 국제 외교가 정보와 홍보의 전쟁 양상을 띠므로 국제사회에 대한 홍보 외교에 전력해야 한다는 주장이다.[2] 단호하게 대처하며 철저하게 준비하자는 주장이다.

---

1 「중앙일보」, 2007년 3월 28일 자.

2 김성철, 「독도 문제와 한일 관계: 시마네현 의회 조례안과 다카노 대사의 발언에 부쳐」, 「세종논평」 No. 7, 세종연구소(2005. 2. 25.)

독도 영유권 문제는 왜 불거졌는가?

첫째, 직접적인 요인으로 시마네현 어민들의 불만 → 다케시마의 날 제정 → 독도 지역 조업 확보를 둘러싼 영토 문제의 쟁점화를 들 수 있다. 둘째, 이에 대한 일본 정부의 미온적인 태도가 사태 악화를 불렀다는 분석이다. 셋째, 1990년대 일본의 경기 침체 장기화 → 미래에 대한 불확실성 → 불안감, 자신감의 상실 → 패배감의 반작용, 강한 일본 재건 → 내셔널리즘 열망 대두 → 우익 세력의 주장에 동조하는 현상 → 영토 문제의 쟁점화로 이어졌다는 것이다. 넷째, 정치가들의 세대교체 등이 거론된다. 이에 대한 처방은 1) 일본의 우익 세력과 침묵하고 있는 보수 세력들을 명확히 분리하여 대응할 것, 2) 세계 보편의 논리와 인류의 상식 수준에서 일본의 문제점을 지적하며 설득하는 조용한 외교 노력으로 우익 세력의 영향력을 약화시키는 것 등이다. 이러한 점에서 전략적인 접근이 어느 때보다 필요하다는 분석이다. 그간 한국은 일본을 싸잡아 비판함으로써, 오히려 한국을 이해하고 있는 일본의 정치가와 국민도 한국에 등을 돌리게 하는 결과를 초래했고, 일본 우익 세력의 정치적 영향력을 확대하는 데 도움을 준 것이 한국의 감정적인 대응과 자극적인 행동이었음도 아울러 지적되고 있다.[1]

반면 미국의 역할과 태도 문제를 지적하면서, 일본이 안고 있는 과거사 부담이 미국에도 돌아온다는 사실을 돌아볼 필요가 있음을 상기시키며 한일 문제 해법을 찾는 처방도 있다. 일본은 기존의 한-미-일 삼각 안보 협력 체제를 통해 한국이 일본과의 군사적, 정치적 협력을 강화하길 바라고 있다. 그러나 최근 북핵 문제 대응에 한미 양국이 같은 목소리를 내지 않고 있고, 타이완 분쟁에 대해서도 한국이 미국을 도울 수 없다는 입장을 공공연히 천명하자 한미일 삼각 체제 심화 가

---

1 진창수, 「독도 문제의 해결은 전략적으로」, 『세종논평』, No. 9, 세종연구소(2005. 3. 16.)

능성에 대해 회의를 품게 된 것으로 보인다. 이러한 회의감은 한미 동맹이 약화될수록 강력해질 것이며, 이에 따라 과거사 문제나 독도 문제를 막아두던 병뚜껑은 더욱 활짝 열릴 것이라는 것이다.

그러나 미국이, 일본의 대미 동맹 강화가 일본의 도덕적 한계에서 비롯되었으며 일본의 영토 분쟁 문제에 미국 요인이 있다는 것을 인식한다면, 미국은 주변국과의 관계에 있어서 일본의 무모함을 자제하게끔 해야 하고, 미국이 한·중·일 간의 과거사 문제와 지정학적 이해관계 간의 복잡한 상호작용을 이해한다면, 한일 간의 과거사 문제나 잠재적 영토 분쟁에 방관자의 태도만을 취할 수는 없을 것이라는 분석이다.[1]

반면 독도 문제가 어떻게 와전되고 있는가를 분석한 내용을 보면, 한국 정부는 독도 문제를 영토 문제가 아닌 역사 문제로 간주하여 일본을 압박하고 있다. 즉 일본이 독도의 역사성을 인식하지 못하고 있음은 역사 왜곡(제국주의의 역사 미화, 한국의 역사 모독)이며, 따라서 일본의 독도 영유권 주장은 일본의 우경화를 방증한다는 것이다. 독도를 지지하는 세력/국민, 보통 국가를 지지하는 세력/국민, 역사 미화를 지지하는 세력/국민은 서로 다르다. 물론 이들 간에 중첩(교집합)은 분명 존재한다. 또 집합의 크기로 따지면 독도 〉 보통 국가 〉 우경화가 될 수 있다. 이 세 그룹을 하나로 묶어 우경화 세력으로 간주한다면 일본 국민 대다수를 우경화의 대상으로, 따라서 교정의 대상으로 삼는 결과가 된다. 그러나 일본의 현실은 다르다. 독도에 대한 한국 영유권을 부인하는 행위가 우경화의 표출이라는 주장은 적어도 일본 내에서는 설득력을 얻기 어렵다. 비록 한국 정부는 대다수의 국민과 일부 정치 지도자를 나누어 접근한다고는 하지만 말뿐이고, 일본의 대다수는 영유권 주

---

1 이숙종, 「동북아 정세에서 보는 독도 문제」, 『세종논평』, No. 10, 세종연구소(2005. 3. 22.)

장을 우경화로 비판하는 견해에 수긍하지 못하고 있다는 분석이다.[1] 이와 같은 분석은 한국의 대응 전략이 치밀하지 못함을 비판하는 것으로 이해할 수 있겠다.

한편 국제정치적 관점의 중요성을 지적하면서, 독도 문제는 사실의 검증 및 판정에 의해 해결될 문제라고 보는 견해도 있다. 그러나 한일 관계의 특성(한미/미일 관계, 북핵 문제, 한반도 평화 정착 문제, 한미일의 비대칭성)은 독도 문제를 단순히 사실의 검증 및 판정으로는 해결할 수 없는 문제로 만들고 있다. 한일 양국은 국제정치 역학 속에서 피해와 가해의 주역이면서, 문제 해결 과정에서 미국으로부터 소외를 당했고, 문제 해결의 주역이 아닌 숙명적 방관자였다. 이러한 요인이 지속되고 있기에 독도 문제와 야스쿠니 참배 문제도 미국과 중국의 관점을 시야에 넣어 대국적으로 보지 않으면 안 되고, 동시에 한중일 관계, 중미일 관계를 보지 않으면 안 된다는 견해이다.[2]

독도 문제에 대한 분석을 종합하면 다음과 같이 요약할 수 있다. 첫째, 감정적 대응은 자제해야 하고 철저하게 준비하는 노력이 요구된다는 것. 둘째, 일본 국내의 정치 세력을 치밀하게 분리해서 대응해야 한다는 것. 셋째, 국제정치적 관점의 중요성을 간과해서는 곤란하다는 것 등이다. 아마도 세 번째의 경우, 미국을 이용하는 것과 미국과의 관계를 고려하는 것 등과 같은 복잡한 과제가 동시에 제기된다고 본다. 그렇다면 이러한 분석을 통해 볼 때, 독도 문제에 대해 한국은 일회적이었고 감정적이었음을 인정하지 않을 수 없고, 국제정치라는 대국적 흐름을 간과한 측면도 있었음이 간파된다.

---

1 손열, 「일본은 우경화?: 변화하는 일본의 복잡한 보수(保守)」, 『이슈와 대안』, 미래전략 연구원(2006. 7. 10.)

2 박흥영, 「독도 문제와 강한 외교」, 『이슈 해설』, 이슈투데이(2006. 5. 11.)

3. 역사 교과서 왜곡 문제

일본은 2001년 4월 3일 역사 교과서 검정 결과를 발표했다. 이에 대해 한국 정부가 취한 조치는 외관상 중국이나 북한보다 더 적극적이었다. 한국 정부는 1) 즉각적인 유감 성명 발표(4월 3일), 2) 데라다 데루스케(寺田輝介) 주한 일본 대사에 대한 강력한 항의(4월 4일), 3) 최상룡 주일 대사의 사실상 소환(4월 9-19일) 등 강경 조치를 취했다. 또 4) 역사 교과서 왜곡 대책반 출범(4월 11일), 5) 김대중 대통령의 재수정 촉구(4월 11일) 등의 대응 조치를 취했다. 그 결정판이 2001년 5월 8일에 나온 정부의 재수정 요구안으로서, 그 내용은 총 35개 항목에 달했다. 한 껏 드높던 정부의 목소리는 이때부터 잦아들었다. 당시 정부 당국자는 "우리 요구를 충분히 전달한 만큼 잦은 재촉보다 '무거운 침묵'이 더욱 효과적"이라고 말했다. 그러나 이는 순진한 기대였다는 것이 일본의 재수정 거부로 드러났다.[1]

2001년 한일 간 외교 문제로까지 비화했던 '새로운 역사 교과서를 만드는 모임'[2]의 역사 교과서는 2004년 기준 사립 7개교, 에히메(愛媛) 현립 3개교, 도쿄 도립 양호 학교와 에히메 현립 농아 학교에서만 사용되고 있어 채택률 0.039%, 사용 권수 521권이었다.[3]

---

1   심규선, 「[日 왜곡교과서 수정거부]日 "명백한 오류 없어 정정 강요 못한다."」, 『동아일보』, 2001년 7월 9일 자.

2   새로운 역사 교과서를 만드는 모임(新しい歷史敎科書をつくる會)은, 일본의 역사에 대한 새로운 관점을 전파하기 위해 1997년에 결성된 일본의 우익 단체로, 일본에서는 만드는 모임(つくる會), 한국에서는 '새역모(新歷會)'라는 약칭으로도 불린다. 이 모임은 후소샤 (扶桑社)를 통해 『개정판 새로운 역사 교과서』를 출판하였는데, '난징 대학살'을 '난징 사건(南京事件)'이라고 부르며, 또한 독도와 센카쿠 열도, 쿠릴 열도 남단 4개 섬의 영유권을 강조하고 있다.

3   『한국일보』, 2004년 7월 27일 자.

우선, 역사 교과서 왜곡의 내용이 무엇인지를 요약 정리하면 다음과 같다. 1) '한국이 불법 점거하고 있는 다케시마'라는 제목의 화보를 게재하면서 '국제법상으로'라는 단어를 추가하여, '다케시마는 역사적으로도, 국제법상으로도 일본 고유의 영토'라고 기술하고 있다는 것. 2) 조선을 '중국의 복속국'이라 표현했던 것을 수정해서, 2005년 판에서는 '중국의 조공국'으로 개악했다는 것. 3) "한국 병합 후 설치된 조선 총독부는 식민지 정책의 일환으로, 철도·관개 시설을 정비하는 등의 개발을 하고, 토지 조사를 개시했다."라며 일본의 식민지 정책 초점이 한국의 근대화 또는 개발에 있었다고 기술하고 있다는 것. 4) "다수의 조선인과 중국인이 일본의 광산 등에 끌려가 가혹한 조건 아래서 노동해야만 했다."라며 인적 동원만 서술했고, 물자의 강제 동원은 서술하지 않았다는 것. 5) 창씨 개명과 관련 "일본식 성명을 사용하게 하는 것 등이 추진되었다."에서 "일본식 성명을 사용하는 창씨 개명 등이 행해져"로 수정되었으며, 강제성이 약화되고 '황민화 정책'이라는 단어도 삭제됐다는 것. 6) "한국 병합이 일본의 안전과 만주의 권익을 방위하기 위해 필요하다고 생각했다."라며 자신의 이익을 위해서는 이웃 나라를 식민지화할 수 있다는 역사 의식을 거리낌 없이 보여줬다는 것. 7) "구미 열강은 자국 식민지 지배를 일본이 인정하는 대가로, 한국을 일본의 영향 아래 두는 것에 이의를 두지 않았다."라며 침략을 정당화하기도 했다는 것 등이다.[1]

한국과 일본의 역사 교과서는 발행 제도와 내용 구성에서 다른 점도 있지만 유사한 면도 많다. 우선 교과서 발행 제도의 다른 점을 들면, 한국은 중·고등학교의 세계사 교과서가 검인정, 국사 교과서가 개발 위탁형(제1종, 소위 국정)을 택하고 있고, 일본은 세계사와 일본사 모두

---

1 유희연, 「〈한일 역사 전쟁〉일본 역사 교과서 6대 왜곡」, 『문화일보』, 2005년 4월 6일 자.

검정을 택하고 있다. 다만 중앙 정부가 역사 교육에 강한 통제를 하는 것은 양쪽 모두 마찬가지다. 국사 교과서의 경우 한국이 직접적으로 관여하는 대신 일본은 간접적이지만 정교한 간섭을 한다고 알려져 있다.[1]

역사 교과서 왜곡의 원인을 일본 사회의 변화에서 찾는 견해가 있다. 즉 일본 사회가 새로운 역사 교과서(후소샤 출판)의 문제점을 비판하면서도 감정적으로 동조하는 측면이 나타났는데, 이는 일본 사회의 전체적 보수화 경향과 관련된다는 것이다.[2] 그럼에도 역사 교과서 왜곡에 대한 처방은 대개가 일본의 우익 세력과 침묵하고 있는 보수 세력들을 명확히 분리하여 대응할 것을 권하고 있다.

1 정재정, 「[식민사관 청산부터] (2) 역사 교과서 속의 한국과 일본」, 『국민일보』, 2001년 4월 10일 자.

2 진창수, 「일본 사회 변화가 가져온 후소샤 역사 교과서 왜곡」, 『세종논평』, No. 11, 세종연구소(2005. 4. 6.)

IV. 한일 간 과거사 쟁점에 대한 처방전

1. 정확한 인식

어느 연구자는 "한국은 일본의 군사 대국화, 미일 동맹의 강화, 역사 교과서 왜곡, 야스쿠니 참배 모두를 싸잡아 우경화로 모는 경향이 강하다. 그러나 정책 대상으로 일본을 '하나의 일본(monolithic Japan)'으로 보는 것은 위험한 발상이다. 한국이 복잡하듯이 일본도, 그리고 일본의 보수도 복잡하며, '우경화하는 일본'이란 언어는 많은 것을 가져다주지 못한다. 물론 '복잡함'이 일본을 용서해 주는 언어가 되어서는 안 되지만 '단순함'은 힘의 상대적 열위에 처해 있는 한국에게 큰 부담을 안겨줄 수 있다. 이런 점에서 볼 때 대일 정책의 점검을 위해서는 일차적으로 일본에 대한 정확한 인식이 전제되어야 한다."라고 제안한다.[1]

이런 제안은 일본에 대한 정확한 인식이 우선 과제라는 논리이다. 문제는 여기서 말하는 '정확한 인식'이 무엇인가 하는 점이다. 객관적 인식이라면 일본에 대한 국제적 수준에서의 이해와 궤를 같이하는 정도의 인식이라고 할 수 있을 것이다. 반면 일본에 대한 인식이 정확한지 아닌지를 문제로 삼는다면, 아마도 한국 내에서도 다양한 의견이 존재하기에 쉽게 합의를 볼 수 있는 사안은 아닌 것으로 보인다. 다만 일본의 전략적 관점, 혹은 속내를 꿰뚫어 보는 것이 정확한 인식이라면 오히려 한국의 일본에 대한 전략적 관점이 무엇인지가 문제가 될 것이다. 그에 따라 한국 외교 전략을 마련해야 한다는 것이 '정확한 인식'을 의미한다고 보면 무리는 없을 것이다.

---

1 손열, 「일본은 우경화?: 변화하는 일본의 복잡한 보수(保守)」, 『이슈와 대안』, 미래전략연구원(2006. 7. 10.)

2. 관리와 통제

한편, 한일 관계가 실질적인 관계 정상화로 나아가기 위해서는 양국의 국내 현안 문제가 외교의 발목을 잡지 않도록 양국이 관리하고 통제하는 노력이 요구된다는 처방도 자주 거론된다.[1] 양국이 외교 현안을 관리 혹은 통제하는 노력을 해야 한다는 것이다. 여기서 말하는 관리 혹은 통제하는 노력은 정부 차원의 것을 말한다. 이는 역설적으로 과거사 쟁점들이 양국 정부 차원에서 관리되지 않았고 통제되지 않았다고 보기 때문일 것이다. 최고 지도자가 나서서 관리하고 통제할 입장인데, 오히려 양국의 지도자가 외교 문제로 비화시키는 경우가 있었기 때문일 것이다. 외교 현안을 외교 주무 부처가 관리하고 통제하는 시스템과 노력이 동시에 요구된다고 생각한다.

3. 전향적 자세

아베는 북한에 굴하지 않는 강경 이미지로 스타가 된 정치가이다. 또한 독도 문제에 대해서도 "할 말은 한다."라는 식의 태도를 취해 한일 관계의 갈등을 증폭시켰다. 그렇지만 아베도 이 이상 한국과의 관계를 악화시키는 것이 자신의 정권 유지에 문제가 된다는 것을 잘 알고 있을 것이다. 이에 한국도 전향적으로 한일 관계 개선을 위한 메시지를 다각적인 형태로 보내는 것이 필요하다는 분석도 있다.[2]

---

1   전진호, 「아베 일본의 국가 진로」, 『이슈와 대안』, 미래전략연구원(2006. 10. 12.)

2   진창수, 「아베의 정치적 계산과 한일 관계」, 『세종논평』 No. 60, 세종연구소(2006. 9. 21.)

말하자면 한국 정부의 전향적 자세가 필요하다는 것이다. 이는 앞서도 지적한 대로 오히려 한국 정부의 적극적인 이니시어티브를 기대하는 것으로 분석된다. 이러한 분석의 저류에는 한국 정부도 국제정치적 상황과 국가 이익을 냉철하게 계산하는 리얼리즘 노선을 전향적으로 취할 필요성을 제기한 것으로 분석된다. 그러나 그러한 전향적 자세를 취하려면 과거사나 영토 문제 등에 한국의 양보가 필요할 터인데, 그래도 전향적 자세가 필요한지는 의문이고 과제로 남는다.

V. 맺음말: 한일 관계의 '쟁점 구도' 정립 시론(試論)

한일 간 과거사 쟁점이 불거지더라도 한일 양국의 생존 문제가 제기되었을 때는 상황이 달라진다. 2006년 10월 9일의 북한 핵실험이 그 경우였다. 이 사건은 일본에 원폭의 악몽을, 한국에는 전쟁의 악몽을 직접적으로 떠올리게 하는 사건이었다. 그러니 양국 간의 현안이었던 야스쿠니 신사 참배 문제, 독도 영유권 문제, 역사 교과서 왜곡 문제 등은 우선순위에서 밀려났다. 한일 관계가 북핵 문제와 미사일 문제, 미국의 세계 전략 문제 등에 연동되면서 한일은 생존의 문제에 직면한 것이다. 이에 한일 간 현안이며 해결 과제였던 문제는 그 자리를 생존의 문제에 내주었다.[1]

이렇듯 변화무쌍한 한일 간 과거사 쟁점을 어떤 차원에서 해결해야 할 것인가? 이상 살펴본 대로 1) 야스쿠니 신사 참배 문제, 2) 독도 영유권 문제, 3) 역사 교과서 왜곡 문제 등에 초점을 맞추어, 기존 논의 및 이에 대한 분석을 정리해보았다. 이를 통해 여러 쟁점을 제기하는 행위자는 정치인, 정부 인사, 단체 등이었고, 이들에 대한 한일 양국의 대응에도 대칭(정치인과 정치인, 정부와 정부, 단체와 단체)과 비대칭이 혼합되어 있음을 알 수 있었다. 그리고 정치인의 입장을 개인의 입장으로 볼 수 있는지 아닌지, 정부의 정책도 일관성을 담보하는지 아닌지 등의 문제가 있었다. 정치인은 스스로 사견임을 전제하는 경우도 있었고, 정부의 정책도 정권에 따라 강도를 달리했기 때문이다. 또한 관리와 통제라는 차원에서는 문제 해결을 위한 속도 혹은 시기의 문제가 있음도 알 수 있었다. 이러한 요인을 고려해 한일 간 과거사 '쟁점 구도' 정립을 시도해 본다.

---

1   박홍영, 「동북아 주변국들의 모순된 공조: 핵실험과 아베 정부를 보는 역사의 눈」, 『교수신문』 418호, 교수신문사(2006. 11. 5.)

한일 간 과거사 '쟁점 구도'를 배치하는 기준은 아래와 같다. 한일 간 쟁점에는 늘 과거사가 존재한다는 사실에서 <2국 관계-민족 문제> 등이 기본 요인으로 내재해 있다. 이에 대한 대칭축으로 <다국 관계-국가 문제>가 설정될 수 있을 것이다. 이를 좀 더 세분하면 한일 관계 쟁점에 대한 민족, 정서, 감정이라는 X축과 한일 관계, 특수 관계, 과거 문제를 Y축으로 설정할 수 있을 것이다. 여기서 한일 간의 특수성이 강조되면 한국의 역사 인식(판단)은 옳고, 일본의 그것은 그르다는 이른바 한국의 특수성이 보편성을 만드는 경향을 보인다. 동시에 국제적인 보편 논리에 따라 한일 간 쟁점에 대해 국가, 국익, 이성을 강조하면 자칫 민족, 정서, 감정을 부정하는 것으로 오해를 받을 수도 있다. 따라서 한일 간 쟁점의 해법에는 국제적인 보편 논리, 국익이라는 객관성이 아닌 정서와 감정이 개재된 주관성이 동시에 해소되지 않으면 해결되기가 어려운 문제였다.

이러한 전제와 분석을 통해 각 쟁점을 영역별로 배치하면 ※ 한일 간 과거사 '쟁점 구도'와 같다. ❶의 영역은 한일 간 특수성과 감정의 쟁점들이다. ❷의 영역은 한일 간 특수성과 국익의 쟁점들이다. ❸의 영역은 다국 간 보편성과 민족 감정 논리가 중첩되어 나타나는 쟁점들이다. ❹의 영역은 다국 간 보편성과 국익 논리가 중첩되어 나타나는 쟁점들이다. ❶, ❷영역의 쟁점에 대해 한국은 민감하다. ❸, ❹의 영역에 대해 한국은 상대적으로 덜 민감하다. 민족 문제이기는 하지만 이미 국제적 보편 논리를 따르지 않으면 안 되는 문제로 비화했기 때문이고, 한국이 개입될 여지가 크지 않기 때문이기도 하다.

이렇게 보면 ❷, ❸, ❹영역의 쟁점은 국가의 외교력에 걸맞은 협의를 진척시켜 나가면 그리 큰 문제는 없는 것으로 보인다. 문제는 ❶영역의 쟁점을 ❷, ❸, ❹ 가운데 어느 영역으로 끌어갈 것인가 하는 문제일 것이다. ❷영역으로 끌고 간다는 것은, 민족의 정서와 감정 대신

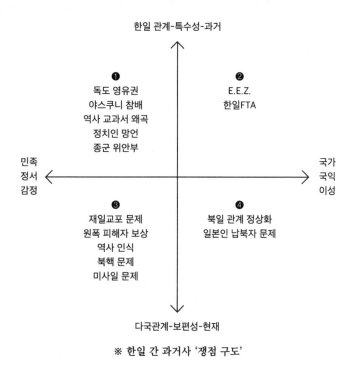

※ 한일 간 과거사 '쟁점 구도'

에 실리를 찾는 국면일 것이고, ❸영역으로 끌고 간다는 것은, 민족의 정서와 감정을 보전하되 실리를 찾기는 어려운 국면일 것이다. 쟁점이 제기될 때마다 ❶영역의 쟁점은 늘 그 영역을 벗어나지 못했다. 그래서 기억의 역사가 반복되었고, 자기 기억에 함몰되는 역사였다. ❷, ❸ 영역의 쟁점이 해결되는 과정의 해법이 ❶영역의 쟁점을 해결하는 해법으로 작용할 것이다. 2007년 3월 현재 미국 의회에서 종군 위안부 문제가 언급되면서 ❶영역의 쟁점은 ❷, ❸영역의 쟁점으로 옮겨가는 징후를 보였다. 다만, 국익과 정서의 대차대조표에 기초해 우선순위, 지향 목표, 속도 조절 문제를 정부 차원에서 치밀하게 분석해야 할 것이다. 그에 기초한 국민적 합의를 끌어내고, 그 합의를 만족시킬 수 있는 정책 개발이 요구된다.

불편한 진실

일본과의 관계에서 남북이 공통적으로 가지는 문제는 독도 영유권, 야스쿠니 신사 참배, 역사 교과서 왜곡, 정치인 망언, 종군 위안부 문제 등이다. 북한이 일본과의 관계 정상화 과정에서 해결해야 할 독자적 문제는 E.E.Z., FTA, 재일교포, 원폭 피해자 보상, 역사 인식, 일본인 납북자 문제 등이다. 동시에 현대사적 문제는 북핵 문제와 북한의 미사일 문제다. 이런 문제의 불편한 진실은 무엇인가?

식민지 지배와 관련해서 북한에 대한 배상賠償 문제는 한국과의 비례 혹은 균형 문제가 불거질 것이다. 한국의 외교적 입장은 무엇일까? 한국이 옹색하게 북한에 제공될 배상을 낮게 평가하거나 저가를 주장한다면, 이는 한국의 열등의식일 것이다. 혹은 공개적이지는 않더라도 외교적 루트를 통해 방해하려 한다면, 이 또한 비겁한 짓일 것이다. 반면 너그러운 태도와 엄격함으로 일본을 질책하는 태도를 보인다면 성숙한 한국 외교를 보여주는 호기가 될 것이다.

한반도의 역사를 살펴보자면, 남북이 조선사와 식민지 역사를 공유하지만 그 이후 분단사는 다르다. 서로 공유하는 조선사와 식민지 역사일지라도 사관史觀 혹은 역사 인식에 따라 다르다. 즉 역사 인식 문제와 관련해서는 불편한 진실이 가득하다. 특히 해방 이후 정부 수립의 시기까지 전개된 역사는 판이 다르다. 일본 제국주의에 대한 인식도 다르다. 각각 단독 정부 수립 이후 보여온 행태도 다르다. 아마도 일본은 남한 정부를 대하듯 북한을 대하지 않을 것이다. 이에 대해 다양한 의견이 일본 내에서도 노출될 것이다.

일본의 문제지만 한국 정부는 그에 대해 어떤 견해를 가질 것인가? 한국의 학계는 어떤 견해를 취할 것인가? 남남 갈등이 분출할 것인가? 한국 학계는 얼마나 객관적이며 공정하고 세계사적인 관점에서 부끄럽지 않은 역사 인식을 보일 것인가? 이 부분에 대해서 불편한 진실들이 쏟아질 것이다. 특히 빨갱이, 괴뢰 정권 등과 같은 용어로 서로를 불편하게 할 것이다. 빨갱이는 무엇이었던가? 괴뢰 정권은 무엇이었던가? 이에 대한 진실에 접근하는 과정, 그 과정에 불편한 진실이 불거질 것이다.

한반도에서 분단사는 결국 전쟁을 불렀고, 마침내 핵 개발을 가져왔다. 북핵 문제는 뜨거운 문제이고, 함부로 취급하기에는 너무 어려운 문제이다. 일본은 인류 최초의 핵 피폭국이다. 일본은 그런 피해 의식을 가지고 있다. 일본은 가해자의 역사는 잊으려 하고, 피해자의 역사만을 강조한다. 한반도는 늘 피해 의식으로 일본을 때린다. 일본은 거부하고 반박한다. 일본도 미국의 피해자다. 일본 정부는 미국을 때리지 않는다. 미국 곁에 붙어서 미국의 보호를 받으며 성장과 번영을 누린다. 한국은 그런 미국 정부를 지지하며 여기까지 왔다. 일본도 그런 한국 정부를 지지했다. 즉 미국의 주도 아래 한국이나 일본은 따라왔다.

북한은 다르다. 민족적 정통성이나 국가적 안보나 민족통일 의식에서도 한국과 다르다. 이 사실을 일본은 잘 알고 있다. 그런데 북한이 핵을 가졌다. 일본에게 너무 불편한 진실이다. 북핵 문제에 대한 접근법이 같아야 하는가? 서로 다르면서 공통으로 만족할 해법을 찾을 수 있는가? 어렵다. 일본이 북한을 정상 국가로 대우하면서 관계 정상화를 한다면 문제는 더 복잡해진다.

북한은 핵의 운반 수단인 미사일도 가졌다. 일본은 안전 보장이 위태롭다고 느낀다. 미국은 일본의 안전을 보장할 수 있는가? 미국은 보장한다고 말해왔다. 일본은 미국을 믿을까? 정말로 일본은 미국의 약속을 믿을까? 냉전은 끝났지만 신新냉전이 도래한다. 중국의 위협은 현실이 되고 있다. 북한의 핵과 미사일이 던지는 의미와 그에 따르는 불편한 진실은 무엇인가? 평화적 공존 혹은 상호존중인가? 아니면 상호 불신에 파멸 혹은 일방적 굴종인가? 북한의 핵은 일방적 굴종을 거부할 수단이다. 미필적 고의로 사고를 저지르는 우愚를 범해서는 안될 것이다.

북일 '문제'는 이제 시작이다. 미국식 세계 지배 전략에 따르면, 북한의 핵과 미사일은 북미 문제이다. 동북아의 평화와 안전, 한반도의 평화와 번영을 생각하면, 북한의 그것은 일본과 한국의 문제이다. 일본은 초조하다. 미국은 느긋하다. 한국은 불안하다. 미국은 일본을 어디까지 안전하게 지킬까? 일본은 그것을 어디까지 믿을까? 이런 문제에 직면하여 국가 안전과 국제 평화를 생각하게 된다. 국가 안전은 외부로부터의 안전이다. 한국은 병자호란과 임진왜란을 통해 중국과 일본이 한반도를 어떻게 유린했는지 잘 알면서 파헤치지 않는다. 왕족과 양반 사대부 등의 지배계급, 평민과 노비 등의 피지배계급 모두가 혹독한 피해를 겪었다. 환향녀還鄕女, 서대문구의 홍은동, 이총耳塚 등의 언어는 그 참상과 당시 지배계급의 무책임을 잘 보여준다. 오늘날은 다른가? 아니다. 한국 전쟁에서도 다르지 않았다. 일본에 망명 정부를 요청하는 이승만 정권을 국민의 정권, 민주공화국이라고 말하기 어렵다. 북일 '문제'를 거론하면서 다시 역사를 돌아보게 된다. 불편한 진실이다.

역사는 반복된다. 영원회귀인가? 수백 년, 수천 년의 단위로 보면 영원회귀다. 그러나 북일 '문제'로 시작하는 미국식 해법이나 미국식 사고는 영원회귀로 말하기에는 너무 끔찍하다. 즉 미국은 침략 명분을 만들어 결국 파멸시킨 이란이나 리비아 방식으로 북한을 해결하려는 가? 이는 당장 한반도에 수십만, 수백만의 희생과 수백조 수천조의 재산과 인명 피해를 불러온다. 두 말이 필요 없다. 북한 '문제'를 지렛대로 대담한 협상을 시작할 때이다. 북한은 미국의 요구를 들어주고 패권국 지위를 인정하며, 그 대가로 미국은 북한을 이용해 중국과 일본을 전략적으로 억지하는 셈법을 만들면 된다. 아이디어는 많다. 고수해야 할 철칙은 평화공존이다.

미국의 불편한 진실은 핵과 미사일을 보유한 북한을 동북아 전략의 파트너로 인정하는 것이다. 북한은 미국의 동아시아 전략에 협력하는 것이다. 일본과 중국은 미국과 북한이 주도하는 동북아 전략을 수용하는 것이다. 반면, 미국은 중국과 일본의 동북아 지분(평화 협정과 과거사 해결, 아시아가 주도하는 아시아 질서, 한반도의 중립화)을 인정하는 것이다. 동시에 동북아 지역 안보 체제를 미/중과 남/북이 주도하고, 러/일이 참가하는 형태로 결성하는 것이다. 6자 협의체 방식의 공고화다. 더 판을 키워서 베트남과 몽골을 포괄하는 방안도 하나의 아이디어다. 불편한 진실이지만 넘어야 할 산이고, 건너야 할 강이다.

제2장
북한의 핵 '문제'와 일본의 안보
: 제약과 기회, 1989-1993

일본의 안보는 제2차 세계대전 이래 대미 의존이었다. 이른바 미국의 핵우산 아래의 보호이다. 핵우산核雨傘(nuclear umbrella)이란, 비非핵보유국(이하 비핵국)이 자국의 안보와 방위를 위해 핵보유국의 방위 전력에 의존하는 것을 말한다. 핵우산의 개념은 1968년 6월 안보리 결의 255호로 적극적 안전 보장(PSA: Positive Security Assurance)이 등장하며 정립되었다. 핵우산은 적의 핵 공격을 막을 수 있다는 의미에서 곧 핵에 대한 방패를 뜻한다. 비핵국이 핵보유국에 의존하여 국가의 안전 보장을 도모하는 것을, 비를 피해서 우산에 들어가는 것에 빗대어 핵우산에 들어간다고 표현한다.

한미 안보 협의 회의(SCM)가 열릴 때마다 한국에 핵우산을 제공하겠다는 미국의 공약 사항이 SCM 공동성명에 담기는 것도 핵우산 정책 때문이다. 최근 한미 간의 확장 억지 논의를 보면, 핵우산의 역할을 축소하고, 비핵 비중을 높여 가는 미국의 핵전략이 한반도에도 그대로 적용되고 있음을 알 수 있다. 먼저 2006년 북한이 제1차 핵실험을 감행한 것을 계기로 미국은 그동안 일관되게 표현해 왔던 '핵우산' 공약을 확장 억제(extended deterrence)[1]로 발전시켰다. 이어 2009년 2차 핵실험 이후 확장 억지의 수단으로 핵우산을 비롯한 재래식 타격 능력과 미사일 방어 능력이 구체적으로 언급되었다.

일본의 안보적 관점에서 볼 때, 북한 핵 문제에 대해 일본은 초기(1989-1991)에는 협력적이던 것이 점점 변하여 후기(1992-1993)에는 경직되면서 공세적으로 변했다. 그 배경에는 미일 관계의 새로운 위상 변화가 있었기 때문이다. 새로운 위상 변화란 미일 간의 "글로벌-파트너십" 표명이며, 일본 스스로가 "지역 안정을 위해 적극적 외교"를 구사하겠다는 표명에서 나타났다. 글로벌-파트너십의 핵심 내용은 정치와 군사 문제의 분리 해석이며, 이는 미일 간 역할 분담을 의미했다. 미국은 미군 주둔을 통해 군사적 안전 보장 역할을, 일본은 정치적인 측면에서의 적극 외교를 통한 정치적 문제 해결을 시도한다는 것이었다. 여기서 탈脫냉전기 일본의 안보 외교는 제약에서 기회로의 전이를 시도했다.

이 기회를 이용해 일본은 핵 문제를 당사국 문제(국교 정상화와 상호 사찰, 남북 경협과 핵 문제)와 링크시켜 북한을 궁지로 몰았다. 미국이 앞으로 글로벌-파트너로서 동아시아에서의 일본의 역할을 기대하는 이상, 그에 상응하는 일본의 영향력도 증대할 것이다. 미국은 동아시아의 군사적 질서를 주도해 왔고, 일본은 정치적 혹은 경제적(기술 및 자본 협조) 후원으

---

1   확장된 억제를 뜻하는 핵전략 용어이다. 미국의 동맹국이나 우방국에 대하여 제3국이 핵 공격 위협을 가하거나 핵 능력을 과시하려 들 때, 미국이 가진 핵 억제력을 이들 국가에 확장하여 제공하는 것으로서, 핵우산을 더 구체적으로 표현한 정책의 하나이다.

로 KEDO[1]를 둘러싼 한미일 역할 분담을 해오고 있다. 여기서 일본은 미국의 군사적 세계 전략이라는 관점에서 보면 후견인 역할이지만, 동시에 일본의 관점에서 보면 동아시아 지역 질서에 관여하는 적극적 참여자로서 그만큼 발언 수위를 높일 수 있는 기회를 갖게 되었다는 것을 의미한다. 여기에 일본의 "국제적 역할"이 있다. 그 역할은 긍정적이든 부정적이든 미국을 중심으로 한 국제 질서 만들기라는 것이다.

이런 일본의 상황적 "제약과 기회"에 불편한 진실이 숨어있다. 일본은 핵을 가질 능력이 없는가? 아니다. 미국은 북한의 핵을 두려워하는가? 아니다. 누가 북한의 핵을 두려워하는가? 서울이고 도쿄다. 제2장에서는 미국이 미군 주둔을 통해 일본의 군사적 안전 보장 역할을 하게 된 과정과, 일본이 정치적 측면에서의 적극 외교를 통해 일본의 안보 외교가 제약에서 기회로 전이轉移하는 과정을 밝힌다.

---

1   Korean Peninsula Energy Development Organization: 북한이 흑연 감속형 원자로 2기를 동결하는 대가로 미국이 제공하기로 한 1,000MW급 경수로 2기를 건설하기 위해 설립된 국제 컨소시엄. 한반도 에너지 개발 기구라고도 한다.

I. 문제 제기 및 검토 과제

일본의 안보 정책 변화는 1970년대 이래 "무임 승차론", "기회와 의지", "최소주의" 등으로 해석된다.[1] 그 이후 탈냉전기를 맞아 일본 안보 외교 정책은 변화를 맞게 되는데 이를 "군사적 현실주의의 확대 과정"으로 해석하는 경우가 있었고, 혹은 미국의 영향력을 인정하면서 "일본 내부 움직임의 중요성"을 지적하기도 했다.[2] 이 글은 탈냉전기 일본 안보 외교 정책 변화가 미일 관계의 위상 변화에 기인함을 지적하면서, 조선민주주의 인민공화국의 핵 문제(이하 북핵 문제)를 계기로 일본 안보 정책이 "제약에서 기회"로 전이하는 과정을 알아본다. 제약은 일본의 군사 안보 문제(그 가운데 특히 북핵 문제)가 제기되었을 때, 미일 동맹은 대미 의존 경향이 강하게 나타났고, 그 관계(미일 동맹)가 일본의 독자성 발휘에 제약 요인으로 작용하는 것을 의미한다. 기회란 이러한 제약 아래, 특히 냉전 후 일본이 국제정치 무대에서 정치·외교적 독자성을 발휘하려는 계기로 삼으려는 시도를 의미한다.

이에 여기서는 북핵 문제에 대한 일본 안보 정책의 제약과 기회가 북한의 NPT 가입에서 탈퇴 시기(1989-1993)에 극명하게 나타났음을 확인하는데 1차 목적이 있다. 나아가 그 과정에서 미일 관계의 위상에 변화가 있었는데, 이것이 장차 일본에 어떤 기회로서 작동할 것인가를

---

1 이에 대한 포괄적인 논의는 최운도, 「일본 안보 정책의 현재와 미래—기회와 의지」, 배성동 편 『21세기 일본의 국가개혁』(서울대학교 출판부, 2000), pp.89-126.

2 군사적 현실주의의 확산 과정에 대해서는 진창수, 「신안보 정책의 정치 과정: 군사적 현실주의의 확산」, 진창수 편, 『전환기의 일본 안보 정책』(성남: 세종연구소, 1999), pp.15-43 참조. 일본 내부 움직임의 중요성에 주목하는 논의에 대해서는 이면우, 「일본의 신 안보 정책: 국제적 변수의 영향력이라는 관점에서」, 진창수 편(1999), pp.45-78 참조. 반면 일본 국내의 안보 여론은 냉전기·탈냉전기 변화 없이 이른바 안보 문화의 연속성이 있었음을 주장하는 논의에 대해서는 이숙종, 「일본의 탈냉전기 안보 여론: 반군사주의와 국제 공헌·대미 협력론의 조화」, 진창수 편(1999), pp.79-134 참조.

알아보는 데 2차 목적이 있다. 역사적으로 북핵 문제는 북한이 핵 확산 금지 조약(NPT, Nuclear Non-Proliferation Treaty)[1]에 가입하면서 시작되었고, 북한이 NPT를 탈퇴함으로써 주목받았다. NPT에 가입한 이후 북한은 국제 원자력 기구(IAEA)[2]의 안전조치 협정[3]에 조인하지 않았기에 핵 의혹을 받아 왔고, 그 때문에 한국, 미국, 일본으로부터 조인 요청을 받게 된다. 이 협정에 조인하고 나서 북핵 문제가 해결되는가 싶었는데, 북한이 NPT 탈퇴를 선택함으로써 상황은 급변했다.

기본적으로 북핵 문제는 미국의 관점에서 보면, 세계 전략의 일환이며 동시에 미국과 북한의 2국 간 문제이다. 북핵 문제를 일본의 관점에서 보면 동북아시아의 안정이라는 지역적 관점과 일본의 안전 보장과 관계되는 문제이다. 이처럼 북핵 문제는 미국과 일본의 세계 전략과 지역 전략이 겹치는 문제였다. 따라서 미국의 세계 전략과 일본의 지역 전략 사이에 정합성이 없을 경우, 미일 사이에 불협화음이 나올 가능성이 있었다. 이 문제는 일본에 제약이자 동시에 기회임을 의

---

1 1965년 제안, 1968년 조약 조인, 1970년 발효. 핵보유국 5개국에는 핵 군축을 요구하는 한편, 비핵국에는 핵무기의 제조 및 취득을 금지하고 IAEA 사찰을 의무화한 조약. 일본 외무성은 핵 불확산 조약으로 부른다. 일본의 NPT 조인은 1970년 2월, 비준은 1976년 6월이었다. 비준까지 6년여가 걸린 것은 비핵국의 지위에 놓인 일본의 안전 보장과 관련하여 격론이 있었기 때문이었다. 특히 자민당 내에서는 핵에 대해 자유로울 필요가 있음을 주장하는 의견이 강했다. 이러한 가운데 당시 미키(三木) 내각은, 미국의 핵우산을 중심으로 한, 미일 안보 체제의 견지 재확인을 미국으로부터 받아 낸 다음 이에 비준했다. 일본 가입 때에도 지적된 NPT의 불평등성은 인도 등 비동맹 유력국을 NPT 범위 밖으로 머물게 하는 결과를 초래했다. 범위 밖의 각국이 핵 확산 온상이 되어왔음은 부정할 수 없는 사실이다.

2 아이젠하워 미 대통령의 제창으로 1957년에 창설된 원자력의 평화적 이용을 위한 국제기구. NPT 제정 후 동 조약에 근거해 사찰 임무도 부여되었다.

3 NPT 기능을 유효하게 하는 장치로 IAEA가 만든 사찰 협정. 자주적 신고를 전제로 비핵국의 모든 핵물질을 사찰 대상으로 삼는다. 일명 153 협정. 일본은 보장 조치 협정으로 부름.

미했다. 이에 대해 일본은 어떻게 대응했는가?

일반적으로 북한의 핵 문제 관련 기존 연구로는 다수의 역작이 있고[1] 미국의 전략적 관점에 대해서는 상반되는 두 편의 선행 연구가 있다.[2] 이와 더불어 이러한 북한의 협상 전술에 관한 연구도 많다.[3] 반면 이에 대한 일본의 관점은 소홀히 다루어져 온 경향이 있었다. 첫째 이유는 일본 관점이 미국과의 관련 속에서 파악되거나 부차적인 사안으로 간주되는 경향이 있었기 때문이다. 둘째 이유는 북핵 문제가 기본적으로 군사 문제이며 북미 문제라는 점에서 일본의 관점을 처음부터 소홀히 다루려는 경향이 있었기 때문임도 부정할 수 없다. 따라서 이

---

1 예를 들어 이춘근, 『북한 핵의 문제: 발단, 협상 과정, 전망』(세종연구소. 1995.3.) / 정옥님, 『북핵 588일: 클린턴 행정부의 대응과 전략』(서울프레스. 1995.6.) / 김재목, 『북핵 협상 드라마』(도서출판 경당. 1995.6.) / Michael J. Mazarr, North Korea and the Bomb: A Case Study in Nonproliferation(N.Y.,: St. Martin's Press, 1995) / Don Oberdofer, The Two Koreas: A Contemporary History(Massachusetts: Addison-Wesley, 1997); 뉴스위크 한국판 뉴스팀 번역, 『두 개의 코리아』(중앙일보. 1998.6.) / Dr. C. Kenneth Quinones, North Korea's Nuclear Threat "off the record" Memories; 이즈미 감수(伊豆見元 監修)·야마오카 번역(山岡邦彦 外譯), 『북한: 미 국무성 담당관의 교섭 비록(北朝鮮: 米國務省 擔當官の交渉秘錄)』(주오코론(中央公論新社), 2000.9.) 등이다.

2 Chuck Downs, Over The Line: North Korea's Negotiating Strategy(Washington, D.C., AEI Press, 1999); 송승종 역, 『북한의 협상전략』(한울 출판사, 1999) / Leon V. Sigal, Disarming Stranger: Nuclear Diplomacy with North Korea(Princeton, N.J.: Princeton University Press, 1997); 구갑우 외 역, 『미국은 협력하려 하지 않았다』(사회평론. 1999). 다운스의 견해에 따르면 북한은 즐겨 벼랑 끝 외교(Brinkmanship)를 이용하여 온 것이 된다. 반면 시걸의 견해로는 미국에게 협력 혹은 협력을 위한 위협의 자제(Cooperative Threat Reduction)가 결여되었음을 주장하면서 북한은 그러한 상황에서 벼랑 끝 외교 정책을 취하지 않을 수가 없었다고 주장한다.

3 이에 관한 대표적 연구로는 허만호, "북한의 협상 행위의 특징: 이론적 괴리와 규칙성", 『국제정치논총』, 36-2호(한국국제정치학회. 1996), pp.179-215. 허만호는 북한의 협상 행위가 변칙적이기는 하지만 체계성과 일관성이 있음을 지적한다. 나아가 후속 연구를 종합·정리한 연구로는 김용호, "북한의 대외 협상 형태분석", 『국제정치논총』, 40-4호(한국국제정치학회. 2000), pp.291-310. 김용호는 북한의 협상 형태가 독특(unique)한 것은 아니지만 전반적으로 다른 나라와 비교해 볼 때 매우 구별되는(distinctive) 점이 있음을 강조한다.

부분에 대한 보완도 이 연구의 의의가 될 것이다. 이 글은 일본 국회 의사록을 기초 자료로 삼았고, 역사적 기술과 사실 확인은 아사히 신문을 참고했다.

Ⅱ. 북한의 핵 의혹 부상과 일본의 대응

1. 북핵 문제의 부상: 제약 아래서 관망하는 일본

일본 정부는 북한에 대한 정보 수집을 어떻게 해왔는가에 관해 사안의 성질상 구체적으로 말할 수 없지만, 예컨대 베이징(北京)과 평양에 근무하는 서방측의 외교관, 그리고 북한과 국교 관계를 맺고 있는 제3국 정부 등과 의견을 교환해서 정보 입수에 노력해 왔다고 한다. 북한에만 해당되는 것은 아니지만 역시 중요한 것은 공개된 자료의 분석과 북한의 라디오 및 신문을 전문적으로 분석한다는 것이었다.[1] 이런 점에서 일본의 북한에 대한 정보 수집 능력은 충분하다고는 말할 수 없으며, 이 점은 또한 북한의 폐쇄성을 입증하는 것이기도 했다.

이런 상황에서 군사적인 두 가지 사건이 있었는데 첫째는, 1988년 들어와 북한이 소련(U.S.S.R.)으로부터 새로운 병기를 도입한 것이고 둘째는, 북한에 대한 핵 의혹이 제기된 것이었다.

북한의 새로운 병기 도입 움직임에 대해 일본은 이것이 직접 일본에 대한 위협으로 작용하지는 않겠지만, 한반도 안정은 일본 안전에도 큰 영향을 미칠 수 있다는 정도의 인식을 하고 있었다.[2] 즉 당시 일

---

1   제109회 일본국회 참의원 외교종합안전보장에 관한 조사회, 외교군축소위원회 회의록 제1호(1987. 9. 4.), 7쪽, 타니노(谷野) 정부위원.

2   제112회 중의원 내각위원회 회의록 제13호(1988. 5. 24.), 28쪽, 타니노(谷野) 정부위원.

본 정부는 북한 움직임을 주시하면서도 위협적인 존재로는 생각하는 않았고, 북한과의 관계에서도 모든 문제는 대화로 해결해 나갈 것이며 정부 간 직접 접촉도 원한다는 적극성을 보이고 있었다.[1]

둘째 문제인 북핵 문제에 대해 일본 외무성 간부는 1989년 11월 9일, 북한이 원자력 발전 이외의 핵 개발을 생각하고 있다는 의심스러운 징후가 있음을 지적한 뒤, 혹시 의혹이 사실이라면 한반도 정세에 큰 영향을 미치게 되며 이는 일본으로서도 방치할 수 없기에, 정부로서 관심을 가지고 관련 정보를 수집하고 있음을 밝혔다. 의심스러운 징후로는 1)북한이 1985년에 NPT에 가입했지만, IAEA와 사찰 협정을 맺지 않았다는 것과 2)평양 북부에 플루토늄 핵연료 재처리 공장을 건설하고 있는 것을 짚었다.[2] 이런 핵 의혹은 1990년 2월 일본 도카이(東海) 대학 정보기술센터가 1986년 6월 11일과 1989년 9월 19일 스포트(SPOT)가 찍은 적외선 사진을 컴퓨터로 분석한 바, 평양 북쪽 약 90km 지역, 영변 강가에 원자력 발전소로 보이는 시설이 건설되고 있음이 밝혀졌다고 발표한 것에 이어 1990년 2월 모스크바(Moscow) 방송이 '북한은 44만 kW의 원자력 발전소 4기를 건설 중'이라고 전한 것에 의해 더욱 부풀어 올랐다.[3] 그러나 당시 일본은 북한의 핵 문제를 세계 전략 차원으로 이해하고 있었기에 미국에 의한 해결을 기대했고, 그런 의도를 가지고 있었음이 방위백서에 그대로 나타나 있다.

---

1 제114회 중의원 외무위원회 회의록 제2호(1989. 4. 11.), 3쪽, 타니노(谷野) 정부위원 / 제114회 중의원 외무위원회 회의록 제3호(1989. 5. 24.), 14쪽, 우노(宇野) 외무대신.

2 『아사히 신문』 조간, 1989년 11월 10일, 3면.

3 정보기술센터의 사카타(坂田) 소장은 1970년대에는 원자력 발전소의 시험 화로, 1980년대에는 독자적으로 대형 원자력 발전소를 건설한다는 소문이 북한에 있었는데 화면으로 보면, 이것은 원자력 발전소 시설이고 남쪽에 위치한 건물은 연료 시설, 북쪽 건물은 연구 시설이 아닐까 하는 견해를 밝힌 바 있다.(『아사히 신문』 조간, 1990년 2월 9일 자 3면)

즉 지금까지 일본은 "미소와 지리적으로 지극히 중요한 전략적 위치에 있으며 미소에 의한 전쟁 억지가 가능한 입장에 있음을 잊어서는 안 된다. 일본이 단독으로 안전을 확보하고자 하는 것은 현명한 선택이 아니다. 미국과 안전 보장 체제를 다지고, 미국에 의한 억지 효과로 안전 보장을 가능케 하는 것이야말로 최선의 길이다. 방위력 정비에 노력하여 미국과 협력 관계 추진을 꾀하는 것이 중요하다."라는 인식하에서 일본의 방위 기본 정책을 세우고 있었다.[1] 나아가 당시 일본은 평화헌법 준수, 전수 방위, 군사 대국이 되지 않는다는 기본 이념에 따라서 미일 안보 체제를 견지함과 동시에 민간에 의한 군 통제를 확보하면서 비핵 3원칙을 견지해왔고, 절도 있는 방위력 정비를 국방의 기본 방침으로 삼아 왔다.[2] 미일 관계에 관해서도 "미일 안전 보장 조약은 방위면 이외에 정치적, 경제적 협력 관계의 촉진에 관해서도 규정하고 있어, 미일 안전 보장 체제는 정치·경제·사회 등 폭넓은 분야에서 우호 협력의 기반이 되고 있다."라는 문맥으로 보면 미일 동맹이 얼마나 결속력을 가지고 있었는지를 알 수 있게 한다.[3] 이러한 배경 하에 제기된 북핵 문제는 미일이 공동으로 대처해야 할 과제였다.

이에 일본은 북핵 문제의 국제적 해결을 희망하고 있었다. 다만 일본은 북한에 연구용 원자로가 2기 있다는 것은 확인되었지만 그 밖의 원자력 시설에 관해서는 확인이 안 되었다는 IAEA의 보고 등을 토대로, 북한에 재처리 시설이 있는 것이 아닌가라는 지점에 중대한 관심을 갖고 있었다. 그러나 관련 사항을 확인할 수 없는 것이 사실이었

---

1 일본방위청(日本防衛廳), 『방위백서(防衛白書)』, 1988년판, pp.93-102 참조.

2 비핵 3원칙이란 핵무기를 가지지 않고(持つたず), 만들지 않고(作らず), 가지고 들여오지 않는다(搬入せず)는 원칙을 말함. 국시로 견지해 왔음을 일본은 주장한다.(일본방위청, 『방위백서』, 1990년판, pp.98-103 참조)

3 일본방위청, 『방위백서』, 1990년판, pp.111-113 참조.

기에 일본은 북한에 대해 하루빨리 IAEA와 안전조치 협정을 체결하길 바란다는 입장을 취하고 있었다.[1] 이는 IAEA에 의한 핵 문제 처리를 관망하는 일본의 자세였다고 할 수 있다. 즉 당시 일본 안보 외교는 미국을 축으로 하는 국제 질서(미일 동맹)와 그에 의해 작동되는 IAEA에 의존적인 경향을 보인 것이다. 그럼에도 불구하고 북핵 문제의 출현으로 일본은 현상 유지(기존의 미일 동맹과 비핵 3원칙 견지) 정책이 만능이 아님을 자각하게 된다. 반면 국제적으로 탈냉전기이긴 하였지만, 일본에 위협적인 존재(소련)가 있는 한, 미일 동맹 관계는 일본 안보 외교에 중요 사안의 하나였다. 이는 1990년대 중반이 되어서야 일본이 소련의 위협으로부터 자유로워지고 있었다는 정부 인식을 보아도 짐작이 간다.[2]

2. 북의 핵 개발 카드: 제약하에서의 일본의 관심

한편 미국은 정찰 위성 관찰을 바탕으로, 북한에 핵무기 생산이 가능한 원자로나 핵 재처리 시설이 있을지도 모른다는 의혹을 지적했다. 한국은 북한에 대해 사찰을 받아들일 것을 요청했다. 한국의 요청은 거부되었다. 이에 미국은 일본 측에 북일 관계 정상화 협의를 진행할 때 핵 사찰 요구를 의제의 1순위로 둬야 한다고 요청했다. 미국에는 북한이 사찰을 받게 할 유력한 수단이 없었기에, 북일 국교 정상화 교섭을 그 기회로 이용하고자 했고, 이것이 미국의 요청 배경이었다. 일본 정부로서도 북한에 제공되는 경제 원조가 핵 개발에 전용된다면 곤

---

1   제118회 중의원 외무위원회 회의록 7호(1990. 6. 1.), 오타(太田) 정부위원, 32쪽.

2   이에 대한 정부 관계자들의 발언은 제118회 참의원 예산위원회 회의록 7호(1990.6.4.) 28쪽과 제118회 중의원 외무위원회 회의록 9호(1990. 6. 13.) 19쪽 및 제118회 중의원 외무위원회 회의록 12호(1990. 6. 22.) 11쪽의 나카야마(中山) 국무대신 부분 참조.

란하다는 입장이었고, 북한 내 핵무기 유무는 한반도의 안정에도 중대한 영향을 줄뿐더러 일본의 안전 문제와도 직결되기에, 일본 외무성은 핵사찰 문제를 교섭 의제로 거론할 방침이었다.[1] 북핵 문제와 관련하여 한미일이 공동으로 대처한다고 하는 구체적인 움직임이 나타난 것이다.

한편 동서 냉전의 종결을 배경으로 소련과 북한의 관계가 전환점을 맞게 되는 1990년 9월 초, 평양에서 양국 외무장관 회담이 있었다. 여기에서 김영남 북한 부수상 겸 외무장관이 소련 외무장관(세바르드나제)에게 소련이 한국과 수교를 하면 북한은 1) 독자적으로 핵 개발을 진행할 것이며, 2) 일소 사이의 북방 영토 문제에서도 일본 입장을 지지할 것이며, 3) 일본과 국교 정상화를 추진할 것이라는 내용을 전달했음이 3개월이 지나서 밝혀졌다.[2]

한소(韓蘇) 양국은 1990년 9월 30일 국교를 수립했다. 문제의 회담은 소련 외무장관이 도쿄(東京)에서의 일소 외무장관 정기 협의에 출석하기 위하여 방일하는 도중, 9월 2일부터 3일에 걸쳐서 북한에 들렀을 때 이루어진 것이었다. 상세한 내용에 관해서는 공표되지 않았다. 이 사실이 알려진 것은 9월 하순 일본의 자유민주당·일본 사회당 양당 대표단의 방북 뒤였다. 따라서 북한이 일본과의 국교 정상화를 생각하고 있었던 것을 일본 측은 모르는 상태였다. 북한이 표명한 핵 개발은 핵무기 개발을 의미하는 것으로 소련은 이를 심각하게 받아들였을 것이다. 당시 소련은 미일 뿐만 아니라 한중(韓中)과도 관계 개선을 꾀하여 페레스트로이카에 매진하고 있었기 때문에, 북한의 핵 개발은 소련의 개방 정책에 걸림돌이 될 수도 있었기 때문이다.

---

1   『아사히 신문』 조간, 1990년 10월 26일 자 3면.

2   『아사히 신문』 조간, 1991년 1월 1일 자 1면.

또한 일본이 북한으로부터 국교 교섭을 제안받은 것은 일본에서 보면 예상 밖의 일이었다. 이전부터 일본이 북한과의 관계 정상화를 생각하고는 있었지만, 북한의 핵 문제로 한미일의 연계가 있었기에, 일본에 대한 북한의 이미지는 긍정적이지 않았기 때문이었다. 반면, 이 상황을 북한의 입장에서 보면, 지금까지 원군援軍이었던 소련이 취한 행동은 납득가지 않았고, 이로 인해 북한은 고립감을 맛보게 된 것이었다. 이런 상황에서 북한도 나름의 생존 전략을 필요로 했고, 북한이 선택할 수 있는 방법 중 하나가 일본과의 관계 정상화였음은 쉽게 이해할 수 있다.

북한이 소련에 독자적으로 핵 개발을 진행하겠다고 전한 것은 한소 국교 수립에 대한 북한의 쐐기이며, 저항의 표현이기도 했다. 동시에 북한은 남북 대화나 미/일과의 관계 개선 교섭을 유리하게 진행하기 위해서 핵 개발을 미리 알려두는 것이 카드로서의 가치가 있다고 판단했을 가능성도 있다. 즉 일본으로부터 경제 지원을 끌어내고 주한 미군 철수나 한반도에서의 핵 철거를 목표로 한국과 대화를 진행해 나가기 위해서도 북한은 핵 개발 카드를 유효한 수단으로 보았다.

당시까지 북한의 핵 문제에 대해서 소련은 상당한 영향력을 행사해 왔다. NPT 가입 자체도 그러했다.[1] 그러나 이 시기에 이르러 북한이 핵 개발 카드를 이용했다는 것은 북한이 소련의 영향권에서 벗어났음을 의미했다. 미소 협조가 현실이 되면서, 이 시기 북한은 미일과의 관계 개선(생존 전략)을 핵 문제를 통해 모색했었던 것으로 보인다.

---

1   Andrew Mack, 「North Korea and the Bomb」, 『FOREIGN POLICY』, Vol. 83(Summer. 1991), p.87.

3. 핵 의혹 해소를 위한 다각 외교: 제약하에서의 일본의 노력

이런 흐름 가운데 1991년 1월부터 북일 국교 정상화 교섭이 시작된다.[1] 여기서는 그 경위를 면밀하게 추적하지는 않고, 쟁점이 된 문제 가운데 핵 문제를 중심으로 검토한다. 우선 두 번째의 관계 정상화 교섭에서 문제 해결의 순위가 1) 핵 사찰 문제, 2) 배상 혹은 청구권 문제, 3) 남북 대화 재개 문제 등으로 정리되었다. 어느 것이나 아직 총론 단계였는데, 교섭 분위기는 대단히 좋았다고 전해졌다. 앞으로 인내심을 가지고 정상화 교섭을 계속해서 추진해 나간다는 것이 일본 정부의 방침이었다.[2] 북한과의 교섭과 병행하여 일본은 소련과도 북한의 핵 사찰 문제에 관해서 의견을 교환하고 있었다. 비밀 사항이었기에 공개되지는 않았다. 그러나 소련이 일본의 염려를 이해하고 있다는 취지는 밝혀졌다.[3] 의견 교환 내용은 북한이 핵 사찰을 받도록 소련이 설득해줬으면 좋겠다는 일본 측의 요청이었을 것이지만, 이 정도였다면 비밀 사항으로 취급할 성질의 것이 아니기에 보다 높은 레벨의 것이었다고 보인다. 예컨대 소련의 영향력 행사로 북한이 핵 사찰을 받으면 일본이 소련과의 경제 협력에 적극적으로 임하겠다는 등과 같은 것이었을 것이다. 당시 일본은 세계 제1의 정부 개발 원조(ODA) 제공국이었으며, 소련이 일본의 원조를 기대하고 있었던 것이 사실이었기 때문

---

1 북일 국교 정상화 교섭을 다룬 연구 가운데 대표적인 몇 편을 소개하면, 일본의 대응을 분석한 김봉진, "북일 국교 정상화 교섭과 일본의 대응", 『통일연구논총』 2-2호(민족통일연구원. 1993), pp.109-144 / 한일 기본 조약에 비추어 북일 관계 개선을 전망한 이교덕, "한일 회담으로 본 북일 수교 협상: 기본문제 및 보상 문제의 타결 전망에 관해서", 『통일연구논총』, 4-1호(민족통일연구원. 1995), pp.155-188 / 투-레벨 게임 이론을 적용하여 분석한 양기웅, "투-레벨 협상전략: 북일 수교 협상", 『통일연구논총』, 5-1호(민족통일연구원. 1996), pp.141-188 등이 있다. 상세한 북일 국교 정상화 교섭에 관해서는 이들을 참조.

2 제120회 중의원 외무위원회 회의록 7호(1991. 3. 13.), 타니노(谷野) 정부위원, 3-4쪽.

3 제120회 중의원 외무위원회 회의록 11호(1991. 4. 24.), 효도(兵藤) 정부위원, 17쪽.

이다.

실제로 일본 외무성은 1991년 3월 30일, ODA 실시에 즈음하여 피원조국이 NPT에 가입하고 있는지 여부를 중요한 지침으로 삼겠다는 방침을 정했다.[1] 이 지침의 목적은 걸프 전쟁을 계기로 제3세계의 핵 확산 방지가 세계적인 과제로 되어 있음을 감안하여, NPT 미가입국에 압력을 가해 가입을 재촉하는 것이었다.[2] 이때는 일본 ODA의 영향력이 부상하는 시기이기도 했다. 한편 북한은 일본에 대하여 핵 문제는 북일 교섭과 무관한 문제이며, 이는 미국과 해결해야 할 문제임을 강조하면서, 북한은 핵무기를 만들 의사도 없으며 능력도 없다고 주장했다. 그리고 만약 일본이 핵 문제를 제기한다면 남(한국)에 존재하는 미국의 핵무기 역시 문제 삼지 않을 수가 없음을 밝혔다. 이에 대하여 일본 정부는 핵 사찰 문제가 해결되지 않는 한, 북일 국교 정상화는 있을 수 없다는 견해를 가지고 있었다.[3]

이렇게 해서 북일 국교 정상화 문제는 평행선을 달리게 되는데, 그 가운데에는 핵 문제라는 걸림돌이 놓여 있었다. 이렇게 보면 북한은 소련의 페레스트로이카 정책과 한소 수교 등 불리한 주변 환경이 조성되고 있는 가운데 사회주의 체제 유지(생존 전략)라는 과제에 직면하게 되었음을 알 수 있다. 여기서 북한이 선택한 전략이 북일 관계 정상화였는데, 일본이 북일 2국 간 관계에 핵 문제를 제기하면서, 북한에 압력을 가하는 상황이 전개된 것이다. 동시에 일본은 소련을 통한 북한

---

1   이 방침은 외무성이 ODA 지침으로 정리한 핵·생화학 병기의 보유 및 개발 상황을 구체화한 것으로 구체적으로는, 1) 대상국과 다음 연도의 ODA 규모 등을 상의하는 연차 협의에서 NPT 미가맹 문제를 제기한다, 2) 적극적인 반응이 없을 경우 ODA를 전년도 수준으로 동결한다, 3) 그 후에도 여전히 태도에 변화가 없을 경우 삭감한다 등, 단계적으로 압력을 가하여 가맹을 재촉한다는 것이다.

2   『아사히 신문』석간, 1991년 3월 30일 자 1면.

3   제120회 중의원 외무위원회 회의록 11호(1991. 4. 24.), 타니노(谷野) 정부위원, 16쪽.

의 핵 문제 해결을 시도하기도 했고, 나아가 NPT 가입 문제를 ODA 제공 조건으로 삼아 ODA를 전략적으로 핵 문제와 연계했다.

이런 환경들은 북한 입장에서 보면, 매우 바람직하지 않은 상황이었음을 알 수 있다. 즉 당시 북한은 일본과 국교 정상화를 이뤄서 경제 지원을 끌어내려 했는데, 일본이 핵 문제를 구실로 비협조적으로 나왔을 뿐 아니라, 미국이 한국과 일본을 이용해 북한에 압력을 가함으로써 북한을 더욱 곤란하게 만들었기 때문이다. 이와 더불어 소련의 개방 정책은 곧 북한을 고립으로 몰아넣었고, 한국의 경제 발전으로 남북 간 경제 격차는 커져만 갔다. 이러한 냉엄한 현실을 인정함으로써 북한은 1991년 5월 30일 핵 사찰에 관해 협의할 용의가 있음을 IAEA에 표명한다.[1] 핵 사찰에 응하겠다는 자세 전환이었다. 이 단계에 이르기까지 일본은 조건부이기는 하지만 북한에 대해 비교적 협조적인 태도를 취하고 있었고, 동시에 다각적인 자구 노력도 강구하고 있었음을 엿볼 수 있다.

4. 제약하에서의 성과: 조건에의 합의와 타협

중국은 1991년 6월 30일, 남북한의 유엔 동시 가입을 전면적으로 지지한다는 의사를 밝힌다.[2] 그 후 북한은 안전조치 협정 체결 의향이 있음을 밝히고 핵 사찰도 반대하지 않는다는 자세였기에 IAEA 이사국은 북한을 주시하게 된다.[3] 반면 이때 한미는 북핵 문제에 대해 공동

---

1 『아사히 신문』 조간, 1991년 5월 30일 자 1면.

2 『아사히 신문』 석간, 1991년 6월 3일 자 1면.

3 『아사히 신문』 석간, 1991년 6월 14일 자 1면.

보조를 취해 나갈 것을 확인한다.[1] 소련과 중국도 변화를 모색했고, 양국 관계도 새로운 국면을 맞게 되었다. 그럼에도 북한은 '소련이 어떻게 변하더라도 우리는 우리식의 사회주의 건설을 해 나갈 것'임을 분명히 했다.[2] 이러한 상황에서 일본 정부는 1) 북일 관계를 새로이 설정하지 않으면 안 된다, 2) 이은혜 문제[3]가 있기는 하지만 총체적으로 북일 관계를 원만히 진행시켜 나간다는 입장을 보이면서 적극성을 보였다. 이에 대한 북한 측의 평가도 일본 측의 대응이 대단히 성의가 있으며, 정상화를 향해 의욕이 있는 것으로 평가하고 있었다.[4] 이와 같이 북일 간에 난관(핵 문제, 2국 간 문제)은 있었지만, 지역 안정이라는 측면에서 일본이 유연한 태도를 취한 것도 사실이었다.

그런데 9월이 되어 북한은 IAEA 이사회에서 주한 미군의 핵 철거 등을 요구하며 IAEA 안전조치 협정 조인을 거부했다.[5] 이에 노태우 대통령은 9월의 유엔총회 연설에서 북한과 핵 문제를 협의할 용의가 있음을 표명했고, 북한은 1991년 9월 27일의 부시 대통령 제안(전술 핵

---

1   『아사히 신문』 조간, 1991년 7월 3일 자 7면.

2   제121회 중의원 외무위원회 회의록 2호(1991. 8. 30.), 타니노(谷野) 정부위원, 12쪽.

3   김정일 국방위원장이 2002년 9월 17일 고이즈미 준이치로 일본 총리와의 회담에서 일본이 주장해 온 11명의 납치 피해자 가운데 4명은 살아있고, 이은혜 등 6명은 사망했다고 확인했다. 나머지 한 명은 정확히 알려지지 않았다. 사망자들 가운데 주목되는 인물은 지난 1987년 KAL기 폭파 사건과 관련된 김현희의 일본어 여교사인 이은혜였다. KAL기 폭파범 김현희는 지난 1991년 5월 내외신 기자회견을 열고 북한에서 자신의 일본인화 교육을 담당했던 이은혜라는 여인이 일본에서 납치된 다구치 야에코(田口八重子)이며, 그녀가 '끌려'왔다는 말을 들었다고 증언했다. 이에 따라 일본 공안당국은 조사에 착수했고 그 결과 이은혜가 1978년 실종된 야에코와 동일인이라는 점을 확인했다. 북한은 이를 인정하지 않았다.

4   제121회 중의원 외무위원회 회의록 2호(1991. 9. 5.), 야나이 슌지(柳井俊二) 정부위원, 7쪽. 타니노(谷野) 정부위원, 10쪽.

5   『아사히 신문』 조간, 1991년 9월 13일 자 1면.

의 철거 및 해체)을 환영하면서, 미국 관리하의 한국 핵무기[1] 철수 및 북한에 대한 핵무기 불사용의 보장이 있으면 안전조치 협정을 체결하겠다는 견해를 밝혔다. 이에 대하여 일본 정부는, 북한이 조건부로 안전조치 협정 체결을 거부하고 있는데, 조건을 붙이는 것 자체가 부당하다고 판단했다. 또한 11월 제5회 북일 교섭에서도 일본은 협정의 조기·무조건 체결 및 핵 사찰의 완전 이행을 강력히 요구했다.[2]

이때까지만 해도 한반도 비핵지대 구상에 관해 일본 정부의 구체적인 언급은 없었는데, 가이후(海部) 총리가 중국을 방문했을 때 한반도 비핵지대 구상 문제가 논의 되었다.[3] 이어 11월에 노 대통령이 비핵화 선언[4]을 발표하기에 이르자 북한은 한국에 있는 핵무기 철거를 조건으로 핵 사찰 협정 서명 입장을 발표했다. 12월에는 남북 간 제5회 고위급 회담에서 화해와 불가침 및 교류 협력 합의서가 조인됨에 따라 핵 문제의 연내 협의에 남북이 합의했다. 그러자 노 대통령의 핵 부재 선언에 이어, 북한은 핵 사찰 안전조치 협정 조인을 발표했다.[5] 이와 같은 움직임과 더불어 북한의 핵 개발 문제는 IAEA에 맡겨지게 되니

---

1 주한 미군의 핵무기는 미 육군의 란스 지대지(地對地) 미사일 2기, 155 미리 자주포 48문, 동 견인포와 8인치 자주포 각 24문. 핵폭탄을 탑재할 수 있는 미국 공군의 F16 대지(對地) 공격기가 군산에 48기, 오산에 24기가 있는 것으로 알려졌다. 미국의 군 사전 문가 윌리엄 야킨과 로버트 노리스는 한국에 핵포탄 49발, 핵폭탄 60발이 있다고 추정했다. 한편 여기에 핵포탄 30발을 추가하는 견해도 있다.(『아사히 신문』 조간, 1991년 11월 26일 자 5면)

2 제121회 중의원 외무위원회 회의록 3호(1991. 10. 2.), 타니노(谷野) 정부위원, 2쪽.

3 제121회 중의원 외무위원회 회의록 2호(1991. 9. 5.), 타니노(谷野) 정부위원, 11쪽.

4 남북의 핵 문제에 관해서 31일 합의한 한반도 비핵화에 관한 공동 선언의 골자는, 1) 핵무기의 실험, 제조, 생산, 수입, 보유, 저장, 배치, 사용을 하지 않는다, 2) 핵에너지를 평화적 목적으로만 이용한다, 3) 핵 재처리 시설과 우라늄 농축 시설을 보유하지 않는다, 4) 검증은 상대측이 선정하는 모든 군사 시설과 민간 시설에 대해서 쌍방이 합의하는 방법으로 사찰을 실시한다, 5) 공동선언 발효 후 1개월 이내에 남북 핵 통제 공동위원회를 구성 운영한다는 것 등이다.

5 『아사히 신문』 조간, 1991년 12월 13일 자 2면 및 1992년 1월 31일 자 1면.

북일 관계도 우여곡절은 있었지만, 정상화를 향한 일보를 내딛게 된다.

III. 핵 문제에 대한 일본의 공세

1. 안보 인식의 변화와 기회로의 전이: 한미일의 공세

한미의 한반도 비핵화 공세에 대해 북한도 한국의 존재를 인정하지 않을 수가 없게 되었다. 한편 이를 계기로 남북 간 교류가 증대되면 북한의 개방이 앞당겨지고 나아가 동북아시아 전체의 긴장 완화와 러시아 공화국, 중국, 남북한, 일본 등을 포함한 이 지역의 새로운 협력 형태가 나타날 가능성도 있었다. 이런 의미에서 일본 정부도 IAEA에 의한 사찰이 행해져 북한의 핵 의혹이 사라지면 북일 교섭도 큰 진전을 볼 것으로 생각했다.[1] 그런데 한국의 핵 문제는 더 복잡한 양상을 띠고 있었다. 즉 한국의 핵 문제를 관리하는 것은 미국이니, 한국의 핵 문제는 북미 간의 문제라는 측면을 갖고 있었던 것이다. 따라서 한국이 이니셔티브를 갖고 남북의 핵 문제를 해결하는 데에는 한계가 있었다. 이 문제를 북한의 김일성 주석은 다음과 같이 해석하고 있었다.

> "한반도 핵 문제는 원래 미국이 남조선(한국)에 핵무기를 들여옴에 따라 생긴 문제이다. 우리 공화국은 비핵 국가로서 한반도를 비핵지대·평화지대로 하는 것을 일관되게 주장해 왔다. 핵사찰 문제도 절차상의 문제가 남아 있을 뿐이다. 핵사찰 문제에 관한 우리의 입장은 명확하다. 그럼에도 불구하고 이 문제를 가지고 시끄럽게 소란을 피워 국제사

---

[1] 제123회 참의원 외무위원회 회의록 2호(1992. 3. 26.), 타니노(谷野) 정부위원, 8쪽.

회에서 우리 공화국의 이미지를 나쁘게 하는 것은 다른 목적이 있다고밖에 보이지 않는다. 인류 생존에 실제로 위협적인 존재인 핵 대국(미국)이 선두에서, 비핵 국가인 우리에게 부당한 압력을 가하고 있는 것은 국제 관계에 있어서 정의와 평등의 원칙을 무시하는 것이다. 자기 의사를 일방적으로 강요하는 것에 익숙해진 사람들의 오만함이라고 할 수 있다."[1]

이 논리로 본다면 북한의 핵 의혹도 문제이지만 미국이 관리하는 남한에 있는 핵도 문제가 된다. 남북 대표의 비핵화 선언은 선언이 아니라 실천의 문제가 된 것이다.

이 시기가 되어 북일 교섭도 6회째가 끝나고 북일 간 해결 과제가 1) 기본적인 문제(장래성), 2) 경제적 여러 문제(과거 청산), 3) 국제 문제(핵 문제), 4) 쌍방의 관심사(일본인 납치 의혹 등) 등 네 가지 사항으로 정리되었다.[2] 핵 문제에 관해서 일본 정부는 좋은 방향으로 점점 나아가고 있으니 진지하고 성실히 대응해 나간다는 방침이었고,[3] 또한 북핵 문제는 IAEA에 맡긴다는 자세를 취했다. 더불어 북한은 1992년 4월 14일 일본 기자단에게 국제적인 핵 의혹의 초점이 되었던 영변의 핵 시설 상황을 기록한 필름을 공개했다. 문제가 되었던 핵연료 재처리 시설이나 핵연료 가공 공장은 비치지 않았다. 그런데 한국 국방연구원은 화면에 순간적으로 비친 방사능 방호실을 지적하면서, 재처리 작업에 필요한 이 시설이야말로 "북이 재처리 준비를 하고 있는 증거"라고 지

1　『아사히 신문』조간, 1992년 4월 2일 자 6면.

2　제123회 참의원 외무위원회 회의록 3호(1992. 4. 7.), 타니노(谷野) 정부위원, 4쪽.

3　제123회 참의원 외무위원회 회의록 7호(1992. 4. 22.), 타니노(谷野) 정부위원, 12쪽.

적했다.[1] 북한 원자력 공업성은 4월 14일 기자회견에서 그간의 경위를 설명했는데, 미리 보고된 2곳의 시설과 가동·건설 중인 원자로 3기 이외에 사찰 대상 및 비대상을 포함하여 16곳의 시설을 보고했다. 또한 보통 사후 제출되는 핵 시설 설계 정보도 동시에 제출되었다. IAEA 대변인은 이에 대해, 보고 의무가 없는 것까지 포함되어 있을 뿐 아니라 북한의 태도가 매우 협력적이라고 공식 발표했다.[2] 북한의 태도에 대해 일본이나 IAEA 모두 불만이 없었다. 한국이 지적한 시설이 정말 재처리 시설인가 아닌가의 문제가 있었지만, 이는 화면에 비친 영상인 데다가 북한과 IAEA 관계에서 보면 논외 대상이었다.

제7회 북일 국교 정상화 교섭에서 일본은 IAEA에 의한 사찰 이행과 국제사회의 우려 불식을 북한에 요청했다. 또한 북한에 재처리 시설이 있다는 코멘트가 한미 측에서 제기되었는데, 일본은 이를 의문시하면서도 IAEA에 의한 사찰에 맡길 수밖에 없다는 입장이었다.[3] 반면 교섭에서 주목된 것은, 일본 측이 남북 상호 사찰 실현을 북한에 요청한 것이었다. 일본은 "남북은 남북의 상호 사찰과 핵 재처리 시설 등을 보유하지 않는다."라는 남북 비핵화 공동선언이 착실히 실시되기를 기대한다고 표명했던 것이다. 이에 대하여 북한의 이삼로 대사는 회담 뒤 기자회견에서 "일본은 IAEA 사찰을 믿기 어려우니 남북 사찰도 해야 한다고 주장하며 결국 조건을 덧붙였다."라고 반발했다. 지금까지 긍정적이며 신중한 자세를 취했던 일본이 남북 상호 사찰을 들어 북한의 핵 의혹 해소 이전에는 교섭을 진행시킬 수 없다는 강경 입장을 밝힌 것이다. 한편, 종군 위안부 문제에 관해서도 일본 측은 청구권

---

1 『아사히 신문』 조간, 1992년 4월 24일 자 5면.

2 『아사히 신문』 석간, 1992년 5월 6일 자 1면.

3 제123회 참의원 외무위원회 회의록 9호(1992. 5. 14.), 타니노(谷野) 정부위원, 5-6쪽.

범위 내에서라면 검토에 응한다는 입장을 취함으로써, 청구권 범위 내에서만 대응하겠다는 의사 표시를 분명히 했다.[1] 이때부터 일본 자세가 공격적으로 변했다.

일본의 이러한 대응에는 IAEA 사찰이 진행되면서 비밀리에 핵 개발을 진행시킨 이라크의 예가 있었기 때문으로 보인다. 더불어 미일 관계의 새로운 위상 변화도 일본의 태도를 보다 공세적으로 만들기에 충분했다. 여기서 말하는 새로운 위상 변화란 미일 간의 "글로벌-파트너십" 표명이며 일본 스스로가 "지역 안정을 위해 적극적 외교"를 구사하겠다는 표명이었다. 글로벌-파트너십의 핵심 내용은 정치와 군사 문제의 분리 해석이며, 이는 미일 간 역할 분담을 의미했다. 미국은 미군 주둔을 통해 군사적 안전 보장 역할을, 일본은 정치적인 측면에서의 적극 외교를 통한 정치적 문제 해결을 시도한다는 것이었다.[2] 여기서 탈냉전 시기 일본의 안보 외교가 '제약하에서 기회로의 전이'라는 변화를 시도하게 된다. 물론 군사적 미일 동맹이라는 틀을 중시하면서 일본 역할의 정치적 역할 확대라는 변화의 시도였다. 이는 미일 간의 탈냉전기 글로벌-파트너십이 있었기에 가능한 것이었다.

따라서 일본은 미국 주도의 IAEA에 일임할 것은 하면서도 남북 상호 사찰(미일에 의한 사찰 효과가 기대됨)을 북한에 요구한 것이다. 이의 배경에 한미일 간 정부 차원에서의 비밀 협의가 있었을 개연성도 높다. 이는 곧 북한에 대한 압력이며, 일본의 공세였다. 이 단계에 이르러 북한의 핵 문제에 대해 미국과 일본의 역할 분담이 구체화 되었다. 이에 일본은 일본 나름의 독자적 요구를 하게 되었다고 보인다.

---

1 『아사히 신문』 조간, 1992년 5월 16일 자 2면.

2 제123회 참의원 외무위원회 회의록 9호(1992. 5. 6.), 사토(佐藤) 정부위원, 6쪽.

따라서 미국은 상대적 유연성을, 일본은 상대적 공세를 취하게 된다. 즉 미국은 군사적 역할을 충실히 하면서 "상대적 유연성"을, 일본은 정치적 역할을 수행하면서 "상대적 공세"의 임무를 글로벌-파트너십이라는 이름으로 추진하고 있었다. 일본은 IAEA에 의한 사찰 효과 (미일 동맹 중시, 세계 군사 전략의 파트너십)를 중시하면서 동시에 남북 상호 사찰 (동북아에서의 일본의 안보 및 정치적 역할 강화)에 기대를 걸었다. 이는 다른 말로 표현하면 북핵 문제에 대한 미일의 역할 분담으로 평가할 수 있다. 미국에 북핵 문제는 일관되게 세계 전략 차원에서의 문제였으나 일본에게는 자국의 안보와 직결되는 국가 방위의 문제로 인식되었기 때문이었다.[1] 여기서 북핵 문제에 관한 초기의 미일 간 정합성은 미일 동맹이라는 정치 군사적인 두 측면에서의 통일체적 성격을 띠었으나, 이 단계에 이르러 미일 간 정합성은 역할 분담에 따른 전략적 정합성이었다. 즉 북핵 문제는 글로벌 차원에서의 미일 간 정합성과 지역 레벨에서의 미일 간 전략적 정합성을 산출했다.

2. 기회의 대가: 북의 탈퇴와 북일 관계의 교착

제8회 북일 교섭에서 일본은 IAEA에 의한 사찰이나 한국과 북한의 상호 사찰을 통한 핵 개발 의혹이 해소될 때까지 정상화에는 응하지 않는다는 자세를 취했다. 핵 문제를 이유로 북일 교섭에 소극적인 일본의 자세에 북한은 북일 회담과 관련이 없는 문제를 회담의 전제 조건으로 내세워 인위적인 난관을 만들어냈다고 반발했다. 이에 대하여 일본 정부는 북한도 실제로는 어떻게 대응할까에 대해 고민 중일 것이

---

1 제126회 참의원 외무위원회 회의록 11호(1993. 3. 26.), 이케다 타다시(池田維) 정부위원, 11쪽.

라고 보고 있었다.[1] 그러나 IAEA에 의한 특별 사찰이 끝났을 뿐 보고 서도 제출되지 않았고, 남북 상호 사찰 논의도 진전이 없는 상태였기 때문에 일본 주장에도 설득력은 없었다. IAEA 사찰은 국제 문제이기 에 일본도 말할 수 있는 입장에 있었지만, 남북 상호 사찰은 남북 문제 로서 일본이 말할 수 있는 입장은 아니었다. 한미일 관계를 고려한다 면 할 수야 있겠지만 그렇게 되면 한일이 공조해서 북한을 궁지로 모 는 결과가 됨은 당연한 이치였다. 그럼에도 일본이 공세로 나온 것은 위에 지적한 일본의 전략적 정합성의 역할을 살리는 계기로 삼고자 했 기 때문이었다.

반면 북한은 IAEA 특별 사찰로 핵 의혹이 해소되었다고 주장하면 서, 북한에 의한 주한 미군 기지의 사찰을 요구했다. 이에 대하여 한국 은 IAEA 사찰로는 불충분하다며 쌍방의 군사 기지 사찰을 주장함으 로써 맞대응했다. 한편 한국은 15일 북한의 핵 의혹 해소 없이 구체적 인 경제 교류 및 협력은 없다는 입장을 강조했다.[2] 여기서 한국은 핵 문제와 남북 경제 협력 문제를 연결시켰다. 이미 일본은 북일 국교 정 상화 교섭과 남북 상호 사찰을 링크시킴으로써 북한과의 대립을 격화 시켰다. 나아가 일본 정부는 남북의 비핵화 공동선언(상호 사찰)을 착실 히 실천하는 것이 중요하다고 하면서, 이것이 북일 교섭의 조건은 아 니지만, 국교 정상화를 위해 피할 수 없는 중대 문제라고 완곡하게 표 현했다.[3] 그러나 그들이 남북의 비핵화 공동선언을 사실상 북일 교섭 의 조건으로 두고 있었음은 명백하다.

---

1 『아사히 신문』 조간, 1992년 8월 2일 자 2면.

2 『아사히 신문』 조간, 1992년 9월 16일 자 6면.

3 제125회 참의원 외무위원회 회의록 1호(1992. 12. 7.), 이케다 타다시(池田維) 정부위원, 3 쪽.

한중 정상회담을 통하여 한국은 중국에 핵 문제 해결의 협력을 구했지만, 중국은 신중한 자세를 보였다.[1] 이어 한국은 한미 군사훈련(Team Spirits) 재개를 발표함으로써 북한을 더욱 자극했다.[2] 김영삼 정권이 새롭게 탄생하면서 북핵 문제에 대해 유연하게 대응해 나갈 것을 표명했지만[3], 이런 제스처는 북한 입장에서 신뢰할 만한 것이 못되었다. 이 시기 일본은 북한에 대한 강한 불신감을 다음과 같이 보이고 있었다. "북한에는 아직 의문점이 가득 있다. 왠지 개운치 않다. 숨기고 있는 게 있는 것이 아닌가 하는 의심이 간다. 북한이 의심을 없애려는 노력을 하지 않는 데에 더욱 문제가 있다."[4] 이와 같은 상황이 전개되는 가운데 북한은 NPT를 탈퇴했다.

1993년 3월 12일 북한의 NPT 탈퇴 결정에 대해 일본 정부는, 이는 NPT 체제에 대한 도전이니 하루빨리 철회하고 NPT에 남으라고 북한 측에 호소했다. 또한 22일에는 뉴욕에서 한미일 정부 간 협의가 이루어졌다. 북한의 탈퇴에 대해 일본 정부는, 북한의 설명(T.S. 훈련이 부당하다는 것, IAEA의 특별 사찰 요청은 북한 주권을 침해한다는 것)을 인용했을 뿐 일본 정부의 견해를 발표하지는 않았다. 일본이 중시한 것은 일본에 우호적이지 않은 국가가 핵보유국이 될 가능성과 그런 국가가 한반도에 위치해 있다는 사실이었다. 이 사실은 일본에 일본의 안전 보장에 대한 사고방식을 근본적으로 재고하게 하는 요인으로 작용했던 것이다.[5] 이후부터 북일 관계는 장기 휴면에 들어갔다.

1　『아사히 신문』 조간, 1992년 9월 29일 자 1면.

2　『아사히 신문』 조간, 1993년 1월 27일 자 6면.

3　『아사히 신문』 조간, 1993년 3월 7일 자 5면.

4　제125회 참의원 외무위원회 회의록 1호, 와타나베 미치오(渡辺美智雄) 외무대신, 4쪽.

5　제126회 참의원 외무위원회 회의록 1호(1993. 3. 26.), 이케다 타다시(池田維) 정부위원, 11쪽.

IV. 맺음말

일본의 안보적 관점에서 볼 때, 북핵 문제에 대해 일본은 초기(1989-1991)에는 협력적이던 것이 점점 변하여 후기(1992-1993)에는 경직되면서 공세적으로 변했다. 그 배경에는 미일 관계의 새로운 위상 변화가 있었다. 새로운 위상 변화란 미일 간의 "글로벌-파트너십" 표명이며 일본 스스로가 "지역 안정을 위해 적극적 외교"를 구사하겠다는 표명에서 나타났다. 글로벌-파트너십의 핵심 내용은 정치와 군사 문제의 분리 해석이며, 이는 미일 간 역할 분담을 의미했다. 미국은 미군 주둔을 통해 군사적 안전 보장 역할을, 일본은 정치적인 측면에서의 적극 외교를 통한 정치적 문제 해결을 시도한다는 것이었다. 여기서 탈냉전기 일본의 안보 외교는 제약에서 기회로 전이를 시도했다.

이 기회를 이용해 일본은 핵 문제를 당사국 문제(국교 정상화와 상호 사찰, 남북 경협과 핵 문제)와 링크시켜 북한을 궁지에 몰아넣었다. 앞으로 북미 간 핵 문제 해결에 일본의 역할이 부각될 것으로 예상된다. 이유는, 미국이 글로벌 파트너로서 동아시아에서의 일본의 역할을 기대하는 이상 그에 상응하는 일본의 영향력도 증대할 것이기 때문이다. 미국이 동아시아의 군사적 질서를 주도해 왔고, 일본은 정치적 혹은 경제적(기술 및 자본 협조) 후원을 통한 KEDO를 둘러싼 한미일 역할 분담을 해오고 있음이 이를 입증한다. 여기서 일본은 미국의 군사적 세계 전략이라는 관점에서 보면 후견인 역할이지만, 동시에 일본의 관점에서 보면 동아시아 지역 질서에 관여하는 적극적 참여자로서 그만큼 발언 수위를 높일 수 있는 기회를 가지게 되었음을 의미한다. 여기에 일본의 "국제적 역할"이 있다. 그 역할은 긍정적이든 부정적이든 미국을 중심으로 한 국제 질서 만들기라는 것이다.

일본의 장래 모습을 두고 예단하기는 더없이 어려운 문제이나, 미국의 핵우산이 영속된다는 가정이 성립되지 않는다면 일본의 핵무장 문제는 전략적인 관점에서 브룩스(Stephen G. Brooks)보다는 월츠(Kenneth N. Waltz)의 견해에 설득력이 있는 것으로 보인다. 월츠는 전후 일관해서 경제 중심적인 외교 정책을 선택하여 온 일본은 비정상 국가이며, 따라서 가까운 장래에 군사 대국이 되어 핵무기를 소유하고 미국의 균형 세력이 될 것이라 전망했고[1], 반면 브룩스는 일본이 경제력에 상응한 군사 대국으로서 미국의 균형 세력이 되기보다는 경제 대국 상태로 남아 있을 것이라고 주장했기 때문이다.[2] 이러한 월츠의 견해는 일본 안보 정책을 "군사적 현실주의의 확산 과정"으로 파악한 것과도 맥을 같이 하고 있다고 보인다. 또한 일본이 생각하는 북한에 대한 이미지는 강한 불신감으로 이루어져 있다. 일본은 북한의 대외 전략을 의심의 눈으로 보고 있다. 적대국 의식이 있기에 북핵 문제는 일본에게 큰 위협 요인으로 작용하고 있다. 따라서 일본이 생각하는 북한에 대한 이미지는 매우 부정적인 것으로 평가할 수 있다. 즉 웬트(Alexander Wendt)의 지적대로 일본은 핵 대국(미국, 러시아, 중국 등 주변 강국)보다는 핵 잠재국 북한을 더 위협적으로 평가하고 있는 것이다. 이는 국제 관계에 있어서 관념적이며 사회적인 구조의 중요성을 입증하는 사례라고도 볼 수 있다.[3]

1   Kenneth N. Waltz, 「The Emerging Structure of International Politics」, 「International Security」, Vol. 18, No. 2(Fall. 1993), pp.44-79.

2   Stephen G. Brooks, 「Dueling Realisms」, 「International Organization」, Vol. 51, No. 3(Summer. 1997), pp.445-477.

3   Alexander Wendt, 「Constructing International Politics」, 「International Security」, Vol, 20, No. 1(Summer. 1995), pp.71-81.

불편한 진실

학술적 분석은 애매하다. 외교 사료나 정책 자료가 확인되지 않는 한 그렇다. 그래서 불분명하고 상상이다. 그럴 수도 있지만, 아닐 수도 있다는 양비론이나 양시론이다. 국제정치에서 국가는 실리적이고 현실적이다. 명분도 실리가 득이 될 때 명분이다. 일본은 미국의 군사적 세계 전략을 지지한다. 추종한다. 그것이 일본에게 실리다. 일본은 동아시아 지역 질서에 관여하고 싶어 한다. 불편한 진실이다. 그러나 아직 군사력이 뒷받침되지 않았기에 인내하고 있다. 북핵 문제는 북일 '문제'이면서 일본을 적극적 행위자로 나서게 하는 요인이다. 미국에 대해 일본의 발언 수위를 높이는 기회이다. 북핵 문제가 그것에 힘을 실어준다.

일본은 국제사회에서 어떤 역할을 하려는가? 일단은 미국의 편에 서서, 긍정적이든 부정적이든 미국을 중심으로 한 국제 질서 만들기에 협력하는 것이다. 그 범위에서 일본의 운신 폭이 정해진다. 일본의 장래 모습을 두고 예단하기는 어려운 문제이나, 미국의 핵우산이 지속된다는 가정이 성립되지 않는다면(지속적인 것은 없다?), 일본의 핵무장 문제는 전략적인 관점에서 차원이 다른 문제이다. 즉 북한의 핵은 일본에 직접적 위협 요인이기에 미국이 안전을 보장하지 않으면, 일본은 독자적 핵을 보유한다는 논리에 다가설 수 있다. 미국의 딜레마이다. 일본의 핵은 미국에 또 하나의 대립각이 될 가능성이 크기 때문이다.

　국제 질서에서 패권국은 제2의 패권국 등장을 허용하지 않는다. 미국에 일본은 그런 존재이다. 북한은 결이 다르다. 따라서 오히려 핵을 둘러싼 문제라면 북한과 미국은 논의의 대상이지만 일본의 핵은 논의 대상이 아니다. 북한 핵의 불편한 진실은 여기에 있다. 아시아에서 미국의 존재 우위를 인정할 전략적 파트너로 북한이 가능하다면, 미국은 북한과의 협상에서 일본과 중국 문제를 거론할 수 있다. 즉 아시아의 대국인 중국이나 일본을 통제하는 데에 북한이 미국의 전략적 파트너로 가능하다면 문제는 달라질 수 있지 않을까? 상상의 영역이 현실이 될 수 있다.

　1960년대 베트남 전쟁 가운데 미중 화해는 소련 고립화로 이어졌고, 이는 세계 질서를 재편하려는 키신저의 상상이고 전략이었다. 그 연장선의 결과로 결국 소비에트 붕괴라는 긴 여정을 통해 러시아는 다시 태어났다. 이에 버금가는 국제 질서의 변화를 동북아시아에서는 예상할 수 없을까? 미국에 일본은 어떤 대상인가? 미국에 북한은 어떤 대상인가? 미국에 남한은 어떤 대상인가? 미국에 중국과 일본은 경계와 불안정의 대상이다. 남한이나 북한은 그런 정도는 아니다. 그렇다면 미국에 한반도(남한과 북한)는 일본과 중국을 통제할 수 있는 전략 지역이다. 한반도는 미국에 중동의 이스라엘일 수 있다. 미국은 북한을 어떻게 대할 것인가? 그런 그림을 그릴 단계이다. 어떤 상상이나 가능성도 무죄다. 미국이 상상의 영역을 넘어서는 그림을 그린다면, 한국은 어떤 대응을 할 것인가? 미국의 상상이나 외교 전략의 큰 그림에 남북이 대비하지 못한다면 비극이 찾아온다. 불편한 진실이 된다.

이미 보았듯, 때로는 미국보다 일본이나 한국이 북한을 더 궁지로 모는 경우가 있다. 어느 정도 북미 사이에 타협이 가능하리라 예상되면 일본이나 한국이 새로운 조건을 제기하며 북한을 압박한다. 미국이 동맹국인 일본이나 한국의 입장을 두둔한다. 여기서 북한은 미국보다는 오히려 한국이나 일본이 더 불편하다. 그러니 북한은 미국과 협상을 진행하면서 일본이나 한국을 배제하고자 한다. 일본이 조건을 붙이는 것에 대해서는 사안에 따라 이해가 간다. 반면 한국이 북한에 여러 조건을 붙이면서 북한을 곤혹스럽게 만드는 반反북한 태도는 이해하기가 어렵다. 한국은 한반도 평화를 진정으로 원하는가를 의심케 한다. 남한의 정권이 친북이거나 반북을 떠나, 적어도 한반도 평화를 원하는가를 묻지 않을 수가 없다. 즉 자주 통일, 평화 통일, 민족적 대단결(1972년 남북 7.4 공동성명)을 만들려는 의지가 있는지를 의심하게 만드는 대목이다. 이 점도 불편한 진실이다.

일본에는 외교 카드가 있었다. 소련과 북한에 대한 경제 협력 카드이다. 미국이 이를 이용하고 있음은 물론이다. 일본도 이 카드로 미국에 영향력을 미친다. 한국도 경협 카드가 있다. 다만 일본과 비교하기에 역부족이라는 것이다. 그 크기에 따라 미국은 의견을 반영한다. 국제 질서의 불편한 진실이다. 한국이 활용할 외교 카드는 무엇인가? 군사력 혹은 정보력인가? 아니면 경제력 혹은 협상 기술인가? 지도자의 품격 혹은 능란한 외교 수완인가? 미국이나 일본을 탓하기 전에 철저한 자기 성찰이 요구된다. 이 점도 한국에는 불편한 진실이다.

북한은 소련이 북한을 멀리하면 강한 불만을 표하기도 하고, 심지어 일본과의 심각한 문제인 북방 영토 문제와 핵 개발 등에서 독자적 판단을 할 것임을 넌지시 흘린다. 북한의 협상력이거나 엄포이다. 미국이나 일본, 북한이나 소련, 모두가 자국 이익에 부합하는 노선을 견지한다. 자기만의 카드로 협상을 이끈다. 한국 독자의 외교 카드는 무엇인가? 한국의 경제력과 국민 수준에 어울리는 외교 카드를 가지고 있는가? 청와대나 외교부의 책임자들은 사명감과 책임질 능력이 있는가? 그들에게 그만한 배포와 기개는 있는가? 국민의 기대치에 부응하고 있는가?

제3장
북한의 핵 '문제'와 일본의 대응
: 북미 고관(高官) 협의, 1993-1994

제3장에서는 북한의 핵 '문제'에 대해 일본이 어떻게 대응했는가를 북미 간의 고위급 협의 시기(1993. 5.-1994. 10.)를 통해 살펴본다. 북한의 NPT 탈퇴로 시작된 한반도 위기는 해결되지 않은 채 불안정한 상태였다. 이에 미국은 북한과의 회담을 시도했고, 그렇게 성사된 것이 북미 간의 고위급 회담이었다. 고위급 회담에서 일정한 성과가 나왔으나 이에 대한 평가는 다양하였다. 미국은 북한을 NPT에 잔류시킬 목적이 있었기에 지나치게 양보한다는 비판도 받았다. 반면 북미 양측은 큰 성과로 평가했다. 그러나 그 성과는 한계가 있었다. 이 부분이 불편한 진실이다.

첫째, 애매함이다. 흑연로에서 경수로에의 전환 지원의 주체와 자금의 출처가 애매한 형태로 되었다. 미국이 주도하고, 한국과 일본에 하청을 준다고 하는 것은 한일 간에 협의도 없었고, 그 준비도 갖추어져 있지 않았다. 또한 북한의 미신고 시설에 대한 특별 사찰에 관해서도 북미 간에 이견이 있었다. 유예 기간인 5년 안에 경수로를 지어주고, 그 기간 중에 사찰하자는 것은 애매한 타협이었다. 쟁점이던 경수로 지원에 관해서도, 조건으로서 완전 동결로 되어 있어 조건이 충족되지 않을 경우, 지원이 순조롭게 이뤄질지 의문이었다.

둘째, 불신이다. 가장 중요한 것이지만 어느 한쪽이 강경 자세를 취하는 것은 상대방에 대한 위협이다. 상대도 이에 대해 강경 자세를 취하면 파국이 된다. 파국 직전에 협의가 시작되고, 협의에서 일정한 성과가 나온다. 그러나 양측은 회담 성과를 실천하지 않는다. 또 강경 자세와 위협, 비난이 계속된다. 이 악순환이 그동안 되풀이됐다. 애매한 타협은 이런 불신에서 나온 미완의 작품이다.

셋째, 지도력 부재다. 미국의 경우 국제적 제재 등 강경 자세를 보이지만 일본이나 한국이 적극적으로 협조하지는 않는다. 일본이나 한국은 관망하거나 우려한다. 중국은 관망하거나 반대한다. 북한의 주장에 대해서 한국과 중국은 침묵하고, 일본과 미국은 무관심하다. 이런 가운데 북한은 자신의 길을 걸어간다. 지금까지의 핵실험이나 미사일 발사는 그 표현이다. 한국이나 일본과 중국은 북한의 행동을 지켜볼 뿐이었다. 시간이 지나도 문제점은 원점이다. 문제 해결이 지지부진한 것은 지도력 부재와 실천 부재의 결과라고 할 수 있다.

냉전 이후 동맹의 의미가 변질되고 있다. 북한의 핵 정책은 일관성 있게 지속된다. 그러나 한국과 미국은 정권 교체에 따라 정책 변화가 나타난다. 일본은 더 복잡하다. 중국은 경제 발전과 베이징 올림픽의 성공이 긴요하다. 그러기에 동북아의 안정은 필수적이다. 중국은 북한을 둘러싼 환경의 급격한 변화를 원하지 않는다. 이로부터 어떤 교훈을 얻을 수 있을 것인가? 북한과 미국은 신뢰에 근거한 협의 결과를 실천하는 것이다. 강제력을 갖춘 국제기구에 양쪽 모두의 실천 여부를 감시 혹은 통제할 수 있도록 권한을 부여하는 것도 방법이다. 이상의 내용에 대해 사실을 바탕으로 추적하며, 마지막 부분에 불편한 진실을 서술한다.

I. 문제의식 및 검토 과제

북한의 핵 문제는 미국으로선 세계 핵전략의 일환이다. 동시에 미국과 북한 양자 차원의 문제이기도 하다. 북핵 문제는 일본으로서는 동북아 안정이라는 지역적 관점과 일본의 안보와도 관련된 문제다. 이렇게 보면 북핵 문제는 미일에는 세계 전략과 지역 전략이 중첩된 문제였고, 자국의 안보 문제에서는 민감한 사건이었다. 북한이 핵 확산 금지 조약(NPT: Nuclear Non-Proliferation Treaty)[1]에 가입하고, 국제 원자력 기구(IAEA)[2]의 보장 조치 협정[3]에 조인하면서 북핵 문제는 해결을 향하고 있었지만, 상황은 달라졌고 북한은 1993년 NPT 탈퇴를 선택했다. 미일 동맹이라고는 하지만 세계 전략과 지역 전략 사이에 정합성은 없고, 자국 안보와의 관계에서 미일이 어긋날 경우, 미일 간에 불협화음이 나올 가능성이 있었다. 그러나 NPT 가입부터 탈퇴까지의 시기 (1989-1993)에 미일은 서로 어긋나는 대신, 글로벌-파트너십이라는 역할 분담을 시작했다.

---

1 1965년 제안, 1968년 조약 조인, 1970년 발효. 핵보유국 5개국에는 핵 군축을 요구하는 한편 비핵국에는 핵무기를 제조 취득할 수 없도록 하고 IAEA의 사찰을 의무화하는 조약. 이 조약의 정식 이름은 '핵무기 비확산에 관한 조약'이며 약칭 '핵 확산 방지 협약'.

2 아이젠하워 미국 대통령의 제창으로 1957년에 창설된 원자력의 평화적 이용을 위한 국제기구. NPT 제정 이후 이 조약에 따른 사찰도 임무로 삼게 됐다.

3 국제 원자력 기구(IAEA)와 1개국 또는 2개국 이상의 가맹국 사이의 합의에 의해서 이들 나라가 어떤 물질이나 정보를 군사 목적으로 이용하지 않을 것을 규정하고, 이 약속의 이행을 사찰하는 권리를 동 기구에 주는 협정(안전 보장 조치 협정. safeguards agreement. 安全保障措置協定).

제2부 - 북일 '문제', 그 불편한 진실

이에 제3장에서는 주로 NPT 탈퇴에서 북미 고위급 협의 시기(1993. 5.-1994. 10.)에 한정해서, 일본의 대응 방식을 검토한다. 이 시기에는 다음과 같은 이항 대립(긍정과 부정)의 특징이 나타났다. 첫째(부정 조치)는 대북 경제 제재를 하고, 유엔 안보리를 통한 군사 행동까지 가겠다는 것이었다. 이는 한반도 전쟁 위기설까지 발전했다. 둘째(긍정 조치)는 대화를 통한 타협을 통해 평화적 해결을 꾀한다는 것이었다. 여기서는 둘째(긍정 조치)로 결착되는 과정을 살펴본다. 결과적으로 후자로의 결착은 어떤 의미를 갖는가? 또 현재도 계속되고 있는 문제인 만큼 이는 어떤 교훈을 주는가? 이것이 제3장의 문제의식이다.

그간의 경위를 요약하면, 1993년 6월 나온 제1라운드 공동성명에서는 핵무기를 포함한 무력행사나 위협을 가하지 않을 보장을 확인하고, 상호 주권 존중과 내정 불간섭에 합의했다. 1993년 7월의 성명은 그 원칙을 재확인한 뒤, '핵 문제 최종 해결의 일환'으로 미국이 북한의 경수로 도입을 지지하면서 '양국 관계 전반을 개선하는 기초를 마련하기 위해 두 달 안에 재회담을 한다.'라고 했다. 1994년 8월의 제3라운드 합의 문서는, 이 두 성명을 토대로 더욱 구체적으로 발전시킨 것이었다. 특히 북미 관계에 대해서는, 정치 경제의 완전한 정상화 조치로 수교까지 염두에 두고, 워싱턴과 평양에 외교 대표부 설치와 경제 제재 완화의 내용까지 담았다.

북핵 문제에 대한 미국의 전략적 관점에 대해서는 두 학자의 상반된 선행 연구가 있다. 이에 대해 간단히 살펴보자. 다운스(Chuck Downs)의 경우, 북한의 외교적 행위를 역사적으로 고찰하면서 미국은 기본적으로 북한의 붕괴나 그와 동시에 일어날 수 있는 전쟁의 위험을 피하기 위해 포용 정책을 취하고 있다고 해석했고, 미국의 협상 대표들이 결국 북한이 미국의 타협안에 따라 개혁을 실행할 것이라는 비이성적인 기대를 갖고 있다고 비판한다. 미국의 포용 정책은 북한의 벼랑 끝 정책(brinkmanship)에 직면하게 되면, 엄격한 자제력을 발휘하는 것이 불가능하지는 않더라도 결국 곤경에 처하게 된다. 그래서 북한이 벼랑 끝 정책을 즐겨 이용했다고 다운스는 결론짓는다.[1]

다운스와 상반된 견해를 보이는 것이 시갈(Leon V. Sigal)이다. 그는 미국이 북한에 협박을 가했을 때 북한은 유연한 자세를 보여 왔다고 하지만, 이 같은 설명은 옳지 않다고 지적한다. 그러면서 그는, 미국의 협력 혹은 협력을 위한 위협 자제(Cooperative Threat Reduction)를 강조하면서, 미국에는 오히려 이런 협력 정신이 결여되었다고 주장한다. 즉 그동안 미국은 북한에 대해 유인·유화 정책이 아니라 위협이나 순응을 강제하는 정책을 채택했고, 미국은 북한에 이른바 당근과 채찍을 구사한 셈이다. 그의 해석에 의하면 여기서 당근은 유화의 요인이 아니라 손이 닿지 않는 거리에 있는 강제 요인이었다는 것이다.[2]

다운스의 시각에 따르면 북한은 벼랑 끝 정책을 즐겨 이용해 온 셈이다. 반면 시갈의 시각으로 보면, 북한은 벼랑 끝 정책밖에 사용할 수 없는 상황에 처해 있었던 셈이 된다. 이러한 북한의 협상 전술에 관한 연구는 많다.[3] 여기 제3장에서는, 일본이 이 과정에서 어떻게 대응해 왔는지에 주목한다. 일본은 북한에 대해 위협적이고 강제적이었는가? 아니면 협력적이거나 온화했는가? 또 현재도 계속되고 있는 문제인

1　송승종 옮김(1999), 『북한의 협상전략』, 한울출판사, pp.404-405; Chuck Downs, Over The Line: North Korea's negotiating strategy(Washington. D.C., AEI Press, 1999)

2　구갑우 옮김(1999), 『미국은 협력하려 하지 않았다』, 사회평론, pp.16-19; Leon V. Sigal, Disarming Stranger: Nuclear Diplomacy with North Korea(Princeton. NJ: Princeton University Press, 1997)

3　김영호(2000), 「북한의 대외협상 형태 분석」, 『국제정치논총』, 40-4호, 한국국제정치학회. 이외에도, 허만호(1996), 「북한의 협상 행위의 특징: 이론적 괴리와 규칙성」, 『국제정치논총』 36-2호, 한국국제정치학회 참조

만큼 이 시기의 의미는 어떤 교훈을 주고 있는지에 대해 검토한다.

이 과제를 달성하기 위해 일본 국회 의사록도 검토한다. 이 시기의 일본 대응 방식을 본격적으로 검토한 선행 연구는 발견되지 않는다. 그 이유 중 하나로, 북핵 문제가 기본적으로는 군사 문제이고 북미 문제이기 때문에 처음부터 일본의 관점은 무시되어 온 경향이 있다는 점을 지적해야 할 것이다.

Ⅱ. 북미 고위급 회담(1993. 5.-1994. 10.)과 일본

1. 미국-북한-IAEA의 줄다리기(1993. 5.-1993. 12.)

미 국무부 차관보(아시아 태평양 지역 정책 책임자, 윈스턴 로드)는 1993년 5월 13일 도쿄에서 연설을 통해, 북한 핵 문제에 대해 1) 북한의 NPT 복귀, 2) IAEA가 요구하는 모든 사찰 수용, 3) 북한이 한국과 맺은 한반도 비핵화 공동선언 실행 등 세 가지를 미국의 목표로 꼽으며 핵 문제가 해결되지 않는 한, 북한과의 관계 개선은 없다고 강조했다. 당시 일본은 북한의 NPT 탈퇴에 대해 중국이나 러시아와도 논의하고 있었다.[1] 한편, 로드 차관보가 강조한 문제를 실행할 수 없게 되었을 때에 대응해 미일 간에 구체적인 협의가 있었다. 이 내용을 밝히는 것은 피하면서도 일본 정부는, "북한을 고립시키는 것은 좋지 않다. 제재를 가하는 것도 피하고 싶다."라고 했다. 그러나 일본은 사실 "북한이 언제까지나 비협조적이면 제재를 하지 않을 수 없다는 생각"이었다.[2]

---

[1] 제126회 중의원 외무위원회 회의록 2호(1993. 4. 9.), 이케다(池田) 아시아국장, 7쪽.

[2] 제126회 중의원 외무위원회 회의록 5호(1993. 4. 23.), 이케다(池田) 아시아국장 및 무토 가분(武藤嘉文) 외무대신, 5쪽.

미국과 북한은 1993년 6월 2일, 뉴욕에서 고위급 회담을 개최하겠다고 공표했다. IAEA의 특별 사찰을 거부하고 북한이 NPT 탈퇴 의사를 표명한 문제를 논의하기 위한 목적이었다.[1] 북한의 핵 개발 문제는, 1989년부터 3년간 연 1회씩 플루토늄을 추출한 것에서부터 기원하는데, 이는 단지 실험을 했을 뿐이라고 추측되는 정도의 소량이었다. IAEA가 실시한 핵 폐기물 분석에서 검출된 플루토늄이 북한이 제출한 샘플과 다르다는 점이 문제가 됐지만, 여기서도 포인트는 추출한 양이었다. 핵폭탄에는 58kg의 플루토늄이 필요하며, 미량이라면 전략적으로 중요하지 않다. 따라서 북한은 이 문제를 가지고, 상응하는 대가를 얻기 위한 협상 재료로 삼고 있다는 측면이 있었다. 그러나 한편으로 북한의 핵 개발은, 태평양 지역의 군비 경쟁과 일본의 핵무기 개발로 이어질 가능성도 있었다.

이에 관한 미일 정상회담에서 일본의 요점은, 만약 북한이 핵무기뿐만 아니라 운반 수단까지 갖게 된다면 이는 일본에 대한 직접적인 위협이 되므로 관심을 기울이지 않을 수 없다는 것이었다. 이에 미국 측은 북한의 핵 문제로 인해 일본이 곤란을 겪고 있다는 데 인식을 같이 하면서, 그들의 우려를 이해한다는 입장을 보였다.

북한은 1993년 7월 제네바에서 열린 북미 고위급 회담에서 IAEA와의 회담 재개에 동의했고, 9월 초 사흘간 평양에서 IAEA 측과 핵 사찰 협의를 했다. 그러나 북측이 IAEA의 '불공평성'을 지적하는 것으로 일관하는 바람에 회담은 진전되지 않았다. 이후 IAEA의 제37차 정례 총회가 9월 27일 빈에서 시작됐다. 이번 총회에서는 북한의 핵 사찰 거부 문제가 정식 의제로 거론돼, 북한에 사찰 수용을 촉구하는 첫 총회 결의가 채택될 것으로 전망됐다. 총회 직전 열린 이사회에서는 총

---

1 『아사히 신문』 조간, 1993년 5월 26일 자 4면.

회의 정식 의제로 삼자는 결의가 채택됐다.

블릭스 IAEA 사무국장은 개막 후 모두冒頭 연설에서 북측의 일련의 대응에 유감의 뜻을 밝히고, 북한에 의혹 시설에 대한 특별 사찰을 수용하라고 재차 촉구했다. 에다(江田) 일본 과학기술청 장관은 북한의 NPT 탈퇴 선언 철회를 요구하고, NPT 무기한 연장 지지를 재차 표명하면서 플루토늄의 평화적 이용 등을 호소했다. IAEA 대변인은 9월 27일 북한이 IAEA와의 핵 사찰 협의를 중단하겠다고 전해왔다고 밝혔다. 회담 중단은 북한 원자력 공업상(최학근)이 블릭스 IAEA 사무국장에게 보낸 서한으로 전해졌다. 북측은 그동안 10월 초 IAEA와의 회담 재개를 희망한다고 밝혔으나, 총회 전 열린 IAEA 이사회가 북핵 문제를 총회의 정식 의제로 거론한다는 결의를 채택한 것에 강력히 반발하면서 강경 자세를 취한 것이다.[1]

반면 북한은 1993년 10월 남북 실무 회담에서 "지금까지와는 다른 연화된 인상"을 주면서, 10월 말 핵 시설에 설치된 감시 카메라의 보수 점검을 통해 사실 관계를 공개할 수도 있다는 등의 "벼랑 끝에서 피하는 방식"을 되풀이했다. 중국은 또 그동안 미국 측을 지지하며 움직였지만, 제재를 부과하자는 쪽으로 간다면 안보리에서 어떻게 움직일지 명확하지 않았다. 북한에 대한 제재 등 강경 조치를 요구하는 목소리도 이를 전후해서 한층 높아졌다.

빌 클린턴 미국 대통령은 1993년 11월 7일, 미국 내에 고조되고 있는 제재 등 강경 조치를 요구하는 목소리에 대해 여전히 신중한 태도를 보였다. 미 행정부는 북한을 몰아붙이는 제재를 최대한 회피하겠다는 의향이 강했으며, 외교적 해결 가능성을 계속 살폈다. 미국과 북

---

1 『아사히 신문』 조간, 1993년 9월 28일 자 2면.

한은 뉴욕에서 10여 차례나 '베이징에서 해온 절충을 대체할' 각급 레벨의 실무 접촉을 갖고 타개의 실마리를 찾아왔다. 미국 측은 내용을 간략화한 사찰이라도 좋다는 방안을 제시하며, 북미 고위급 회담 재개 명목도 마련해 왔다. 그러나 클린턴 행정부의 방침이 뚜렷한 성과를 내지 못하자, 미국 정가에서는 '당근과 채찍' 정책이 묘하게 '당근만'으로 와전되기도 했다. 이렇게 막힌 상황에서 일본의 조총련(북한) 사람들의 대북 송금을 문제 삼는 논조가 미국에서 나오기 시작했다.[1] 경제 제재가 부과될 경우 대상은 실질적으로 중국으로부터의 식량과 석유, 일본으로부터의 송금이 문제된다. 그러나 일본은 대화와 협의에 의한 해결, 즉 제재까지는 가지 않는 해결을 원했다.[2]

강석주 북한 외무차관은 1993년 11월 11일, APEC 정상회담을 견제하는 형식으로 IAEA의 사찰을 수용하고 남북회담 재개에 응하는 대신 미국에 '핵 위협과 적대시 정책'의 중단을 '행동으로 보여 줄 것'을 촉구하는 성명을 발표했다. 클린턴 대통령은 11월 16일, 북한이 협상 재개 조건으로 제시하는 한미 연합 군사훈련(팀 스피릿) 중단에 대해 '며칠 안에 좀 더 얘기할 수 있다.'라는 함축적인 발언을 했다. 한미는 이 '행동'이 구체적으로는 팀 스피릿 훈련 중단을 의미하는 것으로 이해했다.[3]

NPT 체제는 클린턴 행정부의 핵 확산 방지 정책의 핵심이었다. 특히 당면한 중요 과제로 1995년 NPT 무기한 연장이 있었다. 이 정부는 정부 내 일각의 반대를 무릅쓰고 핵실험 중단을 결정하는 등, 무기한 연장 실현을 위한 여건을 조성하기 위해 노력했다. 여기서 NPT 회

---

1   『아사히 신문』 조간, 1993년 11월 9일 자 9면.

2   제128회 중의원 외무위원회 4호 회의록(1993.11.10.), 하타(羽田) 외무대신, 2쪽.

3   『아사히 신문』 조간, 1993년 11월 20일 자 8면.

원국인 북한이 공개적으로 핵무기를 보유하는 사태가 벌어지면 무기 한 연장이 위태로워지고 NPT 체제 자체의 의미가 의심받게 된다.

애스핀(Les Aspin) 미 국방장관은 미국이 직면한 4가지 위협으로 1) 핵을 비롯한 대량 살상 무기 확산, 2) 지역 분쟁, 3) 구소련, 동유럽 국가 등에서의 민주 개혁 실패, 4) 미국의 경제 쇠퇴 등을 지적했다. 특히 1)에 대해 장관은 냉전 시대 소련의 수천 발의 핵무기가 아니라 악당 집단(㉢)이나 테러 조직 등의 손에 넘어간 한 줌의 핵무기를 꼽았다. 북핵 문제는 여기서 미국 자신이 정의한 위협의 모범 사례로 딱 들어맞는 셈이고, 이에 대한 대처는 냉전 이후 미국의 세계 전략과 안보 정책의 시금석이었다. 북한의 현 체제가 언젠가는 경제적으로 파탄날 것이라는 예상에는 미국 내에 거의 이견이 없었다. 동시에 북한이 평화적으로 혼란 없이 체제 이행을 해낼 전망도 거의 없었다.[1] 북핵 문제의 오랜 침체가 예상된 것이다.

2. 유엔 안보리 제재인가?(1994. 1.-1994. 6.)

1994년 3월 중순까지 IAEA의 사찰이 무산되면서 핵 문제의 무대는 유엔 안보리로 옮겨졌다. 이 상황에서 일본은 미국에 대해, 확실히 긴박한 상태지만 끈질기게 논의했으면 좋겠다는 생각을 갖고 있었다. 또 북한으로의 송금 문제에 대해서는 실태를 파악할 수 없지만, 이 문제는 인도적인 측면 즉, 가족끼리의 교류라는 측면에서는 부정할 수도 없는 문제라는 견해였다.[2]

---

1 『아사히 신문』 조간, 1993년 12월 27일 자 6면.

2 제129회 중의원 외무위원회 회의록 1호(1994. 3. 4.), 하타(羽田) 외무대신, 12쪽.

대북 경제 제재와 해상 봉쇄, 나아가 군사 충돌 시나리오까지 거론되는 가운데 미국은 핵 의혹의 발단인 "북한이 그동안 핵무기 개발을 했느냐"에서 "향후 핵 개발을 어떻게 막을 것이냐"로 교섭의 기축을 바꿨다. 미신고 시설에 대한 특별 사찰 실시에 집착하지 않게 된 것은 그 표현 중 하나였다. 미국이 가장 우려하는 것은 북한의 핵무기와 미사일이 이란과 리비아 등에 수출되면서 억제가 불가능한 핵 공포가 확산되는 것이었다.[1]

북한에 대한 경제 제재에 관해 일본 정부는, 기본적으로 논의를 통해 해결하기를 원하는 신중한 자세였다. 또한 일본 정부는 만일 유엔 안보리에서 어떠한 조치가 결정되는 경우에도 일본 헌법의 범위 내에서 책임 있는 대응을 취해 나가겠다는 방침이었다.[2] 이런 방침을 취한 것은, 군사 충돌 시나리오가 나오면 일본으로서는 '유사시 논의'를 해야 하는 상황을 맞이하기 때문일 것이다.

일본에서의 일련의 유사시 논의는 다양하지만, 당시 수상 취임이 사실상 결정된 하타(羽田) 외상의 발언이 주목을 받았다. 1994년 4월 23일 언론사 인터뷰에서 그는, 집단적 자위권[3]에 대한 헌법 해석의 재검토 필요성을 시사했다.[4] 이후 각료들로부터 유사有事 입법과 관련한 발언이 잇따르게 됐다. 이런 흐름의 배경에는 모로코에서 하다와 고어, 미 부통령의 회담(4월 15일)과 페리, 미 국방장관과의 회담(4월 20일)에 따른 것으로 관측됐다.

---

1   『아사히 신문』 조간, 1994년 3월 30일 자 4면.

2   제129회 참의원 외무위원회 회의록 1호(1994. 3. 29.), 하타(羽田) 외무대신, 2쪽.

3   집단적 자위권은 밀접한 관계에 있는 나라가 무력 공격을 받을 경우, 자국이 공격받지 않았어도 공동으로 실력(무력) 저지한다는 권리이다. 유엔 헌장은 이를 인정하고 있다. 그동안 일본 정부는 무력행사를 헌법상 인정할 수 없다는 견해였다.

4   『아사히 신문』 조간, 1994년 6월 3일 자 4면.

이후 제재론이 나왔을 때 일본은 '헌법 범위 내에서의 협력'을 거듭 강조했다.[1] 일본 정부로서는 어디까지나 논의를 통해 핵 개발 의혹을 푸는 방향, 즉 북한이 생각을 바꾸는 조치를 검토해야 한다는 생각이었다. 한편, 한미일의 협의 내에서도 제재 내용은 논의 대상이 되었지만, 그 내용을 공개하지 않는 것으로 했다.[2] 이 시기 일본은 북한의 생각을 바꿔서 안전 보장의 위협 문제에 대처해 나가려는 의도가 강했다.[3]

여론에서는 대북 경제 제재에 있어서 일본 정부가 검토하고 있는 '비군사적 강제 조치'[4]가 구체적으로 나타나기 시작했다.[5] 1994년 6월 4일 뉴욕에서는 한미일 3국 간 사무 차원의 협의가 있었다. 이때 유엔 안보리 대응에 대해 3국은 단계적 제재라는 거의 일치된 의견을 보였지만, 제재 전에 '우선 경고 결의'를 하자는 일본의 주장에 대해서는 한미 양국이 '이미 때가 늦었다.'라며 반대했다. 대북 제재 문제를 놓고 한미일 3국의 결속이 강조되는 한편, 각국에 미묘한 입장 차이가 있었던 것이다. 일본 정부 당국자는 4일 뉴욕 분위기에 대해 '그동안 제재에 비교적 신중했던 한국의 반발이 특히 예상 이상이었다. 흥분하고 있다는 인상이었다.'라고 회고했다. 일본 외무성의 한 간부는 "한일

---

1 제129회 중의원 외무위원회 회의록 3호(1994. 6. 3.), 가키자와(柿沢) 외무대신, 2쪽.

2 제129회 중의원 외무위원회 회의록 4호(1994. 6. 8.), 가키자와(柿沢) 외무대신 및 야나이 슌지(柳井俊二) 종합외교정책국장, 2쪽.

3 제129회 중의원 외무위원회 회의록 4호(1994. 6. 8.), 가키자와(柿沢) 외무대신, 3쪽.

4 내용은 1) 일본 공무원은 북한 도항을 중단한다, 2) 북한 공무원의 일본 입국을 거부한다, 3) 민간인의 일본 입국을 제한하며, 선원 상륙은 엄격하게 심사한다, 4) 문화·스포츠·과학기술 교류를 규제한다, 5) 북일 간 항해하는 특별기의 탑승을 금지한다, 6) 무기 및 기타 무기 관련 물자의 수출입을 금한다, 7) 핵 관련 물자의 수출입을 금한다, 8) 수출입·중개무역 등을 금지한다, 9) 북한 기업에 대한 직접 투자나 대출 금지 및 북한으로의 송금 정지, 자산 동결을 실시한다. 10) 북한으로 현금 지참 출국을 금한다 등이다.

5 『아사히 신문』 조간, 1994년 6월 4일 자 2면.

관계는 양국의 주장이 비슷하거나 일본 주장이 앞설 때에는 양호하지만, 일본이 뒤쫓는 형국이 되면 '일본은 뭐하는 거야?'라는 비난을 받기 쉽다."라고 지적했다.[1]

1994년 6월 6일 협의에는 이시하라 노부오(石原信雄) 일본 관방 부장관과 사이토 구니히코(斉藤邦彦) 외무성 사무차관, 야나이 슌지(柳井俊二) 종합외교정책국장 등이 참석한 가운데, 야나이 국장이 4일 워싱턴에서 열린 한미일 3국의 사무 레벨 협의를 보고했다. 총리는 이에 따라 일본 정부의 방침으로서 1) 북한이 IAEA에 전면 협력하도록 강력히 촉구한다, 2) 안보리 결의에 대응하여 일본이 취해야 할 조치에 대해 정부 내에서 검토를 추진한다, 3) 북한의 태도 변경을 요구하기 위해 안보리가 제재를 포함한 적절한 대응을 결정할 경우에는 이를 지지하고, 헌법의 틀 내에서 최대한의 조치를 취한다, 4) 일본의 대응 기본 방침은 국제적 공조를 하면서 문제의 평화적 해결을 도모함으로써 중국을 포함한 최대한의 외교적 노력을 한다는 점을 외무장관에게 제시했다.[2]

한편 1994년 6월 11일, 서울에서 한국의 김영삼 대통령, 한승주 외무장관과 일본의 가키자와 고지(柿沢弘治) 외무장관, 미국의 타노프 국무부 차관과의 회담이 개별적으로 열리면서, 긴밀한 협조 태세 강화가 확인되었다. 그러나 중국의 행방은 불투명했고, 게다가 한·미·일에도 각각의 속셈과 국내 사정이 얽혀 3국 사이에 서로의 속내를 살피는 분위기가 생겼다.[3] IAEA 이사회는 6월 10일 대북 제재 결의안을 채

---

1 『아사히 신문』 조간, 1994년 6월 12일 자 3면.

2 『아사히 신문』 조간, 1994년 6월 7일 자 1면.

3 『아사히 신문』 조간, 1994년 6월 12일 자 3면.

택하고 사실상의 특별 사찰을 촉구했다. 이에 따라 북한은 6월 13일 IAEA 탈퇴를 발표했다. 그즈음 미국에서는 경제 제재가 성과를 내지 못할 경우에는 군사적 공격까지도 불사해야 한다는 강경론이 나왔다.[1]

일본 정부가 '유엔 제재가 결정되면 헌법의 틀 안에서 가능한 한 대응을 하겠다.'라고 거듭 강조하면서 '우선 경고'에 집착한 이유는, 일본이 행동을 취하는 데 있어 유엔의 '보증'이 매우 중요하기 때문이었다. 유엔 결의가 안 된 상태에서, 한·미·일을 중심으로 한 '다국적형 제재' 사태가 벌어지면 심각한 국내 정치적 논란이 될 수밖에 없고, 미국 등이 기대하는 충분한 조치가 취해지지 못하면 일본이 국제적인 비난을 받을 수 있다는 우려가 있었던 것이다. 반면 유엔에서 제재를 결정하려면 중국이 찬성하든가 거부권을 행사하지 않는 것이 필수적인 조건인데, 중국이 갑자기 제재 결의에 응할 것으로 보이지 않기에, 경고는 중국을 끌어들이기 위한 일본의 전술이었던 것으로 보인다.

지금까지 일본 정부는 일본의 핵무기 보유 능력을 인정한 적이 없다. 그러나 하타 쓰토무(羽田孜) 일본 수상은 1994년 6월 17일, 참의원 예산위에서 오키 히로시(大木浩) 자민당 의원이 "일본도 사실대로 말하면 핵 병력을 가질 능력은 가지고 있지만, 굳이 그것을 억제하고 핵 비확산에 협력하고 있는 것으로 알고 있는데, 틀림없는가?"라고 묻자 "(맞다는 의미로) 똑같은 의견입니다."라고 대답했다. 그는 또한 국회 등에서 기자들에게 "확실히 일본은 핵무기를 가질 능력이 있다."라고도 말했다. 해외에서 '일본의 핵무장론'이 자주 거론되는 만큼, 이런 발언은 국제사회에 파장을 일으킬 가능성도 있었다.[2]

---

1 정옥임, 『북핵 588일-클린턴 행정부의 대응과 전략』, 도서출판 서울프레스, 1995, pp.207-209.

2 『아사히 신문』 조간, 1994년 6월 18일 자 2면.

3. 합의 결착과 과제(1994. 7.-1994. 10.)

갈루치 차관보는 1994년 7월, 제3라운드 회의에서 북한이 경수로 지원을 들고나온 것은 반가운 놀라움이었다고 평가했다. 경수로는 북한이 현재 갖고 있는 흑연로에 비해 핵무기의 원료가 되는 플루토늄을 생산하기 어렵기 때문이었다. 경수로를 '핵 비확산에 더 유리한 방식'으로 평가하는 것은 이에 기인한다. 이 상황에서 미국은 1) 일본 등을 포함한 경제·기술 원조, 2) 외교 관계 개선, 3) 핵무기로 선제공격하지 않을 확약 등을 제시하며, NPT 완전 복귀와 핵 프로그램 완전 동결을 끌어내겠다는 생각이었고, 최종적으로는 국교 수립도 염두에 두었다.[1]

그러나 수교까지는 미사일 등 무기 수출이나 국제 테러 문제, 북한 내 인권 문제 등 해결해야 할 문제들이 많아, 이를 제시하는 것은 당면한 핵 문제 해결에 도움이 되지 않을 터였다. 게다가 미국이 거꾸로 이에 얽매일 수도 있었다.

문제는 막대한 비용을 누가 부담하느냐에 있었다. 미국은 한국과 일본에 기대했고, 한국은 '자본은 미일'이라고 생각했으며, 일본은 '돈만 내야 하는 처지'가 되는 것을 경계하고 있었으니 한미일 간의 속셈이 서로 달랐다.[2]

미국은 북한에 '폐 연료봉 재처리 및 핵 프로그램 동결 및 포기에 관한 문제부터 우선 토의하겠다.'라는 입장을 전달했다. 과거 의혹 규명을 동시에 강하게 주장했던 한국도 미국의 이 같은 협상 자세를 기본적으로 양해했다. 제3라운드를 실패로 끝내고 싶지 않은 미국과 첫

---

1 『아사히 신문』 조간, 1994년 7월 7일 자 8면.

2 『아사히 신문』 조간, 1994년 7월 7일 자 8면.

남북 정상회담을 앞두고 북한을 괜히 자극하고 싶지 않은 한국의 의도가 맞아떨어진 결과였다. 한국의 김삼훈 핵 전임대사는 7일 저녁, 제네바에 막 도착한 로버트 갈루치 미 국무부 차관보와 만찬을 했고 회담을 앞두고 의견 교환과 조율을 했다.

한국 정부 소식통에 따르면, 김 대사는 석상에서 북한의 플루토늄 추출량을 비롯한 '과거' 핵 의혹 규명은 필수적이라는 기존 입장을 강조하면서도, 당분간 폐 연료봉 재처리 저지, 흑연로 포기 등 '현재'와 '미래'에 걸친 핵 프로그램의 동결 및 포기를 우선한다는 데 기본적으로 이해를 나타냈다. 김 대사는 회담 후 한국 기자들에게 "시간적 관계로 볼 때 과거보다는 현재, 미래가 중요하다."라고 말한 것으로 알려졌다. 한국의 입장은 이홍구 부총리 겸 통일원 장관의 말로 요약할 수 있는데, "북한과 인접한 한국으로서는 과거 의혹(플루토늄 추출)을 방치할 수 없다. 비록 핵폭탄 하나라도 위협이 되기 때문이다."라는 것이다. 일본도 이와 동일한 보조를 취하고 있으며, 지난 워싱턴에서의 한미일 3국 실무 회담에서도 한일 양국이 이를 강력히 주장했다. 그러나 '과거' 규명에 필수적인 핵 폐기물 저장 시설로 지목되는 미신고 시설에 대해서 과거에 김일성 주석은 스스로 "군사 시설이며 이는 핵 사찰 대상이 될 수 없다."라는 입장을 분명하게 했다.

이 때문에 미국은, 이 문제를 처음부터 강조해서 1년 만의 고위급 회담을 어렵게 만들고 싶은 생각은 없었다. 한국도 북미 제3라운드에서 북한을 필요 이상으로 자극하는 것은 득책得策이 아니라고 생각했다. "비핵화 공동선언(1991년 12월)에 담긴 상호 사찰 조항이라면 군사 시설 사찰도 가능"하다는 해석은, 남북 정상회담에서 김영삼 대통령이 김일성 주석에게 직접 이 상호 사찰을 내걸어 핵 문제에서의 주도권을 조금이라도 회복하겠다는 의도도 깔려 있었다. 이에 따라 제3라운드 1차 회담에서 북미는, '과거'는 뒷전으로 미루고 사실상 1) 냉각 중인 연료봉 문제, 2) 군사 전용이 어려운 경수로로의 전환 지원 등을 축으로 집중 논의를 하게 되었다.[1]

미국과 북한은 1994년 8월 13일 새벽, 제네바에서 열렸던 핵 문제 고위급 회담 제3라운드 합의문을 발표하고 외교 대표부 교환, 경수로 전환 지원 등 향후 해결에 기본 합의했다고 밝혔다. 북한은 NPT 잔류 용의를 표명했다. 이러한 내용은 핵 문제의 포괄적 해결이 될 최종 합의에 포함되게 됐다. 또 대표부 설치 및 경수로 전환 지원 세부 사항을 검토하기 위해 양국은 실무 회담을 시작하기로 합의했다.

이 기본 합의[2]가 포괄적인 해결책의 틀을 제시하고 있어, 제3라운드는 향후 이들의 실현을 최종 목표로 진행하게 됐다. 쟁점인 폐 연료봉 문제에서는 보관 기간 연장의 구체적인 조치에는 합의하지 못했고, 당분간 북한이 종전대로 보관하고 실무 회담에서 대응을 검토하는 것으로 합의했다. 북한은 또 특별 사찰을 여전히 거부하는 모습을 보였기에, 이는 향후 교섭하기로 했다. 양국은 이어 제3라운드를 1994년 9월 23일부터 제네바에서 재개하기로 결정했다.

---

1 『아사히 신문』 조간, 1994년 7월 9일 자 9면.

2 북미 합의 성명의 골자는 1) 북한은 흑연 감속로를 경수로로 전환할 용의가 있다. 미국은 경수로 제공 준비를 하고 그동안 대체 에너지를 공급할 용의가 있다. 2) 양국은 양측 수도에 외교 대표부를 설치할 용의가 있다. 3) 미국은 북한에 대해 핵무기 위협이나 핵무기 사용을 하지 않는다는 보장을 할 용의가 있다. 4) 북한은 NPT에 머무르면서, 그 조약에 기초한 보장 조치 협정의 이행을 인정할 용의가 있다. 5) 고위급 회담은 9월 23일 제네바에서 재개한다 등이다.

구체적인 방안의 상당수는 실무 회담에 회부되었고, 그때까지 여러 문제의 마무리를 서둘렀다. 합의문이나 미국 대표인 갈루치 국무부 차관보의 회견에 의하면, 1) 미국은 군사 이용이 어려운 경수로로의 전환 기술, 자금 지원면에서의 협력 태세 마련과 '원자력 발전'의 폐기에 대한 보장으로서, 대체 에너지의 제공을 도모한다. 2) 북한은 폐 연료봉을 재처리하지 않고, 건설 중인 2개의 원자로 건설을 중단하고, 재처리 시설을 폐쇄한다. 3) 제공되는 경수로 원전은 200만 kW로 특정한다는 것이 골자였다. 이어 갈루치는, 전환 지원과 대체 에너지 문제에 대해 한일 등 관련국들과 조속히 협의할 필요성을 지적했다. 북한은 최종 합의에서의 핵 개발 '완전 동결'에 합의함과 동시에 제3라운드 재개 때까지 현재의 '일시 동결'을 계속하겠다고 밝혔다. 미국은 전환 지원은 '완전 동결'이 전제가 된다고 밝혔다.

갈루치 국무부 차관보는, 북한이 연료봉 문제에 대한 구체적인 해결책에는 합의하지 않았지만 재처리를 하지 않겠다는 확약을 했고, 양국이 재처리 시설 폐쇄에 합의했으며, 협상의 전제인 일시 동결은 유지된다고 설명했다. 합의문은 또 양측 수도에 외교 대표부를 설치하고 경제 제재를 완화하기로 했으며, 구체적으로는 우선 낮은 수준의 연락사무소 설치 가능성을 실무자 차원에서 협의하기로 했다. 미국은 이런 외교 관계의 개선을, 국교 수립을 향한 첫걸음이라고 평가했다. 미국은 외교 관계 개선과 경제 지원을 전제로 NPT 완전 복귀와 IAEA와의 협약 준수, 한반도 비핵화에 대한 남북 합의 준수를 촉구했다. 그러나 북한의 강석주 외무성 제1부상은, 과거 군사 전용 가능성을 조사하는 단서가 될 미신고 핵 관련 시설에 대한 특별 사찰에 대해, IAEA의 중립성에 의문을 제기하며 거부한다는 자세를 보였다.[1]

---

1 『아사히 신문』 석간, 1994년 8월 13일 자 1면.

갈루치 차관보는 재처리 시설 폐쇄 등이 '곧 이뤄질 것'이라고 설명했다. 그러나 경수로 전환 지원에 대해서는 '핵 완전 동결'이 전제됐고, 군사 전용 여부에 대한 '과거 검증'도 필요했다. 여기에는 당연히 미신고 핵 시설에 대한 특별 사찰 실시도 포함될 것이라는 판단이었다. 그러나 북측 대표인 강석주 외무성 제1부상은 13일, 특별 사찰 수용은 일고의 가치도 없다는 자세를 보였다. 미국 전 행정부의 한 고위 관리는, 클린턴 외교를 두고 "높은 이상을 품었지만 실현할 힘을 갖지 못했다."라고 비판했다. 갈루치 차관보는 이번 합의가 미 의회 등 국내에서도 이해를 얻을 것으로 기대했다. 그러나 미국 내 반응은, 일단 환영하면서도 아직 구체적인 조치를 유심히 지켜보려는 자세가 강했다.[1]

미국의 여론은 전제를 충족하지 못한 "달콤한 목표"만을 제시한 것이라는 비판이 주였다. 미국이 연료봉 문제에서 북한의 보관을 허용한 것 등을 두고 한국이나 일본에서 '지나친 양보'라는 비판이 나올 것으로도 예상됐다. '토대' 위에 무엇을 만들고, 어떻게 '앞으로 나아갈 것인가'가 문제였고, 일반적 평가는 당면한 실무 회담에서의 움직임을 지켜본다는 것이었다.

현안인 경수로 기술 도입의 경우, 미국이 '책임지고 해결하기'로 타협이 이뤄지면서 미국이 추진하는 한국형으로 결론이 날 가능성이 높아졌다. 그러나 한국은 그 역시 미국 기업 등이 원청元請이고 한국 기업이 하청下請을 받는, 이른바 북한 체면을 세우는 시나리오일 공산이 크다고 보고 있었다. 물론 한국은 총 수십억 달러에 이르는 경수로에 일본도 포함시켜 자금 분담을 하도록 하고, 미국과의 대화를 통해 북한의 '과거' 핵 의혹 규명을 향후 북미 협상 속에서 추궁하도록 압박할 태세였다. 그러나 '과거' 논의가 꼬여, '과거'의 의혹 해명과 핵의

---

1 『아사히 신문』 조간, 1994년 8월 14일 자 7면.

　　　　　　　　　　제2부 - 북일 '문제', 그 불편한 진실

'현재·미래'의 동결과 포기가 양자택일이 될 경우, "미국이 핵폭탄 한두 개의 두려움에 매달려서 향후 핵무기 양산을 허용해도 되는가? 하는 압박의 가능성도 없다고 할 수는 없다. 그럴 때, 어찌할까?"라고 염려하는 소리도 나오기 시작했다.[1]

미국과 북한은 1994년 10월 21일 오후 4시 반경, 제네바 유엔 대표부에서 북한의 핵 의혹 해소와 북미 관계 개선의 길을 제시하는 포괄적인 제네바 합의문에 조인했다. 합의문에는 1) 북한의 흑연로 동결 및 해체, 2) NPT 완전 복귀, 3) IAEA와 맺은 보장 조치(핵 사찰) 협정 완전 준수, 4) 양국 연락 사무소 설치 등의 내용이 담겨 있었으며, 이는 조인과 동시에 발효됐다. 1993년 6월 시작된 북미 고위급 회담은 이번 제3라운드에서 마침내 합의에 이르게 되었다.

조인식은 미국의 갈루치 북한 핵 문제 담당 대사, 북한의 강석주 외무성 제1부상이 대표로 참석한 가운데 열렸으며, 이 자리에서 경수로 전환 지원을 보장하는 빌 클린턴 미국 대통령의 서한이 북한에 전달됐다. 조인 후 기자회견을 한 북한 외무성 제1부상은, "이 합의는 중요하고 역사적인 의미를 갖는다. 양국의 비정상적인 관계를 바로잡는 것"이라고 말했다.

---

1 『아사히 신문』 조간, 1994년 8월 16일 자 9면.

4. 합의에 대한 각국의 입장

북미 고위급 회담 합의가 발표된 8월 13일, 한국 내에서는 어딘가 반색하지 않는 분위기가 감돌았다. 한국 외무부 대변인의 정부 성명도 북미 합의를 '평가'는 했지만 '환영' 같은 표현은 피했다. 한국 측에 따르면 이번 협상에서도 미국은 '남북 대화' 재개를 북한에 설파했다고 한다. 그러나 "남북 간에는 현재 큰 불신이 있다.(강석주 외무성 제1부상의 회담 후 회견)"라고 하며, 북측은 손을 내밀지 않았다. 그 결과 남북 대화와 관련해서는 공동성명에서조차 '비핵화 공동선언의 이행' 같은 애매한 표현에 그칠 수밖에 없었다는 것이다.

8월 14일 평양에서 전해온 중국의 신화사 평론은, "북미 협의는 핵 문제 중 가장 중요한 기본 문제를 해결하고, 최종의 평화 해결에 유리한 조건을 마련한 것으로 보인다."라며, "북미 관계가 정상화로 나갈 뿐 아니라, 북한과 일본, 나아가 한국과의 관계 개선에도 적극적인 영향을 미칠 것이다."라고 북미 고위급 회담의 기본 합의를 높이 평가했다. 첸치천(錢其シン) 중국 부총리 겸 외상은 16일, 일본의 자민당 간부에게 이렇게 말했다. "중국, 일본, 한국은 긴밀한 관계를 유지해야 한다. 구미歐美는 먼 나라다." 일본 자민당 간부로서는 이 발언을, 중국이 북미 접근의 본격화를 기다리지 않으면서 동아시아 재편성을 밀어붙이려는 것처럼 받아들였다고 전해진다.[1]

중국 입장에서 보면 제재에 반대하며 대화 노선을 계속 주장해 온 체면을 유지할 수 있었다는 점, 그리고 한반도 비핵화와 남북한 평화 공존이라는 중국이 지향하는 목표가 시야에 들어온 점에서 매우 큰 진전으로 파악하고 있었던 것이다. 북미 접근이 냉전의 산물인 남북한

---

1 『아사히 신문』 조간, 1994년 8월 17일 자 9면.

분단을 해결하지는 않지만, 동아시아를 안정시킬 수 있다. 중국에 따르면, 사회주의 정권의 친구를 잃지 않으면서, 일본과 한국을 포함한 동아시아 경제권을 발전시킬 수가 있다. 이 경제권이 번영하고 안정되면 미국도 정치적으로 개입하기 어려워질 것이다. 동시에 그것은 미국과 밀접한 한일을 중국에 접근하도록 하는 것도 가능하게 된다. 중국 통계로 보면, 일본은 이미 중국의 최대 무역 파트너가 됐고, 중국은 한국의 최대 투자 상대국이 됐다.

일본 정부는 '전후 배상' 문제가 얽힌 북일 국교 정상화 교섭의 재개도 염두에 두면서, 북한이 어떻게 나오는지와 한미 등 관련국들의 대응을 지켜볼 생각이었다.

무라야마 도미이치(村山富市) 일본 수상은 10월 18일, 지원의 실시 시기에 관해서 기자단에게 "그렇게 즉시라고 말할 수는 없다."라고 대답하면서 신중한 자세를 나타냈다. 일본 정부는 "북한의 과거의 핵 활동의 해명을 포함해, 핵 문제 해결이 보장된다는 것을 전제로 경수로 전환을 위한 국제적 지원에 참여하고 협력할 용의가 있다.(데라다 데루스케(寺田輝介) 외무 대변인)"라는 입장을 강조하면서, 북한의 향후 동향을 예의 주시하며 지원의 구체화에 나설 태세였다. 한편 이번 합의에 따라 일본 정부는 중단 상태의 북일 교섭에 "장애가 하나 줄었다.(고노 요헤이(河野洋平) 부총리·외상)"라는 기대감을 표했다. 북일 교섭이 재개되면 경수로 등에 대한 지원이 북한에 대한 전후 보상에 포함될지 여부가 논란이 될 것으로 예측되었다. 이 점에 관해 야마사키 타쿠(山崎拓) 아시아 안보 연구회 대표는 10월 18일, "경수로 지원 비용이 (북한에 대한 일본의) 보상에 포함될지의 여부에 따라 차이가 난다."라고 지적한 뒤, 지원은 보상에 포함된다는 뜻을 북한에 전달하겠다는 의중을 밝혔다. 북일 교섭 재개 전망에 대해 외무성은, "일본이 재개를 호소하지 않으나, 그쪽이 요구하면 교섭에 응하겠다."라며 경수로 지원과 전후 보상 문제를

감안하면서 대응을 검토해 나갈 방침이었다.[1]

클린턴 미국 대통령은 18일, 이번 합의는 북한에 대해 국제사회에 참여하기를 촉구하는 '매우 중대한 단계'라고 말했으며, 특히 연락 사무소 교환에 대해서는 '북한의 고립을 완화할 것'이라는 기대를 가지게 했다. 또 이 합의가 핵 비확산을 추진해 "세계를 보다 안전하게 만들 것"이라고 평가했다. 대통령에 이어 기자회견을 한 갈루치 대사에 따르면, 합의안에서는 초점인 특별 사찰을, 경수로 건설 중 "핵 자체에 관련된 부품을 받기 전에 실시한다."라고 정했으나, 이 구체적인 시기에 대해 '5년 뒤로 보면 맞다.'라고 말했다. 수용까지 긴 유예 기간이 설정된 이유에 대해, 그는 특별 사찰을 강력히 거부했던 북한을 설득할 필요성과 향후 핵 개발을 막는 것에 비해 '과거 검증'의 시급성이 낮다는 점을 꼽았다. 또 5년 후에도 특별 사찰을 통한 검증 능력은 떨어지지 않을 것이라고 설명했다. 특별 사찰은 합의안에 명시돼 있지 않지만, 그는 북한이 IAEA가 필요하다고 판단하는 모든 보장 조치(사찰)를 수용하겠다고 확약했다고 강조했다. 이어 그는 '실제로 특별 사찰도 수용하겠다고 했다.'라고 말했다.

이 점에 대한 북한의 견해는 분명치 않았다. 특별 사찰에서 신고 이상의 플루토늄 추출이나 핵무기 소유가 드러날 경우의 대처에 대해, 그는 "핵무기는 해체하고 거기에 포함된 물질(플루토늄)은 IAEA의 보장 조치 대상이 될 것"이라며 종래보다 유연한 견해를 보였다. 5년 동안에 북한이 은폐 공작 등을 할 가능성에 대해서는, 정치 경제적 관계 개선이 북한의 바람이며 "이를 위해서는 핵 의혹의 완전 해결이 필요하다는 것을 북한은 알고 있을 것"이라고만 말했다. 그는 또한 약 40억

---

1 『아사히 신문』 조간, 1994년 10월 19일 자 1면.

달러의 경수로 전환 자금 제공과 건설에서 "한국과 일본이 중심 역할을 할 것으로 기대하고 있다."라고 말했다.

이에 대한 미국 내 반응은 크게 두 가지로 나뉘었다. '비둘기파'라고 불리는 전문가들은 '과거'를 일시 보류하는 것이 최선의 방책이었다고 평가했고, 반면 비판적 논객들은 미국의 태도가 '일방적 양보'에 지나지 않는다고 지적했다. '5년'이라는 긴 기간을 실제로 표시했다면 동요나 비판이 일어나는 것을 멈출 수 없었을 것이다. 이 유예를 인정한 것은 북한의 진정한 의도가 "외교와 경제에서 과실을 얻는 것"이라는 전제였기에, "교섭은 핵무기 개발의 시간 벌기"라고 보는 강경파에게는 받아들이기 어려운 것이었을 것이다. 미국 내 온건파 인사들 사이에서도, 이 합의안은 미국이 일방적으로 양보했다는 견해가 적지 않았다.[1]

5. 제네바 합의가 남긴 교훈이란?

제네바 합의는 제2차 세계대전 이후 반세기 동안 분단되어 대립하고 있던 한반도 냉전 구조 청산을 위한 큰 고비였다. 합의를 어떻게 실행하느냐가 과제지만, 일단 실현된다면 북미 수교를 위해 전진하고 한반도 긴장 완화와 핵 비확산 체제를 강화함으로써 냉전 이후 동아시아의 평화와 안정에도 기여할 것으로 기대됐다.

합의 문서는 본문과 부속 문서로 구성되었는데, 본문 문구의 엄밀한 규정이나 실시 시기, 부대 사항 등을 적은 부속 문서는 공표되지 않

---

1 『아사히 신문』 석간, 1994년 10월 19일 자 1면.

았다. 합의문 내용은 다음과 같다. 1) 조인 후 한 달 안에 북한은 5천 kW 실험용 흑연로에 연료봉 재장전을 포기하고, 5만 kW와 20만 kW 흑연로 건설을 중단한다. 2) 동시에, 재처리 시설로 보이는 방사화학 연구소를 즉시 폐쇄한다. 3) 이 시설들은 두 번째 경수로의 주요 원자로 관련 기기가 도착하면 해체를 시작하고, 두 번째가 완성되는 2003년까지 끝낸다. 4) 미국은 국제 공동사업체(컨소시엄)인 '한반도 에너지 개발 기구(KEDO=가칭)'를 조직하고, 북한에 200만 kW 경수로 제공 계약을 조인 후 6개월 이내에 맺는다. 또한 필요하면 북미 원자력 협정도 체결하기로 한다 등이다.

위 합의문에 대한 갈루치 대사의 설명은 다음과 같다. 1) 경수로는 한국형이 될 전망이며, 약 40억 달러의 비용은 주로 한국과 일본이 출연出捐하게 된다. 북한은 '장기 차관'으로 상환하겠다는 의향인 것으로 알려졌다. 2) 미국은 '현재'와 '미래'의 핵 문제 해결을 우선시했기 때문에 '과거' 검증에서는 양보했다. 한국과 일본이 강력히 요구한 '특별 사찰'이란 말은 합의문에는 없지만, 부속 문서에는 북한이 특별 사찰을 수용할 것으로 명기돼 있으며, 시기는 약 5년 뒤 첫 번째 경수로의 주요 원자로 관련 기기를 받기 전으로 돼 있다. 3) 북한은 6개월 이내에 경수로 제공 계약을 체결한 뒤, NPT에 완전히 복귀한다. 특정 사찰과 통상 사찰을 수용한다. 4) 폐 연료봉 취급은 경수로 건설 중에는 '안전하게 저장'하고, 북한 내에서 재처리를 수반하지 않는 형태로의 처분 방법을 찾기로 했으며, 합의 후에는 구체적인 연료봉의 보관 및 처리 문제를 협의하기로 되어 있다.

이어 갈루치 대사는 합의문에는 폐 연료봉의 '제3국으로의 이전'이 명시돼 있지 않지만, "최초의 경수로가 완성될 때까지 제3국으로 반출하기"로 합의했다고 밝히면서 다음을 덧붙였다. 미국과 북한은 실무 회담에서 기술적 문제를 해결하면, 외교 대표부의 전 단계라고 할 '연락 사무소'를 양국 수도에 설치하고, 양국 관계가 진전되면 '대사 수준'으로 격상한다. 또한 3개월 이내에 미국은 북한에 대한 무역, 통신, 투자에 관한 규제를 완화한다. 미 국무부에 의하면 사무소 교환은 약 6개월 후가 된다. 비핵화에 대해서는 한반도 비핵화 공동 선언 실현을 위해 남북 대화를 진행한다는 것 등이다.[1]

미국과 북한의 핵 문제 합의에 대해 중국은, 강경한 대북 제재론이 아닌 중국이 계속 주장했던 대화 노선이 결실을 본 것이라며 외교 노선에 자신감을 표했다. 한반도의 '안정'과 '비핵화'는 중국에도 중요한 외교 목표지만, 이번 합의로 그 실현에 크게 다가섰다고 평가했다. 중국은 향후 대북 지원과 한국과의 경제적 유대 강화를 동시에 추진함으로써 한반도에 대한 영향력을 확대하고, 동아시아에서의 정치적 입지를 다져나가는 전략을 강화할 것으로 보인다. 중국은 그동안 북한의 내정 불안정과 핵 보유는 모두 중국에 위협이 된다고 보고, 대화 노선에 따라 한반도의 안정과 비핵화를 실현하려고 움직여 왔다. 북한의 불안정 요인 중 북미 갈등은 이번 합의로 일단 해결 방향이 보였다. 중국이 바라는, 이른바 한국과 북한 노동당 정권의 상생 공영이라는 전망이 열렸다. 남은 것은 북한의 국내 안정이지만, 이번 합의로 김정일 체제도 굳건해졌다고 보았다.[2]

유엔에 의한 경제 제재 일보 직전까지 가면서, 카터 전 대통령의 '민간 외교' 덕분에 협상 재개에 나선 뒤, 미 행정부 고위 관계자는 일본의 유력 정치인에게 "제재가 실행됐다면 다음은 군사 행동, 그러나 지금 자숙하는 미국으로서는 정부도 국민도 북한에 군사 행동이 가능

---

1 『아사히 신문』 조간, 1994년 10월 22일 자 1면.

2 『아사히 신문』 조간, 1994년 10월 22일 자 8면.

할 것이라고는 생각할 수 없다."라는 속내를 밝혔다. 그간 한·미·일의 정책 공조에 종사했던 일본 외교관은 "힘으로 억제하려는 자세를 미국이 극력 피하고 있던 것이 매우 인상적이었다. 오히려 일본이나 한국의 부탁을 받으면 움직이려는 느낌이었다. 때로 이런 소프트 노선으로 가도 미국은 괜찮을까 하는 걱정이 될 정도였다."라고 회상했다. 북한의 핵 보유가 한국, 일본, 타이완의 핵 보유를 가져올 수 있다는 우려도 미국을 압박했다. "이 합의의 가장 중요한 점은 일본의 핵 옵션을 지지하는 잠재 세력을 중화시킨 것"이라는 견해는, 입 밖에 내지 않았지만, 미국 정부 담당자 상당수에 공유되었던 사실이다.[1]

이 합의에 이르는 경위를 평가하면, 1) 북한의 NPT 탈퇴라는 강경한 자세에 대해 미국은 유엔에 의한 제재라는 강경한 자세를 취했다. 북한이 잔류 의사를 보이자 미국도 유연해졌다. 유연해진 미국의 성과가 기본 합의였다. 2) 일본은 미국의 강경한 자세에 대해 유연한 자세를 취할 것을 요구했다. 한국은 미국과 보조를 같이하면서 일본의 태도를 비난했다. 3) 미국이 유연한 자세를 취하고, 북한과의 타협에 집중할 때 일본은 관망하는 자세를 취했다. 4) 중국은 일관되게 관망하는 자세를 계속 취했다 정도로 정리된다. 이런 경위를 근거로, 합의의 교훈은 무엇이었는지에 대해서는 다음의 결론에서 정리한다.

---

1 『아사히 신문』 조간, 1994년 10월 23일 자 1면.

제2부 - 북일 '문제', 그 불편한 진실

Ⅲ. 결론

북한의 NPT 탈퇴로 시작된 한반도의 위기는 해결되지 않은 채 불안정한 상태였다. 그래서 미국은 북한과의 회담을 시도했고, 성사된 것이 북미 고위급 회담이었다. 이 회담에서 일정한 성과가 나왔지만, 이에 관한 평가는 다양했다. 미국은 북한을 NPT에 잔류시키려는 목적이 있기 때문에 지나치게 양보했다는 비판도 받았다. 반면 북미 양측은 큰 성과라고 평가했다. 그러나 현재도 그 성과에 대해서는 의문을 갖지 않을 수 없다. 이런 관점에서 생각해보면 몇 가지 문제점과 교훈이 도출될 것이다.

첫째, 모호함이다. 우선 흑연로에서 경수로 전환 지원의 주체와 자금 출처가 애매모호한 형태로 돼 있었다. 미국이 주도하고 한일이 하도급을 한다는 것에 대한 한일 간 협의도 없었고, 그럴 자세도 갖추어져 있지 않았다. 또한 북한의 미신고 시설에 대한 특별 사찰에 관해서도 북미 사이에 이견이 있었다. 유예 기간인 5년 사이에 경수로를 건설하고, 그 기간 중에 사찰한다는 것은 애매한 타협이라고 할 수 있다. 아울러 쟁점이었던 경수로 지원에 관해서도 조건부 '완전 동결'이었지만, 조건이 충족되지 않을 경우, 지원이 순조롭게 이루어질지는 의문이었다.

둘째, 불신감이다. 가장 중요한 것이지만 한쪽이 강경한 자세를 취하는 것은 상대방에 대한 위협이 된다. 상대도 이에 대해 강경한 자세를 취하면 파국이 된다. 파국 직전에 협의가 시작된다. 협의에 의해 일정한 성과가 나온다. 그러나 양측은 회담 성과를 실천하지 않는다. 또 강경한 자세와 그에 대한 위협과 비난이 이어진다. 그 악순환이 그동안 반복됐다. 애매한 타협이란 이런 불신에서 나온 미완의 작품이다.

셋째, 지도력의 부재다. 미국의 경우 국제적 제재 등 강경 자세를 보이지만 일본이나 한국이 적극적으로 협조하지 않는다. 일본 혹은 한국은 우려를 나타내거나 관망한다. 중국은 관망하거나 반대한다. 북한의 주장에 대해 한국과 중국은 침묵하고 일본과 미국은 무관심하다. 이 가운데 북한은 자신의 길을 걸어간다. 지금까지의 핵실험이나 미사일 발사에 대해 그랬다. 한국과 일본과 중국은 북한의 행동을 지켜볼 뿐이었다. 시간이 지나도 핵 문제는 원점이다. 문제가 문제로 인식되지 않는 것은 양측의 불신과 실천 의지의 부족에 기인한다.

냉전 이후, 과거에 가졌던 동맹의 의미가 변질되고 있다. 북한의 핵 정책은 일관성 있게 지속된다. 그러나 한국과 미국은 정권 교체에 따라 정책 변화가 나타난다. 일본이 보는 북핵 문제는 더 복잡하다. 중국은 경제 발전과 베이징 올림픽의 성공을 위해 동북아의 안정은 필수적이며, 북한을 둘러싼 환경의 급격한 변화를 원하지 않는다. 10년 전의 사건이 본질을 그대로 유지하면서 현재도 계속되고 있다. 이런 일련의 과정에서 어떤 교훈을 도출할 수 있을까? 협의에서 애매함을 없애고, 신뢰에 기초한 협의를 하고 실천하는 것이 중요하다. 강제력을 갖춘 국제기구에 북미 양쪽이 실천하고 있는지를 감시하고 통제할 수 있도록 권한을 부여하는 것도 한 방법일 것이다.

불편한 진실

북한은 왜 NPT를 탈퇴했을까? NPT는 조약 당사국을 핵 국가와 비핵 국가로 구분하며, 비핵 국가에 대해 어떤 경우에도 핵무기를 제조, 획득, 관리하거나 이양받을 수 없도록 규정하는 반면, 핵 국가에 대해서는 핵무기 이양이나 개발 지원만을 금지할 뿐이다. 핵 군축에 관한 조치나 조약에 대해서도 아무런 성과가 없으며, 핵 확산 금지나 핵무기의 완전한 부재도 전혀 실현되지 않고 있다. 이처럼 NPT는 핵 보유 국가가 비핵 국가의 핵무장을 막기 위한 정책에 기초하고 있으며, 불평등 조약이라는 것은 모든 가입국에 공공연한 사실이다. 게다가 조약의 비당사국들은 오히려 NPT의 틈새를 이용하여 핵 국가와 비핵 국가 사이에서 이익을 추구해왔으며 핵 개발에 앞장서 왔다. 인도와 파키스탄, 조선민주주의 인민공화국은 그 어떠한 눈치도 보지 않고 마음껏 핵실험을 하였으며, 이들 나라는 이스라엘을 포함해 핵무기를 보유하고 있는 것으로 알려졌다. 그 외에도 이란, 태국, 브라질, 독일 등이 핵 개발 의혹을 받고 있다. 즉 불편한 진실은, 북한이 NPT를 탈퇴한 것은 NPT 체제가 북한의 생존 전략에 불리했기 때문이라는 것이다.

NPT 체제의 와해는 미국을 필두로 하는 핵보유국들의 지배 체제 와해를 의미한다. 더욱이 북한의 경우, 북한의 생존 전략과 NPT 체제는 대립된다. 이에 미국이 북한과의 회담을 시도했음은 당연하다. 반면 북미의 합의 결과와는 별도로, 이를 실천할 주체와 자금의 출처가 애매했다. 미국이 주도하는 대북 관계에 한국과 일본이 순응할 것이라고 오산한 것이다. 여기에 미국의 약속 위반이라는 결정적 하자가 있었다. 즉 미국에 문제가 있었다. 처음부터 약속 이행 의지가 없었다면 미국의 기만이고, 약속 의지는 있었으나 한국과 일본이 따라주지 않아 무산되었다면 미국의 무책임이다. 북한이 이에 대해 지속적으로 항의하는 것도 일리가 있다. 미국의 무책임이 불편한 진실이다.

어느 한쪽이 강경 자세를 취하는 것은 상대방에 대한 위협이다. 상대도 이에 대해 강경 자세를 취하면 파국이 된다. 파국 직전에 협의가 시작된다. 협의로 일정한 성과가 나온다. 그러나 양측은 회담 성과를 실천하지 않는다. 또 강경 자세와 위협, 비난이 계속된다. 이런 악순환은 왜 반복되는 것일까? 미국의 북한 전략을 묻지 않을 수가 없다. 극한 경쟁이나 타격, 고립과 봉쇄, 제재와 자멸 등으로 밀어붙여 붕괴하도록 하는 것인가? 소련과 리비아, 이란과 이라크 등에 취한 형태로 북한을 궁지로 몰아넣는 것일까? 미국은 이에 진실하게 답해야 한다. 북한이 미국을 불신하는 결정적 이유다. 이에 대한 물음과 대답에 불편한 진실이 숨어있다. 즉 공존이냐, 아니면 상대와는 불구대천不俱戴天의 관계냐의 문제이다.

북한의 핵은 미국에 위협인가? 미국은 국제적 제재 등 강경 자세를 말하지만, 결정적 위협은 일본이나 한국이다. 미국은 일본이나 한국의 우려를 이용하거나 관망하고 있다. 이 또한 불편한 진실이다. 서울이나 도쿄는 불안하거나 위험하다. 워싱턴은 안전하다. 이 무슨 동맹의 궤변인가? 한국이나 일본과 중국은 북한의 행동을 지켜볼 뿐이다. 시간이 지나도 문제는 원점이다. 문제 해결 의지와 결정은 미국에 달렸고, 한국과 일본은 평화로운 해결을 바랄 뿐이다. 충돌과 혼란과 파멸의 결과는 한국과 일본에 심대한 영향을 준다. 미국이 진실로 평화를 원한다면 북한을 이유로 동북아의 평화를 교란해서는 안 될 것이다. 혼란의 책임은 미국에 있다는 것이 또 하나의 불편한 진실이다.

강자는 정말로 평화를 원하는가? 인류 역사에서 강자는 늘 전략 확대이며, 팽창이고, 제국 건설을 위한 침략이다. 약자는 늘 평화를 원하는가? 약자는 내부 분열이며 부정이거나 비리며, 무질서이거나 혼란이다. 강자는 약자의 취약점을 들추어 선전하며 지배를 정당화한다. 약자의 일부는 강자에 빌붙어 강자의 논리를 옹호하며 이익을 취한다. 이른바 매판 세력이다. 비겁하다. 반면 약자의 일부는 저항하고 투쟁하며 독립과 자주를 주장한다. 그 과정에 전쟁과 평화가 있다. 미국은 진정 동북아와 한반도의 평화를 원하는가? 그렇다면 북한을 궁지에 몰아넣어서는 안 된다. 북한은 한반도의 평화와 공존의 주역이기 때문이다. 미국이나 한국이 이를 인정할지 아닐지도 또 하나의 불편한 진실이다. 북한을 배제한 한반도 평화는 있을 수가 없기 때문이다.

제4장
북일 '문제'와 6자 회담
: 일본 인식의 변화 과정

제4장에서는 북한의 핵 문제에 대한 일본의 관점을 검토한다. 특히 6자 회담에 대해 일본 정부가 어떻게 인식했고, 그 변화 과정은 어떠했는지를 검토한다. 여기서는 2003년 시작된 6자 회담부터 2007년 10.3 합의를 본 과정을 다룬다.

그 과정에 이르기까지의 핵 문제 관련 일지를 정리하면 다음과 같다.

1994년 10월 21일 : 조선민주주의 인민공화국(이하 북한)과 미국, 제네바 합의 채택

1995년 03월 09일 : 북한에 경수로 제공을 위한 한반도 에너지 개발 기구(KEDO) 설립

2000년 02월 03일 : 북한 경수로 공사 시작

2002년 10월 03일 : 북한 핵탄두 개발 시인, 2차 북핵 위기

2003년 01월 10일 : 북한, 재차 핵 확산 금지 조약(NPT) 탈퇴 선언

2003년 02월 12일 : IAEA 특별 이사회, 북핵 문제 유엔 안보리 보고, 결의안 채택

2005년 02월 10일 : 북한 핵 보유 선언

2005년 09월 19일 : 6자 회담 '9.19 공동성명' 채택

2006년 10월 09일 : 조선 중앙통신사, 핵실험을 성공적으로 진행
했다고 발표

2007년 02월 13일 : 6자 회담 '2.13 합의문' 채택

2007년 03월 13일 : 모하메드 엘바라데이 IAEA 사무총장 방북 (-3
월 14일)

2007년 03월 19일 : 북한, BDA 자금 동결 문제, 제6차 6자 회담 수
석 대표 회의 불참

2007년 06월 25일 : 북한 외무성, BDA 동결 자금, 북한 계좌로 송
금 확인

2007년 06월 26일 : 2.13 합의에 따른 북핵 시설 폐쇄·검증 문제
등 협의 (-6월 30일)

2007년 07월 15일 : 북한 외무성, 중유 5만 t 도착 확인, 영변 핵 시
설 가동 중단 발표

2007년 09월 01일 : 북미 실무 그룹 제2차 회의, 핵 시설 연내 불능
화·전면 신고 합의

2007년 09월 11일 : 미/중/러 '북핵 불능화 기술팀' 방북 (-9월 15일)

2007년 10월 03일 : 6자 회담 '10.3 합의문' 채택

6자 회담에 대한 일본 인식의 변화 과정을 정리하면, 일본은 6자
회담에 대해 기대와 우려, 불신과 관망의 자세였다고 볼 수 있다. 미국
이 주도하는 해결책에 대한 기대이며, 북한에 대한 우려와 불신이다.
이에 대해 일본은 당사국의 문제(미사일, 납치 문제)가 제기되면 강경한 태
도를 보였고, 국제적 해결 문제인 핵 문제에만 머무를 경우, 기대와 관
망의 태도를 보였다.

이러한 관점이 일본의 소극성을 설명하는 것은 아니다. 이유는 미국의 세계적 전략 가운데 일본은 아시아 태평양의 평화와 안정을 위한 지주支柱이기 때문이다. 이는 미일의 공통 전략 목표가 아시아 태평양 지역을 넘어 세계 규모로 발전하고 강화된다는 것을 의미한다. 또한 한반도와 타이완 해협이 아직 정착된 질서를 이루지 못한 불안정한 지역인 만큼, 일본(지주)의 역할이 강화된다는 것을 의미한다. 이것이 국제사회에 미치는 일본의 위상과 역할이라고 할 수 있다.

미국이 세계적 전략을 추진하는 데에 일본은 어떤 존재이며 어떤 역할을 할까? 일본이 아시아 태평양의 평화와 안정을 위한 지주라면, 미일의 공통 전략 목표가 아시아 태평양 지역을 넘어 세계 규모로 발전하고 강화될 경우, 일본은 어떤 역할을 할까? 한반도와 타이완 해협이 불안정할 경우 일본은 어떤 역할을 할까? 미국은 일본, 한국, 타이완을 어떤 정도로 차별 대우하며 세계적 전략을 전개하고 있을까? 이러한 문제에 대한 불편한 진실을 검토한다.

Ⅰ. 서론: 문제 제기

미국과 소련의 대립을 축으로 한 냉전 시대에 북한은, 중소와 우호 조약을 맺어 경제·군사 등의 지원을 받았다. 그 시기에 북한은 중소 대립을 이용하기도 했고, 양국의 '위성국'화를 피하면서 한국과 체제 경쟁을 펼쳤다. 그러나 1972년 닉슨(R. Nixon) 대통령의 방중訪中에 의한 미중 접근으로 북한은 중국을 의심했고, 한국은 주한 미군 축소 움직임에 불안을 느꼈다. 남북의 비밀 교섭 결과, 1972년 '자주, 평화, 민족 대단결'을 기초로 남북 7·4 공동성명이 발표되었다. 그러나 이후 남북 대화는 지속되지 않았다.

탈냉전기를 맞이하여 미소 간에 냉전 종식 선언이 있었고, 중소라는 후원자를 잃으면서 북한은 다시 남북 대화에 나섰다. 한국은 중국과 러시아 등 사회주의권과 국교를 수립했다. 남북 간에는 1991년 상호 불가침을 강조한 '남북 기본 합의서'와 '비핵화 공동 선언'이 있었다. 북일 간에는 1990년 가네마루(金丸信)의 북한 방문에 이어, 북일 국교 정상화 교섭이 시작되었다. 북한은 그런 와중에 핵 개발을 진행하고 있었다.[1]

북한이 강하게 바란 미국과의 첫 고위급 실무 협의는 1992년 1월, 부시(George Walker Bush) 정권하에서 실현되었다. 미국이 국제 원자력 기구(IAEA)의 사찰 수락, 핵 개발 계획 파기를 강하게 요구한 것에 대해 북한은 체제 보장을 요구했다. 이 문제는 현재에도 북미 간의 주요 문제로 남아 있다. 북한은 1993년 3월, 핵 확산 금지 조약(NPT) 탈퇴를 선언했고, 이에 대해 클린턴(B. Clinton) 정권은 북미 고위급 실무 협의의 재개를 통해 해결책을 모색했다. 그 결과 1994년 10월에는 북미 간 '제네바 합의'가 이루어졌다. 북한이 핵 개발을 동결하는 대상代償으로서 대체 에너지와 경수로 제공을 약속받았고, 이를 위해 1995년 국제기구의 하나로 '한반도 에너지 개발 기구(KEDO)'가 설립되었다.

1997년 12월에는 휴전 협정을 대신하는 새로운 평화 체제 확립을 목표로 남북한과 미중에 의한 '4자 협의'가 시작되었다. 4자 협의는 북한과의 대화를 요구한 김영삼 정권의 의향이 반영된 것이었다. 그런데 북한이 주한 미군의 철수와 북미 간의 평화조약 체결이라는 주장을 고집했기에 실질적인 진전은 없었다. 마침내 1999년 8월, 4자 협의는 제6회를 마지막으로 중단되었다.

---

1 북한의 핵 개발 부상에 대한 논의는 박흥영·허만호, 「북핵 문제에 대한 일본 안보 정책의 제약과 기회 고찰: 북한의 NPT 가입 및 탈퇴 시기(1989-1993) 사례」, 『국제지역연구』 11권 3호(서울대학교 국제지역원. 2002. 가을), pp.63-69.

김대중 대통령은 대북 '햇볕 정책'을 폈고, 그 성과로 2000년 6월, 북한을 방문해 김정일 위원장과 정상회담을 가졌다. 북한도 클린턴 정권과의 관계를 개선시켜 2000년 10월 북한의 조명록 특사가 미국을 방문했고, "서로 적대적 의지를 갖지 않는다."라는 것을 확인하는 등의 '북미 공동선언'을 발표했다. 이어 당시 미 국무장관(Madeleine Albright)이 북한을 방문했다.

한편, 부시 정권은 북한을 '악의 축'으로 규정, 대북 정책 재검토를 진행시켰다. 2002년 10월 켈리(J. Kelly) 국무 차관보가 북한을 방문해, 부시 정권하의 첫 고위급 실무 협의가 실현되었다. 이 자리에서 북한은 고농축 우라늄(HEU: High Enriched Uranium)을 이용한 핵 개발을 인정했다. 또한 핵 시설의 재가동 선언 및 연료봉의 재처리 착수 등 이른바 '벼랑 끝 외교'를 구사했다. 이에 대해 미 정부는 북핵 문제의 '외교적 해결'이라는 기본적 입장에서 다국 간 협의를 추구했다. 이런 과정을 거쳐 중국의 중개도 있어서 6자 회담이 실현되었다.[1]

6자 회담[2]은 북핵 문제를 다자적으로 해결해 보고자 6개국이 연합한 차관급 회담이다. 북핵 문제는 한반도 평화를 위한 주요 해결 과제의 하나이다. 포괄적인 의미의 한반도 문제 가운데 남북 통일 문제와 북핵 문제는 국제적 문제이자 정치 군사적 문제로서, 주변 강대국의 이해관계가 민감하게 작용하는 문제이다. 반면 한일 관계와 북일 관계 등의 2국 간 문제는 국제적 문제로 비화되기도 하지만, 2국 간 문제로

---

[1] 6자 회담과 중국의 역할에 대한 논의는 한석희, 「6자 회담과 중국의 딜레마」, 『국제정치논총』 45권 1호(한국국제정치학회, 2005), pp.175-199.

[2] 한국, 북한, 미국, 일본, 중국, 러시아의 6개국 대표로 이루어지는 회담을 말한다. 이 회담의 발상은 1975년 키신저 미 국무장관이 제창한 이래 여러 번 거론되었다. 1988년 노태우 대통령은 국제 연합 총회 연설에서 한반도 긴장 완화를 위한 6자 협의회의 설치를 정식으로 제안했다. 1998년 일본의 오부치(小淵) 수상도 동북아시아의 안전 보장과 신뢰 조성을 협의하기 위한 6자 회담의 필요성을 아시아 외교의 축으로 내세운 적이 있다.

머물 때에도 뜨거운 2국 간 외교전을 보게 된다. 야스쿠니 신사 참배 문제, 역사 교과서 왜곡 문제, 납치 문제, 종군 위안부 문제, 독도 영유권 문제, 일본 정치인 망언 문제 등이 그렇다.

한편 문제의 차원에서 보면, 한반도 문제 가운데 북핵 문제가 있고, 북핵 문제 해결을 위한 방법으로 6자 회담이 있음을 알 수 있다. 이런 맥락에서 여기서는 6자 회담에 대한 일본 인식의 변화 과정을 파악하고, 나아가 북핵 문제에 대한 일본의 관점과 역할에 대해 비판적으로 검토한다.

II. 선행 연구 검토

북핵 문제에 대한 일반적 논의는 대체로 다음과 같은 분류가 가능하다. 첫째, 한미 관계나 한미일 관계 등 국제 관계 레벨의 정책 공조 차원에서 연구되어 온 부류이다.[1] 이 연구 가운데, "북핵 문제는 본질적으로 두 가지 차원에서 초超한반도적인 성격을 가진다. 첫째, 한반도 분단 구조는 냉전 구조 정착과 관련한 국제 안보적 현안으로서 당연히 초한반도적인 의미를 가진다. 둘째, 북핵 문제의 본질은 기본적으로 북한 정권이 미국 중심적 국제안보 질서에 대한 나름의 일탈을 꾀하고 있다는 관점에서 또한 탈脫한반도적인 함의를 가진다."라는

---

1 이수형, 「동맹의 안보 딜레마와 포기-연루의 순환: 북핵 문제를 둘러싼 한-미 갈등 관계를 중심으로」, 『국제정치논총』 39권 1호(한국국제정치학회. 1999) / 박홍서, 「탈냉전기 중미 간 협조 체제의 출현?: 9.19 공동성명 후 북핵 문제에 대한 중미 간 협력」, 『국제정치논총』 47권 3호(한국국제정치학회. 2007) / Kun Young Park, 「Sino-American Strategic Competition and Korea's Strategic Decision」, Young O Yoon(ed), 『Six Party Non-Governmental Dialogue in Northeast Asia』, 『The KAIS International Conference Series No.15』(KAIS. 2005)

지적은 이 문제의 이해를 위한 기본 틀을 제시해 주고 있다.[1]

둘째, 특정국의 외교 정책 관점에서 다루어진 연구이다.[2] 또한 북핵 문제가 한반도의 안보 환경을 어떻게 규정하고 있는지를 분석한 연구[3]와 응징(Punishment)과 포용(Engagement)과 봉쇄(Containment)의 가능성을 상정해서 북한 핵의 전망과 해결 방향을 제시한 연구[4]가 있다.

이 가운데 중국의 관점과 인식 변화를 다룬 연구가 본 연구와 궤를 같이 한다고 볼 수 있다. 단, 기존 연구가 중국의 역할과 책임의 변화 과정을 제3차 6자 회담까지 다루고 있다면, 본 연구는 제6차 6자 회담까지를 망라하면서, 일본의 외교적 관점이 어떻게 변화되고 있는가를 추적한다는 점에서 다르다. 따라서 본 연구는 6자 회담에 대한 일본의 외교적 관점이라는 점을 부각시키고자 한다.

---

1   김영재·박인휘, 「온건주의 연합: 북핵 문제 해법을 위한 한미일 정책 공조」, 『국제정치논총』 44권 4호(한국국제정치학회, 2004), p.198.

2   박홍서, 「북핵 위기 시 중국의 대북 동맹 안보 딜레마 관리 연구: 대미 관계 변화를 주요 동인으로」, 『국제정치논총』 46권 1호(한국국제정치학회, 2006) / 한석희(2005); 김유은, 「북핵 문제에 대한 중국의 입장: 6자 회담을 중심으로」, 『中蘇硏究』 28권 3호(한양대학교, 2004)

3   박용수, 「1990년대 이후 한반도 안보 환경의 변화: '푸에블로호 사건'과 비교해 본 제1,2차 북핵 위기의 특징」, 『국제정치논총』 47권 2호(한국국제정치학회, 2007)

4   채규철, 「북핵 문제의 전개 시나리오와 해결 방향」, 『국제정치논총』 44권 4호(한국국제정치학회, 2004). 이 연구에서 필자는 "향후 부시 행정부는 북핵 문제 해결을 위해 응징과 포용, 봉쇄의 3가지 정책 대안을 고려할 수 있을 것이다. 그러나 북한에 대한 선제공격은 전면 전쟁의 위험이 있으며, 협상은 매우 험난한 과정을 거쳐야 할 뿐만 아니라 그 결과도 불확실하다. PSI를 비롯한 북한 목조르기 역시 북한의 강경한 반발 가능성 등 한계가 있다. 따라서 이런 점들을 고려하면서, 북한의 당면 입장에 대한 분석과 이해를 전제로 우크라이나 모델을 수용토록 유도할 필요가 있다. 이 과정에서 한국 정부는 한편으로 북미 양측에 대해 최악의 경우에 발생할 수도 있는 딜레마와 재앙을 분명하게 주지시키면서, 다른 한편 미국과 정책 공조를 강화함으로써 당근과 채찍을 병행하여 구사하되, 가능한 한 그것의 격차를 크게 하여 북한의 합리적 판단을 유도해야 할 것"이라는 해결안을 제시했다.

선행 연구에 따르면, 2005년 2월 10일 북한 외무성에서 발표했던 북한의 핵 보유 주장과 향후 6자 회담 불참 선언은, 한반도의 비핵화와 북한 핵 문제의 평화적 해결을 목표로 했던 6자 회담에서 중국이 주어진 역할을 제대로 수행하지 못했음을 증명하는 계기가 되었다고 한다. 따라서 국제사회에서는 6자 회담의 효용성과 중국의 역할에 대한 회의적인 의견이 제시되었고, 특히 그 사건을 통하여 가장 심각한 외교적 타격을 받은 국가가 중국이라는 평가가 있었다. 사실 중국은 적극적인 외교적 중재를 통하여 북한과 미국 모두에게 상대방의 입장을 전달하고, 6자 회담에 직접 참여하도록 설득하였으며, 또한 6자 회담에 직접 참여하여 외교적인 문제 해결을 주도하면서 6자 회담을 성공적으로 이끌어 왔다. 그러나 북한의 2.10 선언은 중국의 대對북한 정책을 재조정해야 할 필요성을 제기하였으며, 향후 6자 회담은 과거와는 달리 북한 핵 문제를 근본적으로 해결하기 위해서 운용되어야 한다는 점이 강조되었다고 한다. 따라서 중국이 6자 회담을 통하여 북한 핵 문제를 해결하기 위해서는 북한에 대한 인식 전환이 필요하다고 제언했다.[1]

이에 본 연구에서는, 일본이 미국과의 정책 공조를 기본으로 하면서 일본 나름의 정책적 인식의 변화 과정이 있다면 그 내용은 무엇이었으며, 이러한 일본 외교 정책 인식이 어떤 정책적 함의로 나타나는지를 검토한다.

---

[1] 한석희(2005), pp.193-194.

III. 6자 회담에 대한 일본의 인식 변화

1. 제1차 6자 회담(2003. 8. 27.-8. 29.)

제1차 6자 회담 수석 대표로는 각국의 차관급이 참석했다. 한국의 이수혁 외교통상부 차관보, 북한의 김영일 외무성 부상, 미국의 제임스 켈리(J. Kelly) 국무부 동아태 담당 차관보, 중국의 왕이(王毅) 외교부 부부장, 일본의 야부나카 미토니(薮中三十二) 외무성 아시아 태평양 국장, 러시아의 알렉산드르 로슈코프(Alexander Losyukov) 외무부 차관이 각국 수석 대표로 참가했다. 8월 29일 막을 내린 회담에서 참가국들은 북한 핵의 평화적 해결과 6자 회담이 계속돼야 한다는 원칙 등에는 합의했으나, 구체적인 공동 발표문에는 실패하고, 의장의 구두 발표 형식인 의장 요약[1] 발표문으로 끝을 맺었다.

왕이(王毅) 중국 대표 및 6자 회담 의장은 2003년 8월 29일, 북한의 핵 개발 문제를 둘러싼 6자 회담 폐막 기자회견을 통해 한반도의 비핵화 실현, 핵 문제의 단계적 및 동시 병행 해결, 각국이 사태를 더 이상 악화시키지 않을 것 등의 6개 항목을 의장 총괄[2]로서 발표했다. 3일 간에 걸친 협의에서 각국이 '최저한의 목표'로 했던 협의 계속이라는 의견 일치를 보았지만 다음 협의 일정 합의는 안 되었고, 중국은 이후

---

1 국제사회에서 양자 및 다자 회의의 법적 구속력을 갖는 조약 체결 이전의 문서 종류는, 의장 요약(Chairman Summary), 의장 성명(Chairman Statement), 공동 보도문(Joint Press Release), 공동성명(Joint Statement) 등 4가지가 있다. '공동성명'은 가장 격이 높은 문서로 법적 구속력은 없지만, 정치적 도의적 구속력을 보장할 수 있는 것으로 평가된다.

2 의장 총괄 골자: 1) 핵 문제는 대화를 통해 평화적으로 해결한다. 2) 북한의 안전에 관한 합리적인 관심을 고려해 문제를 해결한다. 3) 핵 문제의 단계적, 동시 병행적 해결을 추구한다. 4) 각국은 상황을 악화시키거나 에스컬레이트시키는 언동을 하지 않는다. 5) 상호 신뢰를 확립한다. 6) 가능한 조기에 다음 협의 장소와 일시를 결정한다.

10월 중순의 북경 개최를 염두에 두고 각국과 조정하기로 했다.[1]

제1차 회담의 의의는 6자가 협의를 개시했고, 협의를 계속한다는 것에 합의한 것이었다. 미국의 입장에서는 전후 이라크의 부흥이나 중동 평화 등 난제가 산적해 있었기에 북핵 문제를 정면으로 다룰 여유가 없었다. 따라서 2004년 11월의 미 대통령 선거까지 미국은 북핵 문제를 외교 교섭으로 해결하려 했다. 또한 이라크 정세의 변화 및 이라크의 치안 악화로 미국의 북한에 대한 위협은 별로 효과를 거두지 못할 것으로 예상되었다. 이에 부시 정권은 한반도 정세 변화 자체보다는 선거에 유리한지 아닌지의 관점이 더 중요했다. 따라서 제1차 회담에서 무언가의 결론을 기대하기에는 무리가 있었다고 평가할 수 있다.

반면 일본은 일본인 납치 문제를 6자 회담과 병행해서 진행시킬 필요가 있었고, 정부 차원에서도 '핵, 미사일 문제와 납치 문제의 포괄적 해결'을 목표로 했기에 다음 회담에서 핵 문제 해결과 더불어 납치 문제 해결 전망도 기대하는 분위기였다. 따라서 납치 문제를 6자 회담의 의제로 설정하기까지 사전 교섭을 한 외교 노력은 긍정적으로 평가되었다. 일본의 문제는 앞으로 '경제 협력'이라는 카드를 다국 간 틀에서 어떻게 북-일이라는 틀로 잘 사용할 것인가였다. 한편 일본에서는 2003년 8월 29일 북한이 "납치 문제를 포함해 북일 평양 선언[2]에 따

---

1 『마이니치 신문』 조간 , 2003년 8월 30일 자.

2 북일 평양 선언의 주요 내용은 다음과 같다. 1) 국교 정상화를 조기에 실현시키기 위해 모든 노력을 경주한다. 2) 일본은 국교 정상화 후, 북한에 경제 협력을 실시한다. 국교 정상화 교섭에서 경제 협력의 구체적인 규모와 내용을 협의하는 것에 합의한다. 3) 일본 국민의 생명과 안전에 관계되는 현안 문제에 대해서 북한은 향후 다시 생기지 않게 적절한 조치를 취한다. 4) 동북아시아의 관계국 간 관계가 정상화되는 것에 따라 지역의 신뢰 양성을 위한 틀을 정비해 나가는 것이 중요하다는 인식에 동의한다. 5) 한반도 핵 문제의 포괄적 해결을 위해 관련된 모든 국제적 합의를 준수한다. 6) 북한은 미사일 발사의 일시 정지를 2003년 이후도 연장하며 안전 보장 문제를 협의하는 것에 합의한다.

라 하나하나 해결하고 싶다."라는 태도를 표한 것에 대해 신중히 대처한다는 방침이었다. 이유는 북한이 납치 문제를 지렛대로 미일의 이간離間을 꾸밀 수 있다는 가능성도 있었기 때문이었다.[1]

나아가 일본은 제1차 6자 회담이 "동북아시아의 지역 안전 보장의 틀을 만드는 기초가 될 것"으로 기대했다. 또한 북한이 6자 회담을 핵 개발을 진행시키기 위한 '시간 벌기'로 이용할 것을 우려하고 있었다.[2]

일본 정부는 원칙적으로 제1차 6자 회담이 가지는 의의가 있었음을 인정하면서, 핵 문제뿐 아니라 납치 문제, 미사일 문제 해결의 중요성을 북한에 명확히 전달했다는 것과 조기에 북일 간 대화의 장을 만들 필요가 있다고 평가했다.

반면 일본 정부는 납치 문제의 해결, 북한의 완전한 핵 폐기가 없는 한, 북일 국교 정상화는 없다고 인식하고 있었다. 북한이 핵 개발을 지속해왔음도 밝혀졌고, 일본을 사정거리에 넣은 노동 미사일도 위협 요인이었다. 북일 평양 선언은 북한에 의해 이미 유린되었다고 일본은 평가했다. 이러한 가운데 북한이 일본의 평화와 안전에 심각한 위협이라고 인식하는 일본 국민도 늘어갔다.[3]

한중일 3국 정상회담[4]에서도 제1차 6자 회담 관련 논의는 있었다. 2003년 10월 7일 서명한 '3국 간 협력 촉진에 관한 공동선언'은, 북

---

1 『요미우리 신문』조간, 2003년 9월 2일 자.

2 일본 외무차관 다케우치(竹内行夫)의 발언. 『요미우리 신문』조간, 2003년 9월 14일 자.

3 『요미우리 신문』조간, 2003년 9월 17일 자.

4 한중일 정상회담은 동남아시아 국가연합(ASEAN) 정상 회의를 이용하는 형태로 1999년에 시작했다. 일본은 당초부터 북한 문제를 논의할 것을 요구했지만 북한과 관계가 깊은 중국이 소극적 자세를 보여서 처음 2회에서 정치 분야의 논의는 없었다. 2001년 미국의 9.11 동시다발 테러가 있은 후 정치 문제가 토의되는 등 서서히 일본의 의향이 반영되었지만, 기본적으로 '경제 중심'의 논의가 계속되었다.

한의 핵 개발 문제뿐 아니라 3국이 종래부터 중시해 온 경제 분야 및 정치 안전 보장 분야에 대한 폭넓은 제휴 강화를 밝힌 점이 특징이었다. 단 북한 문제 등에 대해서는 일본과 한중 양국과의 입장에 차이가 있었는데, 이를 인정하지 않았기에 선언에는 애매한 표현도 눈에 띄었다. 즉 일본 수상은 "한반도의 비핵화는 불가결"이라고 언급하면서 북한의 핵 문제와 일본인 납치 문제를 제기했다. 이에 대해 원자바오(溫家宝) 중국 수상과 노무현 한국 대통령은 한반도의 비핵화에 찬의를 나타내며 보조를 맞추었지만, 구체적인 논의에는 이르지 않았다. 한중 양국은 오히려 자유 무역 협정(FTA) 등 경제 분야에 대한 관심이 더 높았다.

일본의 사전 교섭에 의해 한중일 정상회담 선언은 정치, 경제 분야에 걸치는 내용이 되면서 한반도가 직면한 핵 문제에 대한 대처를 포함시켰다. 그러나 북한을 거명한다든가 납치 문제를 언급하는 것에 대해서는 '각각의 모든 염려'라는 지극히 추상적인 표현에 머물렀다. 일본 수상의 측근은 "북핵 문제 협의를 위한 6자 회담 재개 일정이 잡히지 않은 가운데, 한중 양국은 '북한을 자극하는 표현을 피하고 싶다.'라는 생각을 하고 있었기에 3국 간에 상당한 줄다리기가 있었다."라고 밝혔다.[1]

또한 북한은 한·중·일 정상회담에 대해 "일본은 대화 상대로서 자격을 잃었다."라고 비난하는 외무부 보도관 담화를 발표했다. 이는 한·중·일이 보인 배려와는 대조적으로 일본과 한중을 분리시키려는 태도로 보였다. 북한 외무부 담화는 온도 차가 드러나기 쉬운 한·미·일 3국의 공조를 깨면서, 한·중·일 정상회담에 대응해나가려는 의도로 풀이되었다. 북한은 2003년 8월 제1차 6자 회담에서도 한·중·러

---

1 『요미우리 신문』 조간, 2003년 10월 8일 자.

3국은 '미일과는 다른 평화적 해결을 추구하는' 그룹이라고 평가한 적이 있는데 한중일 3국 정상회담에서도 같은 의도를 보인 것이다.[1]

한편 일본은 중국의 군비 증강을 염려해 3국 안전 보장 회담[2]의 강화를 요구했다. 결국 방위 교류의 추진 등이 선언에 포함되었지만, 중국을 염두에 둔 군축 문제는 '의견 교환'이라는 애매한 표현에 머물렀다.[3]

미국은 2003년 12월 12일 미국이 검토하고 있는 북한의 '안전 보증' 형식에 대해서 북한이 요구하는 북미 2국 간 약속을 기본으로 한 구도에는 응하지 않고, 어디까지나 다국 간 틀에서 보증할 방침을 분명히 했다. 미 정부는 북한에 '검증이 가능하며 동시에 돌이킬 수 없는, 완전한 핵 개발 계획의 철폐(CVID: Complete, Verifiable and Irreversible Dismantlement)'를 요구하면서 이에 대한 대가로 '안전 보증' 문서를 제공하는 것을 검토해 왔었다. 안전 보증 형식에 대해서는, 1) 북미 2국 간 합의를 6자 회담의 다른 참가 4개국(한, 중, 일, 러)이 보증하는 형식, 2) 남북한의 상호 불가침 약속을 다른 4개국(미, 일, 중, 러)이 보증하는 형식 등 2 + 4 방식이 있다. 그 외에 3) 북한의 안전을 다른 5개국(한, 미, 일, 중, 러)이 보증하는 5 + 1 방식, 4) 6개국이 서로의 안전을 보증하는 6 방식 등 네 개의 방법이 검토되었다. 미국은 "북한이 북미 합의를 다른 4개국이 보증하는 2 + 4 방식을 노리고 있지만, 거기에는 따를 수 없다."라는 견해를 밝히면서 "미 정부가 실시할 가능성이 있는 것은

---

1 『마이니치 신문』조간, 2003년 10월 8일 자.

2 각국의 각료나 정부 고관 및 군인 등이 국제적인 안전 보장 환경을 안정시키기 위해 지역 정세나 군축, 대량 파괴 무기의 확산 문제 등을 협의하는 것. 각국의 군사력이나 국방 정책의 투명성을 높여 상호 신뢰 관계를 양성하려는 목적도 있다. 2국 간 및 다국 간의 틀이 있다.

3 『요미우리 신문』조간, 2003년 10월 8일 자.

5 + 1 방식이나 6 방식의 어느 쪽이다."라고 단언했다.[1]

북한이 2 + 4 방식을 목표로 하는 것은, 한반도의 평화 구조는 북미 간의 평화조약 또는 불가침 조약에 의해서 가능하다는 종래부터의 주장에 기인한다. 반면 미국은 다국 간 협의에 의한 핵 문제 해결을 목표로 하는 입장에서 받아들일 수 없다는 것이었다. 따라서 다음의 6자 회담에서 공동성명이 채택된다고 해도 미국은 '안전 보증' 준비를 표명하는 것에 그쳐, 결국 구체적 형식까지 논의되지는 못할 것으로 전망되었다.

또한 미국은 핵 개발 계획 포기와 '안전 보증' 관계에 대해서 북한이 요구하는 '동시 행동 원칙'에 응할 수는 없지만, 서로의 탄력적인 대응을 의미하는 '조정된 스텝'[2]을 검토한 것으로 알려졌다.[3]

파월(Powell) 미 국무장관은 2004년 1월 6일, 북한이 모든 핵 개발을 동결할 의향을 재차 표명했다는 것에 대해 "관심을 끄는 적극적인 발언이다."라고 평가해 제2차 6자 회담 개최까지 이어지면 좋겠다는 기대감을 나타냈다. 파월 장관은 국무부 기자단에게 "북한은 실제 핵 실험을 하지 않을 뿐 아니라 핵 개발 계획, 모든 핵 계획을 포기한다고 했다. 이는 관심을 끄는 발언이며, 적극적인 스텝이기도 하다."라고 말했다. 나아가 그는 "6자 회담을 위한 움직임이 앞당겨지길 기대한다."라고 강조했다. 또 리비아가 대량 파괴 무기를 포기했던 것과 같이 "평양 당국자들도 무기 등 무가치한 것에 돈을 사용하고 있는 것이

---

1   『마이니치 신문』 석간, 2003년 12월 13일 자.

2   '조정된 스텝'이란 1) 북한에 대해 핵 개발 계획 포기를 요구하는 한편, 미국 등이 다국 간 틀에서 '안전 보증'을 문서화할 용의가 있음을 표명하는 것, 2) 그 후, 구체적인 북한의 행동에 대해서 미국도 구체적 조치를 검토하는 것, 3) 최종 단계에서 북한의 핵 개발 계획 포기를 확인 후, 미국 등이 '안전 보증' 문서를 제공한다는 것이다.

3   『마이니치 신문』 석간, 2003년 12월 13일 자.

무의미한 것임을 인식해 주기를 바란다."라고 호소했다. 북한은 2003년 12월에도 같은 발언을 한 적이 있는데, 미 국무부 보도관은 6일 정례 회견에서 "중국이 핵 문제를 해결하려고 열심인 가운데 이러한 발표를 보니 크게 고무된다."라고 지적하면서 중국의 중개 역할이 결실을 보고 있는 증거로 평가했다.

한편 일본의 후쿠다(福田) 관방장관은 2004년 1월 7일 기자회견에서 북한이 "적극적으로 문제 해결을 진행시키려는 생각을 하는 것은 좋은 일이다."라고 평가했다. 그러면서 "어떤 행동을 하려는지 잘 지켜보지 않으면 안 된다."라고 말해, 향후 북한 행동에 주목할 것임을 나타냈다. 관방장관은 또, 6일 자의 북한 노동신문이 북일 관계 개선을 호소하는 논평을 게재했던 것에 대해서도 "우호적으로 이야기하고, 그렇게 행동한다면 대단히 환영한다."라고 말했다.[1]

2. 제2차 6자 회담(2004. 2. 25.-2. 28.)

제2차 6자 회담에 북한 수석 대표로 김계관 외무성 부상이 참가했다. 이외 다른 국가에서는 제1차 회담 때와 동일한 인물이 수석 대표로 참가했다. 제2차 회담에서 미국은 '완전하고, 검증이 가능하며 불가역적인 핵 폐기'를 목표로 북한이 핵무기 외에 평화적 목적의 핵 활동까지 동결해야 한다는 입장을 보였다. 반면 북한은 핵 동결 대상은 핵무기에 국한돼야 한다는 입장으로 맞섰다. 결국 제2차 6자 회담에 참가한 6개국은 2월 28일 7 개항의 의장 성명(Chairman's Statement)을 채택했다. 의장 성명은 제2차 회담에서 실질적인 문제에 대한 유익하고 긍정적인 협의가 시작됐다고 평가하고, 1) 핵무기 없는 한반도, 2) 3

---

1 『아사히 신문』 석간, 2004년 1월 7일 자.

차 회담은 4-6월 중 개최, 3) 본 회담 준비를 위한 실무 그룹 구성의 원칙에 합의, 4) 핵 문제 및 관련 관심사에 대한 상호 '조율된 조치' 등의 합의 사항을 담았다.

제2차 6자 회담에서 일본은 북한 핵 계획의 완전하고 항구적인 포기를 요구했고, 어떠한 제안이나 논의든 환영하겠다는 뜻을 밝혔다. 또한 북일 평양 선언에 근거해 북일 간 여러 문제를 신속하게 해결하고 국교 정상화를 추진한다는 생각에는 아무런 변화가 없음을 밝혔다.[1] 동시에 일본은 납치 문제가 북일 간 최대의 문제임을 강조했고, 8명 가족의 무조건 귀국과 안부가 불명확한 10명에 대한 철저한 조사를 요구했다. 아울러 일본은 북한의 적극적인 반응은 없었지만, 일본 정부와 계속 협의한다는 데에는 북일이 합의를 보았다고 밝혔다.[2]

한편 일본 방위청의 방위 연구소는 2004년 3월 24일 한반도나 중국, 러시아 등의 군사 정세를 분석한 "동아시아 전략 개관 2004"를 발표했다. 일본 방위력에 대해 "상대의 미사일에 대한 요격 작전과 미사일 기지에 대한 무력 행사를 동시 병행으로 행할 수 있는 태세가 필요하다."라고 하면서 미사일 기지에 대한 공격 능력 보유에 관한 검토를 촉구했다. 또한 탄도 미사일 대처 방법으로 "현실적으로 피해가 발생하고 있지 않더라도 무력을 행사해 상대국 영역 내의 미사일 기지를 파괴하는 등, 미사일 공격의 위협을 제거할 수 있다."라고 하면서, 이를 위한 적 기지 공격 능력 보유에 대해 "의의와 한계에 대해 정치 레벨에서 폭넓게 논의하는 것은 의의가 있다."라고 권고했다. 북한의 핵 개발 문제에 대해서는 "외교 수단을 통한 핵 문제의 평화적 해결은 가능할 것"이라고 분석하면서 6자 회담 등을 통해 "모든 관계국을 포함

---

1 『아사히 신문』 석간, 2004년 2월 25일 자.

2 일본 외무성 홈페이지 참조: http://www.mofa.go.jp/

한 광의의 지역적 합의가 있을지도 모른다."라는 기대감을 나타냈다.[1]

그간 일본 정부는 적 기지 공격에 대해 자위권 범위 내라면 인정된다고 하면서, 실제 공격은 미군에 맡긴다는 입장이었다. 그런데 일본 방위청의 제언은 이 범위를 넘은 것이라고 말할 수 있다.

한편 김정일 북한 총서기가 방중했을 때, 후진타오(胡錦濤) 중국 국가주석 등과의 회담에서 "장래 핵의 평화적 이용까지 봉쇄하는 것은 받아들일 수 없다."라는 의사를 전했음이 밝혀졌다. 김 총서기는 북일 관계에 대해서도 중국에 설명했다고 전해졌으며, 또한 김 총서기는 핵의 평화적 이용의 권리를 확보하기 위해 중국의 협력을 요구한 것으로 알려졌다. 중국도 핵 사찰 수락 등 일정한 조건을 전제로, 평화적 이용은 인정되어야 한다는 자세를 취했다.[2]

고이즈미(小泉純一郎) 수상은 2004년 5월 14일 '22일 북한 방문'을 전격적으로 발표했다. 북경에서 북일 간 정부 협의가 있었고, 몇 차례의 실무 협의를 거쳐 정상회담이 있을 것으로 보였지만 예상외의 속도로 교섭이 진척되었다. 야마사키 타쿠(山崎拓) 자민당 부총재 등의 정치가에 의한 교섭 채널이 과연 납치 문제를 해결할 수 있을 것인지에 대한 기대가 모였다. 반면 신중론을 무시하고 고이즈미 수상이 북일 정상회담을 서두른 배경에는 참의원 선거 후 정권 운영의 지렛대로 삼으려는 야심과 연금 문제 일색인 국내 정국의 흐름을 바꾸려는 의도로도 분석되었다.[3]

---

1 『아사히 신문』 석간, 2004년 3월 24일 자.

2 『아사히 신문』 조간, 2004년 4월 24일 자.

3 『마이니치 신문』 조간, 2004년 5월 15일 자.

제2부 - 북일 '문제', 그 불편한 진실

북일 정상회담에 대해 미국은, 6자 회담 국가 중에서 일본이 가장 긴밀한 관계인데 북일 정상회담을 계기로 한중과 같이 일정한 거리를 두려는 것은 아닐까 하는 우려도 있었다. 그러나 북미 교섭 진전이 없는 한, 일본이 북한과 가까워지는 것은 생각하기 어려웠다. 반면 일본 수상의 북한 방문으로 미국의 '의도'가 정확하게 김정일 총서기에게 전해졌을 것이라는 데에는 의의가 있었다. 미국의 주장을 일본이 견지하는 한, 북일 관계가 진전되는 것을 미국은 환영할 것이라는 평가도 있었다. 미국의 공화당 내 극히 일부에서는 납치 문제 해결로 북일 관계가 탄력을 받아 좋아질 것이라는 우려도 있었다. 다만 미국은 핵과 미사일 문제가 진전되지 않은 가운데 북일 정상화 교섭만이 진전되면 우려가 된다는 것으로 진단했다.[1]

이번 북일 정상회담 목적은 국교 정상화에 대해서 양국이 진지하게 임한다는 것과 상호 간 신뢰를 회복한다는 것에 있었다. 그러나 현실적으로 그러한 문제를 해결하는 단계에는 이르지 않았고 '토대 만들기' 정도로 평가되었다. 핵과 미사일에 대한 일본의 입장은, 고농축 우라늄과 플루토늄을 포함해 모든 핵 개발에 대해 '완전하고, 검증이 가능하며 돌이킬 수 없는 폐기' 요구이자, 일본을 사정거리에 넣은 탄도미사일 '노동', '대포동' 발사 실험의 동결 요구였다. 이에 대해 북한은 1) 핵 개발 계획을 포기할 뜻이 있으나, 제1단계로서 에너지 지원과의 교환 조건으로 동결한다. 2) 고농축 우라늄 개발 계획은 존재하지 않는다. 3) 대포동 발사는 인공위성의 발사였다. 4) 미사일 발사 실험 동결은 2003년 이후도 계속된다는 요지의 입장을 밝혔다. 경제 제재에 대한 일본 입장은, 일본 단독으로도 북한에 경제 제재가 가능하도록 외환법을 개정하며, 만경봉호 등 북한 선박을 염두에 둔 특정 선박 입

---

1 『요미우리 신문』 조간, 2004년 5월 23일 자.

항 금지법안 성립을 목표로 한다는 것이었다. 이에 대해 북한은 외환법 개정이 "서로의 안전을 위협하는 행동을 하지 않을 것을 확약한 평양 선언에 대한 위반"이라고 반발했으며, 선박 법안에 대해서도 "대결을 격화시켜, 한반도 정세를 중대한 국면으로 몰아넣고 있다."라고 비난했다.[1]

한편 일본은 국내적으로 유사 7법[2]을 성립시킴으로써 위기 대응을 위한 법체계를 구축했다. 국민 보호법 등 유사관련 7법의 성립에 의해 주변 유사시로부터 일본 유사시까지 일본에 위기를 미치는 일련의 사태에 대처하는 골조가 정비된 것이다. 고이즈미 수상은 2004년 6월 14일 참의원의 이라크 지원·무력 공격 사태 특별 위원회에서 "여야를 초월해 모두 유사 법제가 필요하다는 인식을 할 수 있었던 것은 감개무량하고 바람직한 일이다."라고 평가했다.[3]

제1/2차 6자 회담이 진행되면서 각국의 입장이 분명히 밝혀졌는데 이를 정리하면 다음의 표와 같다.

---

1 『아사히 신문』 조간, 2004년 5월 22일 자.

2 일본 유사 법제의 성립 경위는 1963년 한반도 유사시를 상정해 방위청 통합 막료회의 사무국이 행한 "미츠야 연구(三矢研究)"가 처음이었다. 이후, 1977년 유사 법제 연구(방위청)가 시작되었고, 1978년 통합 막료회의 구리스 히로오미(栗栖弘臣) 의장이 "기습 공격을 받았을 경우 초법적으로 행동해야 한다."라면서 법률의 미비를 지적한 발언이 있었다. 이후 그는 경질되었다. 1981년 유사 법제 연구 제1분류 공표(방위청). 1984년 유사 법제 연구 제2분류 공표, 제3분류 착수(방위청). 1998년 북한의 대포동 발사, 1999년 북한의 공작선 사건, 그리고 2001년 미국의 동시 다발 테러 등은 유사7법 제정을 재촉했다. 유사 7법은 주변 사태법(1999), 선박 검사법(2000), 테러 대책 특별 조치법(2001), 무력 공격 사태법(2003), 자위대법 개정안(2003), 국가안전보장회의 설치법(2003), 국민 보호법(2004) 등이다.

3 『요미우리 신문』 조간, 2004년 6월 15일 자.

	포기 대상	플루토늄 추출	고농축우라늄 생산계획	에너지 지원	기타
북한	핵무기 계획 포기	포기 및 제1단계로 동결	계획 및 존재를 부정	핵 동결 대가로 요구	1) 미국의 테러 지원 국가 리스트에서 삭제. 2) 경제 제재의 철회 요구.
미국	평화적 이용 목적을 포함한 완전 포기	플루토늄, 고농축 우라늄을 포함한 C. V. I. D. 요구	플루토늄, 고농축 우라늄을 포함한 C. V. I. D. 요구	지원에는 참가하지 않으나 한국이 제안하는 에너지 지원을 이해하며 지지	핵 포기 대가로 '안전 보증'
일본	미국과 동일	미국과 동일	미국과 동일	미국과 동일	납치 문제 해결
한국	미국과 동일	미국과 동일	미국과 동일	완전한 핵포기를 전제로 에너지 지원	6자 회담을 2개월에 1회로 정례화
중국	북한의 자세 지지	한반도의 비핵화를 주장	한반도의 비핵화를 주장	한국의 제안에 동의, 에너지 지원에 참가	한반도 정세의 안정화를 희망
러시아	중국과 동일	중국과 동일	중국과 동일	중국과 동일	핵 문제 이외의 의제화에 반대

※ 북핵 문제에 대한 6개국 입장: 제1/2차 6자 회담

『아사히 신문』 조간, 2004년 2월 28일 자

3. 제3차 6자 회담(2004. 6. 23.-6. 26.)

제3차 6자 회담은 8개 항의 의장 성명을 채택하고 폐막했는데, 의장 성명에 따르면 6개국은 이번 회담에서 건설적이고 실용적이며 실질적인 토의를 했고, 한반도 비핵화 목표에 대한 의지를 재확인하고, 그 목표를 향해 가능한 한 조속히 첫 단계 조치를 취할 것을 강조했다.

또한 조속한 시일 안에 제3차 실무 그룹 회의를 열어 한반도 비핵화의 첫 단계 조치로 북한 핵 동결의 범위, 기간, 검증 방법과 북한에 대한 상응 조치(보상)를 구체화하기로 했다. 6개국은 26일 오전 베이징

댜오위다이(釣魚臺)에서 수석 대표 회의를 열고, 이 같은 내용을 포함한 8개 항의 의장 성명을 채택하고 4일간의 회담을 마쳤다. 6개국은 제4차 회담을 원칙적으로 9월 말 베이징에서 열기로 합의했다. 한국과 중국은 당초 2월 제2차 회담의 폐막 당시 채택한 '의장 성명'보다 한 단계 격상된 공동 보도문 채택을 시도했으나 미국과 북한의 시각차가 커서 무산됐다.[1]

일본은 '3가지 조건부'로 에너지 지원에 참가한다는 것을 표명했다. 첫째 조건은 우라늄 농축 계획을 포함한 모든 핵 계획을 대상으로 한다는 것, 둘째 조건은 실질적인 정보 공개가 이루어질 것, 셋째 조건은 충분한 검증이 이루어질 것 등이다. 또한 북일 평양 선언에 기초해서 핵, 미사일, 납치 문제를 포괄적으로 해결하고, 국교 정상화를 이룬 이후, 경제 협력을 행할 생각임을 표명했다.[2]

2004년 7월 12일 고이즈미 수상은 기자회견에서 북일 국교 정상화 문제에 언급하면서 적대 관계를 우호 관계로 만들어가는 것이 일본과 북한, 한반도 전체에 필요하다는 견해를 표했고, 한반도의 평화 정착을 어떤 구조로 이룰 것인지, 북일 관계를 어떻게 정상화할 것인지가 매우 중요한 일이므로 가능한 빨리 정상화를 위해 노력하겠다는 태도를 분명히 했다.[3]

북한 외무부는 2005년 2월 10일 핵 문제에 관한 6자 회담에 대해서 미 부시 정권이 북한에 대한 '적대시 정책'을 바꾸지 않고 일본도 이를 추종하고 있다면서 "참가를 무기한 중단한다."라는 성명을 발표

---

1   『동아일보』, 2004년 6월 27일 자.

2   일본 외무성 홈페이지 참조: http://www.mofa.go.jp/

3   『아사히 신문』 조간, 2004년 7월 13일 자.

했다. 성명은 또한 "우리는 자위自衛를 위한 핵무기를 제조했다."라면서 지금까지 '핵 억지력' 등의 표현으로 시사했던 핵 보유를 처음 공식적으로 표명했다. 일본 정부는 납치 문제를 둘러싸고 경제 제재를 요구하는 여론이 퍼지고 있는 가운데 안전 보장과 직결되는 핵 문제가 중대한 국면을 맞이하게 되어 한층 더 어려운 대응을 하지 않으면 안 되는 형편에 처했다.[1]

북한은 미 국무장관(Condoleezza Rice)이 의회 지명 승인 공청회에서 북한을 "압정의 전선 기지"라고 지탄했던 것을 상기시키면서 "제2기 부시 정권의 본심은 북한의 고립·압살 정책을 한층 더 강화하는 것"이라고 지적했다. 또 일본 정부에 대해서는 "일본이 모두 해결된 납치 문제를 트집 잡아 가짜 유골 문제로 날조했다."라고 비난했다. 북한은 "북일 평양 선언을 백지화하고 국교 정상화도 하지 않는다는 일본과 어떻게 만나서 회담을 할 수 있겠나?"라면서 6자 회담 불참가 원인 중 하나로 일본의 자세를 지적했다.

반면 6자 회담이 조속히 재개돼야 한다는 것이 일본 정부의 확고한 입장이었다. 현 딘게는 북한을 자극하기보나는 셜득해야 할 시섬이라는 판단에서였다. 북한이 2005년 2월 10일 핵무기 제조 및 6자 회담 참가 중단을 전격 선언한 뒤 일본 정치권 일각에서 경제 제재 등 강경론이 다시 고개를 들었으나, 대세는 6자 회담을 통한 해결임은 확연했다. 고이즈미 수상은 2005년 2월 14일 대북 현안을 집중적으로 심의한 중의원 예산위원회에 출석해 "회담에 조속히 복귀해 국제사회의 일원이 되는 것이 북한에 이익이 된다는 점을 계속 강조해 나가겠다."라고 말했다. 다케베 쓰토무(武部勤) 자민당 간사장도 "일본은 다자간 대화를 추진하면서 압력도 염두에 두고 납치, 핵, 미사일 문제가 하루

---

1 『요미우리 신문』 조간, 2005년 2월 11일 자.

빨리 해결되도록 계속 노력해야 한다."라고 밝혔다. 연립 여당인 자민
당과 공명당도 당정 연석회의를 열어 북한이 6자 회담에 조기 복귀하
도록 설득하기로 의견을 모았다. 호소다 히로유키(細田博之) 관방장관은
회의에서 "북한의 진의와 의도를 지켜볼 필요가 있다. 냉정히 대처하
겠다."라고 말했다.[1]

　미일 양 정부는 2005년 2월 19일 외무·방위 담당 각료에 의한 미
일 안보 협의 위원회(2+2)[2]를 미 국무부에서 열었다. 여기서는 향후 미
일 동맹과 주일 미군 재편의 기본 지침이 되는 '공통 전략 목표'에 합
의했다. 이는 아시아 태평양 지역의 평화와 안정을 향해서, 북한 핵 계
획의 완전 폐기를 요구하는 것 외에 대량 파괴 무기 확산이나 국제 테
러 방지 및 근절을 향한 세계 규모의 미일 협력 강화를 의미했다. 이러
한 과제를 효과적으로 수행하기 위해 자위대와 미군의 역할 분담을 재
검토하며 미군 재편 협의를 가속화한다는 것이었다.[3]
　또한 성명에서 미일 정부는 아시아 태평양 지역의 안전 보장 환경
에 대해 한반도의 긴장과 타이완 해협 문제를 염두에 두고 "불투명
성, 불확실성"이 계속되고 있음을 확인했다. 북한에 대해서는 핵 문제
를 둘러싼 6자 회담에의 조기·무조건 복귀와 모든 핵 계획의 완전한
폐기를 요구했다. 일본인 납치 문제 등 여러 문제는 평화적으로 해결
한다는 방침을 세웠다. 중국에 대해서는 지역 안정을 위해 "책임 있는
건설적 역할"을 환영하며, 협력 관계를 발전시킬 방침을 명기하면서
타이완 해협 문제의 평화적 해결을 목표로 삼았다. 또한 향후 미일 협

1　『동아일보』, 2005년 2월 15일 자.

2　2+2의 개최는 2002년 12월 이래, 일본에서는 마치무라 외상, 오노 방위 장관이 미국
　에서는 라이스 국무장관과 럼스펠드(Donald Henry Rumsfeld) 국방장관이 출석했다. 협의
　후, 공통 전략 목표를 명기한 공동성명을 발표했다.

3　『요미우리 신문』 조간, 2005년 2월 20일 자.

력으로서 자위대와 미군의 역할·임무·능력의 재검토, 주일 미군의 병력 구성 재검토 협의를 강화해 나가기로 합의했고, 억제력의 유지와 오키나와 등 기지 주변의 자치 단체 부담을 경감한다는 기본 원칙을 확인했다.

한편 남북 대화를 중시하는 한국의 노무현 정권은 북한의 핵 보유 수에 대해 신중했다. 일본은 '핵무기 6~7개, 미사일 탑재 가능성도 있음'을 주장했고, 한국은 '1~2개에 지나지 않고, 탑재 불가능'이라고 했다. 2005년 2월 26일 서울에서 한미일 6자 회담 수석 대표 협의가 있었다. 이때 북한의 협의 복귀 관련 성명을 낼 때, 무조건 복귀를 주장하는 일본에 대해 한국이 '표현이 너무 강하다.'라고 강하게 반론을 제기했다. 한국 정부 관계자는 '일본은 미국보다 강경하다.'라고 털어났다. 2005년 6월 10일, 워싱턴의 한미 정상회담에서 노 대통령은 한일 관계에서 한국의 입장이 올바름을 당당히 주장했다. 일본 정부 관계자는 한미일 공조가 흔들리는 것에 대해 '(부시 미 대통령이) 불유쾌한 표정으로 가만히 듣고 있었다.'라고 전했다.[1]

이러한 위협 인식 차이가 한미일 정책의 차이를 낳고 있었다. 그 이유는 무엇일까? 아마도 '똑같이 미국의 동맹국인데 일본의 핵연료 사이클[2]은 인정되지만, 한국은 인정이 안 된다.'와 같은 불평등한 대우에

---

1 『아사히 신문』 조간, 2005년 6월 16일 자.

2 한미는 1974년에 맺은 원자력 협정에서, 재처리 등 핵연료의 가공은 미국의 사전 동의가 필요하다고 정했다. 1979년 박정희 대통령의 암살로 핵 개발은 멈추었고, 미국은 그 후에도 재처리를 인정하지 않았다. 노태우 대통령이 1991년 12월 북한과 합의한 한반도 비핵화 선언도, 핵 병기 및 그 제조로 연결되는 우라늄 농축이나 플루토늄 재처리 시설을 남북 쌍방은 가지지 않는다는 내용이었다. 반면, 미국은 1977년 일본 이바라키현 도카이무라의 재처리 공장 가동 중지를 요구했지만, 일본은 반년간의 교섭 끝에 핵 확산을 방지하는 엄격한 제약을 받아들이면서 운전을 개시했다. 그 후 일본은 농축 우라늄의 일부 국산화도 했고, 아오모리현 롯카쇼무라에 대규모 상업용 재처리 공장의 조업도 가능하게 되었다.

대한 불만도 예상할 수 있었다.

미 국무장관(Condoleezza Rice)은 2005년 7월 13일, 서울에서 반기문 외교통상부 장관과 공동 기자회견을 갖고, 북한이 핵을 포기하면 한국이 전력을 직접 공급한다고 한 한국 정부의 '중대한 제안'에 대해 "이는 북한의 에너지 문제를 해결하면서 핵 확산의 우려를 없애는 창조적인 아이디어로서 환영한다."라고 평가했다. 단 한미일 공조의 혼란이 해소된 것이 아니었기에 14일, 6자 회담 수석 대표 협의를 서울에서 열어 의견 조정을 할 방침이었다. 북한에 압력을 가하려는 미일과 융화 자세를 취하려는 한국 사이의 정책 조율이 과제로 남겨진 것이다.

반면 미일 양 정부는 겉으로는 한국의 '중대한 제안'을 환영했지만, '동 제안이 북을 지원함으로써 북한의 허들이 낮아지는 것이 아닌가?' 하는 염려도 있었다. 미일이 한국의 제안을 평가하는 것은, 북한이 핵 폐기를 향해 적극적으로 대응할 재료가 된다는 기대에서였다. 이와 관련해 한일 관계에 문제가 있음이 확인되었다. 한국 정부가 동 제안을 일본에게 전한 것은 발표 직전으로, 일본은 타국으로부터 정보를 수집하지 않으면 안 되었다. 한국 정부는 "환경이 만들어질 때까지 설명할 수 없다는 사실을 미리 일본에 사전 양해를 얻었다."라고 설명했다. 그러나 독도 문제나 역사 인식 문제를 둘러싼 한일 관계의 악화가 영향을 끼쳤음은 분명했다.[1]

한편 일본 정부는 6자 회담 재개 합의를 환영하면서도 회담에서 실질적 진전이 이뤄질지에 대해서는 확신하지 않는 모습이었다. 일본 외무성 간부는 회담 재개 합의 사실이 전해진 2005년 7월 9일 "핵 문제와 일본인 납치 문제 해결에 도움이 될 것이라는 관점에서 환영하며,

---

1 『아사히 신문』 조간, 2005년 7월 14일 자.

회담이 구체적인 성과를 낼 수 있도록 관계국과 연대해 회담에 임할 것"이라고 말했다. 그러나 "중요한 것은 앞으로 열릴 회담에서 핵 폐기를 향한 진전이 이뤄질지 여부"라고 말하며 성급한 낙관을 경계했다. 다른 정부 관계자도 "북한은 6자 회담 참석 자체를 외교 카드로 이용해왔다."라고 지적했고, "회담이 재개됐다고 해서 핵 문제에 진전이 이뤄질 것으로 단정할 수는 없다."라며 유보적인 태도를 보였다. 일본 정부는 북한의 핵 개발이 "일본의 안보에 중대한 영향을 미친다."라는 인식에 따라 회담이 재개되면 한국, 미국과 연대해 핵 개발 포기를 강력히 요구한다는 방침이었다. 또 난관에 봉착한 일본인 납치 문제를 타개할 계기로도 활용한다는 계획이었다. 일본 정부는 이 밖에 북한이 핵무기 보유를 공식 선언한 점을 들어, 6자 회담이 개발 포기를 논의하는 자리가 아니라 핵 군축 회의로 자리매김할 것을 요구할 가능성도 있다고 봤다.[1]

4. 제4차 6자 회담(1단계 2005. 7. 26.-8. 7., 2단계 9. 13.-9. 19.)

2005년 9월 19일 제4차 6자 회담에서 나온 6개 항의 공동성명은 1990년대 이후 한반도 평화와 안정의 걸림돌이 돼 온 북한 핵 문제를 푸는 해법을 제시한 것으로 중대한 의미를 지닌다. 6개 항의 공동성명 (이른바 9.19 공동성명: 자세한 내용은 《9.19 공동성명, 2.13 합의, 10.3 합의 내용의 요지》참조) 의 주요 내용은 북한이 핵 개발을 포기하는 조건으로 한반도 비핵화, 미국의 대북 불가침 의사 확인, 대북 경수로 제공 논의, 미일과의 관계 정상화, 5개 당사국의 대북 에너지 지원, 한국의 대북 전력(200만 kW) 지

---

1 『동아일보』, 2005년 7월 10일 자.

원, 항구적 한반도 평화 체제 건설 협상 등의 사항에 대한 합의였다.

다만 이번 합의는 회담에 참가한 6개국이 북핵 문제 해결의 목표와 기본 원칙에 관해 큰 틀에서 공동 해법을 찾은 것일 뿐, 이 자체가 북핵 문제의 완전한 해결을 의미하는 것은 아니었다. 북한이 어떤 절차를 거쳐서 어떻게 핵을 폐기할 것인지, 미국을 비롯한 나머지 5개국은 어느 단계에서 어떤 보상을 할 것인지 등 진짜 중요한 '알맹이'들은 후속 협상의 몫이었다. 당시 한국 수석 대표인 송민순 외교통상부 차관보는 "모든 핵무기와 핵 계획의 포기 내용을 담은 것은, 핵 비확산 협상 역사상 유례없는 성과"라고 평가했다.[1]

한편 일본 정부 내에서는 "미 국무부에는 강경파인 전 차관(볼튼)이 떠나고, 국제 협조파가 소생하고 있다. 완강한 교섭자(Tough Negotiator)로 알려진 힐 차관보는 성과를 내려고 강한 의지를 보이고 있다."라는 의견이 있었다. 그래서 미국이 합의를 우선한 나머지, 북한에 필요 이상으로 양보하는 것은 아닌가 하는 경계감이 일본 정부에 존재했다. 또 하나의 초점은 핵 문제, 미사일 문제와 더불어 납치 문제를 염두에 둔 '인권·인도 문제' 등의 포괄적 해결이 향후 포함될 것인지가 문제였다. 미국은 일본의 주장을 지지하고 있지만, 중국이나 한국은 신중한 자세를 취했다. 일본도 공동 문서 만들기를 우선하는 이번 회담의 방향성에 이론異論을 제기할 생각은 없었다. 그러나 "핵 폐기 순서를 정하지 않고 공동 문서를 만들어봐야 북한의 시간 벌기에 이용되는 것이며, 이는 분명한 후퇴다. 그런 문서라면 결정되지 않는 것이 좋을 정도"라는 일본 정부 인식도 있었다.[2]

---

1 『동아일보』, 2005년 9월 20일 자.

2 『마이니치 신문』 조간, 2005년 7월 31일 자.

제2부 - 북일 '문제', 그 불편한 진실

이러한 일본 정부 인식의 배경에는 북한이 제4차 6자 회담 과정에서 일본과의 양자 접촉을 철저하게 배제함으로써 납치 문제 해결 등에 성과를 기대하던 일본 대표단을 북한이 따돌렸기 때문이었다.[1] 그럼에도 일본 정부는 북한이 "모든 핵 병기 및 기존의 핵 계획"의 검증이 가능한 포기를 약속한 것은 큰 의미가 있다고 평가했고, 북미, 북일 관계 정상화를 6자 회담 최종 목표의 하나로 표기한 것, 현안 해결의 중요성을 확인하면서 이를 북일 및 북미 관계 개선과 관련시킨 것은 의의 있는 성과로 평가했다. 반면 북한이 핵 폐기의 대상代償으로 경수로 제공에 집착한 것과 북미 간 불신감과 심리적 앙금은 아직 남아있는 문제로 평가했다.[2]

무엇보다 제4차 6자 회담에서 나온 6개 항의 공동 합의는 양자 합의였던 제네바 합의와 달리 6개국이 참가한 다자 합의라는 점에서 북한에 대한 실질적 구속력은 더욱 강한 것이었다.

5. 제5차 6자 회담(2단계 2005. 12. 18.-12. 22., 3단계 2007. 2. 8.-2. 13.)

제5차 회담에서는 북미 상호 신뢰 구축 조치에 관해 논의하였으나, 2005년 9.19 공동성명의 이행 방안 마련을 위한 원칙을 확인하는 수준의 의장 성명을 채택하고 휴회되었다. 제5차 6자 회담 가운데 북한의 미사일 발사(2006. 7. 5.)가 있었다.

이에 대해 일본이 취한 대북 제재 조치는 북한 화물선 만경봉호의 입항을 6개월간 금지하는 것이었다. 만경봉호의 입항 금지 결정은

---

1 『동아일보』, 2006년 7월 12일 자.

2 일본 외무성 홈페이지 참조: http://www.mofa.go.jp/

2004년 성립한 '특정 선박 입항 금지 특별조치법'에 근거한 것으로, 만경봉호는 접안 및 하역, 선적 등이 금지되었으나 인도적 차원에서 승객의 하선을 위한 일시 접안만 허용되었다. 이외에도 북일 간의 인적 교류 제한 및 전세기 취항 금지가 시행되어, 북일 간 민간 및 관리의 방문이 금지되었다. 이러한 즉각적인 대북 제재 조치 이외에도 일본은 군사적인 대응으로서, 7천7백 톤급 이지스함[1] 2척을 2008년까지 동해 및 동중국해에 추가로 배치하며, 건조 중인 6번째 이지스함을 2008년에 실전 배치하기로 결정했다. 또한 2008년 3월 말로 예정되었던 미사일 방어(MD) 시스템의 지대공 유도탄 패트리어트 미사일 3(PAC3) 배치를 앞당겨 2007년 중에 실전 배치하기로 결정하였다.[2] 일본의 강경책이었다.

이후 2007년 제5차 6자 회담의 3단계 회의에서는 9.19 공동성명 이행을 위한 초기 조치(이른바 2.13 합의: 내용은 《9.19 공동성명, 2.13 합의, 10.3 합의 내용의 요지》 참조)에 합의했다. 제5차 6자 회담 3단계 회의에는 우다웨이(중국), 김계관(북한), 사사에 켄이치로(일본), 천영우(한국), 알렉산더 로슈코프(러시아), 그리고 크리스토퍼 힐(미국) 대표가 참석하였다. 이 가운데 참가국들은 초기 조치를 이행하고 공동성명의 완전한 이행을 목표로 5개의 실무 그룹(W/G: Working Group)[3]을 설치하는 데 합의하였다.

---

1   이지스함(Aegis Cruiser)은 이지스 시스템(ACS, Aegis Combat System)을 탑재한 구축함을 일컫는다. 이지스 시스템을 통해 한 척의 전함으로 여러 척의 잠수함이나 전투기, 미사일 등을 제압할 수 있어 현대의 중요 전략 무기로 평가받는다. 이지스는 미국 해군이 개발한 통합 전투 체계(Combat System)의 이름이다. 전투 체계란 무장 기기나 항해 장비 등을 하나의 네트워크로 묶어 적의 탐지부터 명령, 교전에 이르기까지의 과정을 통합해 자동화한 시스템을 말한다. 본래 적의 공중 공격에 대응하기 위해 만든 전투 체계로 현재는 공중·수중·해상에서의 공격에 동시 대응할 수 있도록 개발되었다.

2   전진호, 「북한의 미사일 발사와 일본」, 『이슈와 대안』, 미래전략연구원(2006. 8. 31.)

3   5개의 실무 그룹은 다음과 같다. 1) 한반도 비핵화, 2) 북미 관계 정상화, 3) 북일 관계 정상화, 4) 경제 및 에너지 협력, 5) 동북아 평화·안보 체제.

또한 '대북 지원 부담의 분담에 관한 합의 의사록'을 작성했는데 여기에는 "미합중국, 중화 인민공화국, 러시아 연방, 대한민국은 각국 정부의 결정에 따라, Ⅱ조 5항 및 Ⅳ조에 규정된 조선민주주의 인민공화국에 대한 지원 부담을 평등과 형평의 원칙에 기초하여 분담할 것에 합의하고, 일본은 자국의 우려 사항이 다루어지는 대로 동일한 원칙에 따라 참여하기를 기대하며, 또 이 과정에서 국제사회의 참여를 환영한다."라고 명기함으로써, 조건부 일본 참여를 분명히 했다. 제5차 6자 회담에 대해 일본 정부는 "북일 평양 선언에 기초해서 불행한 과거를 청산하고 현안 사항을 해결하며, 이를 바탕으로 국교 정상화를 위한 협의를 개시한다. 현안 사항에는 납치 문제가 포함된다."라는 입장을 밝혔다.[1]

6. 제6차 6자 회담(1단계 2007. 3. 19.-3. 22., 2단계 2007. 9. 27.-9. 30.)

제6차 6자 회담 1단계 회의에 대해 일본은 제1회 북일 작업부회(W/G)에 관해 언급하면서, 북한이 첫날 일방적으로 자리를 뜬 것과 납치 문제 해결을 위한 성의 있는 대응을 나타내지 않았던 것을 보고했다. 이에 대해 미국, 러시아는 "협의 도중에 자리를 뜬다는 것은 성의 있는 자세는 아니다. 향후 북한이 협의 중에 자리를 뜨는 등의 태도를 취하지 말 것을 강하게 요구한다. 북일 작업부회가 성과를 내기 위해서는 북한이 제대로 준비해야 한다."라는 등의 입장을 명확히 했다.[2]

---

1   일본 외무성 홈페이지 참조: http://www.mofa.go.jp/

2   일본 외무성 홈페이지 참조: http://www.mofa.go.jp/

제6차 6자 회담 2단계 회의는 2007년 9월 27일부터 30일까지 개최되었다. 여기서 9.19 공동성명 이행을 위한 제2단계 조치(이른바 10.3 합의: 내용은《9.19 공동성명, 2.13 합의, 10.3 합의 내용의 요지》참조)에 대한 합의가 있었다.

참가국들은 5개 실무 그룹의 보고를 청취 및 승인하였으며, 2.13 합의의 초기 조치 이행을 확인하였고, 실무 그룹 회의에서 도달한 컨센서스에 따라 6자 회담 과정을 진전시켜 나가기로 합의하였다. 또한 평화적인 방법에 의한 한반도의 검증 가능한 비핵화를 목표로 하는 9.19 공동성명의 이행을 위한 제2단계 조치에 관한 합의에 도달하였다.

제6차 6자 회담 2단계 회의에 대해 일본은 "북일 수석 대표는 6자 회담의 상황에 대해 의견을 교환했고 상호 입장에 대한 인식을 넓혔다. 동시에 북일 관계에 대해서도 지난번의 북일 작업부회 논의를 근거로 납치 문제를 포함해 현안을 해결하며, '불행한 과거'를 청산하고 조기에 북일 국교 정상화를 실현할 수 있도록 쌍방이 노력할 필요가 있다는 것, 그것을 위한 구체적 행동에 대해 정력적으로 협의 및 실시해 갈 것을 확인했다."라고 평가했다.[1]

제4차, 제5차, 제6차 회담의 큰 성과로 지적되는 공동성명 및 합의의 내용을 요약 정리하면 다음과 같다.

1　일본 외무성 홈페이지 참조: http://www.mofa.go.jp/

《9.19 공동성명, 2.13 합의, 10.3 합의 내용의 요지》

1 9.19 공동성명 (2005. 4차 회담: 2단계 회의)

1. 6자 회담 목표가 한반도의 검증 가능한 비핵화임을 재확인
   └ 북한은 모든 핵무기와 현존 핵 프로그램 포기, 조속한 NPT
     및 IAEA 안전조치 복귀 공약
   └ 미국은 한반도 내 핵무기 부재 및 북한에 대한 공격 또는
     침공 의사 부재 확인
   └ 한반도 비핵화 공동 선언 준수 및 이행 필요성
   └ 여타국은 북한의 평화적 핵 이용권 존중 및 적절한 시기에
     경수로 제공 문제 논의에 동의
   └ 북·미와 북·일은 관계 정상화를 위한 조치를 취할 것을 약
     속

2. 6자는 에너지, 교역, 투자 분야에서 경제 협력을 증진시킬 것
   을 약속
   └ 여타국은 대북 에너지 지원 제공 용의 표명, 한국은 2백만
     kW 전력 공급 제안 재확인

3. 6자는 동북아의 항구적 평화와 안정을 위해 공동 노력할 것을
   공약
   └ 직접 관련 당사국들은 적절한 별도 포럼에서 한반도의 항
     구적 평화 체제에 관해 협상

4. 6자는 단계적 방식으로 상기 합의 이행을 위해 상호 조율된
   조치를 취할 것을 합의

2 2.13 합의 (2007. 5차 회담: 3단계 회의)

1. 북한 내 ①핵 시설의 폐쇄·봉인 및 IAEA 요원 복귀, ②모든 핵
   프로그램의 목록 작성 협의 (60일 이내)
   └ 60일 이내 중유 5만 톤 상당 긴급 에너지 대북 지원

2. 북·미, 북·일 관계 정상화를 위한 양자 대화 개시(60일 이내)

3. 대북 경제·에너지·인도적 지원(다음 단계)

    └ ①모든 핵 계획 완전 신고 ②모든 현존하는 핵 시설 불능화

    기간 중, 중유 100만 톤(초기 5만 톤 포함) 상당의 지원 제공

4. 6자 회담 내 5개 실무 그룹(W/G) 구성(30일 내 회의 개최)

    └ △한반도 비핵화, △북·미 관계 정상화, △북·일 관계 정상화,

    △경제·에너지 협력, △동북아 평화·안보 체제

5. 초기 단계 조치 이행 완료 이후, 6자 장관급 회담 개최

6. 직접 관련 당사국 간 적절한 별도 포럼에서 한반도 평화 체제

    협상

③ 10.3 합의(2007. 6차 회담: 2단계 회의 후)

1. 북한은 2007년 내, 모든 현존 핵 시설 불능화 및 모든 핵 프로

    그램의 완전하고 정확한 신고 완료

2. 북한은 핵 물질, 기술 및 노하우를 이전하지 않는다는 공약 재

    확인

3. 미국은 북·미 관계 정상화 W/G의 컨센서스를 기초로 북측 조

    치와 병행하여 미 측의 공약을 이행할 것이며, 북·일 또한 평

    양 선언에 따라 신속한 관계 정상화 노력을 경주

    └ 미국은 테러 지원국 지정 해제 과정 개시 및 대對적성국

    교역법 적용 종료 과정 진전에 대한 공약을 상기(recalling)

4. 중유 100만 톤 상당, 대북 경제·에너지·인도적 지원 제공

5. 적절한 시기에 6자 외교장관 회담 북경에서 - 개최 재확인

IV. 결론

2002년 10월, 북한이 핵 개발을 인정한 것은 국제사회에 던진 충격이었다. 이에 자극을 받아 6자 회담은 2003년 8월부터 시작되었다. 제6차 6자 회담(2007. 9. 30.)에 이르기까지 6자 회담에 대한 일본의 인식 변화를 정리하면 다음과 같다.

제1차 6자 회담을 통해 일본은 기대와 우려를 동시에 드러냈다. 일본의 기대는 핵 문제를 포함해 미사일 문제, 일본인 납치 문제를 포괄적으로 해결한다는 데 있었다. 납치 문제를 다국 간 협의의 장으로 끌어내 일본의 주장을 관철해 나간다는 것이다. 일본은 납치 문제의 의제 설정에 성공했다. 이에 대해 일본은 스스로의 외교적 노력과 성과를 평가했다. 또한 6자 회담을 장차 지역 안전 보장의 틀로 만들면 좋겠다는 기대를 가지고 있었다. 반면 북한이 6자 회담을 시간 벌기에 이용하는 것은 아닌가 하는 우려도 있었다.

제2차 6자 회담을 통해 일본은 북한에 의한 모든 핵 계획의 완전하고 항구적인 포기를 요구했고, 6자 회담에서 어떠한 제안이든 환영하며 논의할 뜻을 밝혔다. 또한 북일 평양 선언에 근거해 북일 간 여러 문제를 신속하게 해결하고 국교 정상화를 추진한다는 생각에는 아무런 변화가 없음을 분명히 했다. 북한에 대한 관점은 납치 문제를 제외하고는 미국과 동일했다. 또한 북한의 미사일 발사 등이 있었기에 경제 제재도 단독으로 할 수 있다는 것과 방위청의 제언 등에서 보듯 대북 강경 입장의 태도를 보였다.

제3차 6자 회담을 통해 일본은 다자 간 대화를 추진하면서 압력도 염두에 두었다. 동시에 북한이 6자 회담에 조기 복귀하도록 설득하지만, 북한의 진의와 의도 파악도 중요하다는 인식이었다. 즉 북한을 신뢰하는 자세는 아니었다고 볼 수 있다. 또한 회담 재개 합의 사실이 전해졌을 때, 일본은 관계국과 연대해 회담에 임한다는 것과 핵 폐기를 향한 진전이 이뤄질 것에 대한 성급한 낙관을 경계했다. 이 밖에도 일본 정부는 북한이 핵무기 보유를 공식 선언한 점을 들어, 그들이 6자 회담을 통해 핵 개발 포기 논의가 아닌 '핵 군축 회의'를 하려는 게 아니냐는 의구심을 드러냈다. 나아가 핵, 미사일, 납치 문제의 포괄적 해결 → 국교 정상화 → 경제 협력이라는 단계 설정을 분명히 했다. 이 시기 미일은 강경 노선을 취했는데 한국은 일본의 태도를 미국보다 더 강경한 것으로 평가했다.

제4차 6자 회담의 성과인 9.19 공동성명은 제2의 제네바 합의라 불릴 만큼 북미 간 '잠정적 결착'이었다. 특히 이에 대한 한국의 평가는 높았다. 그럼에도 이에 대한 일본의 인식은 냉랭했다. 즉 미국이 합의를 우선한 나머지, 북한에 필요 이상으로 양보했다는 경계감이었다. 그리고 납치 문제를 '인권·인도 문제'로 파악하면서, 이 문제가 포괄적 해결 대상일지 아닐지에 대한 우려를 나타냈다. 공동 문서에 대해서도 "핵 폐기 순서를 정하지 않고 공동 문서를 만들어봐야 북한의 시간 벌기에 이용되는 것"이라는 판단이었다. 그러나 나름대로 큰 의미도 있었다는 평가였다.

제5차 6자 회담을 통해 일본은, 9.19 공동성명에 따른 후속 조치로서 2.13 합의를 인정하면서도 5개국은 북한에 대한 지원 부담을 평등과 형평의 원칙에 기초하여 분담할 것에 합의했는데, 일본은 조건부 참여를 분명히 했다. 또한 북한의 미사일 발사(2006. 7. 5.)에 대해 일본은 강경 제재 조치를 발동했다.

제6차 6자 회담을 통해 일본은, 9.19 공동성명에 따른 후속 조치로서 10.3 합의를 인정하고, 향후 노력하고 협의해서 구체적으로 실시해 나간다는 원론적 입장이었다.

전체적으로 일본이 6자 회담에 대해 기대하면서도 어느 정도 우려를 품고 있었음을 확인할 수 있다. 또한 일본은 핵, 미사일, 납치 문제를 포괄적으로 해결하려는 외교 노력을 지속적으로 해왔고, 미국이 이를 지지하고 있음에 비해 한중으로부터는 적극적 지지를 받지 못하는데 대한 불만이 있음도 확인되었다. 동시에 납치 문제를 '인권·인도 문제'로 격상시켜 해결하려는 의도가 있었다. 이와 같은 관점에서 일본은, 향후 북핵 문제 해결과 북일 관계 정상화를 추진해 나가는 과정에서, 미국 지지를 통해 일본 문제 해결이라는 방식에 충실할 것으로 보인다. 이에 따른 일본의 역할로 '경제 협력' 카드가 있다. 이를 어떻게 전략적으로 활용할지의 문제는 일본 외교력에 부여된 과제라고 할 수 있다.

이러한 관점이 일본의 소극성을 설명하는 것은 아니다. 이유는 미일 안전 보장 협의 위원회(2+2)를 통해서 미군의 세계적 전략 가운데 일본은 "아시아 태평양의 평화와 안정을 위한 지주支柱"(럼스펠드 장관의 언급)임이 강조되었기 때문이다.[1] 미일 안전 보장 협의 위원회의 공통 전략 목표는 아시아 태평양 지역을 넘어 세계 규모로 미일 동맹을 강화한다는 것을 의미한다. 그리고 자위대와 미군이 다양한 사태에 공동 대처할 수 있도록 그 역할과 임무를 근본적으로 재검토한다는 것은, 주일 미군 변혁·재편 정도가 아니라 미일 동맹의 강화를 진행시키는 지표가 될 것이다. 이는 한반도와 타이완 해협이 아직 정착된 질서

---

1 『아사히 신문』 조간, 2005년 2월 21일 자.

를 이루지 못한 불안정한 지역인 만큼, 일본(저주)의 역할이 강화된다는 것을 의미한다. 이러한 모습이 현재 일본의 실체이며 국제사회에 미치는 일본의 위상과 역할이라고 할 수 있다.

불편한 진실

이상으로 6자 회담을 통해 일본의 인식이 어떻게 변화되었는지를 검토했다. 내용은 다음의 것이다: 북한은 영변의 핵 시설 가동을 중지하고 봉인한다. 여기에는 재처리 시설도 포함된다. 또한 국제 원자력기구(IAEA)의 요원을 다시 불러 필요한 감시와 확인을 하게 한다. 5개국은 북한에 대해 긴급 에너지 지원을 하는데, 시작은 중유 5만 톤부터이다. 60일 이내에 이를 개시한다. 모든 6개국은 상호 신뢰 증진, 동북아의 평화 지속을 위한 공동 노력을 위한 긍정적인 발걸음을 내디딜 것에 동의한다. 당사국은 직접 한반도의 영구적인 평화를 위해 적절한 별도의 포럼에서 협상한다. 6개국은 한반도 비핵화, 북미 관계 정상화, 북일 관계 정상화, 경제와 에너지 협력, 동북아 평화와 안전에 관한 기구·실무 그룹을 만든다는 것에 합의한다. 이상이다. 그러나 허구였다. 상호 신뢰 증진과 동북아의 평화 지속을 위한 공동 노력을 원치 않기 때문이다. 누가 원하지 않을까?

6자 회담을 통해 일본의 인식이 강경하게 변화되는 과정도 확인했다. 일본이 미국보다 더 강경하다. 북한 '문제' 가운데 일본은 북한의 핵과 미사일 등에 매우 민감하고 강경하다. 안보 문제이기 때문이다. 북일 관계 정상화 논의도 이전에는 전후 보상과 미래를 위한 조치 정도로 파악되었다. 그러나 핵 문제와 미사일 문제가 등장하면서 달라졌다. 이 부분에 불편한 진실이 내재해 있다. 미국과 관련해서 세계 전략 차원의 미일 전략은 러시아나 중국, 중동이나 중앙아시아 등과 같은 지역 전략이고 세계 전략이었다. 이 부분에서 일본은 한 발짝 물러서서 보기도 했다. 그러나 북핵 문제는 동북아 문제이기도 하지만 일본은 당사자 문제로 파악했다. 한 발짝도 물러설 수가 없다.

반면, 한국은 6자 회담을 한반도 평화 체제 구축의 기회로 삼고자 한다. 미중이 북한을 설득해서 어느 정도의 대화가 가능하게 되면, 6자 회담은 한반도 평화 체제를 만드는 기본 틀이 될 수가 있다. 중국과 러시아와 한국이 북한을 설득하고 미국이 중재하면서 관리하면 된다. 일본이 문제다. 일본이 미국을 압박한다. 미국은 압박을 받으며 웃는다. 미국이 문제다. 일본은 미국을 경계하며 즐긴다. 일본은 미국에 전략적 경제적 원군이다. 미국은 이런 일본을 존중한다. 일본보다 한국이 북한 문제에 더 존재감이 있어야 미국은 한국을 존중한다. 불편한 진실이다.

남북 관계는 한미·한일·한중·한러 관계에 영향을 미친다. 한미 관계는 한중·한일·한러·남북 관계에 영향을 미친다. 서로 연결돼 있다. 그 고리는 매우 역학적이다. 즉 물리적 힘의 관계다. 남북 관계에서 한국이 얻는 이득이 한미·한일·한중 관계에서 얻는 이익보다 크면 액션은 의미가 있다. 비용 대비 이익을 확실하게 계산해야 한다. 연결 고리를 고려하면서 장기적이고 입체적이며 총체적으로 계산해야 한다. 그런데 현실은 아니다. 한국은 미국이나 중국으로부터는 통상 무역이나 경상 수지에서 흑자이다. 일본과의 관계에서도 아직 여러모로 덕을 보고 있다. 다만 북으로부터는 어떤 이득도 없다고 한다. 퍼주기만 한다? 북은 상종하기에 불편하다? 그래서 북을 궁지로 몰아넣는가? 통일 한국을 상정해서, 100년의 과거사와 미래사를 보고, 북한은 어떤 존재인지에 대해 고민해야 한다. 이런 물음을 외면하거나 진지하게 접근하지 않는다면 재앙이 덮친다. 재앙을 감수할 것인가? 불편한 진실이다.

한국은 미/일/중/러에 여러모로 이익을 보고 있다. 계산 방법은 다르다. 경상 수지/자본 수지/안보/외교/에너지/식량/과학기술/인간 안보/공공 외교/정보/미래/문화/동맹/연합/질시/반목/역사/정치/가치/철학/우월/멸시 등등. 여기에 가끔은 예상외의 변수가 있다. 이런 계산을 누가 종합적으로 하는가? 한국의 지도부는 미국이나 일본, 중국의 지도부만큼 계산 능력이 있는가? 미국과 일본, 중국이 미적분 함수를 푼다면, 한국은 고차 방정식 정도는 푸는가? 아니면 아직도 한국은 사칙연산 정도인가? 한국이 처한 현실이다. 불편한 진실이다. 냉정하게 성찰할 필요가 있다.

한반도 평화와 동북아 안정을 가장 필요로 하는 국가는? 한국이고 북한이다. 그다음은 일본이다. 중국이나 미국은 강 건너 불 보듯 한다. 공멸의 논리가 아니라면 공존의 논리다. 오늘날의 분단 시대, 대결 시대, 군비 경쟁 시대, 남북 상호 불신 시대의 이익은 미/일/중/러에 유리하다. 한반도의 혼란은 특히 일본에 유리하다. 왜 남북한은 일본에 유리한 환경을 조성하려 하는가? 평화와 미래의 손익 계산서는 한국과 북한에 유리하다. 남한과 북한의 정치 지도자 가운데 누가 그런 계산 능력이 있는가? 남과 북의 어떤 정치 세력에게 한반도의 미래를 맡겨야 하나? 불편한 진실을 터놓고 논의할 때이다.

제5장
북일 '문제'와 미사일 발사

제5장에서는 북한의 미사일 문제에 대한 일본의 관점을 검토한다. 특히 북한이 발사한 노동 1호, 대포동 1·2호, 광명성 2호에 대한 일본의 반응과 조치를 살펴본다.

북한의 미사일 발사에 대해 일본은, 국제사회에 대한 도전이며 유엔 결의 위반이기에 미일 관계에 기초해 국제적 공조를 통해서 외교적으로 해결한다는 원칙론으로 일관했다. 다만 사안에 따라 경제 제재(노동 1호) → 추가 제재, 강한 압력(대포동 1·2호) → 제재의 실효성·실천, 제재 조치의 연장(광명성 2호) 등과 같은 변화가 있었다. 동시에 일본은 대단한 염려와 중대한 관심(노동 1호)에서 대화와 억제를 강조하면서, 내각 정보 회의의 설치, 방위 대강 개정, 도쿄 방공망 구축, 전수 방위 수정, 선제공격 문제, 유사 법제 정비 등을 마련했고(대포동 1호), 광학 2호기 정찰 위성 발사, BMD시스템 구축, 위기관리 구축(유사시의 일본인 및 미국인 구출 시나리오) 등의 조치를 취했다(대포동 2호). 그러면서도 유엔 결의의 실천, 북일 평양 선언의 실천 등을 강조하면서 원칙론을 이어갔다(광명성 2호).

특기할 것은 일본인 납치 피해자 재조사를 북한이 전면적으로 실시한다면, 일본이 대북 제재 조치를 해제할 용의가 있음도 확인되었다는 사실이다. 일본은 북한에 당근과 채찍을 구사하면서, 일본인 납치 피해자 문제를 일본 외교 최대 현안의 하나로 설정해 두었다. 즉 일본인 납치 피해자 문제는 국내 정치와도 연동된 사안이며, 일본이 독자적으로 북한과 협상할 수 있는 '문제'라는 점에서 일본의 적극성을 엿볼 수 있다.

Ⅰ. 문제 제기

북한은 1975년 중국으로부터 액체 연료를 사용한 탄도 미사일 DF-61을 구입해서 미사일 연구를 시작했다. 북한의 미사일 발사는 여러 차례 있었다(367쪽 ※부록: 북한의 미사일 개발 및 발사 일지 참조). 그 가운데 북한은 1993년 중거리 탄도 미사일인 노동 1호[1]를 동해상으로 발사했고, 1998년에는 대포동 1호[2]를, 2006년에는 대포동 2호를 발사했다.

---

1 노동 1호(蘆洞1號)는 북한이 개발한 1단계 이동식 액체 추진 중거리 탄도 미사일이다. 북한은 화성 7호라고 부른다. 노동(蘆洞)은 함경남도 함주군 노동리에 있는 마을 이름이다. 노동 1호는 무게 15-16톤, 직경 1.3미터, 길이 15-17미터이다. 1980년대 중반 소련의 SS-1로 알려진 스커드 미사일C의 확대 개량형으로 보인다. 사정거리는 대략 1,000-1,300km, 탄두 무게는 700-750kg인 것으로 보인다.(한국 위키 백과: 노동 1호 항목 참조)

2 북한은 1998년 8월 발사한 일명 대포동 미사일을 백두산1호로 공식 명명했다고 아사히 신문이 2001년 9월 7일 보도했다. 이는 평양에서 발행된 《조선 대백과사전》에서 확인됐다. 이 사전 12권에는 백두산 1호가 "우리나라 최초의 인공위성인 광명성 1호를 발사해, 궤도에 진입시킨 3단식 운반 로켓"이라고 기술되어 있다(「동아일보」, 2001년 9월 7일 자). 추정 사거리는 1,800-2,500km, 무게는 25톤으로 추정되는 3단식 미사일이다. 대포동 1호(大浦洞1號)는 스커드 미사일을 개량해서 북한이 만든 대륙 간 탄도미사일(ICBM)이다.

2009년에는 광명성 2호[1]를 발사했다. 이 과정에서 이른바 북한 문제[2]는 북핵 문제와 미사일 문제가 중첩되어 나타났다. 북핵 문제가 진행형인 가운데 미사일 문제가 불거진 것이다. 따라서 미사일 문제는 북핵 문제만큼이나 다시 국제사회의 현안이 되었다.

북한은 1999년 미국이 대북 제재 완화 방침을 공식화하자 미사일 모라토리엄(Moratorium)[3]을 선언했다. 이는 2001년 5월 김정일 국방위원장이 평양을 방문한 예란 페르손(Göran Persson) 스웨덴 총리에게 "2003년까지 시험 발사를 유예하겠다."라고 하면서 이어졌다. 나아가 북한은 2002년 9월과 2004년 5월 일본과의 북일 평양 선언[4]에서도 잇따라 미사일 모라토리엄을 재확인했다. 그런데 돌연 2005년 3월

---

1 광명성 2호는 로켓 '은하 2호'를 통해 궤도에 정상적으로 진입하여 자기 궤도에서 정상적으로 돌고 있고, 궤도 경사각은 40.6°이다. 지구로부터 제일 가까운 거리는 490km, 제일 먼 거리는 1,426km인 타원 궤도로, 주기는 104분 12초이다. 러시아는 외무부 논평을 통해 북한의 위성이 저궤도에 진입했다고 발표하였다. 한국과 미국은 로켓의 2단계와 3단계 부분이 모두 태평양에 떨어지거나 위성이 궤도에 진입하지 못했다고 주장했다.(한국 위키 백과: 광명성 2호 항목 참조)

2 북한 문제는 글로벌화 되어 이라크 문제의 '극동판'이 되었다는 주장도 있다(小此木政夫 2003). 여기서 필자가 말하는 북한 문제란 북한의 군사 문제(핵. 미사일. 각종 도발 및 테러 관련 포함)에 관한 일체를 말하며, 특히 한/미/일 및 유엔 안전 보장이사회(UNSC), 국제 원자력 기구(IAEA), 한반도 에너지 개발 기구(KEDO)를 둘러싼 북한과의 문제를 말한다.

3 국가의 공권력에 의해서 일정 기간 채무의 이행을 연기 또는 유예하는 일. 전쟁·천재·공황 등에 의해 경제계가 혼란하고 채무 이행이 어려워지게 된 경우, 국가의 공권력에 의해서 일정 기간 채무의 이행을 연기 또는 유예하는 일. 라틴어로 '지체하다'란 뜻의 'morari'에서 파생된 말로 대외 채무에 대한 지불 유예를 말한다.

4 2002년 9월 17일, 평양을 방문한 일본 총리 고이즈미(자유민주당 총재)가 북한의 김정일(조선노동당 총서기) 국방위원장과 북일 정상회담을 실시했을 때에 조인된 선언문. 납치 문제의 해결, 식민지 지배의 과거 청산, 북일 국교 정상화 교섭의 개시 등이 포함되었다. 2004년 제2회 북일 정상회담 이후, 납치 문제의 진전이 없었던 것과 2006년 북한 정부가 미사일 발사 실험과 핵실험을 강행한 것, 일본 정부가 이에 대해 경제 제재를 강화해 온 것 등에 의해 유명무실한 상태이다.

2일 비망록[1] 중 북한은 "우리는 미사일 발사 보류에 대해서도 현재 그 어떤 구속도 받는 것이 없다."라고 했다. 이렇듯 북한은 북한 문제를 자의적으로 운용해 왔다. 이는 북한의 외교 협상 기술인가? 아니면 국제적 약속을 무시하는 불량 국가(rogue state)인가?

한편 2009년 4월 20일, 엘바라데이(Mohamed ElBaradei) 국제 원자력 기구(IAEA) 사무총장은 북한을 핵보유국으로 간주해야 한다고 밝혔다. IAEA가 주관하는 국제회의 참석차 베이징(北京)을 방문한 엘바라데이 사무총장은 "북한이 핵무기를 갖고 있다는 것은 사실"이라고 밝히고 "나는 어느 국가든 핵보유국으로 받아들이는 것은 원하지 않지만, 우리는 현실을 직시해야 한다."라고 말했다. 엘바라데이 사무총장은 북한을 포함해 9개국[2]을 핵보유국으로 거명했다.[3]

2009년 5월 18일, 멀린(Mike Mullen) 미국 합참의장은 북한이 "핵무기를 보유하고 있다."라고 언급하면서 제2차 핵실험 문제에 우려를 표명했다. 멀린 합참의장은 워싱턴의 브루킹스 연구소에서 열린 국방 관련 토론회에 참석해, 북한의 2차 핵실험 준비 여부에 대한 질문에 "그(김정일)가 핵무기를 보유 중이기 때문에 확실히 우려스럽다."라고 밝혔다. 멀린 합참의장은 이어 "북한 지도자가 세계의 나머지 국가들로부터 북한을 더욱 고립시키는 결정을 홀로 계속하고 있다."라면서 "이는 그가 과거에도 행했던 것으로 새로운 전략이 아니다."라고 말했다. 그

---

1   일반적으로 비망록(備忘錄)은 잊을 때를 대비해 기록해 두는 책자나 메모 등을 뜻하나, 외교 용어로는 반드시 기억해야 할 사항을 적시해 놓은 공한(公翰)을 말한다. 양국 간 서로의 입장을 전달하는 데 사용되는 외교 문서의 종류에는 양해 각서, 합의 의사록, 비망록(Aide Memoire), 구상서(口上書. Note Verbal), 논 페이퍼(Non-paper), 대사 1인칭 서한 등이 있다.

2   미국, 러시아, 중국, 프랑스, 영국은 핵 확산 금지 조약(NPT)에 따른 공식 핵보유국이며 인도, 파키스탄, 이스라엘은 사실상의 핵보유국으로 인정받고 있다.

3   『동아일보』, 2009년 4월 20일 자.

는 특히 "그가 핵실험을 고려 중이라는 보도가 있다."라면서 "나는 이를 어느 쪽으로도 확인하거나 부인하지 않을 것"이라며 확인도 부인도 하지 않는 입장을 보였다. 멀린 합참의장은 또 "서태평양 지역의 안정은 역내뿐만 아니라 나머지 전 세계에도 극히 중요하다."라면서 "그(김정일)가 호전적인 입장에서 점점 벗어나도록 우리가 개입(engage)할 수 있기를 희망한다."라고 말했다. 미국은 2009년 2월 리언 패네타(Leon Panetta) 중앙 정보국(CIA) 국장의 의회 청문회 답변과 국가 정보위(NIS) 보고서 등을 통해 북한이 핵무기를 보유하고 있음을 사실상 인정하는 발언을 했다. 그러나 미 국무부는 "미국은 북한의 핵보유국 지위를 인정한 적이 없으며, 앞으로도 그럴 계획이 없다."라는 점을 일관되게 강조했다.[1]

멀린의 우려는 현실이 되었다. 미국은 이미 북의 행동을 예측했던 것이다. 즉 이런 정황에서 북한이 핵을 보유했는지 아닌지의 문제보다 핵의 운반 수단인 미사일 문제가 부각되는 것은 당연했다. 그리고 미사일 문제는 어느 지역까지를 포괄하는가의 문제이며, 동시에 핵을 운반한다는 점에서 국제적 공조 내지는 한·미·일 공조가 요구되는 사안이다.

일각에서는 북한의 미사일 개발 목적이 미국의 침략을 방어하기 위한 것이었으나 점차 미국과의 협상을 통해 경제적 이익을 획득하고 더불어 북한 체제의 안전을 보장받으려는 방향으로 전환됐다고 지적한다.[2]

---

1 『연합뉴스』, 2009년 5월 19일 자.

2 박준영, 「북한의 핵무기와 미사일 개발정책: 의도와 실상」, 『국제정치논총』 39(1), 한국국제정치학회, 1999.

또한 일본의 경우, 공격 현실주의[1]의 비관적 전망처럼 적극적 방어와 공격적 방어를 결합하는 방향으로 북한의 탄도 미사일 위협에 대응하고 있으며, 일본의 이러한 대응이 동북아시아의 중·단기 안정을 위협하는 요인으로 작용할 가능성이 있다는 결론을 제시한 연구도 있다. 이 연구는 일본의 대응을 1) 정책 기조, 2) 군사력 강화라는 측면에서 고찰했는데 일본의 경우 법적, 제도적 한계에도 불구하고 한국보다 상대적으로 일찍부터 적극적인 정책적 대응을 해왔다고 분석한다. 나아가 일본은 이러한 준비를 바탕으로 미사일 방어 체제를 비롯한 다양한 군사적 대안을 실현할 수 있는 능력을 보유하고 있으며, 일본 내에서 향후 이들을 적극적으로 활용하기 위한 정책적 논의가 지속적으로 이뤄질 것으로 전망했다.[2]

또한 일본이 미사일 방어(Missile Defense)와 관련해서 국제사회의 리더가 되어야 한다는 지적도 있고[3], 일본의 "미사일 방어와 자위권"의 관계를 국제법적 측면에서 고찰한 연구도 있다.[4]

여기서 필자는 그런 다양한 견해보다는 미사일 문제에 대한 일본의 관점에 초점을 둔다.

---

1   공격 현실주의 이론은 국가가 국제 무정부 상태에서, 생존을 위해 공격적으로 행동하는 경향을 가진다고 강조한다. 여기서 공격적 성향이란 국제적 환경이 유리할 때에 국가가 현상 유지에 만족하지 않고 더 나은 안보를 위해 추가적 권력을 획득하기 위해 노력하게 된다는 것을 의미한다.

2   고봉준, 「군사력 증강의 정치학: 북한 탄도 미사일에 대한 한일 양국의 대응 공격 현실주의적 해석」, 『한국정치학회보』 42(3), 한국정치학회, 2008.

3   Norifumi, Namatame, "Japan's Missile Defense," Ph. D. University of Denver, 2008.

4   미카나기 도모히로(御巫智洋), 「미사일 방위와 자위권(ミサイル防衛と自衛権)」, 『국제문제(国際問題)』, 2006.11. (No. 556), 일본 국제문제연구소.

외교 안보 정책의 경우 거시적 조망도 필요하지만, 주요 사안이 발생했을 때에 어떤 대응과 조치가 취해졌는지를 분석할 필요가 있다. 이런 의미에서 본 연구는 노동 1호, 대포동 1·2호, 광명성 2호의 발사에 초점을 맞추어 일본의 정책적 대응이 어떤 양상으로 전개되었는가를 규명한다. 동시에 이런 논의가 일본의 외교 안보 정책에 어떻게 수렴되었는지를 확인한다. 이는 한국의 대북 정책은 물론 한·미·일 공조와 관련한 한국의 외교 안보 정책 수립에 시사점을 제공할 것이다. 이를 위해 사실 관계 내용은 일간지 보도 내용을 활용했고, 일본의 반응과 조치에 대해서는 일본 국회 회의록에 나타난 일본 정부 관계자의 발언 내용을 분석 대상으로 삼았다.

II. 북한 미사일 문제의 파장과 일본

1. 노동 1호의 파장과 일본

일본 정부 대변인 고노 요헤이(河野洋平) 관방장관은 1993년 6월 11일, 북한이 1993년 5월 말 동해상에서 중거리 탄도 미사일 노동 1호를 시험·발사했으며, 성공했다는 정보를 일본 정부가 갖고 있다고 밝혔다.[1] 일본은 북한이 발사한 미사일이 총 3발이며 일본에 직접 도달하지 않도록 높은 각도로 동해를 향해 쏘았고, 550km를 비행하여 목표물에 명중했는데, 사정거리 1,000km의 능력을 가졌음을 확인할 수

---

[1] 노동 1호 발사 의도에 대해서는 "이란에게 미사일의 신뢰성을 보여 석유 거래를 하는 것"("Missile is Tested by North Koreans" by David E. Sanger, New York Times, 1993. 6. 12.)이며, 당시 이란 시찰단이 실험 직전까지 발사장에 있었다는 보도(『교토신문』, 1998. 9. 7.)가 이를 증명한다고 알려져 있다.

있었다고 발표했다.[1] 이어 1993년 6월 14일, 일본 방위청은 북한의 노동 1호에 대한 조사 결과를 내놓았다.[2] 노동 1호가 무기로서 거의 완성 단계에 왔으며, 가까운 시일 내에 실전 배치될 가능성이 있다는 것이다. 또한 이들은 노동 1호가 오사카(大阪, 1,000km)에 그치지 않고 경우에 따라 도쿄(東京, 1,300km)까지도 도달할 가능성이 있다고 지적했다. 이에 일본 정부는 북한이 핵 사찰 수용 등, 이전보다 양보하는 자세를 보이지 않는 한 경제 제재 조치 등을 행할 방침에는 변함이 없다고 강조했다.[3]

이어 북한이 노동 1호로 알려진 스커드D 미사일을 개발했고, 사정거리가 1,500-2,000km가 되는 스커드E(또는 X) 탄도 미사일을 개발하고 있음이 1993년 9월 14일 미 의회에 제출된 보고서에서 밝혀졌다. 미 하원 외무위원회의 국제안보·국제기구·인권소위원회에 제출된 이 보고서는 북한이 노동 1호의 후속타로 스커드E 미사일을 개발 중에 있으며, 1998년까지는 본격적인 생산 체제에 들어갈 것이라고 밝히고 있었다. 스커드E 미사일은 노동 2호라고 명명된 것으로 알려졌다.[4]

한편, 일본 방위청의 고위 관리는 1998년 10월 2일, 북한이 일본 전역을 목표로 삼을 수 있는 노동 1호 탄도 미사일의 개발을 완료했다고 밝혔다. 익명을 요구한 이 관리는 그러나 북한이 노동 1호 미사일을 배치했는지는 아직 불투명하다고 말했다. 그의 발언은 북한이 노동 1호를 아직 개발 중이라는 과거 관측과는 달라진 방위청의 입장을 확

---

1 『조선일보』, 1993년 6월 12일 자.

2 일본 방위청은 2007년 1월 9일 방위성으로 개편되었다. 방위성(防衛省. Ministry of Defense: MOD)은 국방과 관련된 사무를 담당하는 일본의 행정기관이다. 방위성 소속의 자위대를 합하면 일본 정부 최대의 조직이다.

3 『조선일보』, 1993년 6월 16일 자.

4 『조선일보』, 1993년 9월 16일 자.

인해 주었다는 데에 의미가 있었다.[1]

이상의 사실 관계와 관련해서 노동 1호에 대한 일본 정부의 입장은 대단한 염려(大変な懸念)와 중대한 관심(重大な関心)으로 요약된다.[2] 이러한 관점은 당시 일본이 핵을 비롯한 대량 파괴 무기 및 미사일 확산 방지 문제를 국제적인 안전 보장을 확보하기 위한 긴급한 과제로 인식했음을 의미한다. 특히, 북한의 핵 개발 의혹은 동아시아의 안전 보장뿐만 아니라 핵 확산 방지를 향한 국제사회의 노력에 대한 큰 도전이기에 일본 정부가 지극히 심각한 문제로 인식했다는 것도 알 수 있다.[3] 그리고 일본은 구소련의 핵 병기 폐기 문제에 대한 대응, 대량 파괴 무기 및 미사일 확산 방지를 위한 수출 규제 강화 노력에도 큰 관심을 가졌다. 동시에 통상 병기의 군축 조약인 유럽 재래식 무기 감축조약(CFE: Conventional Forces in Europe)[4]을 통한 무기 이동의 투명성 증대와 적절한 억제를 도모해 가는 것도 중요한 과제로 인식했다.

그러면서 일본 정부는 "미일 안보 체제는 일본의 안전을 확보하기 위해서 필요한 억제력을 제공함과 동시에 미일 간의 긴밀한 동맹·협력 관계에 안정된 정치적 기반을 제공하고 있으며, 이 체제는 아시아

---

1   『조선일보』, 1998년 10월 3일 자.

2   제128회 참의원 외무위원회 회의록 1호(1993. 10. 19.), 하타 쓰토무(羽田孜) 외무대신, 26쪽.

3   제128회 참의원 국제문제에 관한 조사회 회의록 1호(1993. 11. 19.), 야나이 슌지(柳井俊二) 종합외교정책국장, 1쪽

4   1990년 11월 19일 북대서양 조약기구(NATO) 16개국과 구 바르샤바 조약기구(WPO) 14개국 간에 체결한 재래식 전력 감축 조약이다. 이 조약은 재래식 전력의 보유 상한선을 정하여 초과하는 부분에 대해서는 파괴 또는 민수 전용 등의 방법으로 감축하기로 정하였다. 1999년 11월 '유럽 안보 협력 기구(OSCE)' 정상 회의에서는 재래식 무기에 대한 기존의 NATO와 WPO 간의 집단적 보유 상한을 국가별 보유 상한으로 전환하였고, 중부 유럽 국가의 전차, 전투기, 대포 등 재래식 무기를 10% 추가 폐기하고, 2001년 중반까지 러시아의 4개 군사 기지 중 2개를 해체하여 주둔 병력과 장비를 철수하기로 합의하였다.

태평양 지역의 안정 요인이 되고 있는 미국의 존재를 확보하는 데서도 불가결의 수단이 되고 있다."라는 관점을 가지고 있었다. 일본 정부는 이러한 의의와 중요성을 가지는 미일 안보 체제를 앞으로도 견지하고 원활한 운용과 신뢰성 향상을 위해 가능한 노력을 한다는 생각이었다.[1] 즉 일본은 북한 문제가 중요하긴 하지만, 미일 관계의 견지를 통한 국제적 협력 속에서 해결한다는 방침을 염두에 두고 있었다.

당시 일본은 북한의 핵 개발 문제에 대해서 "핵 확산 금지 조약 탈퇴의 완전 철회, IAEA 보장 조치 협정의 완전한 이행, 남북 비핵화 공동선언의 실현 등을 강조하는 한편, 이를 위해 북미 교섭이나 남북 대화 등의 노력이 있지만, 이 문제의 해결을 위해서는 미국을 포함한 관계국의 일치된 노력이 지극히 중요하고, 일본도 최대한 노력해 나갈 생각"이었다.[2] 동시에 일본은 단순 '의혹'이라도 방치할 수 없다는 입장으로, 만약 그렇게 되면 일본도 식민지 지배 문제 등에 대해 북한에 성심성의껏 협력하겠다는 생각이었다[3]. 노동 1호 발사 당시 일본 정부가 북한의 핵 의혹 및 장거리 미사일 개발에 대해 무관심일 수는 없었다. 오히려 크게 염려하고 있었던 것이 사실이었다.[4] 즉 노동 1호에 대한 일본 정부의 입장은 대단한 염려와 중대한 관심이었다.

1   제128회 중의원 안전 보장위원회 회의록 3호(1993. 11. 11.), 하타 쓰토무(羽田孜) 외무대신, 1쪽.

2   제128회 중의원 안전 보장위원회 회의록 3호(1993. 11. 11.), 하타 쓰토무(羽田孜) 외무대신, 1쪽.

3   제129회 중의원 내각위원회 회의록 4호(1994. 6. 21.), 가키자와 고지(柿澤弘治) 외무대신, 12쪽.

4   제131회 참의원 예산위원회 회의록 2호(1994. 10. 17.), 고노 요헤이(河野洋平) 외무대신, 41쪽.

2. 대포동 1호의 파장과 일본

북한은 1998년 6월 16일, 미사일을 개발했으며 수출하고 있음을 시인하고, 미국이 이를 막으려면 경제 제재를 조속히 풀고, 수출 중지로 인한 경제적 보상을 해야 한다고 주장했다. 북한 중앙통신은 "지금 우리가 진행하고 있는 미사일 수출도 (지금의 상황에서 우리에게 요구되는) 외화 획득을 목적으로 하고 있는 것"이라며 미국의 대북 경제 제재가 반세기 이상 계속되고 있는 상황에서 "하는 수 없이 택한 길"이라고 말했다.[1] 북한은 곧이어 1998년 8월 31일 대포동 1호를 발사했다.

일본 정부는 1998년 9월 2일 북한의 탄도 미사일 발사에 대한 대응 조치로 북일 항공 직항 노선 운항[2]을 중지시키기로 했다. 일본은 이날 총리 관저에서 열린 관계 성청 간 협의에서 전세기 운항을 신청한 14편을 허가하지 않고, 이미 허가된 9편도 취소하기로 했다고 노나카 히로무(野中広務) 관방장관이 밝혔다. 일본 정부와 여당은 또 추가 제재 조치로 조총련계 교포의 재산 동결 및 대북 송금 정지를 검토했다. 한편 미 상원은 북한이 핵무기를 획득하거나 개발하지 않는다는 점을 행정부가 의회에 확인해야 대북 지원 예산을 지출하도록 하는 법률 수정안도 마련했다. 미 하원 국제 관계 위원회는 북한이 국제사회에서 책임 있는 행동을 하지 않는다면, 미 의회는 1999 회계 연도 이후 식량 지원과 중유 공급 등을 위한 예산 지원을 중단할 것이라고 밝혔다.[3]

---

1   『조선일보』, 1998년 6월 17일 자.

2   북일 간 직항 운행은 1992년부터 연간 편도 80편 내외로 니가타(新潟)와 나고야(名古屋)에서 평양 공항을 연결해 왔다. 1997년에는 북한 여객기 21편, 화물기 8편이 북일 간을 운행했다.

3   『조선일보』, 1998년 9월 3일 자.

이런 일본의 제재 발표에 대해 북한은 1998년 9월 2일 대포동 1호 미사일 시험 발사와 관련해서 아시아 태평양 평화 위원회(위원장 김용순) 명의의 담화를 통해 "미사일 발사는 자주권에 속하는 문제로 일본 정부는 경거망동하지 말 것"을 요구했다고 북한 중앙통신이 보도했다. 이는 8월 31일 미사일 시험 발사 이후 북한의 첫 반응이었다.[1]

이어 미국과 일본은 1998년 9월 20일 뉴욕에서 외무·국방장관이 참석한 안전 보장 협의회(2+2 회담)를 열고, 북한에 대해 미사일 개발 및 시험 발사와 배치를 중지하고 미사일 관련 부품·기술의 수출도 중단할 것을 촉구했다. 양국 외무·국방장관은 회담 후 발표한 공동성명에서 "지난달 31일 북한이 발사한 미사일은 미·일 양국의 안전에 심각한 위협이 되고 있다."라고 강조했다. 또한 양국 장관들은 전역 미사일 방위(TMD) 시험 단계에 있는 미국과 연구에만 머물러 온 일본이 협력해서 TMD 구상에 대한 공동 기술 연구를 진행하기로 합의했다.[2]

일본 방위청은 대포동 1호의 정체에 대해 '탄도 미사일'이라고 결론 내리고, 이런 내용을 담은 최종 보고서를 10월 30일 일본 국회에 제출했다. 이는 '인공위성 발사 실패'로 결론지은 미 국방부 발표와 상반되는 것이었다. 방위청은 보고서에서 "해상 자위대 소속 이지스 구축함 등이 수집한 데이터와 일본 로켓 개발 관련 기관의 자료 등을 토대로 미국과 협의해 내린 결론"이라면서 "북한에서 발사돼 일본 상공을 통과한 물체는 기술 검증 등을 주목적으로 하는 탄도 미사일이었을 가능성이 높다."라고 밝혔다. 방위청이 이를 미사일로 보는 근거는 1) 물체의 비행 속도가 인공위성의 궤도 진입에 필요한 제1우주 속도(초속 7.9km)의 절반에 불과했고, 2) 인공위성이라면 통상 감지됐어야 할 신호 발신이 없었으며, 3) 인공위성의 방송이 발신되고 있다고 북한이

---

1 『조선일보』, 1998년 9월 3일 자.

2 『조선일보』, 1998년 9월 21일 자.

주장하는 27MHz 주파수에 아무런 전파가 없다는 점이었다.[1]

한편 일본 정부는 국가안보와 관련된 긴급 사태가 발생했을 때 신속하게 의사 결정을 내릴 수 있도록 관방장관을 의장으로 하는 상설 조직인 '내각 정보 회의'를 발족했다. 회의는 1998년 북한이 발사한 미사일이 일본 상공을 통과했는데도 정부 대응이 늦었다는 비판에 따른 것이었다.[2]

이후 일본은 대북 강경이 아닌 자세를 취했다. 오부치(小渕恵三) 총리와 고무라(高村正彦) 외무장관이 대포동 1호 발사 후 처음으로 '관계 개선'을 언급하면서 북한에 유화적 메시지를 띄우고 나섰다. 일본의 자세 변화는 북한과의 대화 채널 복원 노력에서 나타났다.[3] 1998년 12월 하순 뉴욕에선 사사에 겐이치로(佐々江) 일본 외무성 동북아 과장과 이근 북한 측 유엔 대표부 차석대사 간의 과장급 접촉이 이뤄졌다. 미사일 발사 이후 양측 정부 간 접촉이 확인된 것은 이것이 처음이었다. 이어서 집권 자민당 내 북한통인 나카야마(中山) 중의원이 베이징에서 북한 통일전선부 산하의 아시아·태평양위원회 간부와 접촉한 것이 확인됐다.[4] 일본의 대북 강경 자세가 달라진 이유에는 다음과 같은 일본 정부의 관점 변화가 있었다고 보인다.

---

1 『조선일보』, 1998년 10월 31 자.

2 『조선일보』, 1999년 1월 1일 자.

3 일본은 미사일 발사에 대한 제재로 북한과의 3개 대화 채널, 즉 1) 국교 정상화 교섭, 2) 정부 간 비공식 접촉(베이징과 뉴욕), 3) 정치권 채널 등을 모두 동결시켰다. 일본은 이 가운데 정부 간 비공식 접촉과 정치권 채널을 재개한다는 입장으로 선회해서 1998년 12월 말부터 적극적인 움직임을 보였다.

4 『조선일보』, 1999년 1월 22일 자.

당시 일본 정부는 노동 미사일 개발은 종료되었고, 이미 배치했을 가능성이 높다고 보았다. 또한 대포동 미사일에 대해서도 관련 기술, 각 단계의 분리 기술과 제어 기술 등이 상당한 단계임이 검증되었으며 개발도 활발하게 진행되고 있는 것으로 판단했다. 단, 실제로 배치했는지에 대해서는 전혀 모른다는 답변이었다. 비밀 핵 시설 '의혹'은 어디까지나 의혹이기에, 어느 정도라고 단정하기는 매우 어려운 상태였다. 따라서 북한이 반드시 사찰에 응해서 국제사회의 걱정을 풀어야 한다는 것이었다. 나아가 한·미·일이 긴밀히 대처해서 북한이 사찰을 받도록 해야 한다는 것이 일본 정부의 생각이었다.[1]

이어 일본 총리는 1999년 3월 13일 "북한이 핵 및 미사일 문제와 일본인 납치 의혹 등의 현안에 건설적 대응을 보일 경우 1998년 8월 미사일 발사 이후 취해 온 대북 강경 조치를 해제할 수 있다."라고 밝혔다. 그는 "김대중 대통령이 주창한 '포괄적 포용 정책'을 기본적으로 지지한다. 무엇보다 중요한 것은 한·미·일이 북한에 대해 서로 다른 메시지를 내지 않는 것"이라면서 3국 공조를 강조했다.[2]

또한 일본 정부의 생각은 "대포동 미사일 발사 후 일본은 일정한 조치를 취했다. 그리고 북미 간에는 건설적인 측면도 있고 그렇지 않은 측면도 있기에 이런 상황에서 대화와 억제를 병행하는 방침을 유지하면서 하나하나의 행동에 대응해 나가려 했다. 나아가 당시 상황에서 북한에 대해 특별 조치를 취할 생각은 하지 않았던 것"[3]으로 요약된다.

1 제145회 중의원 예산위원회 회의록 6호(1999. 1. 29.), 고무라 마사히코(高村正彦) 외무대신, 13쪽.

2 『조선일보』, 1999년 3월 15일 자.

3 제145회 중의원 미일방위 협력을 위한 지침에 관한 특별 위원회 회의록 5호(1999. 4. 1.), 고무라 마사히코(高村正彦) 외무대신, 17쪽.

동시에 일본 정부는, "대포동을 발사했기 때문에 KEDO[1]에 대한 지원을 동결해야 하는지에 대해서는 판단을 유보했고, (핵 개발은 물론 저지해야 하지만) KEDO는 유지해야 한다."라고 생각했다. 일본 정부는 반면 "미사일에 대한 일본 국민 감정이 매우 안 좋기에, 일본으로서는 북한에 대해서는 물론이고 미국이나 한국에 대해서도 (향후) 미사일 발사 등이 있으면 KEDO에 대한 협력이 매우 어렵다."라는 입장이었다. 또한 일본 정부는 한·미·일이 미사일 재발사를 저지하지 않으면 곤란하다는 생각이었고, 동시에 미사일 발사와 KEDO 문제를 링크시킬 수도 있다는 생각이었다.[2]

아울러 일본은 북한에 대해 대화와 억제를 병행할 것이며, 나아가 기초적인 것으로 미국, 한국 등과 페리 어프로치[3]를 북한이 받아들이도록 한다는 것도 포함해 폭넓게 대응한다는 방침에 변함이 없을 것이

1　KEDO(Korean peninsula Energy Development Organization, 한반도 에너지 개발 기구)는 1994년 제네바 합의에 따라 북한에 핵 확산의 우려가 낮은 경수로 2기(100만 kW급)와 경수로 2기가 완성될 때까지의 기간에 필요로 하는 연료를 일본과 한국이 비용을 부담해서 무상으로 북한에 제공하는 것이다. 이로써 북한이 보유하는 흑연 감속형로(黑鉛減速型炉)와 핵무기 개발 계획의 포기를 목적으로 설립된 조직이다. 당초 계획은 2003년까지 발전소 건설을 완공하는 것이었다. 1997년 8월 착공했으나 2003년 공정률 34.5% 상태로 종료됐다.

2　제145회 참의원 외교·방위위원회 회의록 16호(1999. 6. 29.), 고무라 마사히코(高村正彦) 외무대신, 12쪽.

3　페리 프로세스(Perry Process)는 1998년 8월 북한이 대포동을 발사하고, 금창리 지하 의혹 시설에 대한 미국 내 보도가 잇따르는 등 미국과 북한이 미사일 문제로 다시 위기 상황에 빠지자, 미국은 대북 정책 조정관에 페리 전 국방장관을 임명하며, 대북 정책 전반을 재조정하게 되었다. 페리 당시 대북 조정관은 1999년 5월, 북한을 방문해서 조명록 제1부위원장 등과 만나 양국 현안을 논의한 뒤 같은 해 10월, 클린턴 정부의 대북 정책을 담은 페리 프로세스를 내놓았다. 대북 포용을 기조로 한 페리 보고서는 북한과 미국 등 동맹국들이 상호 위협을 줄이면서 호혜 관계를 구축하기 위한 3단계 접근 방식을 제시하고 있다. 1단계로 북한의 미사일 발사 중지와 미국의 대북 경제 제재 해제, 2단계로 북한의 핵과 미사일 개발 중단, 마지막으로 북미, 북일 관계 정상화와 한반도 평화 체제 구축 등을 권고하는 내용이다. 북한이 이를 (거부할 경우) 수용토록 강력한 조치를 취하는 것으로 되어 있으나, 직접 공격 등은 언급하지 않고 있다.

라고 전했다.[1]

요는, 일본이 북한의 미사일 재발사를 어떻게든 저지하려는 외교적 노력을 하고 있으며 ARF(ASEAN Regional Forum)[2]에서도 그에 대해 강한 염려를 표명했고, 중국에도 북한이 재발사를 하지 않게 압력을 가할 것을 요청해 중국 측으로부터 그렇게 하겠다는 답변을 받아냈다는 것이다. 그런데 이런 시점에 중국이 미사일 발사 실험을 실시했다는 것은 그야말로 아주 나쁜 일이며, 그런 중국이 북한에 어떤 영향을 줄 수 있을지, 중국도 했기 때문에 북한도 괜찮다는 식으로 생각할지 모르겠지만, 어쨌든 좋은 영향을 주지 않으리란 것은 틀림없다는 것이 일본 측의 견해였다.[3] 이는 일본의 소극성과 안보 불감, 중국에 대한 경계와 불만을 엿볼 수 있는 대목이다.

이상과 같은 일본 정부 관계자의 발언 내용에서 보듯, 일본의 대북 강경 자세가 달라진 것은 첫째, 북한의 행동에 대해 일본 나름의 외교적 조치를 취했다는 사실. 둘째, 북한의 핵 시설 의혹 등은 미국 등과 국제적 공조를 통해 해결해야 하고 그렇게 되길 희망한다는 사실. 셋째, KEDO 지원과 같은 문제도 북한의 행동과 링크될 수 있지만, 가급적 지원 유지라는 방침에는 변함이 없고 일본의 입장을 미국이나 한국 등이 이해하길 바란다는 사실. 넷째, 그러면서 일본인 납치 문제 등의

1　제145회 중의원 외무위원회 회의록 10호(1999. 7. 2.), 가토 료조(加藤良三) 종합외교정책 국장, 9쪽.

2　아세안 안보 포럼 혹은 아세안 지역 포럼이라고도 한다. 아시아·태평양 지역의 유일한 정부 간 다자간 안전 보장 협의체로 아세안(ASEAN)의 확대 외무장관 회의(PMC)를 모태로 1994년 창설됐다. 아태지역의 포괄적인 안보 현안에 대해 각 정부 간, 솔직하고 건설적인 대화 및 협의를 통해 이 지역의 안보와 안정성을 추구하는 것이 이 협의체의 기본 목표이다.

3　제145회 참의원 외교·방위위원회 회의록 21호(1999. 8. 6.), 아나미 고레시게(阿南惟茂) 아시아 국장, 7쪽.

현안 해결이 당면한 중요 과제임을 내비치고 있다는 사실 때문이다. 이를 통해 보면 북한과 관련된 여러 문제가 과제로 남아 있지만, 넷째의 과제가 일본의 대북 강경 자세 변화에 가장 큰 영향을 끼쳤음을 알 수 있다. 일본은 '대화와 억제', '한미와의 공조' 등을 강조하면서도 북한에 대한 유화 방침을 전개해 국내 과제인 일본인 납치 문제 등의 현안을 해결하려 모색한 것으로 분석된다.

3. 대포동 2호의 파장과 일본

2006년 7월 5일, 북한의 대포동 2호 발사가 시행되었으며 이로 인해 북일 관계는 더욱 악화되었다. 일본은 만경봉호 입항 금지 등 9개 항의 대북 제재 조치를 발동한 데 이어, 지난 1995년 북에 지원한 쌀 대금까지 요구하는 등 범정부적으로 대북 압박 수위를 높였다. 일본의 대북 제재 조치 발동에 대해 7일 북한의 송일호 북일 국교 정상화 담당 대사가 '언어도단'이라며 비난하자, 아베(安倍晋三) 일본 관방장관은 기자회견에서 "매우 유감이며 분노를 느낀다."라고 했다. 이어 그는 "누가 이런 관계를 만들었는지 잘 생각해 보라."라면서 "납치/핵/미사일 문제는 모두 북한이 일으킨 문제"라고 반박했다. 그는 "이런 문제를 해결하지 않으면, 북한이 안고 있는 경제·식량·에너지 문제 등의 해결이 안 된다. 국제사회와 연대를 강화해 북한을 강하게 압박해야 한다."라고 말했다. 각료 간담회에서도 관방장관은 "북한이 납치 문제에 대해서도 아직 성의 있는 자세를 보이지 않고 있다."라면서 "앞으로 동향을 지켜보면서 추가 제재 조치를 검토하겠다."라고 밝혔다. 나카가와 쇼이치(中川昭一) 농수산 장관은 7일 "1995년 북한에 빌려준 70억 엔 상당의 쌀 대금의 조기 상환을 요구하겠다."라면서, 식량 지원에 대해서는 "기아에 시달리는 북한 주민에게는 안됐지만, 원조할 생각이 전혀 없다."라고 말했다. 북한산 수산물에 대해서도 검역을 강화하겠다고 했다. 다니가키 사다카즈(谷垣禎一) 재무장관은 "외환 관리법 및 외국 무역법 등을 잘 정리해둬야 한다."라며, 대북 송금 금지와 무역 중단 조치까지 시사했다. 니카이 도시히로(二階俊博) 경제산업 장관은 "추가 경제 제재를 해야 한다는 게 국민 여론"이라고 말했다.[1] 일본 정부가 대대적으로 합동 제재에 들어간 것이다.

일본 총리의 경우, 이번 미사일 발사는 일본의 안전 보장에 직접 관계된 것이고 국제사회의 평화와 안정 및 대량 파괴 무기의 비확산이라는 관점에서도 지극히 유감스러우며, 국제사회에서 호되게 규탄되어야 할 것, 북일 평양 선언의 위반이라는 것, 북한에 대해서는 5일 오전, 북경 루트를 통해서 엄중하게 항의했다는 것, 대응에 대해서는 관방장관과 외무성 등이 관계 각국과 긴밀히 협의하고 있다는 것, 향후 국제사회의 전체적 대응이 지극히 중요하다는 것 등을 강조했다.[2] 더해서 외무장관의 정무관(政務官)은 이번 발사가 1) 국제 해양법 조약에서 말하는 '공해의 자유' 위반이며(즉 항로 통고 고시 등의 사전 통보 없이 행한 미사일 발사는 타국의 안전(이익)을 고려하지 않았다는 점), 2) 국제 항공의 비행 안전 증진을 목적으로 하는 시카고 조약 위반이며, 3) 국제 해사(海事) 기관 조약 위반임을 지적했다.[3]

또한 일본 정부는 "유엔 안보리 결의로부터 45분 후에 북한은 승복할 수 없다고 발언했다. 북한은 압력이 없는 한 대화가 진행되지 않는 나라임을 몇 년간의 경험으로 알기에, 이번에 만경봉호를 비롯해 여러

1 『조선일보』, 2006년 7월 8일 자.

2 제164회 중의원 안전 보장위원회 회의록 10호(2006. 7. 6.), 아소 다로(麻生太郎) 외무대신, 1쪽.

3 제164회 중의원 안전 보장위원회 회의록 10호(2006. 7. 6.), 야마나카 아키코(山中あき子) 외무대신 정무관, 8쪽.

제재를 하고 있다. 기본적으로 유엔 결의는 미사일에 관한 부품의 매매 금지, 이것이 제일 큰 포인트다. 또한 향후 대응을 보면서 한층 더 제재 레벨을 높이는 것이 좋을지 생각도 하지만, 가능성으로서 레벨을 높일 가능성도 부정할 수 없다."라는 관점이었다.[1]

이러한 대북 제재 움직임에 발맞추어 일본 정부는, 북한 미사일 발사 등 한반도 상황을 감시할 정찰 위성 '광학 2호기'를 발사했다. 이 위성은 일본의 주력 로켓인 H2A를 이용한 것이며, 일본 우주 개발 사업단(JAXA)이 가고시마(鹿児島)현 다네가시마(種子島) 우주 센터에서 발사한 것으로 고도 400-600km의 궤도를 돌면서 북한의 미사일 발사 기지나 일본 부근해역의 불법 어로 선박 등에 대한 정보를 수집한다. 정찰 위성[2]은 고성능 망원경과 디지털 카메라 기능을 갖춘 광학 위성과 야간 및 악천후에도 지상을 관측할 수 있는 레이더 위성으로 구성되었다.[3]

일본 자민당의 나카가와(中川) 정무조사회장은 2006년 10월 8일, 북한의 핵실험 선언에 대해 "북한에 대한 수출입을 전면 중지하고 북한 선박에 대해 해상 검문을 실시할 수도 있다."라고 말했다. 나아가

---

1   제164회 중의원 외무위원회 회의록 22호(2006. 8. 2.), 아소 다로(麻生太郎) 외무대신, 10쪽.

2   일본은 당시 정찰 위성 2기를 추가로 쏘아 올려 현재 운용 중인 '광학 1호기' 2기와 함께 4기 체제로 운용해서 지상의 어떤 지점이라도 하루 한 차례 감시할 수 있는 능력을 확보한다는 구상이었다. 정찰 위성은 1호기, 2호기 모두 해상도가 지상에 있는 1m 크기의 물체를 식별할 수 있는 능력을 갖추고 있다. 일본은 2009년쯤 쏘아 올릴 계획인 광학 3호기는 해상도를 60cm 수준으로 끌어올린다는 계획이었다. 일본 정부는 정찰 위성의 임무를 군사 시설 감시나 재해 상황 파악 등이라고 밝히고 있으나, 위성을 통해 수집된 정보는 보안을 이유로 일체 공개하지 않고 있다.

3   『조선일보』, 2006년 9월 9일 자.

그는 "핵실험을 하면 북한은 더욱 고립될 것"이라고 덧붙였다.[1]

그러면서도 일본 정부는 일본인 납치 문제에 대한 강한 집착을 보였다. 즉, "납치 문제는 일본 국민의 생명과 안전에 관계되는 중대한 문제이며, 일본 외교상 최대 중요 과제의 하나이다. 납치 문제 해결 없이 북한과의 국교 정상화는 있을 수 없고, 대화와 압력이라는 일관된 방침 아래, 납치 피해자가 전원 생존해 있다는 전제하에 생존자의 안전 확보, 조기 귀국, 진상 규명 및 용의자 인도를 강력하게 요구할 것이다. 또한 일본은 모든 북한 선적의 선박 입항 금지 및 북한으로부터의 모든 물품의 수입 금지를 포함한 독자적인 조치를 실시했고, 안보리 결의 1718호[2] 전문에는 북한이 국제사회의 인도적 염려에 대응한다는 등의 중요성을 강조하는 취지의 문장이 포함되었는데, 여기서 말하는 '인도적 염려'에는 납치 문제가 포함되어 있음은 두말의 여지가 없다."라는 입장이었다.[3]

---

1 『조선일보』, 2006년 10월 9일 자.

2 유엔 안전 보장이사회 결의 1718호(United Nations Security Council Resolution 1718)의 주요 내용은 1) 북한이 2006년 10월 9일에 행한 핵실험을 비난한다, 2) 북한에 대해 더 이상의 핵실험과 탄도 미사일의 개발/발사의 중지를 요구한다, 3) 북한에 대해 핵 확산 금지 조약과 IAEA에의 복귀를 요구한다, 4) 북한에 대해 기존의 모든 핵 계획과 대량 파괴 무기의 완전하고, 검증 가능하며, 불가역적인 방법으로 포기할 것을 결정하고, 핵 확산 방지조약과 IAEA가 정하는 조건에 엄격하게 따라서 행동할 것을 요구한다, 5) 유엔헌장 제7장 제41조에 근거하여 경제 제재를 실시하는 것을 결정(임검臨檢의 실시, 사치품의 수출입 금지, 전투기/군함/미사일 등 특정 병기의 수출입 금지와 그것들에 관련한 물자/기술/서비스의 이전이나 조달의 금지 등)한다, 6) 북한에 대해 즉시/무조건으로 6자 회담에 복귀할 것을 요청한다는 내용이다.

3 제165회 참의원 북한에 의한 납치 문제 등에 관한 특별 위원회 회의록 2호(2006. 11. 30.), 아소 다로(麻生太郎) 외무대신, 1쪽.

이후 일본 열도를 미국의 탄도 미사일 방어(BMD) 시스템으로 방어하는 작업이 착수되었다. 2007년 10월 미국 합동 전술 지상 기지(JTAGS: Joint Tactical Ground Station)[1]가 일본 북부의 아오모리(靑森)현 미사와(三澤) 미군 기지에 배치됐고, 12월에는 일본 해상 자위대의 해상 배치형 요격 미사일(SM3)이 탄도 미사일을 요격하는 실험에 성공했다. 2008년 1월 30일에는 지상 배치형 지대공地對空 유도탄인 PAC3이 도쿄 인근의 요코스카(橫須賀)시 육상 자위대 다케야마(武山) 기지에 배치됐다. 이에 따라 일본 열도를 향하는 탄도 미사일을 JTAGS가 포착하면 SM3로 해상 요격을 하고, 요격에 실패한 미사일을 PAC3이 재차 요격하는 시스템이 정비된 것이다. 일본 언론은 "이 같은 탄도 미사일 방어 시스템은 북한의 탄도 미사일은 물론 날로 증강되는 중국의 미사일 공격 능력을 방어하는 목적을 가지고 있다."라고 분석했다. AP통신도 "(JTAGS는) 아시아의 안보 균형을 바꾸는 프로젝트"라고 소개했다.[2]

이러한 움직임은 일본 정부가 중국의 군사력 증강이 장래 일본의 안전 보장을 위협할 수 있다는 판단에 따라 새로운 일본의 군사 정책 방향을 잡아가는 움직임으로도 해석할 수 있다.

또한 일본 정부는 한반도의 비상사태에 대비해 재한 일본인과 미국인을 일본으로 철수시키고 북한 난민을 수용하는 위기관리 시스템[3]을

---

1 미·일이 추진하는 JTAGS는 2006년 아오모리현 기지에 배치된 이동식 조기 경보 레이더인 X밴드 레이더와 함께 일본 주변의 탄도 미사일 발사를 조기 경보 위성이 포착해, 군용 위성을 통해 미사일 요격 부대와 전 세계 미군 사령부에 알려주는 미군의 최신예 시스템이다.

2 『조선일보』, 2008년 1월 31일 자.

3 일본 정부는 1993년 북한의 핵 확산 금지 조약(NPT) 탈퇴 선언을 계기로 한반도 유사시에 대비한 위기관리 시스템을 정비했다. 당시 일본 정부는 한반도 유사시 10만 이상의 난민이 한반도에서 일본으로 유입될 것으로 상정하고 경찰과 자위대가 합동으로 대처하는 시스템을 정비했다. 이후 일본 정부는 1999년 경찰과 자위대가 참여하는 일본인 철수 훈련을 실시했으며, 북한 미사일 위협이 표면화된 2003년에는 위기관리 시스템을 재정비한 바 있다.

5년 만에 재검토하고 있다고 밝혔다. 이어 "김정일 총서기의 건강 악화로 북한 정세가 혼란해지는 상황에 대비해 일본인 철수 절차와 경계 태세를 재점검할 방침"이라며 "일본 정부는 자위대를 한국에 파견하기 힘든 상황을 감안해, 일본의 민간 항공기를 우선 이용하고 나머지 일본인을 미군에 의존하는 방안을 마련해 두고 있다."라고 전했다.[1] 이른바 한반도 유사시의 일본인 및 미국인 구출 시나리오인 것이다.

4. 광명성 2호의 파장과 일본

한편 2009년 4월 2일, 런던에서 개최된 G20 정상회의에 참석한 아소 다로(麻生太郎) 일본 총리는 "2009년 4월 4일에 북한이 로켓을 발사할 것"이라고 말했다. 이는 아소 총리가 같은 해 3월경 '북한이 인공위성 발사 명목으로 장거리 탄도 미사일을 쏘아 올릴 가능성이 있으며, 만약 그러한 일이 발생한다면 추가적인 경제 제재를 고려할 것'이라는 취지의 발언을 한 것에서 이어지는 내용이다. 2009년 4월 3일, 아소 총리의 발언에 대해 일본 외무장관은 "(발언 내용의 진위 여부는) 잘 모르겠지만 아마 '단언'은 아니고, 그럴 가능성이 있다는 '추측' 정도라고 본다."라고 답했다. 또한 북한이 지역의 평화나 안정을 해치는 행위를 해서는 안 되며, 만일 북한이 미사일을 발사했을 경우, 이는 유엔결의 위반이고 미국이나 한국도 같은 생각이기에 일본도 유엔에서 제대로 논의할 필요가 있다는 원칙적인 견해를 표명했다.[2]

---

1 『조선일보』, 2008년 9월 22일 자.

2 제171회 중의원 외무위원회 회의록 6호(2009.4.3.), 나카소네 히로후미(中曾根弘文) 외무대신, 17쪽.

일단 4월 5일 북한이 로켓을 발사하자, 4월 7일 이루어진 국회 보고에서는 북한의 로켓 발사가 일본 안전 보장의 위협이며 유엔 결의 1695호[1]와 1718호 및 북일 평양 선언 위반이라는 사실이 지적되었고, 일본은 베이징의 대사관을 통해 북한에 엄중 항의를 했다고 설명했다. 또한 일본 측은 향후 대책으로 국제사회와 연계해서 북한에 대한 대응 조치를 취해야 한다며 유엔 결의를 통해 북한 측에 강한 메시지를 전달해야 할 필요성을 제기했다.[2]

아소 일본 총리는 2009년 4월 5일 기자회견에서 "이번 경험(로켓 발사)을 살려 나가지 않으면 안 된다."라고 말했다. 언론도 현 MD 시스템의 한계를 지적했다. 요미우리, 아사히 신문 등은 동북부 지방에 이동 배치된 PAC3의 대응 반경이 좁아 본토 방어에 한계가 있다는 점을 지적했다. 산케이(産經) 신문은 "자위권을 발동해 북한의 미사일 시설을 선제 파괴할 수 있는 능력을 갖출 것인지를 포함해, 대응 방안을 국정의 장에서 적극적으로 논의할 필요가 있다."라고까지 주장했다. 여론도 '군비軍備·MD 강화' 분위기를 보였다.[3] 일본 정부는 또한 각료회의를 열어 북한 선박의 입항 금지 및 수입 금지 내용을 담은 현행 대북

---

1   유엔 안전 보장 이사회 결의 1695호(United Nations Security Council Resolution 1695)의 주요 내용은 1) 북한에 의한 2006년 7월 5일의 탄도 미사일 발사를 비난한다. 2) 북한에 대해 탄도 미사일 계획에 관련된 모든 활동의 정지를 요구한다. 3) 모든 가맹국에 대해 국내법에 따라, 국제법 범위 내에서 탄도 미사일과 핵무기 등의 대량 파괴 무기에 관련한 모든 물자/기술/자금의 북한에로의 이전 방지 및 이와 관련한 북한으로부터의 물자/기술/자금 조달을 방지할 것을 요구한다. 4) 북한에 대해 6자 회담의 조기/무조건 복귀와 IAEA에의 조기 복귀와 모든 핵 계획의 포기를 강하게 요청한다 등이다. 2006년 7월 15일 유엔 안전 보장 이사회에서 채택되었다.

2   제171회 참의원 외교방위위원회 회의록 7호(2009. 4. 7.), 나카소네 히로후미(中曽根弘文) 외무대신, 1쪽.

3   2009년 4월 6일 발표된 요미우리 신문 여론조사에 따르면, 북한의 미사일 발사에 대해 '불안감을 느꼈다.'라는 응답자가 무려 88%였고, '강한 제재'를 주문한 응답자도 78%에 달했다.

제재 조치의 시한(4월 13일)을 1년 연장키로 했다.[1]

나아가, 발사된 물체는 인공위성이든 아니든 미사일 관련 기술을 사용했기에 유엔 결의 1718호 위반이라는 것이 일본 정부 측의 견해였다.[2] 이어 2009년 5월 25일 북한의 핵실험이 있었다.

이런 상황에 대해 일본 정부는, 북한에 대한 제재 조치는 실효성이 없으면 의미가 없는 것이어서, 일본이 선두에 서서 이 문제를 리드해야 하고, 나아가 유엔과 국제사회가 공통된 의견으로 북한에 강하게 요구해서 제재 조치를 취하고, 이를 확실히 실행하고 검증하는 등의 방법이 중요하다고 강조했다. 그러면서도 북일 평양 선언은 북일 양국 수뇌가 서명한 것으로, 정치적으로 매우 중량감 있는 문서이기에 일본 정부는 이를 파기할 생각은 없고, 전체적으로 잘 이행하는 것이 중요하다는 생각을 내비쳤다.[3]

또한 일본 정부는 북한의 2차 핵실험에 대해서도 '대단히 중대한 위협, 유감, 도발적 행위이며, 납치 문제/핵 문제/미사일 문제를 포괄적으로 해결해야 한다.'라는 정도의 언사로 설명하면서 국제사회의 해법에 의존하는 경향을 보였다.[4] 더불어 2008년 이래 일본은 북한이 일본인 납치 피해자 재조사를 전면적으로 실시한다면, 일본의 대북 제재 조치를 해제할 용의가 있고, 이러한 방침에는 변함이 없음을 확인했다.[5] 이러한 발언은 일본의 대북 제재 조치를 견인하는 것이 북한의

---

1   『조선일보』, 2009년 4월 7일 자.

2   제171회 참의원 외교방위위원회 회의록 8호(2009. 4. 16.), 나카소네 히로후미(中曽根弘文) 외무대신, 8쪽.

3   제171회 중의원 외무위원회 회의록 12호(2009. 5. 27.), 나카소네 히로후미(中曽根弘文) 외무대신, 7-8쪽.

4   제171회 참의원 예산위원회 회의록 26호(2009. 5. 28.), 나카소네 히로후미(中曽根弘文) 외무대신, 12쪽.

5   제171회 참의원 외교방위위원회 회의록 16호(2009. 6. 4.), 나카소네 히로후미(中曽根弘文) 외무대신, 13쪽.

미사일 발사 및 핵실험 등이 아닌, 일본인 납치 문제임을 암시하는 것이라 주목된다. 즉 국내 문제 우선의 관점이다.

한편 유엔 안전 보장 이사회는 2009년 6월 13일, 결의 1874호를 만장일치로 채택했다.[1] 이 유엔 결의는 북한의 핵실험을 강하게 비난했으며 북한 및 각국이 취해야 할 추가적인 조치를 결정했다. 일본은 5월 25일 북한의 핵실험 실시 발표 후, 즉시 안보리 회합 개최를 요청했고, 더 강한 내용의 결의를 신속히 채택하도록 미국, 중국, 러시아, 한국 등과 정력적으로 협의했다. 이러한 외교 노력의 결과가 결의 1874호였다.[2] 이후 일본에서는 유엔 결의 위반을 둘러싼 일본 정부의 조치가 적절한지 아닌지에 대한 논의가 있었다. 내용은, 유엔 결의 1695호에 근거해서 일본은 외국 정부의 정보 및 일본이 입수한 정보를 종합적으로 감안해서 북한의 미사일 또는 대량 파괴 무기 계획에 관련된 15개 단체 및 1인을 조치 대상자로 지정했고, 대량 파괴 무기 및 미사일 개발 등에 관여하고 있는 것으로 염려되는 기업 등의 리스트가 있는데, 어느 의원이 지적한 회사(동신국제무역유한공사, 東新国際貿易有限公司)가 현시점에서 자금 이전 방지 조치의 대상으로 지정되지는 않았지만, 향후 관계 부처와 협의해서 지정 가능성에 대해서 검토한다는

---

1 유엔 안전 보장 이사회 결의 1874호(United Nations Security Council Resolution 1874)는, 2009년 6월 12일 안전 보장 이사회가 채택한 북한에 관한 결의이다. 약칭은 UNSCR 1874. 결의 1874호는 결의 1718호에 이은 제재 행동으로 경제 제재에 관한 행동을 정한 제41조가 언급되었다. 핵실험의 강행을 강하게 비난하는 것, 동시에 핵 및 미사일 확산에 관련된 자금을 동결하는 것, 사람/물건/돈을 특정해 제재를 부과하는 것 외에 무기 등의 수출입을 한층 더 제한하는 내용이다. 경제 제재 뿐만 아니라 북한이 수출입하는 모든 금지 품목에 대해서, 공해상/항해/공항 등에서 검사하고, 위반이 인정되는 합리적인 이유가 있는 경우 이것을 파괴할 권한을 가맹국에게 주고 있다.

2 제171회 중의원 외무위원회 회의록 16호(2009. 5. 17.), 나카소네 히로후미(中曽根弘文) 외무대신, 5쪽.

견해였다.[1]

일본은 2010년 외교 기본 방침에서 특히 북한에 대해, 일본인 납치/핵/미사일이라는 현안을 포괄적으로 해결하며 북일 평양 선언에 근거해 불행한 과거를 청산하고, 국교 정상화를 도모할 방침임을 재차 강조했다. 또한 일본은 6자 회담의 조기 재개와 북한의 핵 포기를 위해서 관계국과 긴밀히 제휴하면서, 동시에 유엔 안전 보장 이사회 결의에 근거한 조치 및 일본의 독자적인 조치를 착실하게 실시할 것을 분명히 했다. 나아가 일본이 주도해서 채택된 유엔 결의 1874호에 근거해 일본 정부는 화물 검사가 적확하게 실시될 수 있도록 관련 법안을 조기에 성립시킨다는 방침을 밝혔다.[2]

---

1 제171회 참의원 외교방위위원회 회의록 23호(2009. 7. 2.), 고하라 마사히로(小原雅博) 외무대신 관방참사관, 9쪽.

2 제174회 중의원 본회의 회의록 4호(2010. 1. 29.), 오카다 가쓰야(岡田克也) 외무대신, 5쪽.

III. 일본의 반응과 조치

그렇다면 일본이 할 수 있는 미사일 발사 저지 노력의 구체적 내용은 무엇일까? 우선은 미국이나 중국, 한국이나 북한에 대해 취할 수 있는 외교적 노력일 것이고, 일본의 독자적인 혹은 한·미와 협력적인 차원의 경제 제재 및 자위 수단의 강구일 것이다.

1. 「외교 노력」에서 「유사 법제 정비」까지

일본의 경제 제재는 앞에서 살펴본 대로 북일 직항 노선 중지 및 선박 운항 금지 정도이다. 외교적 노력으로는 전통적인 미일 안보 동맹에 기원을 두는 안보 협의 정도다. 반면 자위 수단 혹은 미일 동맹에 기초한 대책은 더 구체적이고 강경하다.

예를 들어 이시바 시게루(石破茂) 일본 방위청 장관은 2003년 1월 24일, 만일 다른 나라가 일본에 대해 미사일 공격을 가할 준비를 하거나 그러한 의사 표명을 할 경우, 자위권 차원에서 상대편 미사일 기지를 선제공격을 할 수 있다는 입장을 밝혔다. 가와구치 요리코(川口順子) 외무장관도 "다른 방법이 없다고 인정될 경우, 상대편 기지를 공격하는 것은 법리적으로 자위의 범위에 해당한다."라며 같은 취지의 발언을 했다.[1] 나아가 2003년 5월 23일, 미국과 일본이 정상회담을 통해 "북한이 핵 문제를 더욱 악화시킬 경우, '더 강경한 조치'를 취할 것"이라고 합의한 데 대해, 미국과 일본의 언론들은 "미·일이 북한의 미사일·마약 수출을 차단하고 경제 제재를 취하는 방안 등을 대비하고

---

1 『조선일보』, 2003년 1월 25일 자.

제2부 - 북일 '문제', 그 불편한 진실

있다."라고 보도했다.[1] 고이즈미 일본 총리는 정상회담을 마친 후 이 집트로 향하는 전용기 안에서 기자회견을 열어 "북한에 대해 즉각적인 제재를 단행할 계획은 없지만, 마약 수출과 같은 불법 행위는 철저히 단속할 준비가 돼 있다."라고 말했다. 일본 언론들은 25일, 북핵 대응과 관련해 1주일 전 한미 정상회담 후 공동성명에서 언급된 '추가적 조치(further steps)'가 미·일 정상회담에서 '보다 강경한 조치(tougher measures)'로 표현이 바뀐 데 주목하면서, 이번 합의가 대북 경제 제재 조치를 염두에 둔 합의라고 분석했다.[2]

다음과 같은 일본 정치권의 움직임도 있었다. 일본의 여야 의원 103명이 참여하고 있는 '신세기 안전 보장 체제를 확립하는 젊은 의원 모임'[3]은, 일본이 평화헌법에 따라 오로지 방어에만 전념한다는 이른바 '전수 방위 개념'을 수정할 것과, '집단적 자위권'[4]의 해석을 수정할 것 등을 정부에 요구하는 긴급 성명을 발표했다. 성명은 북한의 핵 보유를 저지하기 위해서는 일본 정부가 가능한 모든 대응 수단을 강구해야 한다는 취지로, "일본에 대한 공격이 절박한 때, 최소한의 적 기

---

1 특히 요미우리 신문은 사설에서 "북한이 사용 처리가 끝난 핵연료봉을 재처리하는 등 위협이 가중될 경우, 미·일 양국은 송금·무역 중단 등을 취한다는 자세를 명확하게 밝힌 것"이라고 평가했다. 백악관의 한 고위 관리는 강경한 조치의 내용을 묻는 기자들의 질문에, "구체적 조치에 관해 얘기하기는 너무 이르다."라면서 "우리가 강경 조치를 취할 때는 일본과 한국, 중국과 매우 긴밀하게 협의할 것"이라고 말했다.

2 『조선일보』, 2003년 5월 26일 자.

3 이 모임은 자민당, 민주당, 공명당, 자유당 등의 젊은 우파 의원들이 만든 단체이다.

4 집단적 자위권이란 일본의 동맹국이 무력 공격을 받았을 경우 일본에 대한 공격으로 간주해 응전할 수 있는 국제법상의 권리를 의미한다. 일본 정부는 지금까지 일본도 국제법상 집단적 자위권을 가지고 있지만, 현행 헌법상 그 행사는 금지돼 있다는 견해를 견지해 왔다. 일본은 방위에만 전념하는 '전수 방위'를 이유로 사정거리가 긴 무기 도입을 금지해왔기 때문에 타국에 대한 직접 공격은 실질적으로 불가능했다. 성명대로 일본 정부가 헌법의 해석을 변경할 경우, 일본은 타국에 대한 선제공격이 가능해진다.

지 공격 능력을 보유할 수 있도록" 현행 헌법의 해석을 변경할 것을 정부에 요청했다. 이 성명은 또 미사일 방어 구상을 전제로 "어떤 경우에 집단적 자위권 행사가 가능한지를 연구할 것"도 요청했다.[1]

한편 일본에서는 소비에트 연방의 해체, 냉전 체제의 붕괴, 미국의 1극 체제 형성 등으로 유사 법제 논의[2]는 사라진 듯했다. 그러나 1993년 북한의 탄도 미사일 발사, 2001년 미국의 9·11 테러를 계기로 논의가 부활했고, 결국 법제화에 이르게 됐다. 이후 2003년 5월 15일, 일본 정부는 '유사有事 사태', 즉 북한이 일본을 무력으로 공격하는 사태를 가정한 상황에서 각종 대책을 규정한 법률을 제정 또는 개정한다. 이에 대한 일부 의원의 반대가 있었지만, 결과적으로 해당 개정안은 여야 합의로 제출되어 중의원을 통과했다.[3] 나아가 무력 공격 사태 대처 관련 3법안이 2003년 6월 성립하고, 사태 대처 법제 관련 7개 법안[4] 및 3개의 조약이 2004년 6월 성립되거나 승인되었다.[5] 이와 같

---

1   『조선일보』, 2003년 6월 23일 자.

2   이른바 '유사 법제' 연구는 1963년 2월부터 6월까지 방위청 일부 참모들이 한반도에 전쟁이 발발해 일본에 파급될 경우, 자위대의 대응책 등에 관해 비밀 도상 연습을 한 일이 시초였다(이른바 三矢研究事件). 그 내용은 "196X년 X월 제2차 한국 전쟁 발발"을 상정해서 국가 총동원 대책의 확립, 정부 기관의 임전臨戰화, 자위대 행동 기초 달성 및 자위대 내부 시책 등을 포함한 전시 입법 87건을, 긴급 소집한 임시 국회에서 2주 이내에 성립시킨다는 것이다.(이오키베 마코토 편. 1999. p.122; 자유법조단 편. 2002. p.16)

3   박홍영, 「탈냉전 이후 일본 사회상의 변화: 평가와 해석의 문제」, 『한국동북아논총』 13권 4호(한국동북아학회. 2008)

4   1) 무력 공격 사태에 대한 외국 군용품 등의 해상 수송 규제에 관한 법률, 2) 무력 공격 사태에 대한 포로 등의 취급에 관한 법률, 3) 국제 인도법의 중대한 위반 행위 처벌에 관한 법률, 4) 자위대법의 일부를 개정한 법률, 5) 무력 공격 사태에 대한 국민 보호를 위한 조치에 관한 법률, 6) 무력 공격 사태에 대한 미국 군대 행동에 따른 일본의 실시 조치에 관한 법률, 7) 무력 공격 사태에 대한 특정 공공시설 등의 이용에 관한 법률 등이다.

5   일본 방위성 홈페이지 참조: http://www.mod.go.jp/

은 유사 법제 정비는 시기적으로도 노동 1호와 대포동 1호 발사 이후에 일어난 일본의 반응과 조치였다.

요약하면, 일본 입장에서 북한의 미사일 발사는 국제사회에 대한 도전이며 유엔 결의 위반이기에, 일본은 미일 관계에 기초해 국제적 공조를 통해서 외교적으로 해결한다는 원칙론으로 일관했다. 다만 사안에 따라 경제 제재(노동 1호)를 추가 제재로, 강한 압력(대포동 1·2호)에서 제재의 실효성 및 실천을 강조하는 것으로, 제재 조치의 연장(광명성 2호) 등으로의 변화가 있었다.

2. 「억제와 대화」에서 「방위 대강 개정」까지

일본은 전수 방위의 원칙에 따라 지대지 미사일 등의 '공격용 무기'를 보유하지 않았다. 그런데 일본 방위청의 '중기 방위력 정비 계획'(2005-2009)에 사거리가 수백 km에 이르는 대지對地 공격용 장거리 정밀 유도탄(미사일) 기술 연구가 포함되면서 정밀 공격이 가능해질 것으로 예측되었고, 이는 일본이 고수해 온 전수 방위 원칙에서 벗어나는 것이 아니냐는 우려를 낳았다. 이에 대해 방위청 관계자는 "본토와 떨어진 섬에 대한 적의 공격에 대처하기 위한 것"이라고 설명했으나, 요미우리 신문은 "북한의 움직임과 중국의 해양 활동 확대에 대응하기 위한 차원"이라고 보도했다.[1]

또한 일본 정부는 북한과 중국의 움직임을 '안보 위협의 중대한 불안 요인'으로 규정한 새 방위 계획 대강(防衛計劃大綱, 이하 '방위 대강')을

---

1 『조선일보』, 2004년 12월 4일 자.

2004년 12월 확정했다. 방위 대강은 9년 만에 개정됐으며, 북한과 중국을 중대 불안 요인으로 못 박은 것은 이것이 처음이었다.[1] 2004년 12월 10일, 일본 각의가 승인한 새 '방위 대강'과 차기 '중기 방위력 정비 계획'(2005-2009년)에는 1) 미일 안보 체제가 일본 안보에 불가결한 요소임을 재확인하며[2], 2) 무기 수출 3원칙[3]을 완화하고[4], 3) 즉각 대응과 기동성을 갖춘 '다기능·탄력 방위'로의 전환 등의 내용을 담고 있다.[5] 이런 움직임에 대해 일본 언론은 고이즈미 총리가 강조해온 '세계 속의 미일 동맹'에 자위대를 적극적으로 활용하겠다는 노선이 '방위 대강'에 확실히 반영됐다고 분석했다.[6] 이미 앞서 지적한 유사 법제 제정 등 자위대법 개정으로 자위대의 해외 파견이 주요 임무로 격상됐는데, '방위 대강'은 이런 흐름을 보다 진전시키기 위한 것이

---

1 일본은 동중국해 가스전 개발 분쟁과 중국 원자력 잠수함의 일본 영해 침범 등, 중국의 해군력에 대처하기 위해 잠수함 16척을 유지키로 했다.

2 미국이 주도하는 MD 체제에 참여하기 위해 '이지스 시스템'을 탑재한 호위함 4척을 배치하고, 지대공 요격 미사일인 PAC3 부대의 탄도 미사일 요격 성능을 대폭 개선할 계획이다. 이는 북한의 탄도 미사일을 겨냥한 것이며, 나아가 공격용 장거리 미사일 연구 계획도 검토되었다.

3 무기 수출 3원칙이란 1967년 사토(佐藤榮作) 총리가 표명한 것으로 1) 공산권, 2) 유엔 결의에 의한 무기 수출 금지 조치 대상국, 3) 분쟁 당사국과 분쟁 우려국에 대한 무기 수출 금지이다. 1976년 미키(三木武夫) 총리는 무기의 부품이 될 우려가 있는 물품도 수출 금지 품목으로 확대하는 등 무기 수출을 사실상 전면 금지했다.

4 무기 수출 금지 완화는 미국과 공동 연구 중인 미사일 방어 체제(MD)가 그 배경에 있다. 일본은 2003년 12월 MD 체제 도입을 결정했지만, 미국과 공동 연구 중인 MD용 미사일이 생산 단계에 들어가면 일본에서 생산하는 미사일 부품의 대미 수출이 불가피하기 때문이다. 일본 정부는 MD 외에 미국과 공동으로 개발하는 무기 및 테러·해적 대책 지원용 무기 수출까지 사안별로 판단하겠다고 밝혀 예외를 확대할 수 있는 길을 터놓았다.

5 '중기 방위력 정비 계획'에는 이외에도 적 공격을 교란하는 전투기 탑재형 전자 방해 장치 개발, 공중 급유기 8기 보강, 해외 파견 자위대를 수송하는 C130 수송기에 공중 급유 기능 추가 등의 방안이 포함되어 있다.

6 『조선일보』, 2004년 12월 11일 자.

었다고 볼 수 있다.

　더불어 직접적인 방어 태세로, 일본 방위청은 북한의 탄도 미사일을 요격하기 위해 도쿄의 항공 자위대가 있는 후추(府中) 기지에 PAC3 부대 배치를 검토한 것으로 전해졌다. 이 같은 조치는 PAC3의 요격 반경과 고도가 30km밖에 되지 않고, 상공에서 수직으로 낙하하는 탄도 미사일 요격 가능 시간이 몇 초에 불과하기에 도쿄를 효율적으로 방어하기 위해선 초동 단계부터 PAC3 부대의 신속한 대처가 필요하다는 판단에 따른 것이었다.[1] 즉 노동 1호와 대포동 1호 발사 이후 일본은, 북한이 핵 및 미사일 문제를 더욱 악화시킬 경우 '더 강경한 조치'를 취할 것과 기존의 평화헌법에 구속받지 않는 공격 능력을 보유할 것, 그리고 이를 제도적으로 뒷받침할 '방위 대강'의 개정 등의 조치를 취했다. 나아가 보다 직접적인 방어 태세의 확립과 같은 구체적인 실행 조치가 있었다.

　북한의 미사일 발사에 대한 일본의 대응 변화는 다음과 같이 요약할 수 있다. 대단한 염려와 중대한 관심(노동 1호) → 대화와 억제의 상조 및 내각 정보 회의의 설치, 방위 대강 개정, 도쿄 방공망 구축, 전수 방위 수정, 선제공격 가능, 유사 법제 정비 등의 마련(대포동 1호) → 광학 2호기 정찰 위성 발사, BMD 시스템 구축, 위기관리 구축(유사시의 일본인 및 미국인 구출 시나리오) 등의 조치(대포동 2호) → 유엔 결의의 실천, 북일 평양 선언의 실천 등을 강조하는 원칙론 견지(광명성 2호).

　특기할 것은 일본인 납치 피해자 재조사를 북한이 전면적으로 실시한다면, 일본이 대북 제재 조치를 해제할 용의가 있음도 확인되었다는

1　『조선일보』, 2005년 5월 20일 자.

점이다. 일본은 북한에 당근과 채찍을 구사하면서, 일본인 납치 피해자 문제를 일본 외교 최대 현안의 하나로 설정해 두었던 것이다. 즉 일본인 납치 피해자 문제는 일본 국내 정치와도 연동된 사안이며, 일본이 독자적으로 북한과 협상할 수 있는 여지가 있는 '문제'라는 점에서 일본의 적극성(국제 문제보다 우선)이 엿보인다.

Ⅳ. 결론

북한의 외교 협상력 배경에 '말의 힘(言葉の力)'을 잘 다루는 능력이 강조되는 경우가 있다.[1] 공식적인 비난이든 위협이든(예를 들어 서울이 피바다가 될 것이라는 발언 등), 혹은 회담장에서든 성명을 통해서든 북한은 말의 힘을 교묘히 다루어 미국이나 한국 등과의 협상에서 결코 열세에 있지 않다는 것이다. 물론 이러한 주장이 얼마나 설득력이 있는지는 별개로 치더라도 외교전이 결국 말로 이루어지는 경우가 많다면, 이러한 북한의 협상력도 외교력의 일부로 인정하고, 이를 능가하는 수단(말, 군사 협상력, 경제 협상력 등)을 마련하지 않으면 안 될 것이다. 이에 결론에서는 북한의 미사일 발사 전후에 있었던 발언과 대응 조치를 통해 한·미·일의 대북 협상력 문제를 검토하고자 한다.

한국의 경우 박지원 청와대 대변인이 1998년 1월 1일, 북한의 신형 미사일 발사에 대해 "경악을 금치 못한다."라며, "북한은 미사일 개발을 즉각 중단하고 국제적인 미사일 비확산 노력에 참여하기를 촉구한다."라고 말했다.[2]

---

1 『북한의 외교 전략(北朝鮮の外交戦略)』, 시게무라 도시미츠(重村智計), 고단샤(講談社), 2000.

2 『조선일보』, 1998년 9월 2일 자.

제2부 - 북일 '문제', 그 불편한 진실

미국은 제3차 북미 미사일 회담(1998. 10. 1.)[1]에서 북한 측에게 미사일의 개발, 배치, 생산 등 전반적 활동을 자제할 경우, 이에 상응하는 경제 제재의 해제 조치를 취할 수 있다는 입장을 전했다. 그러나 북한은 미사일 회담의 의제는 '수출 활동'에만 한정돼야 하며, 또 북한의 주요 외화 수입원인 미사일 수출을 미국이 막으려면, 이에 대해 현금으로 보상해야 한다는 입장을 밝혔다.[2] 또한 미국 스티븐 보즈워스(Stephen Bosworth) 주한 미 대사는 1999년 1월 3일 김대중 대통령이 제안한 대북 현안 '일괄 타결'에 대해 원칙적인 수용 의사를 밝혔다. 보스워스 대사는 "일괄 타결 안에는 북미 경제 정상화, 남북 대화, 금창리 지하 시설, 미사일 문제 등이 포함된다."라고 말했다. 미 정부 관리가 김 대통령의 일괄 타결 안에 긍정적인 반응을 공개적으로 표시한 것은 처음이었다.[3]

한국 정부(김대중 대통령)는 1999년 2월 10일 '일괄 타결 구상'과 관련, "북한에 줄 것은 (북미, 북일)수교, 경제 협력, 북한의 안전에 대한 보장 등이며 반대로 북한에서 얻어낼 것은 핵과 미사일 개발 및 수출 중지, 한반도에서 무력 도발을 절대 하지 않겠다는 약속"이라고 설명했다. 이에 대해 미일은 취지에는 공감하지만, 현실적으로 어려움이 있다는 반응을 보였다.[4] 한미가 상황을 서로 다른 각도로 인식하면서 북한 문제를 다루고 있음이 확인된다.

---

1   북미 미사일 회담은 1996년 4월 베를린에서 1차 회담이 시작된 이래, 1997년 6월, 2차 회담을 가진 바 있으며, 1997년 8월, 3차 회담을 앞두고 발생한 이집트 주재 북한 장승길 대사의 미국 망명 사건으로 무기 연기돼왔다. 1998년 8월 31일, 북한의 다단계 로켓 발사 실험 후 처음 열린 회담에는 미국 측에서 로버트 아인혼(Robert Einhorn) 국무부 비확산 담당 부차관보, 북한 측에서는 한창언 외교부 미주 국장이 각각 수석 대표로 참석했다.

2   『조선일보』, 1998년 10월 3일 자.

3   『조선일보』, 1999년 1월 4일 자.

4   『조선일보』, 1999년 2월 12일 자.

또한 북한의 미사일 발사를 어떻게 다룰 것인가를 놓고 일본과 중국의 견해가 달랐다. 일본은 미국·영국·프랑스 등 유엔 안보리 국가와 함께 강력한 대북 제재 결의안을 제출했다.[1] 이에 대해 중국은 상징적 차원의 경고 조치라고 할 수 있는 안보리 의장 성명으로 대신할 것을 주장했다.[2] 중국은 일본이 주도한 대북 결의안은 북한의 행위에 비해 지나치게 무거운 제재라고 보았다. 상황을 파국으로 몰지 않기 위해서라도, 의장 성명 정도가 적절하다는 것이다. 한국 정부는 "안보리 전체의 합의로 이뤄져야 하며, 북한을 지나치게 자극하지 않아야 한다."라는 원칙만을 강조했다. 일본과 중국 어느 쪽에도 기울지 않는 모습을 보인 것이다.[3]

즉 한국은 외교 카드가 없어 곤혹스러워 했고, 일본은 유엔이라는 무대에서 적극성을 띠었으며, 중국은 일본을 방어하는 역할을 했다. 미국은 중국의 영향력을 기대했지만, 중국은 미국의 기대에 부응하지 않았다. 이 틈새에서 북한은 외교 협상력(말의 힘)을 발휘했고, 이런 현실 앞에 한·미·일은 진퇴양난의 국면에 처했던 것이다. 이런 모습은 1993년 북한의 NPT 탈퇴 이후 북한 문제를 둘러싸고 '경색과 완화', '강경과 유화'라는 상황 변화는 있었을지라도 지금까지 지속되는 현

---

1 일본이 추진한 결의안은 북한에 대해 무력 사용도 가능할 수 있도록 규정한 유엔 헌장 제7장 '평화에 대한 위협, 평화의 파괴 및 침략 행위에 대한 조치'에 근거하고 있다. 이 결의안이 통과되면, 국제법과 똑같은 효과를 갖는다. 유엔 회원국이 이 결의안을 어길 경우, 이에 대한 제재가 가능하게 된다. 2005년 상임이사국 변호인들을 포함한 법률 전문가들은, 법적 구속력을 지닌 유일한 유엔의 발표는 유엔 헌장 제7조에 의거한 결의안뿐이라고 말한다.

2 중국의 의장 성명은 북한의 미사일 발사를 '우려'하고 북한의 6자 회담 복귀를 '촉구'하는 수준이다. 대북 압박 수위도 낮고, 법적 구속력도 없다. 안보리 15개 이사국의 합의로 채택돼 순회 의장이 읽게 되는 의장 성명은 1994년 도입된 후 회원국들에 어떤 의무도 부과하지 못해 왔으며, 심지어 안보리 절차 법규에조차 언급돼 있지 않다.

3 『조선일보』, 2006년 7월 12일 자.

상이다. 이를 타개하기 위해서는 북한의 외교 협상력을 능가하는 수단 (말, 군사 및 경제 협상력 등)을 한·미·일이 치밀하게 강구하지 않으면 안 될 것이다.

※ 부록: 북한의 미사일 개발 및 발사 일지

《개발 및 발사 일지》

- 1975 탄도 미사일 DF-61 미사일 연구 시작
- 1981 스커드 B형(R-17E) 미사일 및 발사대 도입, 모방 생산 착수
- 1984 스커드 B형 복사형인 사거리 280km의 개량형 스커드 A형 개발 및 발사 시험
- 1985 사거리 320-340km의 개량형 스커드 B형 미사일 개발
- 1989 사거리 500km의 스커드 C형 미사일 개발

★**1993. 05. 노동 1호 발사**(사거리 1,300km 추정)

★**1998. 08. 대포동 1호 발사**(북한은 '광명성 1호' 인공위성 발사 주장. 사거리 1,800-2,500km)

- 2003. 02. 중국제 실크웜 지대함 순항 미사일 시험 발사(사거리 100km)
- 2003. 04. 실크웜 미사일 시험 발사(사거리 60km)
- 2003. 10. 중국제 실크웜 추정, 지대함 미사일 시험 발사
- 2005. 05. 소련제 단거리 미사일 SS21 개량형인 KN-02 발사
- 2006. 03. 단거리 미사일 2기 발사(KN-02 유사형)

★**2006. 07. 5. 대포동 2호 1기, 노동 및 스커드급 등 총 7발 발사**

★**2006. 10. 09. 제1차 핵실험**

- 2007. 05. 25. 단거리 미사일 1발 발사(사거리 100km).
- 2007. 06. 7. 단거리 미사일 2발 발사(사거리 100km).
- 2007. 06. 19. 단거리 미사일 1발 발사(사거리 100km).
- 2007. 06. 27. KN-02 단거리 미사일 3발 발사(사거리 100km).

- 2008. 03. 28. 함대함 단거리 미사일 여러 발 발사.
- 2008. 05. 31. 함대함 단거리 미사일 3발 발사.
- 2008. 10. 08. 단거리 미사일 2발 발사.

★2009. 04. 5. "시험 통신 위성" '광명성 2호' 발사

★2009. 05. 25. 제2차 핵실험

《선언 및 평가》

◈1993. 05. 11. 유엔 안보리 결의 825호

- 1999. 09. 미사일 시험 발사 유예 선언(미국이 대북 경제 제재를 완화한다는 북미 합의 결과)
- 2001. 05. 김정일 국방위원장, 유럽연합(EU) 의장국 대표 자격으로 방북한 요란 페르손 스웨덴 총리에게 "2003년까지 시험 발사를 유예하겠다."라고 천명
- 2002. 09. 북일 간 평양 선언에 "북한은 이 선언의 정신에 따라 미사일 발사 보류를 2003년 이후로 더 연장할 의향이 있다."라는 내용 삽입

◈2004. 04. 28. 유엔 안보리 결의 1540호

- 2004. 05. 북일 제2차 정상회담에서 북일 평양 선언(2002.9) 내용 재확인
- 2005. 02. 미 중앙정보국(CIA), 포터 고스 국장 "핵무기 크기의 탄두를 탑재한 북한의 대포동 2호 미사일이 미국에 도달할 능력이 있는 것"으로 평가
- 2005. 03. 북한 외무성 비망록 "2001년 부시 행정부가 집권하면서 북미 사이의 대화가 전면 차단됨에 따라 미사일 발사 보류에 대해서도, 현재 그 어떤 구속도 받는 것이 없다."라고 주장

◈2006. 07. 15. 유엔 안보리 결의 1695호

◈2006. 10. 14. 유엔 안보리 결의 1718호

◈2009. 06. 12. 유엔 안보리 결의 1874호

불편한 진실

북한의 미사일 발사에 대해 일본은 대단한 염려와 중대한 관심(노동 1호)을 보였다. 본질적으로 북한의 핵은 미국의 문제였다. 일본이 핵 피해국이라는 사실은 미국이 짊어진 빚이다. 일본은 비핵 3원칙도 천명했다. 그러니 일본에 핵 문제는 "미국, 너희가 알아서 처리해. 그러지 못하면 우리도 핵을 개발하겠어. 지켜보겠어." 정도의 문제였다. 그러나 미사일 문제는 운반 수단이기에 또 다르다. 핵탄두를 장착했을 경우, 일본이 북한의 공격 사정권 안에 들어오기 때문이다. 그래서 일본이 핵 문제보다 더 민감하게 반응하는 문제는 미사일 문제였다. 여기에 불편한 진실이 있다. 이 부분에 미일 사이에 불협화음이 나온다면 미사일 문제로 인해 미일 동맹에 문제가 생긴다. 불협화음이 나오지 않는 경우는, 미국이 일본에 군비 강화를 요구하면서 일본 보수 우익 진영을 달래는 것이다. 달램에도 한계가 있다. 일본의 우익이 미국에 도움이 되는 것은, 미국이 통제가 가능한 보수 우익이다. 제2차 세계대전의 세력과 같은 패권 경쟁의 일본 우익은 아니다. 미국은 이 부분에 대해 단호하다. 북한의 핵은 용인될지언정 일본의 핵은 절대 용인 불가다. 일본이 핵을 원한다면 어떤 사태가 벌어질까? 미국에도 불편한 진실이다.

그러면서 일본은 내부 준비를 마련한다. 내각 정보 회의의 설치, 방위 대강 개정, 도쿄 방공망 구축, 전수 방위 수정, 선제공격 가능, 유사 법제 정비 등이다(대포동 1호 발사). 광학 2호기 정찰 위성 발사, BMD 시스템 구축, 위기관리 구축(유사시의 일본인 및 미국인 구출 시나리오) 등의 조치다(대포동 2호 발사). 그러면서도 유엔 결의의 실천, 북일 평양 선언의 실천 등이 강조되면서 원칙론을 이어갔다(광명성 2호 발사). 그렇다. 어떤 변수가 터지는 경우이든, 이에 대한 일본의 대비책이다. 즉, 북에 대한 선제공격, 자국인 구출, 한국으로부터의 난민 유입에 대한 대비 등이다. 한국 정부는 어떤 대비책을 세우고 있을까? 구체적 대안이 부재한다면, 한국은 아직도 1950년의 한국 전쟁 상태에 있는 것은 아닌가? 아직도 미국에만 의존하면 된다는 식의 한국인가? 전시 작전 지휘권은 어찌 된 일인가? 한국은 스스로 되물어보아야 할 불편한 진실이다.

또한 일본인 납치 피해자 재조사를 북한이 전면적으로 실시한다면, 일본이 대북 제재 조치를 해제할 용의가 있음도 확인되었다. 일본은 북한에 당근과 채찍을 구사하면서, 일본인 납치 피해자 문제를 일본 외교 최대 현안의 하나로 설정했다. 즉 일본인 납치 피해자 문제는 일본 국내 정치와도 연동된 사안이다. 일본이 독자적으로 북한과 협상할 수 있는 여지가 있는 '문제'다. 일본의 적극성(국제 문제보다 우선)이다. 납치 피해자 문제가 북일 '문제'의 1순위다. 국제 문제(핵, 미사일, 북일 정상화)는 국내 문제에 밀렸다. 한국의 1순위는 무엇인가? 남북 평화 통일 아닌가? 북한이 불안한데 한국만의 평화는 가능한가? 아니다. 북미가 불안한데 한국은 안전한가? 아니다. 일본은 다르다. 남북 불안정, 한반도 전쟁, 북미 불화, 북미 대립이라도 일본은 안전하다. 일본의 대응과 비교해 한국은 어떤 대응을 하고 있는가? 불편한 진실이다.

결론
: 한일 관계의 원점을 찾아서

한일 관계의 원점을 어디서 찾을까? 세종실록지리지에서 찾을까? 2002년 한일 월드컵에서 찾을까? 이토 히로부미에게서 찾아야 하나? 안중근에게서 찾아야 하나? 어디서나 찾을 수 있지만 제대로 알기 어려운 것이 한일 관계다. 그러나 역사는 역사에서, 정치는 정치에서, 외교는 외교에서 찾으면 된다. 원점을 만든 곳이 정치라면 정치에서 찾아야 할 것이다.

그래서 저자는 정치와 외교에서 북일 '문제'의 원점을 찾아보려 한다. 그 깊이와 넓이는 알지 못한다. 다만 거기서 불편한 진실을 찾아볼 뿐이다. 한일 관계는 불편하고 불안하다. 역사에 점철된 피해와 가해를 통해 나타난 현상이다. 여기에 피해 의식은 열등의식을 만들고, 가해 의식은 우월 의식을 만들었다. 한국인 혹은 일본인에 대해 이렇다 저렇다 규정하지만, 사실 한국인도 일본인도 없다. 개념적 대표 명사이기에 그렇다. 다만 어떻게 규정한다면, 그런 개념에 충실할 때이다. 그 개념에 충실하기가 어려우니 규정이 어렵다. 내가 만난 누구는 그일 뿐이다. 그는 한국 국적을 가지고 있을 뿐이다. 한국인을 대표하지 않는다. 그런 그를 한국인으로 규정할 수는 없다. 한국인은 대표 명사이기 때문이다. 일본인도 마찬가지다. 국가는 다르다. 일본은 일본이고 한국은 한국이다.

이 책의 2부에서 말한 북일 '문제'의 핵심은, 역사적으로 국가의 과거와 현재와 미래다. 과거는 역사적 사건이고, 현재는 진행형이며, 미래는 과거와 현재가 파생하는 어떤 상像이다. 공간적으로는 한반도와 일본열도와 중국을 포함한 동북아 지역이다. 말하자면 시공간이 빚어낸 북일 '문제'다. 이 문제는 어디에 있는가? 이 문제는 누가 만들었는가? 추상적으로 이해하는 북한(일본)이 만들었는가? 아니다. 구체적인 국가 권력이 만들었다. 국가 권력의 관계가 복잡하다. 북한과 미국, 중국, 러시아, 일본, 남한이 얽혀있다. 일본과 미국, 중국, 러시아, 북한, 남한이 얽혀있다. 그런 관계에서 만들어낸 총합이 북일 '문제'다. 여기서 한일 관계의 '원점'은 일본과 직접 관계하는 미국, 한국, 북한과의 문제에서 출발한다.

극동 국제 군사 재판소가 미일 관계의 재판정이었다면, 샌프란시스코 강화조약은 그 완성 문서이다. 일본은 그것에 대해 이의를 제기하지 않는다. 남한은 일본과의 관계 정상화를 이뤘다. 그 배경에는 미국의 일본에 대한 압력과 한국의 요청이 있었다. 그러나 관계 정상화의 후유증은 아직 진행형이다. 일본은 그것으로 과거사와 관련한 모든 한일 관계는 끝났다고 한다. 그런데 후유증은 왜 있는 걸까? 첫째 이유는, 일본의 과거를 미국이 묵인하기 때문이다. 일본의 과거를 미일 간에는 끝냈지만, 한국이나 북한과는 아직 아니다. 미국은 일본의 과거를 묻지 않는다. 미국이 가해자이기 때문이다. 일본은 미국의 피해자다. 한국은 일본의 피해자다. 가해자가 과거를 묻지 않음은 무책임이지만, 납득한다. 일본은 미국에, 한국은 일본에 과거를 물을 권리가 있다. 일본의 배후에 있는 미국이 이를 방관하는 것은 선악을 넘어서 부도덕이다.

둘째 이유는, 일본이 미국과의 관계에 몰두하기 때문이다. 미국이 일본에 과거사 진상 규명을 해야 한다고 한다면 일본은 달라질 것이다. 그런데 미국은 침묵한다. 미국의 몇몇 의원이 문제를 제기하는 정도이다. 그러니 일본은 한국이나 아시아에 대한 과거사를 뭉개고 있다. 외면하고 있다. 미일 관계에 몰두하고 있다. 만약, 일본이 미국에 과거사를 묻지 않는 대가로 미국도 일본의 과거사를 묻지 않는 것이라면, 이는 잘잘못을 떠나서 미국의 몰염치다. 1945년, 태평양 전쟁 당시 일본제국의 항복을 끌어내기 위해 히로시마와 나가사키에 원자폭탄을 투하한 사건은 유일한 핵무기의 실전 투하 사례이다. 미국은 이에 대해 반성하고 사죄해야 한다. 제2차 세계대전 종결이 아무리 중차대했어도 히로시마와 나가사키에 기록된 원폭 투하는 인류사적 오점이며 원죄이다. 아인슈타인은 말한다. "내가 만약 히로시마와 나가사키의 일을 예견했었다면 1905년에 쓴 공식을 찢어버렸을 것이다." 역사 법정은 살아있다. 불편한 진실이다.

한일 관계의 원점이 이상의 지적에서 유래한다면 북일 '문제'의 핵심도 그 지점에서 출발한다. 남한과 북한은, 일본과의 관계에서 과거사를 공유하고 있기 때문이다. 미국도 이 부분에 자유롭지 않다. 그러니 북미 관계가 정상화를 향해 나갈 때, 마찬가지로 북일 관계가 정상화를 향해 나갈 때, 이 문제는 북한이 반드시 짚고 넘어야 할 문제다. 그런 상황에서 한국이 취해야 할 자세는 무엇인가? 즉, 북일 '문제'를 푼다는 것은, 한일 관계의 원점을 다시 검토한다는 의미이다. 불편한 진실이다.

북미 '문제'가 풀려야 북일 '문제'가 풀릴 것이다. 북미, 북일, 남북, 한일 등의 순서로 문제가 풀리는 과정에서 한일 관계의 원점은 다시 나타날 것이다. 미국 패권의 질서가 지속된다는 조건에서다. 남북, 북미, 북일, 한일의 순서도 있을 수 있다. 전격電擊적인 남북의 민족적 대단결 혹은 민족적 대통합의 기운이 도래했을 때이다. 새로운 국제 질서의 변수가 한반도에 출현한다면 그것도 가능하다. 국제 질서 변동의 경우의 수는 다양하다. 불편한 진실이다. 여기서는 한일 관계의 '원점'을 일본과 직접 관계하는 미국, 한국, 북한과의 문제에서 출발했기에 중국 변수를 거론하지 않았다. 중국 변수가 개입되면 방정식이 더 복잡해지는 것은 당연하다.

중국은 베트남 전쟁의 종결 과정에서 그랬듯 한반도 평화와 비핵 지대화에 대해 중요 변수다. 미·중의 합의로 만들어낼 수 있는 한반도 평화의 주제는 단순하다: 북한의 NPT 복귀, 북핵 문제 해결, 북한의 체제 보장, 주한 미군 철수, 한반도 중립화, 대북 제재 해제, 남북 불가침, 미국의 대중 봉쇄 전략 철회, 중국의 자유화 등이다. 미·중 합의가 성사되면, 동아시아 공동체 문제도 협의가 가능한 시야로 들어온다. 그 밖에 미일 동맹의 문제, 일본 민주주의의 가능성, 남북 통일, 동북아 안보 체제 등의 미래를 논할 수 있다. 현상 유지를 통한 단계적 현상 타파 프로세스다. 가능할까?

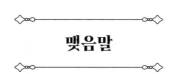

맺음말

이 책의 의도는 남한-북한-일본 사이에 가로놓인 여러 문제를 살피고 동아시아의 공동체, 공존공영, 평화와 번영이라는 관점에서 '불편한 진실'을 짚어보는 것이었다. 여러 문제를 각자의 입장에서 생각하면, 어느 한쪽은 '나쁜 놈'이 되는 경향이 있다고 전제했다. 어떤 경우라도 그리 '나쁜 놈'은 없다는 불편한 진실을 지적하고자 한다고 선언했다.

일본 민주주의는 제2차 세계대전을 계기로 미국에 의해 그 자생성과 전통성이 무너졌다. 일본 방식의 민주주의가 있었음에도 미국의 그틀에 맞추다 보니 뒤틀리고 어색해졌다. 이는 일본이 짊어진 멍에이기도 했다. 군국주의 일본이 미국 민주주의라는 재판정에서 역사적 심판을 받은 것이다. 일본의 역사는 대략 1894년에서 1910년까지는 서양의 제국주의와 동행하는 동반의 역사였다. 1931년에서 1945년까지벌어진 사건(특히 만주사변과 진주만 공격)은 미국의 입장에서 보면, 반역이었다. 그 반역의 결과가 전후의 일본 민주주의를 만들었다. 그것이 일본이 원치 않은 미국식 민주주의라면, 그것은 미국이 부여한 일본에 대한 징벌이다.

일본 민주주의의 정체성 문제는 그 지점부터 뒤틀렸다. 따라서 일본 민주주의를 재생하려면 그 틀에서 벗어나는 것이 필요하다. 그러나 1955년 이후의 일본 정치는 그 틀에 안주하고 있다. 일본의 혁신계와 범민주 세력은 자민당 방식의 55년 체제를 부정한다. 그런데 일본 국민은 55년 체제를 개혁하거나 교체할 일본의 범민주 세력을 지지하지 않는다. 일본 정치는 55년 체제에 안주했고, 국민은 거기에 순응하면서 변화를 거부하고 있다. 이는 마치 1945년의 히로시마를 일본이 숙명으로 받아들인 사건과 닮았다. 일본은 세계사적 사실인 히로시마를 숙명이 아닌 변혁의 출발점으로 삼았어야 했다. 그런데 일본은 히로시마 사건에 무릎을 꿇으면서 스스로 살려내야 할 민주주의와 시대정신도 미국에 내맡겼다. 그 결과 미국은 일본의 정치(민주주의)와 군사(안보)의 감독이면서, 외교와 대외 관계의 코치가 되었다. 일본 민주주의의 한계는 그 지점이다. 매우 불편한 진실이다.

북한-일본의 문제는 내부에는 2국 간이라는 작은 운동장이 있다. 외부에는 미국-북한이라는 좀 더 너른 운동장이 있다. 북한-일본 문제는 북한의 핵과 미사일이 일본에 직접적 위협이 될 때, 일본인 납치자 문제가 대두될 때 최고조에 이른다. 이때 북한 문제는 일본에 1순위이다. 그런데 미국이 이를 외면하면 일본은 곤경에 처한다. 확실한 대일 안보 공약을 미국이 선언하면 일본은 안심한다. 미국에 북한 문제가 1순위가 되면 그만큼 일본의 중요성도 높아진다. 그러나 북한 문제는 미-중 문제가 될 가능성이 더 높다. 그러면 일본의 존재감은 낮아진다. 미국은 아시아로 돌아왔고, 인도양까지 멀리 가 있다. 핵심은 중국 문제다. 미국의 중국 문제 해결에 일본이 어떤 도움이 될 것인가가 문제다. 그 대차 대조표에 따라 북한-일본 문제에 대한 일본의 영향력과 존재감이 있다.

미국은 북한 문제를 세계 전략적 차원에서 1, 2순위에 두지 않는다. 이 점이 한국과 일본에 불편한 진실이다. 그러면서 미국은 한국과 일본이 북한을 어떻게 대하고 있는지 관찰한다. 중국에 대한 미일 동맹은 상호보완적이다. 지정학과 경제력에서 그렇고 중국의 패권을 반대한다는 점에서는 굳건하다. 북한 문제는 미-중 문제와 깊게 연관되어 있다. 미-중 차원의 북한 문제 해법이 틀을 잡으면 북-일 문제, 남-북 문제가 진전될 것이다. 그 과정에 미국은 한국과 일본에게 과제를 부여하게 될 것이다. 일본은 미일 동맹이라는 틀에서 미국에 압박을 가하거나 일본에 유리한 상황을 만들려 미국을 설득할 것이다. 한국에는 어떤 역할이 부여될 것인가?

이상은 미국 중심의 국제 문제 해결이라는 차원의 이야기다. 미-중의 패권 경쟁 소용돌이가 어떤 구심력 혹은 원심력으로 소용돌이칠지는 모른다. 최악은 구심력의 소용돌이에 말려 한반도에 불행한 사태가 발생하는 것이다. 원심력의 소용돌이도 경계 대상이다. 한국이 국제전이나 국지전에 휘말리면 곤란하다. 우크라이나에 발을 담그면 빼기 어렵다. 타이완 문제에 빠지면 더 위험하나. 한국은 구심력과 원심력을 둘 다 잘 관리하지 못하면 치욕을 맞는다. 그 치욕을 자초하는 어리석음은 경계의 대상이다.

마지막으로 이 책이 주장하는 '불편한 진실'의 핵심이다. 일본은 역사적 멍에를 지고 있다. 이를 벗을 것인가? 그냥 숙명으로 지고 갈 것인가? 그것이 일본의 문제다. 미국은 동아시아의 평화와 번영 문제에 도의적으로 무책임하게 대응했다. 오직 세계 패권 전략에서 중국 문제에 몰두한다. 그럴수록 한반도와 타이완 해협은 더 불안해진다. 미국은 동아시아의 평화를 원하는가? 전쟁을 원하는가? 북한은 군사적 수단(핵과 미사일)을 과신過信한다. 북한의 군사력은 외교 카드일지언정 목표는 아니다. 북한의 외교 카드도 유효 기간이 있지 않을까? 한반도 평화에 대한 한국의 정치 외교적 대응은 무감각하다. 한국이 한반도 평화를 외면하는 세력에 의해 휘둘리면 곤란하다. 미국과 일본, 남한과 북한, 중국과 러시아가 원하는 한반도 평화의 조건은 제각각이다. 한반도는 1592년 임진왜란(일본), 1637년 병자호란(중국), 1950년 한국전쟁(중국과 미국과 북한)으로 치욕과 참극을 겪었다. 한국의 정치 외교적 대응이 무지無智하면, 역사의 비극은 반복된다. 불편한 진실이다.

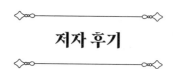

저자 후기

　나는 그간 나와 인연을 맺은 분들에게 진실을 다하고자 했으나, 시공간의 상황에 따라 진실을 제대로 전달하지 못했다. 그래서 그런 분에게 끝내 상처를 주고, 고통을 주었을 것이다. 죄송할 뿐이다. 반면, 나는 진실로 대응했으나, 그런 내 진실을 모독한 '강아지'들도 있었다. 그들에게 동정을 전한다.

　나는 부족하나마 국어 시간의 '주제' 알기와 산수 시간의 '분수' 알기를 배우며 살았다. 늘 부모님과 가족에게 빚진 생각으로 사니 불편하고 괴롭다. 또한 누구에게든 매사에 빚지지 않으려 했고, 감사하는 마음으로 살았다. 그렇게 점철된 내 인생의 모습이 먹먹하고 아련하다. 그런 가운데 내 삶은 많이 구겨졌다. 그래도 내 삶을 끝내지 못하고 그냥 산다. 거기에 무슨 이유가 있겠는가? 다만 운명적 만남이 나를 살게 한다. 어떤 운명적 만남은 때론 100일도 아니었고, 어떤 만남은 1년 혹은 10년, 100년일지도 모르겠다. 코스모스의 시간으로 보면 100일이나 100년이나 차이가 없지만, 나는 카오스의 존재이기에, 그 차이를 너무 크게 느끼며 살았다. 나는 운명론자는 아닐지라도 그 운명에 순종하며 산다.

　나를 둘러싼 정치 사회적 환경은 진실과는 거리가 있었기에 나는 불만과 고민이 많은 삶을 보냈다. 삶의 철학은 그래서 일찍이 비관 철학과 염세 철학에 다다랐다. 그래도 시詩를 쓰며 위안으로 삼았다. 동시에 나는 데모크리토스(BC 460?-BC 370?)의 과학을, 플라톤(BC 428?-BC 347?)의 이상을, 때론 마르크스(1818. 5.-1883. 3.)와 레닌(1870. 4.-1924. 1.)의 열정을, 괴테(1749. 8.-1832. 3.)의 시와 진실을, 니체(1844. 10.-1900. 8.)와 비트겐슈타인(1889. 4.-1951. 4.)의 디오니소스와 엄격함을 배우며 살았다. 다만 엥겔스(1820. 11.-1895. 8.)와 같은 멋과 낭만, 러셀(1872. 5.-1970. 2.)의 지성과 품격이 내게 없었음은 나의 아쉬움이고 부러움이다. 청년, 체 게바라(1928. 6.-1967. 10.)의 용기와 헌신은 내게 큰 빚이었다. 어쩌랴! 인생은 흩어지는 연기처럼 엔트로피의 법칙에 따라 사라지는 것을! 트로츠키(1879. 11.-1940. 8.)는 "인생은 아름다워"라며 외쳤다. 내게 인생은, 그렇게 아름답지는 않았다. 어쩌겠나?

　도서출판 어문학사(대표 윤 석전)의 구성원 모두에게 감사하며, 어문학사의 이상理想이 한국의 출판계에 활짝 피어나길 기원한다.

2023년 4월, 박 홍영(朴 洪英)

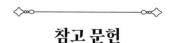

참고 문헌

《1부의 참고 문헌》

· **제1장**

- 김세걸(2003), 「일본의 정당 민주주의: 역사·구조·쟁점」, 『사회과학연구』 11집, 서강
  대학교 사회과학연구소, pp.111-136.

- 박양신(2009.11), 「일본의 전후 민주주의와 마루야마 마사오」, 『역사비평』 89집, 역사
  비평사, pp.284-308.

- 하종문(2009.5), 「일본의 쇼와공황과 민주주의의 엇박자」, 『역사비평』 87집, 역사비평
  사, pp.133-156.

- 한영혜(1998.8), 「일본의 내셔널 아이덴티티와 전후 민주주의의 이중성: 강상중·윤건
  차에 대한 비판적 고찰」, 『역사비평』 44집, 역사비평사, pp.309-330.

- 일본 위키 백과(ja.wikipedia.org)

· **제2장**

- 『동아일보』, 『読売新聞』

- 나카무라 마사노리 지음·유재연 외 번역, 『일본 전후사 1945-2005』, 서울: 논형,

2006 ; 中村政則, 『戦後史』, 東京: 岩波新書, 2005.

- 박홍영, 「일본 총선(9.11)의 평가와 향후 대외정책 진단」, 『현안진단』 16호, 서울: 코리아연구원, 2005.

- 박철희·오영환 역, 『21세기 일본의 국가 전략』, 시공사, 2001; 中曽根康弘, 『二十一世紀日本の国家戦略』, 東京: ＰＨＰ出版、2000.

- 손열, 「55년 체제」, 현대일본학회 엮음, 『일본 정치론』, 서울: 보고사, 2003.

- 이상훈, 『일본의 정치 과정』, 서울: 보고사, 2003.

- 진창수, 「일본 사회변화가 가져온 후소샤 역사 교과서 왜곡」, 『세종논평』 No. 11, 성남: 세종연구소, 2005. 4. 6.

- 한상일, 「'고이즈미 내각' 대책 세울 때」, 『동아일보』, 서울: 동아일보사, 2001. 4. 26.

- Atarasii 新しい歴史教科書をつくる会ニュース, 第234号(平成20年4月2日), 「自由社版, 『新しい歴史教科書』を検定申請, 平成21年4月からいよいよ採択戦へ」.

- Fujita 藤田友治, 『魏志倭人伝の解明―西尾幹二'国民の歴史'を批判する』, 東京: 論創社, 2000.

- Iokibe 五百旗頭真 編, 『戦後日本外交史』, 東京: 有斐閣, 1999.

- Jiyu 自由法曹団 編, 『有事法制のすべて―戦争国家への道』, 東京: 新日本出版社, 2002.

- Kyoukasho '教科書に真実と自由を' 連絡会, 『徹底批判'国民の歴史'』, 東京: 大月書店, 2000.

- Nihon 日本能率協会総合研究所 編, 『日本人の価値観データで見る30年間の変遷』, 東京: 生活情報センター, 2005.

- Nihon 日本リサーチセンター·電通総研 編, 『世界60カ国価値観データブック』, 東京: 同友館, 2005.

- Nishio 西尾幹二, 『国民の歴史』, 東京: 扶桑社, 1999.

- Yomiuri 読売新聞社世論調査部 編, 『日本の世論』, 東京: 弘文堂, 2002.

- 第156回 衆議院 本会議 會議録 42号

第161回 衆議院 文部科学委員会, 會議錄 5号

第162回 衆議院 文部科学委員会, 會議錄 16号

第162回 衆議院 本会議, 會議錄 3号

第162回 衆議院 安全保障委員会, 會議錄 4号

第164回 衆議院 予算委員会, 會議錄 19号

第166回 衆議院 本会議, 會議錄 3号

· **제3장**

- 도시환, 「일본군 '위안부' 문제의 해결을 위한 국제법적 과제」, 『외법논집』 제39권 제1호(한국외국어대학교 법학연구소, 2015년 2월), pp.61-86; 「日本軍慰安婦問題の解決のための国際法的課題」, 『外法論集』 39-1号.

- 박유하, 『제국의 위안부』, 뿌리와 이파리, 2015, pp.1-368; 『帝国の慰安婦』

- 송연옥 외 지음·박해순 옮김, 『군대와 성폭력: 한반도의 20세기』, 선인, 2012, pp.1-430; 『軍隊と性暴力: 韓半島の20世紀』

- 스즈키 유코(鈴木裕子) 지음·이성순·한예린 옮김, 『일본군 위안부 문제와 젠더』, 나남출판사, 2010, pp.1-348; 『日本軍慰安婦問題とジェンダー』

- 와다 하루키 지음·정재정 옮김, 『일본군 위안부 문제의 해결을 위하여』, 역사공간, 2016, pp.1-294; 『日本軍慰安婦問題の解決のために』

- 우에노 지즈코 지음·이선이 옮김, 『위안부를 둘러싼 기억의 정치학: 다시 쓰는 내셔널리즘과 젠더』, 현실문화, 2014, pp.1-328; 『慰安婦をめぐる記憶の政治学』

- 윤명숙 지음·최민순 옮김, 『조선인 군위안부와 일본군 위안소 제도』, 이학사, 2015, pp.1-606; 『朝鮮人軍慰安婦と日本軍慰安所制度』

- 이석태 외, 『일본군 위안부 문제: 법적 쟁점의 정리와 최근 동향의 분석』, 민족문제연구소, 2009, pp.1-326; 『日本軍慰安婦問題』

- 정영환 지음·임경화 옮김, 『누구를 위한 화해인가: 제국의 위안부의 반역사성』, 푸른역사, 2016, pp.1-280; 『誰のための和解なのか』

- 정진성, 『일본군 성 노예제』, 서울대학교출판부, 2004, pp.1-430; 『日本軍性奴隷制』

- 한국정신대문제대책 협의회 편,『일본군 위안부 문제의 책임을 묻는다』, 풀빛, 2001, pp.1-400;『日本軍慰安婦問題の責任を問う』

- 한국정신대문제대책 협의회,『일본군 위안부 문제에 대한 법적 해결의 전망』, 풀빛, 2001, pp.1-334;『日本軍慰安婦問題に対する法的解決の展望』

- <日本國會衆議院會議錄>

    第162回 外務委員會 會議錄 第6號

    第164回 外務委員會 會議錄 第2號

    第164回 外務委員會 會議錄 第20號

    第165回 外務委員會 會議錄 第3號

    第166回 外務委員會 會議錄 第3號

    第166回 外務委員會 會議錄 第5號

    第166回 外務委員會 會議錄 第8號

    第166回 外務委員會 會議錄 第10號

    第177回 外務委員會 會議錄 第9號

    第179回 外務委員會 會議錄 第5號

    第183回 外務委員會 會議錄 第8號

    第186回 外務委員會 會議錄 第5號

    第186回 外務委員會 會議錄 第15號

- 中川敏宏,「慰安婦合意と憲法訴訟ー最終的解決が残したリーガル・イシュー」, 『国際問題』No.655(2016年10月), 日本国際問題研究所, pp.41-49.

· 제4장

- 『국민일보』, 『문화일보』, 『세계일보』, 『연합뉴스』, 『헤럴드경제』, 『NEWSIS』

- 김호섭, "또 하나의 韓日 과거사, 한국인 戰犯", 『문화일보』, 2016. 10. 13.

- 도시환, "일본군 '위안부' 문제의 해결을 위한 국제법적 과제", 『외법논집』 제39권 제1호(한국외국어대학교 법학연구소, 2015.2.), 2015, pp.61-86.

- 도종윤, "국제정치학 연구에서 현상학적 글쓰기", 『국제정치논총』 제57집 2호(한국국제정치학회, 2017), pp.51-96.

- 박유하, 『제국의 위안부』, 뿌리와 이파리, 2015, pp.1-368.

- 朴洪英, "日本軍従軍慰安婦に関する日本国会会議録(1990-2016)の検討 : 日本政府の本音と建前の読み取り", 『일본연구』 70호, 한국외국어대학교 일본연구소, 2016. 12., pp.49-70.

- 송연옥 외 지음·박해순 옮김, 『군대와 성폭력: 한반도의 20세기』, 선인, 2012, pp.1-430.

- 스즈키 유코(鈴木裕子) 지음·이성순·한예린 옮김, 『일본군 위안부 문제와 젠더』, 나남출판사, 2010, pp.1-348.

- 와다 하루키 지음·정재정 옮김, 『일본군 위안부 문제의 해결을 위하여』, 역사공간, 2016, pp.1-294.

- 우에노 지즈코 지음·이선이 옮김, 『위안부를 둘러싼 기억의 정치학 : 다시 쓰는 내셔널리즘과 젠더』, 현실문화, 2014, pp.1-328.

- 윤명숙 지음·최민순 옮김, 『조선인 군위안부와 일본군 위안소 제도』, 이학사, 2015, pp.1-606.

- 윤충로, "한국의 베트남 전쟁 기억의 변화와 재구성: 1999년 『한겨레21』 캠페인과 그 이후 변화를 중심으로", 『사회와 역사』 한국사회사학회, 2015, pp.7-41.

- 이석태 외, 『일본군 위안부 문제: 법적 쟁점의 정리와 최근 동향의 분석』, 민족문제연구소, 2009, pp.1-326.

- 이재승, "감정의 혼란과 착종: 위안부에 대한 잘못된 키질"; http://www.aporia.co.kr/bbs/board.php?bo_table=rpb_community&wr_id=39 (검색일: 2017.8.1);

Aporia Review of Books, Vol.1, No.2, 2013년 10월.

- 정영환 지음·임경화 옮김, 『누구를 위한 화해인가: 제국의 위안부의 반역사성』, 푸른역사, 2016, pp.1-280.

- 정진성, 『일본군 성 노예제』, 서울대학교출판부, 2004, pp.1-430.

- 조시현, "인신매매에 관한 국제법의 발달과정", 『법과 사회』 46호, 법과 사회 이론학회, 2014.6, pp.233-266.

- 한국정신대문제대책 협의회 편, 『일본군 위안부 문제의 책임을 묻는다』, 풀빛, 2001a, pp.1-400.

- 한국정신대문제대책 협의회 편, 『일본군 위안부 문제에 대한 법적 해결의 전망』, 풀빛, 2001b, pp.1-334.

- 伊藤正子, 『戦争記憶の政治学 : 韓国軍によるベトナム人戦時虐殺問題と和解への道』, 平凡社, 2013, pp.1-292.

- 中川敏宏, 「慰安婦合意と憲法訴訟ー最終的解決が残したリーガル・イシュー」, 『国際問題』 No.655(2016年10月), 日本国際問題研究所, 2016, pp.41-49.

- David Lean 감독, 《콰이 강의 다리(The Bridge On The River Kwai)》, 1957.

- Dennis Gansel 감독, 《디 벨레(Die Welle)》, 2008.

- Steven Allan Spielberg 감독, 《쉰들러 리스트(Schindler's List)》, 1993.

- 『철학 사전』, 『경제학 사전』, 『시사상식 사전』, 『21세기 정치학 대사전』, 『다음 백과』, 『두산 백과』, 『네이버 백과』, 『한국 위키 백과』, 『일본 위키 백과』.

- 第164回 衆議院 外務委員会 会議録 2号(平成18年02月24日).

  第164回 衆議院 外務委員会 会議録 20号(平成18年06月07日).

  第165回 衆議院 外務委員会 会議録 3号(平成18年10月27日).

  第166回 衆議院 外務委員会 会議録 10号(平成19年05月09日).

· 제5장

- 나지원, "트럼프 현상은 미국 문명의 본능", 『주간경향』 1202호(2016. 11. 15.).

- 레닌 지음·문성원·안규남 옮김, 『국가와 혁명』, 아고라, 2013.

- 바스티아 지음·이상률 옮김, 『국가는 거대한 허구다』, 이책, 2005.

- 박홍영, "일본 賠償外交 정책의 특징과 전략: 베트남공화국에의 戰後賠償(1953-1965) 사례를 중심으로", 『한국정치학회보』 34-3호, 한국정치학회, 2000. 12., pp.313-328.

- 임혁백, "반복(Echoes)에서 선택(Choices)으로: 불가능한 조건하에서 한반도 냉전 해체의 문을 연 지도자들의 선택", 『국제정치논총』 58-2호, 한국국제정치학회, 2018. 6., pp.305-352.

- 장 보댕 지음·임승휘 옮김, 『국가론』, 책세상, 2005.

- A World Bank Research Report, "EAST ASIA MIRACLE: Economic Growth and Public Policy", World Bank, 1993.

- Glenn Hook et al., Japan's International Relations: Politics, Economics and Security, London, 2001.

- Walter Mead Russel, "The Jacksonian Tradition and American Foreign Policy", National Interest(Winter 1999/2000).

- 五百旗頭眞, 「日本外交50年」, 『国際問題』 No. 500, 日本国際問題研究所, 2001年11月号, pp.4-36; Makoto Iokibe, "Fifty Years of Japanese Diplomacy".

- 池田唯, 『カンボジア和平への道』, 都市出版, 1996.

- 伊藤幹彦, 『日本政治外交史研究－明治期·大正期·昭和期を中心に』, 星雲社, 2005.

- 関静雄, 『日本外交の基軸と展開』, ミネルヴァ書房, 1990.

- 北岡伸一編集·解説, 『戦後日本外交論集－講和論争から湾岸戦争まで』, 中央公論社, 1995.

- 河野雅治, 『和平工作』, 岩波書店, 1999.

- 近衛文麿, 『英米本位の平和主義を排す』, 1918.12.

- 進藤榮一·白井聡, 『'日米基軸'幻想: 凋落する米国、追従する日本の未来』, 詩想社新書, 2018.

- 進藤栄一·水戸孝道編, 『戦後日本政治と平和外交ー21世紀アジア共生時代の視座』, 法律文化社, 2007.

- 田中明彦, 『新しい「中世」』 日本経済新聞社, 1996.

- 信夫清三朗編, 『日本外交史、1853-1972』, 毎日新聞社, 1974.

- 信田智人, 『冷戦後の日本外交』, ミネルヴァ書房, 2009.

- 長谷川雄一編, 『日本外交のアイデンティティ』, 南窓社, 2004.

《2부의 참고 문헌》

· 제1장

- 『교수신문』, 『국민일보』, 『동아일보』, 『문화일보』, 『중앙일보』, 『한국일보』

- 김성철, "독도문제와 한일 관계: 시마네현 의회 조례안과 다카노 대사의 발언에 부쳐", 『세종 논평』 No. 7(세종연구소, 2005. 2. 25.).

- 김준섭, "한일 양국의 외교 쟁점.", 2006 한일 학술회의(아베 정권과 한일 관계: 세대교체, 외교 쟁점 그리고 한일협력) 발표 논문(한국정치학회, 현대일본학회, 한일의원연맹 공동, 2006. 11. 7.).

- 박철희, "아베의 정치 진로와 한일 관계.", 『이슈와 대안』(미래전략연구원, 2006. 10. 12.).

- 박홍영, "독도문제와 강한 외교.", 『이슈 해설』(이슈투데이, 2006. 5. 11.). / "'예고된' 아베 정권과 對日 외교 전략."(『문화일보』 2006. 9. 15.) / "동북아 주변국들의 모순된 공조: 핵 실험과 아베 정부를 보는 역사의 눈.", 『교수신문』 418호(교수신문사, 2006. 11. 5.).

- 손열, "한일 관계: 과거사와 21세기적 대일 전략의 모색.", 『이슈와 대안』(미래전략연구원, 2005. 3. 24.). / "3월의 한일 관계: 그 후 일년.", 『이슈와 대안』(미래전략연구원, 2006. 3. 27.). / "일본은 우경화?: 변화하는 일본의 복잡한 보수(保守).", 『이슈와 대안』(미래전략연구원, 2006. 7. 10.).

- 이면우, "고이즈미 수상의 야스쿠니 신사 참배에 부쳐.", 『세종논평』 No. 32(세종연구소, 2005. 10. 19.).

- 이상훈, "고이즈미 정권기의 행정개혁.", 『일본연구논총』 24권(현대일본학회, 2006).

- 이숙종, "동북아 정세에서 보는 독도문제.", 『세종논평』 No. 10(세종연구소, 2005. 3. 22.).

- 이원덕, "아베 총리 체제와 한일 관계: 전망과 과제.", 『정책보고서』 특별기획 10호(코리아연구원, 2006. 9. 21)

- 전진호, "아베 일본의 국가 진로.", 『이슈와 대안』(미래전략연구원, 2006. 10. 12.).

- 진창수, "독도문제의 해결은 전략적으로.", 『세종논평』 No. 9(세종연구소, 2005. 3. 16.). / "일본 사회변화가 가져온 후소샤 역사 교과서 왜곡.", 『세종논평』 No. 11(세종연구소, 2005. 4. 6.). / "아베의 정치적 계산과 한일 관계.", 『세종논평』 No. 60(세종연구소, 2006. 9. 21.). / "일본 정당정치의 변동과 정책 변화.", 『일본연구논총』 24권(현대일본학회, 2006).

· 제2장

- 『朝日新聞』

- 김봉진, 1993, 「북일 국교 정상화 교섭과 일본의 대응」, 『통일연구논총』 제2집 2호, 서울: 민족통일연구원, pp.109-144.

- 김용호, 2000, 「북한의 대외협상 형태분석」, 『국제정치논총』 제40집 4호, 서울: 한국국제정치학회, pp.291-310.

- 김재목, 1995, 『북핵 협상 드라마』, 서울: 도서출판 경당.

- 양기웅, 1996, 「투-레벨 협상전략: 북일 수교 협상」, 『통일연구논총』 제5집 1호, 서울: 민족통일연구원, pp.141-188.

- 이교덕, 1995, 「한일 회담으로 본 북일 수교 협상: 기본문제 및 보상 문제의 타결 전망에 관해서」, 『통일연구논총』 제4집 1호, 서울: 민족통일연구원, pp.155-188.

- 이면우, 1999, 「일본의 신안보 정책: 국제적 변수의 영향력이라는 관점에서」, 진창수 편, 『전환기의 일본 안보 정책』, 성남: 세종연구소, pp.45-78.

- 이숙종, 1999, 「일본의 탈냉전기 안보 여론: 반군사주의와 국제 공헌·대미 협력론의 조화」, 진창수 편, 『전환기의 일본 안보 정책』, 성남: 세종연구소, pp.79-134.

- 이춘근, 1995, 『북한 핵의 문제—발단, 협상 과정, 전망』, 성남: 세종연구소.

- 정옥님, 1995, 『북핵 588일—클린턴 행정부의 대응과 전략』, 서울: 서울프레스.

- 진창수, 1999(a), 「신안보 정책의 정치 과정: 군사적 현실주의의 확산」, 진창수 편, 『전환기의 일본 안보 정책』, 성남: 세종연구소, pp.15-43. / 편, 1999(b), 『전환기의 일본 안보 정책』, 성남: 세종연구소.

- 최운도, 2000, 「일본 안보 정책의 현재와 미래—기회와 의지」, 배성동 편, 『21세기 일본의 국가개혁』, 서울: 서울대학교 출판부, pp.89-126.

- 허만호, 1996, 「북한의 협상 행위의 특징: 이론적 괴리와 규칙성」, 『국제정치논총』 제36집 2호, 서울: 한국국제정치학회, pp.179-215.

- Brooks, Stephen G. 1997. "Dueling Realisms.", International Organization 51(3), Summer.

- Downs, Chuck. 1999. Over The Line: North Korea's Negotiating Strategy.

Washington, D.C.: AEI Press; 송승종 역. 1999.『북한의 협상전략』, 서울: 한울 출판사.

- Mack, Andrew. 1991. "North Korea and the Bomb.", FOREIGN POLICY 83, Summer.

- Mazarr, Michael J. 1995. North Korea and the Bomb: A Case Study in Nonproliferation. N.Y.: St. Martin's Press.

- Oberdofer, Don. 1997. The Two Koreas: A Contemporary History. Massachusetts: Addison-Wesley; 뉴스위크 한국판 뉴스팀 번역. 1998.『두 개의 코리아』, 서울: 중앙일보사.

- Quinones, C. Kenneth. North Korea's Nuclear Threat "off the record", Memories; 伊豆見元 監修, 山岡邦彦 外譯. 2000.『北朝鮮―米國務省擔當官の交涉秘錄』東京: 中央公論新社.

- Sigal, Leon V. 1997. Disarming Stranger: Nuclear Diplomacy with North Korea. Princeton, N.J.: Princeton University Press; 구갑우 외 번역. 1999.『미국은 협력하려 하지 않았다』, 서울: 사회평론.

- Waltz, Kenneth N. 1993. "The Emerging Structure of International Politics.", International Security 18(2), Fall. / Theory of International Politics; 박건영 역. 2000.『국제정치 이론』, 서울: 사회평론.

- Wendt, Alexander. 1995. "Constructing International Politics.", International Security 20(1), Summer.

- 日本國會 參議院 第109回 外交總合安全保障に關する調査會 外交軍縮小委員會 議錄 第1號.

  日本國會 參議院 第118回 豫算委員會 會議錄 第17號.

  日本國會 參議院 第123回 外務委員會 會議錄 第2號; 第3號; 第7號; 第9號.

  日本國會 參議院 第125回 外務委員會 會議錄 第1號.

  日本國會 參議院 第126回 外務委員會 會議錄 第1號.

  日本國會 衆議院 第112回 內閣委員會 會議錄 第13號.

日本國會 衆議院 第114回 外務委員會 會議錄 第2號; 第3號.

日本國會 衆議院 第118回 外務委員會 會議錄 第7號; 第9號; 第12號.

日本國會 衆議院 第120回 外務委員會 會議錄 第7號; 第11號.

日本國會 衆議院 第121回 外務委員會 會議錄 第2號; 第3號.

日本國會 衆議院 第123回 外務委員會 會議錄 第9號.

- 日本防衛廳,『防衛白書』, 1988年版; 1990年版.

· 第3章

-『朝日新聞』

- 송승종 번역(1999),『북한의 협상전략』, 한울 출판사; Chuck. Downs, Over The Line: North Korea's Negotiating Strategy (Washington, D.C.: AEI Press, 1999).

- 구갑우 외 번역(1999),『미국은 협력하려 하지 않았다』, 사회평론; Leon V. Sigal, Disarming Stranger: Nuclear Diplomacy with North Korea (Princeton, N.J.: Princeton University Press, 1997).

- 김용호(2000),「북한의 대외협상 형태분석」,『국제정치논총』제40집 4호, 한국국제정치학회.

- 정옥님(1995),『북핵 588일―클린턴 행정부의 대응과 전략』, 서울프레스.

- 허만호(1996),「북한의 협상 행위의 특징: 이론적 괴리와 규칙성」,『국제정치논총』제36집 2호, 한국국제정치학회.

- 日本国会126回 衆議院外務委員会第2号会議録

日本国会126回 衆議院外務委員会第5号会議録

日本国会128回 衆議院外務委員会第4号会議録

日本国会129回 衆議院外務委員会第1号会議録

日本国会129回 衆議院外務委員会第3号会議録

日本国会129回 衆議院外務委員会第4号会議録

日本国会129回 参議院外務委員会第1号会議録

·제4장

- 『동아일보』, 『読売新聞』, 『朝日新聞』, 『毎日新聞』

- 김영재·박인휘, "온건주의 연합: 북핵 문제 해법을 위한 한미일 정책 공조", 『국제정치논총』 44권 4호(한국국제정치학회, 2004).

- 김유은, "북핵 문제에 대한 중국의 입장: 6자 회담을 중심으로", 『中蘇硏究』 28권 3호(한양대학교, 2004).

- 박용수, "1990년대 이후 한반도 안보 환경의 변화: '푸에블로호 사건'과 비교해 본 제1,2차 북핵 위기의 특징", 『국제정치논총』 47권 2호(한국국제정치학회, 2007).

- 박홍서, "북핵 위기시 중국의 대북 동맹안보딜레마 관리 연구: 대미 관계 변화를 주요 동인으로", 『국제정치논총』 46권 1호(한국국제정치학회, 2006).

- 박홍서, "탈냉전기 중미 간 협조 체제의 출현?: 9.19 공동성명 후 북핵 문제에 대한 중미 간 협력", 『국제정치논총』 47권 3호(한국국제정치학회, 2007).

- 박홍영·허만호, "북핵 문제에 대한 일본 안보 정책의 제약과 기회 고찰: 북한의 NPT 가입 및 탈퇴 시기(1989-1993) 사례", 『국제지역연구』 11권 3호(서울대학교 국제지역원, 2002)

- 이수형, "동맹의 안보 딜레마와 포기-연루의 순환: 북핵 문제를 둘러싼 한-미 갈등 관계를 중심으로", 『국제정치논총』 39권 1호(한국국제정치학회, 1999).

- 전진호, "북한의 미사일 발사와 일본", 『이슈와 대안』(미래전략연구원, 2006. 8. 31.).

- 채규철, "북핵 문제의 전개 시나리오와 해결 방향", 『국제정치논총』 44권 4호(한국국제정치학회, 2004).

- 한석희, "6자 회담과 중국의 딜레마", 『국제정치논총』 45권 1호(한국국제정치학회, 2005).

- Kun Young Park, "Sino-American Strategic Competition and Korea's Strategic Decision", Young O Yoon(ed), Six Party Non-Governmental Dialogue in Northeast Asia, The KAIS International Conference Series No.15(Seoul: KAIS, 2005).

· 제5장

- 『동아일보』, 『연합뉴스』, 『조선일보』, 『京都新聞』

- 고봉준, "군사력 증강의 정치학: 북한 탄도 미사일에 대한 한일 양국의 대응 공격 현실주의적 해석", 『한국정치학회보』 42(3), 한국정치학회, 2008.

- 박준영, "북한의 핵무기와 미사일 개발정책: 의도와 실상", 『국제정치논총』 39(1), 한국국제정치학회, 1999.

- 박홍영, "탈냉전 이후 일본 사회상의 변화: 평가와 해석의 문제", 『한국동북아논총』 13(4), 한국동북아학회, 2008.

- 조민, "오바마 행정부와 북한 핵 문제: 대타협이냐 대파국이냐", 통일연구원 편, 『북한 문제 해결 방향과 북한 체제의 변화 전망』, 통일연구원, 2009.

- Norifumi, Namatame. "Japan's Missile Defense", Ph. D. University of Denver, 2008.

- New York Times 12 June 1993.

- 五百旗頭真 編, 『戦後日本外交史』, 東京: 有斐閣, 1999.

- 小此木政夫, 「北朝鮮問題の新階段と日本外交: 対米補完的連携を目指して」, 『国際問題』 2003年5月(No.518), 日本国際問題研究所.

- 重村智計, 『北朝鮮の外交戦略』, 東京: 講談社, 2000.

- 自由法曹団 編, 『有事法制のすべて―戦争国家への道』, 東京: 新日本出版社, 2002.

- 御巫智洋, 「ミサイル防衛と自衛権」, 『国際問題』 2006年11月(No.556), 日本国際問題研究所.

- <参議院会議録>
  第128回参議院 外務委員会会議録1号
  第128回参議院 国際問題に関する調査会会議録1号
  第131回参議院 予算委員会会議録2号
  第145回参議院 外交·防衛委員会会議録16号
  第145回参議院 外交·防衛委員会会議録21号

第165回参議院 北朝鮮による拉致問題等に関する特別委員会会議録2号

第171回参議院 外交·防衛委員会会議録7号

第171回参議院 外交·防衛委員会会議録8号

第171回参議院 予算委員会会議録26号

第171回参議院 外交·防衛委員会会議録16号

第171回参議院 外交·防衛委員会会議録23号

- <衆議院会議録>

第128回衆議院 安全保障委員会会議録3号

第129回衆議院 内閣委員会会議録4号

第145回衆議院 予算委員会会議録6号

第145回衆議院 日米防衛協力のための指針に関する特別委員会会議録5号

第145回衆議院 外務委員会会議録10号

第164回衆議院 安全保障委員会会議録10号

第164回衆議院 外務委員会会議録22号

第171回衆議院 外務委員会会議録6号

第171回衆議院、外務委員会会議録12号

第171回衆議院、外務委員会会議録16号

第174回衆議院、本会議会議録4号1

불편한 진실

일본 민주주의의 정체성과 북-일 문제의 역사성

초판 1쇄 발행일 2023년 7월 28일
지은이 박홍영
펴낸이 박영희
편　집 조은별
디자인 김수현
마케팅 김유미
인쇄·제본 제삼인쇄
펴낸곳 도서출판 어문학사
　　　서울특별시 도봉구 해등로 357 나너울카운티 1층
　　　대표전화: 02-998-0094 / 편집부1: 02-998-2267, 편집부2: 02-998-2269
　　　홈페이지: www.amhbook.com
　　　인스타그램: amhbook
　　　페이스북: www.facebook.com/amhbook
　　　블로그: 네이버 http://blog.naver.com/amhbook
　　　e-mail: am@amhbook.com
　　　등록: 2004년 7월 26일 제2009-2호

ISBN 979-11-6905-018-0
정가 20,000원

※잘못 만들어진 책은 교환해 드립니다.